Tobias Rockel

Güteuntersuchung von Imputationsverfahren für unvollständige Datenmatrizen

Güteuntersuchung von Imputationsverfahren für unvollständige Datenmatrizen

Tobias Rockel

Universitätsverlag Ilmenau
2022

Impressum

Bibliografische Information der Deutschen Nationalbibliothek
Die Deutsche Nationalbibliothek verzeichnet diese Publikation in der Deutschen Nationalbibliografie; detaillierte bibliografische Angaben sind im Internet über http://dnb.d-nb.de abrufbar.

Diese Arbeit hat der Fakultät für Wirtschaftswissenschaften und Medien der Technischen Universität Ilmenau als Dissertation vorgelegen

Tag der Einreichung:	27. April 2022
1. Gutachter:	Univ.-Prof. Dr. rer. pol. habil. Udo Bankhofer (Technische Universität Ilmenau)
2. Gutachter:	Univ.-Prof. Dr. rer. pol. habil. Ralf Trost (Technische Universität Ilmenau)
Tag der Verteidigung:	27. Juli 2022

Technische Universität Ilmenau/Universitätsbibliothek
Universitätsverlag Ilmenau
Postfach 10 05 65
98684 Ilmenau
https://www.tu-ilmenau.de/universitaetsverlag

ISBN 978-3-86360- 261-1 (Druckausgabe)
DOI 10.22032/dbt.53257
URN urn:nbn:de:gbv:ilm1-2022000316

Titelphoto: photocase.com | Nortys

Danksagung

Die vorliegende Arbeit ist während meiner Zeit an der Technischen Universität Ilmenau am Fachgebiet für quantitative Methoden der Wirtschaftswissenschaften entstanden. In dieser Zeit wurde ich von vielen Personen unterstützt und begleitet, bei denen ich mich an dieser Stelle bedanken möchte.

Zunächst gilt mein Dank Herrn Univ.-Prof. Dr. rer. pol. habil. Udo Bankhofer, der mir die Erstellung dieser Dissertation ermöglicht und mich auf dem Entstehungsweg begleitet hat. Herrn Univ.-Prof. Dr. rer. pol. habil. Ralf Trost danke ich für die Übernahme des Zweitgutachtens und Herrn Univ.-Prof. Dr. rer. pol. habil. Thomas Grebel für die Übernahme des Vorsitzes in der Promotionskommission. Außerdem möchte ich mich bei Frau Dr. Jana Neuland und Herrn Dr. Daniel Fischer dafür bedanken, dass Sie das Verfahren als Beisitzer/in begleitet haben.

Des Weiteren gilt mein Dank meinen Kollegen und Freunden, wobei insbesondere die Mitglieder der sogenannten Mittagsrunde zu nennen sind, die meine Zeit an der TU Ilmenau zum großen Teil mitgeprägt haben. Für die besondere Unterstützung bei der Fertigstellung der Arbeit möchte ich mich bei Dr. Sebastian Heim, Steve Röhrig und Beate Heinold bedanken.

Außerdem möchte ich mich bei meiner Familie für ihre Unterstützung bedanken. Bei meinen Eltern und Schwiegereltern, dass sie mir stets den Rücken freigehalten haben. Bei meinen Töchtern für Ihr Verständnis dafür, dass Papa manchmal arbeiten musste, obwohl er eigentlich zu Hause war und bei meiner Frau Svenja Rockel, ohne deren fortwährende Unterstützung und Bestärkung dieses Werk definitiv nicht existieren würde.

Lauterbach, im August 2022 Tobias Rockel

Inhaltsverzeichnis

Abbildungsverzeichnis

Tabellenverzeichnis

1 Einleitung

Unvollständige Datenmatrizen sind ein Phänomen, welches in vielen Datenanalysesituationen auftritt. So fanden Lang und Little (2018, S. 285) bei einer Untersuchung von 169 empirischen Arbeiten, dass in 84 % der untersuchten Beiträge unvollständige Datenmatrizen aufgetreten sind. Dieser hohe Anteil an unvollständigen Datenmatrizen in empirischen Arbeiten wird auch von weiteren Studien gestützt (vgl. Abschnitt 2.1). Backhaus und Blechschmidt (2009, S. 266) behaupten sogar, dass praktisch keine reale Datenmatrix ohne fehlende Werte, welche auch als Missing Data (MD) bezeichnet werden, existiere. Unvollständige Datenmatrizen sind in der Realität also eher die Regel als die Ausnahme. Problematisch an diesen ist, dass die meisten Verfahren zur Datenanalyse bei fehlenden Werten nicht direkt anwendbar sind. Vor der eigentlichen Datenanalyse muss folglich eine Strategie zum Umgang mit den fehlenden Werten festgelegt werden (vgl. Schafer und Graham, 2002, S. 147; van Buuren, 2018, S. 3–6; Little und Rubin, 2020, S. 4).

In der Literatur existiert eine Vielzahl an Verfahren zum Umgang mit fehlenden Werten, welche auch als MD-Verfahren bezeichnet werden. Bankhofer (1995, S. 89) teilt diese Verfahren in Anlehnung an Beale und Little (1975, S. 130), Frane (1976, S. 409) und Schwab (1991, S. 4) in fünf Kategorien ein: Eliminierungsverfahren, Imputationsverfahren, Parameterschätzverfahren, multivariate Analyseverfahren und Sensitivitätsbetrachtung. Von diesen fünf Kategorien haben nur die Imputationsverfahren das Ziel eine vervollständigte Datenmatrix bereitzustellen, die mithilfe herkömmlicher Verfahren zur Datenanalyse ausgewertet werden kann, ohne ursprünglich erhobene Einträge von der weiteren Analyse auszuschließen. Die Verfahren aus den anderen Kategorien löschen entweder ein Teil der Daten oder sind nur für spezielle Problemstellungen geeignet (vgl. Bankhofer, 1995, S. 90). Die Vorteile von Imputationsverfahren gegenüber den Verfahren aus den anderen Kategorien sind somit ihre Universalität und Flexibilität. Jedoch ist bei der Anwendung von Imputationsverfahren zu beachten, dass eine vervollständigte Datenmatrix nicht einer vollständig beobachteten Datenmatrix entspricht. Vielmehr kann es durch das verwendete Imputationsverfahren zu Verzerrungen kommen (vgl. Dempster und Rubin, 1983, S. 8; Schafer und Graham, 2002, S. 159; Little und Rubin, 2020, S. 67). Aus diesem Grund ist die eingehende Untersuchung eines Imputationsverfahrens vor dessen Einsatz notwendig, um die erzielbare Güte des jeweiligen Verfahrens beurteilen zu können.

Zur Beurteilung der Güte von Imputationsverfahren werden in der Literatur zwei Wege beschritten. Zum einen sind analytische Betrachtungen einzelner Verfahren unter Annahme gewisser Randbedingungen wie die Verteilung der Datenmatrix und Ausfallmechanismus möglich (vgl. z. B. Ford, 1983, S. 190–196; Rao, 1996, S. 499–506; Little und Rubin, 2020, S. 85–95). Zum anderen können Imputationsverfahren mithilfe von Simulationsstudien miteinander verglichen werden (vgl. z. B. Roth, 1994, S. 540–545; Tsikriktsis, 2005, S. 57–58; Aittokallio, 2010, S. 257–259 und Kapitel 5). Die analytische Betrachtung ist häufig nur für einfache Imputationsverfahren oder unter relativ restriktiven Annahmen möglich. Für komplexere Imputationsverfahren und/oder komplexere Datensituationen sind analytische Ergebnisse teilweise nur schwer zu erzielen oder existieren überhaupt nicht (vgl. Solaro et al., 2018, S. 3589). Theoretische Aussagen sind in diesen Fällen daher häufig lückenhaft (vgl. z. B. Andridge und Little, 2010, S. 49). In Simulationen können hingegen auch komplexere Imputationsverfahren und Datensituationen integriert werden. Ferner können durch den direkten Vergleich Verfahren gefunden werden, die sich bei gegebenen Randbedingungen besonders gut zur Imputation eignen. Dies ermöglicht einen sehr flexiblen Vergleich verschiedener Imputationsverfahren (vgl. Solaro et al., 2018, S. 3589).

Bisher fehlt jedoch eine umfassende Übersicht über bereits existierende Simulationsstudien, weshalb eine Einordnung und Bewertung von Imputationsverfahren häufig schwierig ist. Die Ziele dieser Arbeit sind auf diese Einordnung und Bewertung von Imputationsverfahren ausgerichtet. Zunächst soll ein Überblick über Imputationsverfahren gegeben werden, um eine solide Basis für alle weiteren Betrachtungen zu schaffen. Anschließend sollen existierende Simulationsstudien zum Gütevergleich von Imputationsverfahren analysiert und deren Ergebnisse aufbereitet sowie eventuell vorhandene Lücken im Vergleich von Imputationsverfahren aufgedeckt werden. Darauf aufbauend soll ein Teil dieser Lücken mithilfe einer eigenen Simulationsstudie geschlossen werden. Auf diesem Weg soll die vorliegende Arbeit einen Beitrag dazu leisten, einen Überblick über bestehende Imputationsverfahren und deren Güte zu ermöglichen. Um einen besseren Überblick über Imputationsverfahren im Allgemeinen zu erhalten, werden in der Arbeit Verfahren, die nur für spezielle Datenmatrizen anwendbar sind, nicht betrachtet. Hierunter fallen insbesondere Verfahren für longitudinale Datenmatrizen. Außerdem werden keine Verfahren betrachtet, die speziell an Missing not at

Random (MNAR)-Daten angepasst sind, da diese normalerweise explizite Annahmen über den Ausfallmechanismus benötigen (vgl. Schafer und Graham, 2002, S. 171).

Der Aufbau der Arbeit richtet sich nach den vorher genannten Zielen. Im Vorfeld wird zusätzlich in Abschnitt 2.1 untersucht, inwiefern unvollständige Datenmatrizen in der Realität auftreten. Neben dem reinen Erkenntnisgewinn soll dieser Abschnitt zur Beschäftigung mit MD-Verfahren im Allgemeinen und Imputationsverfahren im Besonderen motivieren und somit auch die Relevanz des Themas mit begründen. Darüber hinaus werden im zweiten Kapitel Theorien zur Beschreibung unvollständiger Datenmatrizen vorgestellt, welche für die weitere Untersuchung von Imputationsverfahren wichtig sind. Das Kapitel 3 gibt dann einen Überblick über die verschiedenen MD-Verfahrenskategorien. Dies dient zum einen der Einordnung der Imputationsverfahren und zum anderen schafft es die Grundlagen für einige Imputationsverfahren, die auf anderen MD-Verfahren basieren. Danach werden im Kapitel 4 verschiedene Imputationsverfahren beschrieben. In diesem Kapitel werden auch einige theoretische Eigenschaften der Verfahren mitbetrachtet, sofern diese bekannt sind. Anschließend werden im Kapitel 5 existierende Simulationsstudien zum Vergleich von Imputationsverfahren analysiert und die Ergebnisse der Studien aggregiert. Ein Teil der bei dieser Aggregation gefundenen Lücken wird mithilfe der Simulationsstudie im Kapitel 6 geschlossen. Zum Abschluss werden im Kapitel 7 die Ergebnisse der Arbeit zusammengefasst und ein Ausblick gegeben.

2 Unvollständige Datenmatrizen und ihre Beschreibung

In diesem Kapitel werden die theoretischen Grundlagen für die weitere Arbeit gelegt. Bevor dies geschieht, wird in Abschnitt 2.1 untersucht, inwiefern unvollständige Datenmatrizen überhaupt ein reales Problem sind. Diese Betrachtung wird zeigen, dass unvollständige Datenmatrizen in der empirischen Forschung häufig vorkommen. Daher ist die Beschäftigung mit unvollständigen Datenmatrizen und MD-Verfahren nicht nur von theoretischem Interesse, sondern in der Realität häufig auch eine Notwendigkeit. Die Erkenntnisse des Abschnitts 2.1 dienen als Motivation für die weitere Arbeit. In Abschnitt 2.2 werden dann grundlegende Definitionen und Annahmen dargestellt, auf die in den folgenden Kapiteln immer wieder zurückgegriffen wird. Da die Auswahl geeigneter Imputationsverfahren bzw. MD-Verfahren unter anderem von dem vorliegenden Ausfallmuster und Ausfallmechanismus abhängt, werden diese beiden Konzepte in den Abschnitten 2.3 und 2.4 beschrieben.

2.1 Unvollständige Datenmatrizen: Ein reales Problem?

Dem Phänomen unvollständiger Datenmatrizen kann sich auf unterschiedlichen Wegen genähert werden. Zunächst können Gründe bzw. Ursachen für das Fehlen von Werten in Datenmatrizen dargestellt und untersucht werden (vgl. z. B. Schnell, 1986, S. 24–56; Bankhofer, 1995, S. 8–12; McKnight et al., 2007, S. 54–57). Dieser Weg ist insbesondere sinnvoll, um fehlende Werte zu vermeiden, indem mögliche Ursachen für das Fehlen direkt im Datenanalyseprozess verhindert oder zumindest abgemildert werden können. Jedoch bezweifeln unter anderem Schafer und Graham (2002, S. 150), dass jemals alle Ursachen für fehlende Werte aufgezählt werden können. Wenn es jedoch nicht einmal möglich ist, die Ursachen überhaupt vollständig aufzulisten, ist eine Verhinderung aller dieser Ursachen nahezu unmöglich. Aus diesem Grund wird im Folgenden nicht weiter auf die Ursachen für das Fehlen von Werten in Datenmatrizen eingegangen. Vielmehr wird in diesem Abschnitt analysiert, inwiefern unvollständige Datenmatrizen bei realen empirischen Untersuchungen auftreten.

In der Literatur existieren verschiedene Quellen, die das Auftreten von fehlenden Werten in empirischen Untersuchungen analysieren. In der Tabelle 2.1 ist eine Auswahl solcher Quellen zusammen mit deren zentralen Erkenntnissen über das Auftreten von fehlenden Werten in Datenmatrizen dargestellt. Ferner wird in der Tabelle 2.1 für jede Quelle die Datengrundlage erfasst. Hierbei wird die Anzahl an untersuchten Artikeln sowie der Zeitabschnitt, aus dem die Artikel stammen, und weitere Details zu den Veröffentlichungen in der Spalte „Datengrundlage“ angegeben. In der Spalte „Artikel mit fehlenden Werten“ wird dargestellt, in wie vielen der untersuchten Artikel unvollständige Datenmatrizen vorgekommen sind. In der letzten Spalte werden Informationen über den Anteil an unvollständigen Objekten angegeben, die in den Quellen enthalten sind. Da die Daten aus unterschiedlichen Veröffentlichungen stammen und die Autoren unterschiedliche Schwerpunkte legen, variiert die Art der Angaben in dieser Spalte.

Die meisten Untersuchungen in der Tabelle 2.1 stammen aus dem medizinischen Bereich. Jedoch existieren mit Bodner (2006) und Peugh und Enders (2004) auch zwei Studien aus dem Gebiet der Sozialwissenschaften. Die Anzahl der untersuchten Artikel pro Quelle liegt im Bereich von 77 bis 285 und die Artikel stammen meist aus einer oder wenigen ähnlichen Zeitschriften aus einem Zeitraum von ein oder zwei Jahren. Nur die Untersuchung von Peugh und Enders (2004) weist einen deutlich größeren Umfang auf, da sie über 1500 Artikel verteilt auf 24 Zeitschriften im Abstand von 4 Jahren betrachtet. Der Anteil an Artikeln, die auf mindestens einer unvollständigen Datenmatrix basieren, variiert von 16 % (Peugh und Enders, 2004) bis zu 95 % (Bell et al., 2014), wobei in sieben der zehn Quellen über 50 % der Artikel mindestens eine unvollständige Datenmatrix enthalten. Die Autoren klassifizieren dabei in der Regel nur Datenmatrizen als unvollständig, bei denen sie aufgrund der Angaben sicher feststellen können, dass sie unvollständig sind. Jedoch existieren häufig zusätzlich Artikel, aus denen nicht klar hervorgeht, ob fehlende Werte aufgetreten sind oder nicht. So geben z. B. Díaz-Ordaz et al. (2014, S. 594) an, dass neben den 48 % der Artikel, bei denen mit Sicherheit unvollständige Datenmatrizen vorgekommen sind, bei weiteren 31 % der Artikel nicht eindeutig festgestellt werden kann, ob fehlende Werte aufgetreten sind. Aufgrund weiterer Betrachtungen kommen Díaz-Ordaz et al. (2014, S. 594) zu dem Schluss, dass vermutlich ca. 72 % der Artikel auf mindestens einer unvollständigen Datenmatrix basieren, obwohl dies nur bei 48 % der Artikel deutlich angegeben ist.

Quelle	Datengrundlage	Artikel mit fehlenden Werten	Anteil Objekte mit fehlenden Werten
Lang und Little (2018)	169 Artikel aus Prevention Science von Februar 2013 bis Juli 2015	84 % (142 von 169)	nicht untersucht
Fiero et al. (2016)	86 Artikel über Cluster Randomized Trials von August 2013 bis Juli 2014	93 % (80 von 86)	0,5 % bis 90 %, Median: 19 %
Bell et al. (2014)	77 Artikel aus vier medizinischen Zeitschriften von Juli bis Dezember 2013	95 % (73 von 77)	0% bis 70 %, Median: 9 %
Díaz-Ordaz et al. (2014)	132 Artikel einer PubMed-Suche vom Juni 2012	48 % (63 von 132)	1 % bis 47 %, Median: 13 %
Little et al. (2014)	80 Artikel aus Journal of Pediatric Psychology aus 2012	56 % (45 von 80)	bis zu 65 %
Eekhout et al. (2012)	285 Artikel aus drei epidemiologischen Zeitschriften in 2010	92 % (262 von 285)	1% bis 82 %, Mittelwert: 26 %
Karahalios et al. (2012)	82 Kohortenstudien von 2000 bis 2009	80 % (66 von 82)	2% bis 65 %
Bodner (2006)	181 zufällige sozialwissenschaftliche Artikel aus 1999	38 % (69 von 181)	nicht untersucht
Burton und Altman (2004)	100 Artikel zur Krebsforschung aus 2002	81 % (81 von 100)	max. 72 % fehlende Werte in einer Variable
Peugh und Enders (2004)	989 Artikel aus 1999 und 545 Artikel aus 2003 aus insg. 24 Zeitschriften	1999: 16 % (160 von 989) 2003: 42 % (229 von 545)	1999: 1 % bis 67 % Mittelwert: 7,6 % 2003: nicht untersucht

Tabelle 2.1: Fehlende Werte in empirischen Untersuchungen

Auch Peugh und Enders (2004, S. 539) gehen davon aus, dass die angegebenen 16 % im Jahr 1999 vermutlich eine starke Unterschätzung des Auftretens fehlender Werte darstellen. Sie merken unter anderem an, dass bei der unkommentierten Verwendung einer Analyse der vollständigen Objekte im Nachhinein nicht feststellbar ist, dass ursprünglich fehlende Wert in der Datenmatrix vorkamen. Auch Bodner (2006, S. 677) kommentiert sein Ergebnis mit den Worten, dass die gefundene Anzahl Artikel mit fehlenden Werten als optimistische Einschätzung verstanden werden sollte. Dies zeigt, dass die in der Tabelle 2.1 angegebenen Werte das Auftreten fehlender Werte eher unterschätzt und in der Realität vermutlich noch mehr Artikel auf Datenmatrizen mit fehlende Werten basieren.

Die Werte in der letzten Spalte „Anteil Objekte mit fehlenden Werten“ der Tabelle 2.1 zeigen, dass der Anteil fehlender Werte bei den einzelnen Datenmatrizen sehr unterschiedlich ausfällt. So werden vereinzelt Datenmatrizen mit bis zu 90 % unvollständigen Objekten beobachtet und in den meisten Untersuchungen werden Datenmatrizen mit über 50 % unvollständigen Objekten gefunden. Der Median des Merkmals Anteil Objekte mit fehlenden Werten, sofern dieser angegeben ist, liegt in den Untersuchungen zwischen 9 % und 19 %. Häufig sind also mindestens 10 % der Objekte in einer Datenmatrix unvollständig. Ferner kann davon ausgegangen werden, dass ähnlich wie bei der Anzahl der Artikel mit fehlenden Werten auch in dieser Spalte eher eine Unterschätzung als eine Überschätzung vorliegt. Insgesamt kann also festgehalten werden, dass unvollständige Datenmatrizen nicht nur ein theoretisches Konstrukt sind, sondern auch in vielen empirischen Untersuchungen offensichtlich ein Problem darstellen.

2.2 Grundlegende Definitionen und Annahmen

In diesem Abschnitt werden zunächst die grundlegenden Definitionen und Annahmen festgelegt, auf denen die weitere Arbeit basiert. Der Ausgangspunkt für die Betrachtungen dieser Arbeit ist stets eine Datenmatrix

$$A = (a_{ik})_{n \times m} = \begin{pmatrix} a_{11} & \dots & a_{1m} \\ \vdots & & \vdots \\ a_{n1} & \dots & a_{nm} \end{pmatrix}. \tag{2.1}$$

Die Zeilen der Matrix A repräsentieren dabei Objekte und die Spalten Merkmale (vgl. Bankhofer, 1995, S. 2). Die Matrix A ist stets vollständig, im Sinne, dass für jeden

Eintrag von A ein Wert existiert, unabhängig davon, ob er beobachtet wird oder nicht (vgl. Little und Rubin, 2020, S. 8). Welche Werte von A beobachtet werden, wird mithilfe einer Indikatormatrix

$$V = (v_{ik})_{n\times m} = \begin{pmatrix} v_{11} & \dots & v_{1m} \\ \vdots & & \vdots \\ v_{n1} & \dots & v_{nm} \end{pmatrix} \quad \text{mit } v_{ik} = \begin{cases} 1 & \text{falls } a_{ik} \text{ beobachtet} \\ 0 & \text{sonst} \end{cases} \tag{2.2}$$

beschrieben (vgl. Bankhofer, 1995, S. 6; Little und Rubin, 2020, S. 8–9).[1]

Insbesondere zur Beschreibung der Ausfallmechanismen werden A und V als Matrizen von Zufallsvariablen aufgefasst. Dabei wird angenommen, dass sich ihre Verteilung anhand eines parametrischen Modells mit existierender Wahrscheinlichkeitsdichte- bzw. Wahrscheinlichkeitsfunktion beschreiben lässt (vgl. Bankhofer, 1995, S. 7):

- Für die Datenmatrix A sei eine Dichte- bzw. Wahrscheinlichkeitsfunktion mit dem zugehörigen Parameter θ durch $f(A \mid \theta) = f(A, \theta)$ gegeben.
- Für die MD-Indikatormatrix M sei eine Wahrscheinlichkeitsfunktion mit dem zugehörigen Parameter ϕ durch $f(V \mid \phi) = f(V, \phi)$ gegeben.

2.3 Ausfallmuster

Ein Aspekt bei der Analyse von unvollständigen Datenmatrizen stellt das Ausfallmuster dar. Es beschreibt, an welchen Stellen der Datenmatrix fehlende Werte auftreten (vgl. z. B. Enders, 2010, S. 2–5; van Buuren, 2018, S. 105–106; Little und Rubin, 2020, S. 8–13). Einige der wichtigsten Ausfallmuster sind in der Abbildung 2.1 beispielhaft visualisiert. Der nicht beobachtete Teil der Datenmatrix A ist in den einzelnen Darstellungen grau hervorgehoben.

Bei einem univariaten Muster, dargestellt in der Abbildung 2.1a, fehlen nur in einem Merkmal Werte. Dieses Muster kann beispielsweise bei Experimenten auftreten, in denen die Merkmale a_1 bis a_3 vom Forscher festgelegte Designvariablen sind und a_4 die abhängige Variable ist. In der Landwirtschaft können z. B. a_1 bis a_3 Saatgutvariante, verwendeter Dünger und Bewässerung sowie a_4 der Ernteertrag sein. Falls auf manchen

[1] Die Matrix V müsste eigentlich „Vorhandenmatrix" heißen, da der Wert $v_{ik} = 1$ das Vorhandensein des Wertes a_{ik} anzeigt (vgl. Little und Rubin, 2020, S. 8–9). Dieser Begriff existiert im Deutschen jedoch de facto nicht und V wird normalerweise als Indikatormatrix oder MD-Indikatormatrix bezeichnet (vgl. z. B. Bankhofer, 1995, S. 6; Decker und Wagner, 2008, S. 56; Backhaus und Blechschmidt, 2009, S. 268).

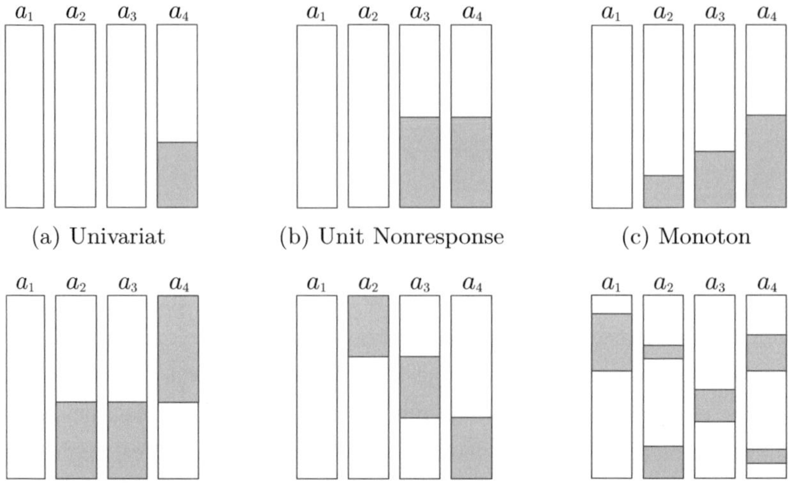

(a) Univariat (b) Unit Nonresponse (c) Monoton

(d) File Matching (e) Planned MD (f) Allgemein

Abbildung 2.1: Ausfallmuster (in Anlehnung an Enders, 2010, S. 4 und Little und Rubin, 2020, S. 9)

Feldern eine Ernte z. B. aufgrund einer Naturkatastrophe nicht möglich war, fehlen die entsprechenden Werte im Merkmal a_4 (vgl. Little und Rubin, 2020, S. 9–10). Falls in mehr als einem Merkmal fehlende Werte auftreten, heißt das Muster multivariat (vgl. van Buuren, 2018, S. 105). Folglich sind mit Ausnahme der Abbildung 2.1a alle in der Abbildung 2.1 gezeigten Muster multivariat.

Im Gegensatz zum univariaten Muster fehlen beim Unit Nonresponse Muster (Abbildung 2.1b) für einen Teil der Objekte alle Merkmale, die nicht schon im Vorfeld bekannt waren. Ein Beispiel hierfür sind Telefonumfragen, bei denen für alle Personen z. B. die Telefonnummer und die Adresse bekannt sind, jedoch einige Personen nicht abnehmen. Für diese Personen fehlen dann die Werte in allen anderen Merkmalen in der Datenmatrix (vgl. Enders, 2010, S. 3).

Das monotone Muster in der Abbildung 2.1c ist typisch für longitudinale Daten. Dabei repräsentieren die Indizes 1 bis 4 aufeinanderfolgende Zeitpunkte, zu denen die Merkmale erhoben werden. Ein typisches Problem bei longitudinalen Untersuchungen ist der Umzug von Teilnehmern, wodurch für diese ab einem gewissen Zeitpunkt keine Daten mehr vorliegen. Wenn dies der einzige Grund für fehlende Werte ist, dann weist ein Objekt, das ab einen Zeitpunkt k das erste Mal keinen beobachteten Wert mehr aufweist, auch für alle folgenden Zeitpunkte keinen Wert mehr auf. Hierdurch entsteht (bei geeigneter Sortierung der Merkmale) ein monotones Muster (vgl. Little und Rubin, 2020, S. 10–11).

Bei der Zusammenführung von Datenmatrizen mit unterschiedlichen Merkmalen kann ein Muster wie in Abbildung 2.1d resultieren. Das visualisierte Muster entsteht, wenn zwei Matrizen zusammengeführt werden, wobei in der ersten die Merkmale a_1, a_2, a_3 und in der zweiten die Merkmale a_1, a_4 vorhanden sind. Da die Merkmale a_2, a_3, a_4 nur in einer Matrix vorkommen, werden sie nie gemeinsam beobachtet. Bei diesem Muster ist es daher nicht möglich, gewisse Zusammenhänge zwischen a_4 und den Merkmalen a_2, a_3 direkt anhand der zusammengeführten Datenmatrix zu untersuchen (vgl. Little und Rubin, 2020, S. 12).

Ein Muster wie in der Abbildung 2.1e ist normalerweise das Resultat von einem Planned Missing Data Design. Hierbei werden jedem Teilnehmer nur ein Teil der Fragen aus einem Fragenpool vorgelegt. Das Muster in der Abbildung 2.1e basiert auf einem sogenannten Three Form Design. Bei diesem Design wird ein Teil der Fragen (a_1) allen Teilnehmern gestellt. Von den restlichen drei Frageblöcken a_2, a_3 und a_4 erhält jeder Teilnehmer zwei. Das erste Drittel der Teilnehmer erhält die Fragen a_1,a_3,a_4, das nächste Drittel die Fragen a_1,a_2, a_4 und das letzte Drittel die Fragen a_1,a_2,a_3 (vgl. Graham et al., 1996, S. 198–199; Graham et al., 2006, S. 325–327).

Alle vorherigen Muster können theoretisch als Spezialfälle des allgemeinen Musters in der Abbildung 2.1f angesehen werden. Dieses Muster erlaubt, dass an jeder beliebigen Stelle der Datenmatrix fehlende Werte auftreten (vgl. Schafer und Graham, 2002, S. 150).[2] Dieses Muster ist laut Enders (2010, S. 4) in der Realität vermutlich am häufigsten anzutreffen.

Die Ausfallmuster können bei der Verfahrensauswahl relevant sein, da insbesondere für univariate und monotone Muster spezielle MD-Verfahren existieren. So widmen sowohl Little und Rubin (2020, S. 29–45) als auch van Buuren (2018, S. 63–103) den Verfahren für univariate Muster ein ganzes Kapitel. Ferner erlaubt ein monotones Ausfallmuster in manchen Fällen eine weniger rechenintensive Auswertung der Daten als ein (beliebiges) allgemeines Muster (vgl. Little und Rubin, 2020, S. 8). Jedoch spielen die Ausfallmuster heute keine so große Rolle mehr, da viele moderne Verfahren mit beliebigen Ausfallmustern umgehen können und auch die Rechenkapazitäten erheblich gestiegen sind (vgl. Enders, 2010, S. 5).

[2] Alternative Definitionen in der Literatur sprechen nur von einem allgemeinen Muster, wenn kein monotones Ausfallmuster vorliegt (vgl. van Buuren, 2018, S. 105).

2.4 Ausfallmechanismen

Neben dem Ausfallmuster ist bei der Analyse unvollständiger Datenmatrizen insbesondere der zugrundeliegende Ausfallmechanismus relevant. Dieser beschreibt, inwieweit das Fehlen von Werten von der Datenmatrix A abhängt (vgl. Enders, 2010, S. 5; Little und Rubin, 2020, S. 13). Das Konzept der Ausfallmechanismen geht auf die Veröffentlichung von Rubin (1976) zurück. Rubin (1976, S. 582) definierte in seiner ursprünglichen Arbeit die beiden Ausfallmechanismen Missing at Random (MAR) und Observed at Random (OAR). Jedoch hat sich in der neueren Literatur eine Dreiteilung in Missing Completely at Random (MCAR), Missing at Random (MAR) und Missing not at Random (MNAR) etabliert (vgl. z. B. Little und Rubin, 2002, S. 11–12; Schafer und Graham, 2002, S. 151–152; Enders, 2010, S. 5–12; van Buuren, 2018, S. 8–9; Little und Rubin, 2020, S. 13–14). Genau genommen gibt es für jeden dieser drei Ausfallmechanismen zwei Formen, zwischen denen in der Literatur jedoch stellenweise nicht explizit unterschieden wird (vgl. Seaman et al., 2013, S. 257–260). Auf die Unterschiede zwischen diesen beiden Formen wird im Anhang A genauer eingegangen.

Die Definition der Ausfallmechanismen in den Abschnitten 2.4.1 bis 2.4.3 geschieht zunächst in Anlehnung an Little und Rubin (2002, S. 11–12), da in den meisten Simulationsstudien diese Formen der Ausfallmechanismen simuliert werden.[3] Unter anderem wird aus diesem Grund im weiteren Verlauf der Arbeit stets von diesen Formen der Ausfallmechanismen ausgegangen, sofern nichts anderes angemerkt ist. Da im weiteren Verlauf der Arbeit viele Simulationsstudien zur Güteuntersuchung von Imputationsverfahren analysiert werden, wird in den Abschnitten 2.4.1 bis 2.4.3 anhand von Beispielen erläutert, wie die jeweiligen Ausfallmechanismen im Rahmen von Simulationen realisiert werden können.[4] Außerdem wird für diese Simulationsmöglichkeiten die jeweils resultierende Wahrscheinlichkeitsfunktion für die MD-Indikatormatrix angegeben. Diese Angabe fehlt häufig in der Literatur zur Simulation von Ausfallmechanismen, da der Fokus meist auf der rechentechnischen Generierung des Ausfalls und nicht auf der stochastischen Natur des Mechanismus liegt (vgl. z. B. Schouten et al., 2018, S. 2909–2924; Santos et al., 2019, S. 11651–11666). Neben diesen Simulationsmöglichkeiten werden die Auswirkungen der Ausfallmechanismen auf die Daten

[3] Deshalb wird die 2. Auflage von Little und Rubin (2002, S. 11–12) und nicht die 3. Auflage (Little und Rubin, 2020) verwendet, in der die Definitionen der Ausfallmechanismen abgewandelt wurden. Auf die Unterschiede zwischen diesen Definitionen wird im Anhang A genauer eingegangen.

[4] Alle in den Beispielen erläuterten Möglichkeiten zur Generierung fehlender Werte (und noch weitere) werden im R-Paket missMethods (Rockel, 2020) bereitgestellt und können so ohne weiteren Implementierungsbedarf z. B. in Simulationen direkt eingesetzt werden.

anhand einer Stichprobe aus dem American Community Survey (ACS) Public Use Microdata Sample (PUMS) verdeutlicht, zu der weitere Details im Anhang B zu finden sind.

2.4.1 Missing Completely at Random (MCAR)

Die Daten werden von Little und Rubin (2002, S. 12) als Missing Completely at Random (MCAR) bezeichnet, wenn

$$f(V \mid A, \phi) = f(V \mid \phi) \qquad \forall A, \phi \tag{2.3}$$

gilt, also die Verteilung der MD-Indikatormatrix unabhängig von der Datenmatrix A ist. Das Fehlen der Werte in A hängt folglich nicht von den Werten in A ab – unabhängig davon, ob die Werte beobachtet werden oder nicht (vgl. Little und Rubin, 2002, S. 12).

Beispiel 2.1 (Simulation: MCAR mit erwarteter Ausfallrate)
Eine Möglichkeit einen MCAR-Ausfallmechanismus mit einem univariaten Ausfallmuster zu simulieren, ist ein Merkmal k zu wählen und eine Ausfallwahrscheinlichkeit $p \in [0; 1]$ festzulegen, die angibt, wie groß der (erwartete) Anteil fehlender Werte im Merkmal k ist. Für jedes Objekt i wird dann eine Bernoulli-Zufallszahl aus einer $B(1; p)$-Verteilung gezogen. Der Wert a_{ik} wird genau dann gelöscht, wenn diese Zufallszahl 1 ist (vgl. Twala, 2009, S. 388; Santos et al., 2019, S. 11654). Als Wahrscheinlichkeitsfunktion für die MD-Indikatormatrix ergibt sich bei einem solchen Ausfallmechanismus

$$f(V \mid p) = \prod_{i=1}^{n} \left(p^{1-v_{ik}} (1-p)^{v_{ik}} \prod_{l \neq k} v_{il} \right). \tag{2.4}$$

Der hintere Teil ($\prod_{l \neq k} v_{il}$) im Produkt stellt sicher, dass nur im Merkmal k fehlende Werte auftreten. Der vordere Teil ($p^{1-v_{ik}}(1-p)^{v_{ik}}$) in dem Produkt ist für ein Objekt i betrachtet die Wahrscheinlichkeitsfunktion einer Bernoulli-Zufallsvariable. Daher ist die Gesamtzahl an fehlenden Werten im Merkmal k als Summe von Bernoulli-Zufallsvariablen eine $B(n; p)$-verteilte Zufallsvariable. Entsprechend ist die erwartete Anzahl fehlender Werte im Merkmal k bei einem solchen Ausfallmechanismus np und der erwartete Anteil $\frac{np}{n} = p$.

Das beschriebene Vorgehen zur Simulation eines univariaten MCAR-Ausfalls lässt sich auch zur Erzeugung von multivariaten Ausfallmustern verallgemeinern. Dafür wird für jedes Merkmal k der Datenmatrix A eine Ausfallwahrscheinlichkeit $p_k \in [0; 1]$

festgelegt, wodurch der Vektor $p = (p_1, \ldots, p_m)$ mit merkmalsweisen Ausfallwahrscheinlichkeiten entsteht. Nun wird für jeden Eintrag a_{ik} in der Datenmatrix eine Zufallszahl aus einer $B(1; p_k)$-Verteilung gezogen. Wie im univariaten Fall wird der Wert a_{ik} genau dann gelöscht, wenn die Zufallszahl gleich 1 ist (vgl. Twala, 2009, S. 388; Santos et al., 2019, S. 11656, welche von einem konstanten p_k für alle Merkmale ausgehen). Für diesen Ausfallmechanismus resultiert

$$f(V|p) = \prod_{i=1}^{n} \prod_{k=1}^{m} p_k^{1-v_{ik}} (1 - p_k)^{v_{ik}} \tag{2.5}$$

als Wahrscheinlichkeitsfunktion für die MD-Indikatormatrix. Die Anzahl an fehlenden Werten im Merkmal k ist wie vorher eine $B(n; p_k)$-verteilte Zufallsvariable und die Gesamtanzahl fehlender Werte in der Datenmatrix ist die Summe dieser m Zufallsvariablen.

Beispiel 2.2 (Simulation: MCAR mit fester Ausfallrate)

Um die Variabilität des Anteils fehlender Werte im Beispiel 2.1 zu umgehen, können für jedes Merkmal k genau $[np_k]$ Werte gelöscht werden, wobei $[np_k]$ die nächste ganze Zahl zu np_k ist. Für die Wahrscheinlichkeitsfunktion der Indikatormatrix gilt dann

$$f(V \mid p) = \begin{cases} \prod_{k=1}^{m} \binom{n}{[np_k]}^{-1} & \text{falls } \forall k \in \{1, \ldots, m\} : \sum_{i=1}^{n} (1 - v_{ik}) = [np_k] \\ 0 & \text{sonst,} \end{cases} \tag{2.6}$$

da es für jedes Merkmal k genau $\binom{n}{[np_k]}$ Möglichkeiten gibt, die fehlenden Werte zu erzeugen. Die Bedingung $\forall k \in \{1, \ldots, m\} : \sum_{i=1}^{n}(1 - v_{ik}) = [np_k]$ sichert, dass in jedem Merkmal k genau $[np_k]$ Werte fehlen, da mittels $\sum_{i=1}^{n}(1 - v_{ik})$ die Anzahl fehlender Werte im Merkmal k berechnet wird.

Beispiel 2.3 (Reale Datenmatrix: MCAR)

Die Auswirkungen eines MCAR-Ausfallmechanismus werden anhand der eingangs erwähnten ACS PUMS Stichprobe beispielhaft verdeutlicht. Dazu wird eine Stichprobe von 200 Amerikanern aus der 2015er ACS verwendet. Details zur ACS und der Stichprobe befinden sich im Anhang B. Aus der ursprünglichen Datenmatrix werden zufällig 50 der 200 Werte im Merkmal Einkommen gelöscht. Der Ausfallmechanismus entspricht also dem im Beispiel 2.2. Die Wirkung des MCAR-Ausfallmechanismus wird in der Abbildung 2.2 visualisiert. Im linken Teil der Abbildung 2.2 sind die 50 Objekte mit fehlenden Werten im Merkmal Einkommen durch Kreuze gekennzeichnet, während die 150 vollständig beobachteten Objekte durch Kreise symbolisiert werden. Im rechten Teil der Abbildung 2.2 sind nur noch die 150 vollständig beobachteten Objekte dargestellt.

Beim Vergleich des Streudiagramms der 150 vollständig beobachteten Objekten mit dem Streudiagramm der vollständigen Stichprobe zeigt sich keine offensichtlich erkennbare Verzerrung in den beiden Merkmalen.

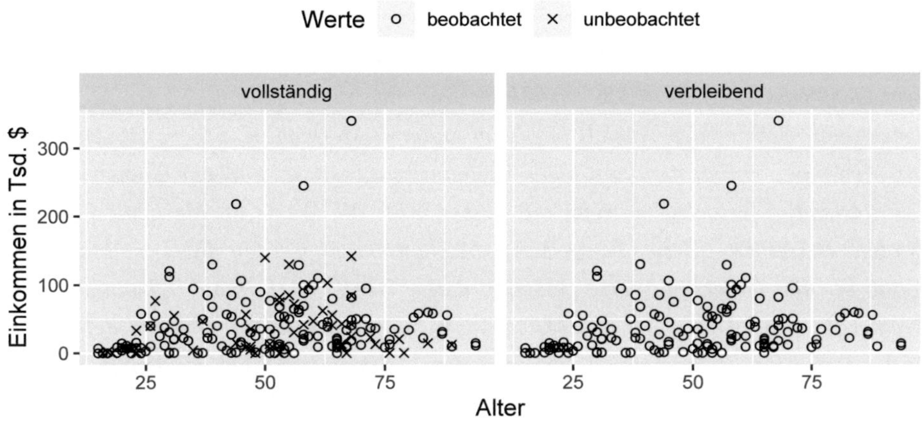

Abbildung 2.2: ACS-Stichprobe: MCAR

2.4.2 Missing at Random (MAR)

Der MCAR-Ausfallmechanismus stellt einen Spezialfall des MAR-Mechanismus dar. Im Gegensatz zu MCAR erlaubt MAR, dass das Fehlen der Werte von den beobachteten Werten A^{obs} abhängt. Die exakte Definition nach Little und Rubin (2002, S. 12) lautet: Die Daten werden als MAR bezeichnet, wenn

$$f(V \mid A, \phi) = f(V \mid A^{obs}, \phi) \qquad \forall A^{mis}, \phi \tag{2.7}$$

gilt. Die Verteilung der MD-Indikatormatrix kann also von den beobachteten Werten A^{obs}, aber nicht von den fehlenden Werten A^{mis} abhängen. Die Wahrscheinlichkeit, dass ein Wert fehlt, ist folglich von den unbeobachteten Werten (stochastisch) unabhängig, kann aber von den beobachteten Werten beeinflusst werden (vgl. Little und Rubin, 2002, S. 12).

Aus einem Vergleich der Definitionen von MCAR und MAR folgt, dass beim Vorliegen von MCAR-Daten auch die Bedingungen des MAR-Ausfallmechanismus erfüllt sind. Dies unterstreicht nochmals die Tatsache, dass MCAR ein Spezialfall von MAR ist (vgl. Schafer und Graham, 2002, S. 151). Entsprechend sind die Beispiele 2.1

bis 2.3 auch Beispiele für einen MAR-Ausfallmechanismus. Wenn in Simulationsstudien von MAR-Daten die Rede ist, werden hiermit normalerweise jedoch Daten gemeint, welche nur die MAR-, aber nicht die MCAR-Bedingung erfüllen. Im Folgenden werden daher noch Beispiele für MAR-Ausfallmechanismen gegeben, die in der Regel keine MCAR-Daten erzeugen.

Beispiel 2.4 (Simulation: MAR als Zensierung)
Eine Möglichkeit, einen MAR-Ausfallmechanismus zu simulieren, ist ein Merkmal γ festzulegen, welches den Ausfall in einem anderen Merkmal η, $\eta \neq \gamma$, steuert. Wenn das Merkmal γ mindestens ordinales Skalenniveau besitzt, kann ein Grenzwert u für das Merkmal γ festgelegt werden, mit dessen Hilfe die Werte im Merkmal η gelöscht werden. Bei einem „Zensierungs-MAR-Mechanismus" werden dabei im Merkmal η genau bei den Objekten Werte gelöscht, deren Wert im Merkmal γ kleiner als der Grenzwert u ist. Diese Art des MAR-Ausfallmechanismus ist insofern deterministisch, dass beim gleichzeitigen Fixieren der Datenmatrix, der Merkmale γ und η sowie des Grenzwerts stets dieselben Werte gelöscht werden. Entsprechend ist die Wahrscheinlichkeitsfunktion für die Indikatormatrix 1, falls nur im Merkmal η Werte entsprechend des Zensierungsmechanismus fehlen und 0 sonst. Twala (2009, S. 389) verwendet als Grenzwert z. B. ein Fraktil und kann so anhand der Wahl des Fraktils den Anteil fehlender Werte im Merkmal η steuern. Die beschriebene univariate Version des Ausfallmechanismus lässt sich durch mehrfache Anwendung auf unterschiedliche Merkmalspaare γ, η zu einem multivariaten Ausfallmechanismus erweitern. Hierbei muss darauf geachtet werden, dass alle ausfallsteuerenden Merkmale stets vollständig bleiben, da ansonsten kein MAR-Ausfallmechanismus mehr vorliegt (vgl. Twala, 2009, S. 389; Santos et al., 2019, S. 11655, 11657–11658).

Beispiel 2.5 (Simulation: MAR1:x)
Ein Möglichkeit unterschiedlich starke Formen eines MAR-Ausfallmechanismus zu simulieren, ist die Verwendung eines MAR1:x-Designs.[5] Wie im Beispiel 2.4 werden die Objekte anhand eines Merkmals γ und einem zugehörigen Grenzwert u in zwei Gruppen geteilt. Anstatt jedoch die Werte aller Objekte in einer Gruppe zu löschen, kann die Anzahl fehlender Werte in den beiden Gruppen unterschiedlich hoch gewählt werden. Sei dazu n_1 die Anzahl Objekte, deren Ausprägung im ausfallsteuerenden Merkmal γ kleiner als der Grenzwert u ist, und c_1 die (gewünschte) Anzahl fehlender Werte dieser Objekte im Merkmal η. Analog sind $n_2 = n - n_1$ die Anzahl Objekte in der zweiten Gruppe und c_2 die Anzahl fehlender Werte in dieser Gruppe. Dann lässt

[5] Die Ideen für diesen Mechanismus basieren auf Rieger et al. (2010, S. 5) und Joenssen (2015, S. 115, 117–118), die Spezialformen dieses Algorithmus entwickelt haben.

sich die Wahrscheinlichkeitsfunktion für V unter der Annahme, dass das Merkmal γ quantitativ ist, darstellen als

$$f(V \mid a_\gamma, u, n_1, c_1, c_2) = \begin{cases} \binom{n_1}{c_1}^{-1}\binom{n-n_1}{c_2}^{-1} & \textit{falls} \quad \begin{array}{l} \sum_{i=1}^{n} h_1(a_{i\gamma}) = c_1, \\ \sum_{i=1}^{n} h_2(a_{i\gamma}) = c_2 \textit{ und} \\ \forall i,k \neq \eta : v_{ik} = 1 \end{array} \\ 0 & \textit{sonst,} \end{cases} \tag{2.8}$$

$$\textit{mit } h_1(a_{i\gamma}) = (1 - v_{i\eta})\mathbf{1}_{(-\infty,u)}(a_{i\gamma}) \textit{ und } h_2(a_{i\gamma}) = (1 - v_{i\eta})\mathbf{1}_{[u,\infty)}(a_{i\gamma}).$$

Die beiden Binomialkoeffizienten geben die Anzahl Möglichkeiten an, genau c_1 aus n_1 Werten bzw. genau c_2 aus $n_2 = n - n_1$ Werten zu löschen. Ferner sichern die ersten beiden Summenbedingungen, dass exakt c_1 Werte in der ersten sowie c_2 Werte in der zweiten Gruppe gelöscht werden. Der Ausdruck $\mathbf{1}_{(-\infty,u)}(a_{i\gamma})$ ist dabei die Indikatorfunktion, die den Wert 1 annimmt, falls $a_{i\gamma} \in (-\infty, u)$ ist, und sonst 0 ist. Die letzte Bedingung $\forall i,k \neq \eta : v_{ik} = 1$ gibt an, dass in den anderen Merkmalen mit Ausnahme des Merkmals η keine Werte fehlen dürfen.

Anstatt die Anzahlen c_1 und c_2 direkt zu steuern, können diese auch anhand des Verhältnisses $\frac{c_1}{n_1} : \frac{c_2}{n_2}$ zwischen den Anteilen unvollständiger Objekte in den beiden Gruppen festgelegt werden. Durch das Setzen von $1 : x = \frac{c_1}{n_1} : \frac{c_2}{n_2}$ kann mithilfe von x die Stärke des Ausfallmechanismus gesteuert werden.[6] Der Ausfallmechanismus kann dabei als umso stärker eingestuft werden, je stärker das Verhältnis $1 : x$ vom Verhältnis $1 : 1$ abweicht (vgl. Joenssen, 2015, S. 117–118).

Beispiel 2.6 (Reale Datenmatrix: MAR)

In Anlehnung an den im Beispiel 2.5 beschriebenen Ausfallmechanismus werden aus der Datenmatrix im Anhang B zufällig bei 10 Personen unterhalb des Medianalters von 52,5 Jahren und bei 40 Personen oberhalb des Medianalters die Einkommenswerte gelöscht. Das Ergebnis der Löschung ist in der Abbildung 2.3 dargestellt. Durch die stärkere Löschung bei Personen mit hohem Alter werden tendenziell höhere Einkommenswerte gelöscht, da ältere Personen im Durchschnitt etwas höhere Einkommen erhalten. Aufgrund des verhältnismäßig schwachen Zusammenhangs zwischen Alter und Einkommen ist der Effekt auf die Einkommensdaten nur relativ schwach ausgeprägt.

[6] Bei der Wahl von x muss beachtet werden, dass c_1 und c_2 ganzzahlig sein müssen und n_1 und n_2 anhand des Grenzwerts u definierte Größen sind, also nur durch eine Variation von u aber nicht von x geändert werden können.

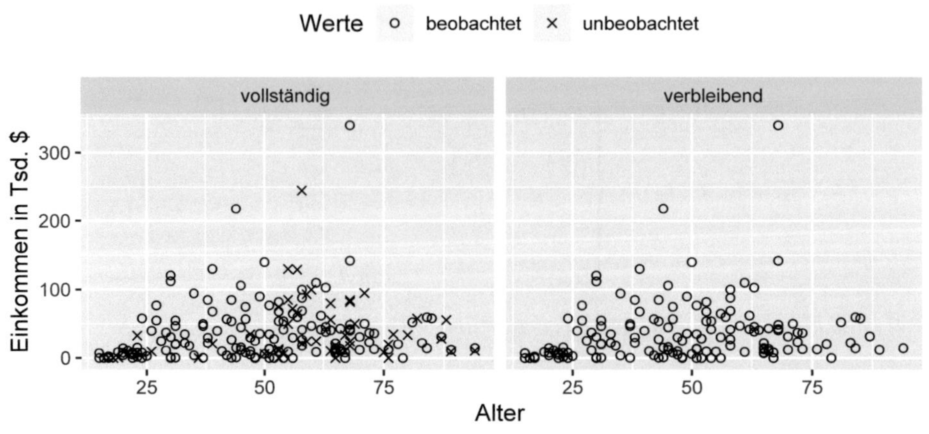

Abbildung 2.3: ACS-Stichprobe: MAR

2.4.3 Missing Not at Random (MNAR)

Falls die Verteilung von V von den unbeobachteten Werten A^{mis} abhängt, liegt ein MNAR-Ausfallmechanismus vor (vgl. Little und Rubin, 2002, S. 12). In diesem Fall hängt die Wahrscheinlichkeit, dass ein Wert fehlt, von den unbeobachteten Werten ab (vgl. Graham, 2009, S. 552). Aus dem Vergleich der Definitionen von MAR und MNAR folgt, dass entweder ein MAR- oder ein MNAR-Ausfallmechanismus vorliegt. Daher kann MNAR auch als „nicht MAR“ interpretiert werden, was auch die z. B. von Little und Rubin (2002, S. 12) verwendeten Bezeichnung Not Missing at Random erklärt (vgl. auch Little und Rubin, 2020, S. xi).

Beispiel 2.7 (Simulation: MNAR)
Die in den Beispielen 2.4 und 2.5 beschriebenen Möglichkeiten zur Simulation von MAR-Daten können durch eine einfache Anpassung zur Simulation von MNAR-Daten verwendet werden. Dazu wird in den beiden Beispielen einfach $\gamma = \eta$ gesetzt (und die weiteren Ausführungen dort sinngemäß angepasst), wodurch das Fehlen von Werten in einem Merkmal direkt von den Werten im Merkmal abhängt. In gewisser Weise steuert das Merkmal, in dem die fehlenden Werte erzeugt werden, den Ausfall selbst (vgl. Twala, 2009, S. 389; Santos et al., 2019, S. 11659).

Beispiel 2.8 (Reale Datenmatrix: MNAR)
Das Beispiel 2.6 wird nun durch die im Beispiel 2.7 angesprochene Anpassung modifiziert, sodass anstatt MAR- nun MNAR-Daten erzeugt werden. Dazu werden aus der Datenmatrix im Anhang B zufällig bei 10 Personen unterhalb des Medianeinkommens

und bei 40 Personen oberhalb des Medianeinkommens die Einkommenswerte gelöscht. Der Ausfallmechanismus ist folglich ein MNAR-Mechanismus, da das Fehlen der Werte im Merkmal Einkommen von den Werten selbst abhängt. Das Ergebnis der Löschung ist in der Abbildung 2.4 dargestellt. Durch die beschriebene Löschung kommt es zu einer stärkeren Unterschätzung der Einkommenshöhe und der Einkommensvariabilität als im vorherigen MAR Beispiel.

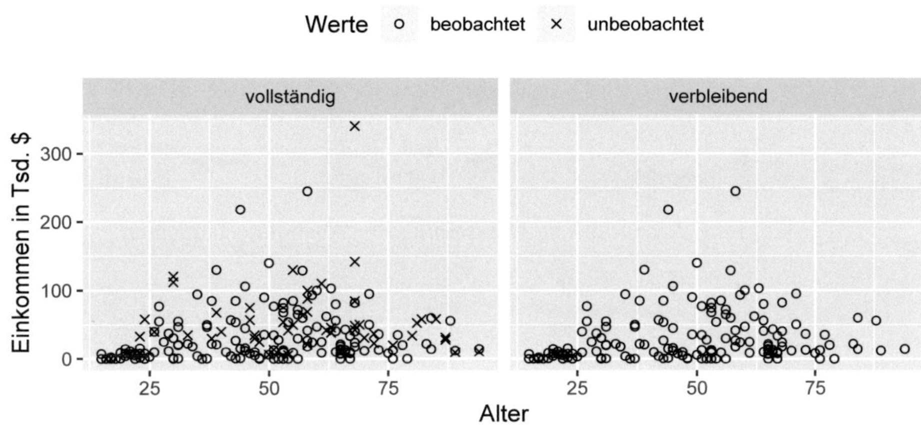

Abbildung 2.4: ACS-Stichprobe: MNAR

Zusammenfassend sind die für die Ausfallmechanismen entscheidenden Zusammenhänge in der Abbildung 2.5 nochmals grafisch dargestellt.[7] Die Ausfallmechanismen werden darüber definiert, inwiefern die Größen ϕ, A^{obs}, A^{mis} die Verteilung von V beeinflussen. Hierfür gibt es drei unterschiedliche Möglichkeiten. Falls eine der drei Variablen Einfluss auf die Verteilung von V haben darf, wird dies durch einen einfachen Pfeil visualisiert. Falls eine Beziehung vorliegen muss, wird dies durch einen dicken Pfeil verdeutlicht. Wenn keine Beziehung zwischen V und einer der anderen Variablen zulässig ist, wird dies durch ein großes Kreuz durch den Pfeil symbolisiert. Das Entscheidende bei den Definitionen der Ausfallmechanismen ist, welche Größen die Verteilung von V nicht beeinflussen darf bzw. beeinflussen muss. Dies wird insbesondere bei dem Vergleich von MCAR und MAR sowie MAR und MNAR in der Abbildung 2.5 nochmals deutlich. So ist jeder MCAR-Ausfallmechanismus

[7] Die Idee für die grafische Darstellung der Ausfallmechanismen stammt aus Schafer und Graham (2002, S. 152) und Enders (2010, S. 12), welche jedoch andere Schwerpunkte bzw. Darstellungsformen wählen.

zwar ein MAR-Ausfallmechanismus, aber ein MAR-Ausfallmechanismus ist nie ein MNAR-Ausfallmechanismus.

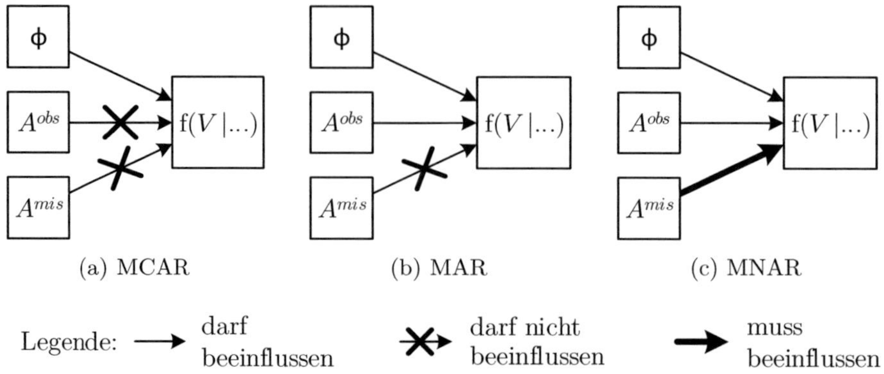

Abbildung 2.5: Grafische Darstellung der Ausfallmechanismen

3 Missing-Data-Verfahren

Bevor im Kapitel 4 detailliert auf die verschiedenen Möglichkeiten zur Imputation unvollständiger Datenmatrizen eingegangen wird, soll zunächst ein genereller Überblick über die verschiedenen Verfahren zum Umgang mit fehlenden Werten gegeben werden. Dieser dient zum einen der Einordnung der Imputationsverfahren und zum anderen existieren wichtige Querverbindungen zwischen Imputationsverfahren und anderen MD-Verfahren. Die Einteilung der MD-Verfahren erfolgt in Anlehnung an Bankhofer (1995, S. 89) in die folgenden fünf Kategorien: Eliminierungsverfahren, Imputationsverfahren, Parameterschätzverfahren, multivariate Analyseverfahren und Sensitivitätsbetrachtung. Da die Zuordnung einiger Verfahren in die Kategorien nicht eindeutig ist, erfolgt die Einteilung nach der Intention des jeweiligen Verfahrens (vgl. Bankhofer, 1995, S. 90). Jeder Verfahrenskategorie ist im Folgenden ein eigener Abschnitt gewidmet, in dem die grundlegenden Ideen und Eigenschaften der jeweiligen Kategorie erläutert werden.

3.1 Eliminierungsverfahren

Bei den Eliminierungsverfahren werden Objekte oder Merkmale mit fehlenden Werten von der Analyse ausgeschlossen. Hierbei wird zwischen der Analyse der vollständigen Objekte bzw. Merkmale und der Analyse der verfügbaren Objekte bzw. Merkmale unterschieden. Die vier verschieden Grundverfahren und die zugehörigen englischen Bezeichnungen sind in der Tabelle 3.1 dargestellt (vgl. Bankhofer, 1995, S. 102). Diese vier Verfahren werden in den folgenden Abschnitten genauer dargestellt, da sie auch im Rahmen einiger Imputationsverfahren eingesetzt werden. Darüber hinaus gehende Ansätze wie Möglichkeiten zur Kombination der Verfahren sind z. B. bei Dempster (1971, S. 343) und Bankhofer (1995, S. 103) zu finden.

	Objekte	Merkmale
vollständige	Analyse der vollständigen Objekte (complete-case analysis)	Analyse der vollständigen Merkmale (complete-variable analysis)
verfügbare	Analyse der verfügbaren Objekte (available-case analysis)	Analyse der verfügbaren Merkmale (available-variable analysis)

Tabelle 3.1: Eliminierungsverfahren

3.1.1 Objekteliminierung

Im Rahmen der Objekteliminierung wird zwischen der Analyse der vollständigen Objekte und der Analyse der verfügbaren Objekte unterschieden. Bei der Analyse der vollständigen Objekte (complete-case analysis oder auch listwise deletion) werden alle Objekte mit mindestens einem fehlenden Wert aus der Datenmatrix entfernt. Hierdurch entsteht eine reduzierte Datenmatrix, die nur noch vollständig beobachtete Objekte enthält (vgl. z. B. Enders, 2010, S. 39). Wenn die Datenmatrix so sortiert wird, dass die vollständigen Objekte in den ersten ϖ Zeilen stehen und die unvollständigen Objekte in den nachfolgenden $n - \varpi$ Zeilen enthalten sind, dann lässt sich die Datenmatrix folgendermaßen partitionieren (vgl. Bankhofer, 1995, S. 91):

$$A = (a_{ik})_{n \times m} = \begin{pmatrix} A_{obs} \\ A_{mis} \end{pmatrix} = \begin{pmatrix} (a_{ik})_{\varpi \times m} \\ (a_{ik})_{(n-\varpi) \times m} \end{pmatrix} \tag{3.1}$$

Die Untermatrix A_{obs} enthält alle vollständigen Objekte und die Untermatrix A_{mis} alle Objekte mit mindestens einem fehlenden Wert. Im Rahmen einer Analyse der vollständigen Objekte wird nur die Untermatrix A_{obs} der ursprünglichen Datenmatrix A verwendet (vgl. Bankhofer, 1995, S. 91).

Die Vorteile dieses Verfahrens sind zum einen die einfache Anwendbarkeit und zum anderen, dass eine Datenmatrix ohne fehlende Werte resultiert, die dann mit herkömmlichen Analysemethoden ausgewertet werden kann (vgl. Little und Rubin, 2020, S. 47). Jedoch führt die Analyse der vollständigen Objekte zu einem Informationsverlust durch den Ausschluss der unvollständigen Objekte. Dies ist insbesondere problematisch, wenn viele Merkmale von fehlenden Werten betroffen sind. Falls beispielsweise in 12 Merkmalen unabhängig voneinander jeweils 5 % der Objekte fehlende Werte aufweisen, sind im Durchschnitt nur $0{,}95^{12} \approx 54$ % der Objekte vollständig. Diese Verkleinerung des Stichprobenumfangs (im Beispiel fast eine Halbierung) kann unter anderem zu einem erheblichen Verlust an statistischer Macht bei Tests führen (vgl. Enders, 2010, S. 40; Little und Rubin, 2020, S. 47–48).

Dieser übermäßige Ausschluss von Objekten ist nicht nur ein Problem in der Theorie, sondern tritt auch in der Praxis auf. So berichten King et al. (2001, S. 49, 52), dass in Studien aus dem Bereich Politikwissenschaften durchschnittlich 50 % der Objekte fehlende Werte aufweisen und im schlechtesten Fall sogar bis zu 90 % der Objekte unvollständig sind. Auch wenn andere Studien den mittleren Anteil unvollständiger Objekte eher geringer einschätzen (vgl. Tabelle 2.1), bleibt der Datenverlust in einzelnen Studien doch ein erhebliches Problem.

Eine unverzerrte Parameterschätzung bei einer Analyse der vollständigen Objekte ist bei Vorliegen eines MCAR-Ausfallmechanismus gewährleistet (vgl. Little und Rubin, 2020, S. 48). Jedoch sind auch mildere Bedingungen für unverzerrte Parameterschätzungen bei der Analyse der vollständigen Objekte herleitbar (vgl. Galati und Seaton, 2016, S. 1529–1530). Falls die Voraussetzungen für unverzerrte Schätzungen jedoch nicht eingehalten werden, kann selbst die Schätzung univariater Parameter bei eigentlich vollständig beobachteten Merkmalen verzerrt werden. Dies ist gut im Beispiel 3.1 zu sehen (vgl. auch Enders, 2010, S. 39–40; Little und Rubin, 2020, S. 48). Hier wird der Mittelwert des Merkmals Alter, welches für alle Objekte vollständig beobachtet ist, durch die Löschung aller unvollständigen Objekte sowohl bei einem MAR- als auch bei einem MNAR-Ausfallmechanismus verzerrt. Diese Verzerrung tritt weder bei einer Analyse der verfügbaren Objekte noch bei einem Imputationsverfahren auf, da diese keinerlei Änderungen am Merkmal Alter vornehmen.

Beispiel 3.1 (Analyse der vollständigen Objekte)
Die Auswirkungen einer Analyse der vollständigen Objekte werden anhand der Datenmatrix aus dem Anhang B demonstriert. Dabei werden 1.000 Simulationsläufe mit jeweils einem MCAR-, MAR- und MNAR-Ausfallmechanismus, wie sie in den Beispielen 2.3, 2.6 und 2.8 beschrieben sind, durchgeführt. Weitere Details zur Simulation sind im Anhang B zu finden. Die resultierenden mittleren Parameterschätzungen sind in der Tabelle 3.2 gegeben.

Es zeigt sich, dass alle Parameterschätzungen bei MCAR mit den Originalwerten aus der vollständigen Datenmatrix nahezu übereinstimmen, während sie bei MAR und MNAR verzerrt sind. Insbesondere sind auch die univariaten Parameterschätzungen des Merkmals Alter verzerrt, obwohl dieses Merkmal vollständig beobachtet ist. Jedoch führt die Analyse der Untermatrix A_{obs} *dazu, dass auch in diesem Merkmal nur die Objekte analysiert werden, die in allen Merkmalen vollständig sind, wodurch die Verzerrungen resultieren.*

	Original	MCAR	MAR	MNAR
Einkommen: Mittelwert	37,2	37,2	35,6	31,4
Einkommen: Median	23,5	23,6	21,8	15,5
Einkommen: Standardabweichung	44,2	44,2	42,9	41,2
Korrelation: Einkommen, Alter	0,18	0,17	0,20	0,18
Alter: Mittelwert	50,1	50,1	46,8	49,2
Alter: Median	52,5	52,2	47,0	51,2
Alter: Standardabweichung	19,6	19,6	19,4	20,2

Tabelle 3.2: ACS-Stichprobe: Analyse der vollständigen Objekte

Bei einer genaueren Analyse der Verzerrungen zeigen sich die Auswirkungen der simulierten MAR- bzw. MNAR-Ausfallmechanismen. Der MAR-Ausfallmechanismus führt verstärkt zu fehlenden Werten bei älteren Personen, wodurch das mittlere Alter und das Median-Alter sowie die Standardabweichung unterschätzt werden. Aufgrund des leicht positiven Zusammenhangs zwischen Alter und Einkommen werden auch das mittlere Einkommen und das Median-Einkommen sowie die Standardabweichung des Einkommens unterschätzt. Entsprechend erklären sich auch die Unterschätzungen der Mittelwerte und Mediane beim simulierten MNAR-Ausfallmechanismus, wobei aufgrund der Löschung höherer Einkommenswerte das Merkmal Einkommen stärker betroffen ist. Die Überschätzung der Standardabweichung im Merkmal Alter beim MNAR-Ausfallmechanismus erscheint auf den ersten Blick erstaunlich. Da jedoch keine lineare Beziehung zwischen Alter und Einkommen vorliegt, sondern die hohen Einkommenswerte insbesondere im „mittleren Altersbereich" auftreten, werden durch den MNAR-Ausfallmechanismus vermehrt Werte bei Personen aus dieser Altersschicht gelöscht, wodurch die Überschätzung der Standardabweichung im Merkmal Alter resultiert.

Im Gegensatz zur Analyse der vollständigen Objekte, bei der alle unvollständigen Objekte gelöscht werden, werden bei der Analyse der verfügbaren Objekte alle jeweils für eine Analyse verfügbaren Objekte herangezogen. Das Ziel dieses Vorgehens ist, den übermäßigen Datenverlust zu verringern, der durch eine Eliminierung aller unvollständigen Objekte entsteht. So werden beispielsweise zur Berechnung von univariaten Statistiken oder zur Schätzung von Randverteilungen eines Merkmals alle Objekte verwendet, die im jeweiligen Merkmal keine fehlenden Werte aufweisen (vgl. Little und Rubin, 2020, S. 61).

Bei der Berechnung von Kovarianzmatrizen auf Basis der verfügbaren Objekte kann es passieren, dass die resultierende Matrix nicht positiv semidefinit ist. Dies kann bei nachfolgenden Analysen problematisch sein, da z. B. negative Eigenwerte bei einer Eigenwertzerlegung auftreten können, was unter anderem bei der Faktoren- und Diskriminanzanalyse zu Problem führen kann (vgl. Bankhofer, 1995, S. 96). Durch geeignete Glättungsverfahren lässt sich jedoch die positive Semidefinitheit der Kovarianzmatrix herstellen (vgl. z. B. Schwertman und Allen, 1979, S. 187–188; Schnell, 1986, S. 86; Bankhofer, 1995, S. 96-97). Ferner können auch Korrelationen außerhalb des Intervalls $[-1; 1]$ resultieren (vgl. Enders, 2010, S. 41; Little und Rubin, 2020, S. 62). Dieses Problem kann durch angepasste Berechnungen der Varianzen bei der Bestimmung der Korrelationen vermieden werden. Falls die Korrelation zwischen zwei Merkmalen k und l bestimmt werden soll, können die Varianzen im Nenner der Korrelationsformel anhand der paarweise für k und l vorhanden Objekte berechnet werden, wodurch gewährleistet wird, dass alle Korrelationen im Intervall $[-1; 1]$ liegen (vgl. Matthai, 1951, S. 148–149; Little und Rubin, 2020, S. 62). Weitere Berechnungsmöglichkeiten für die Korrelationsmatrix anhand der verfügbaren Objekte und deren Eigenschaften sind z. B. bei Bankhofer (1995, S. 93–94) und den dort angegebenen Quellen zu finden.

Ein Vorteil der Analyse der verfügbaren Objekte gegenüber der Eliminierung aller unvollständigen Objekte ist, dass in der Regel mehr Objekte zur Berechnung statistischer Kennwerte zur Verfügung stehen (vgl. Enders, 2010, S. 40–41). Ferner kann keine Verzerrung univariater Statistiken vollständig beobachteter Merkmale durch den unnötigen Ausschluss von Objekten auftreten, unabhängig davon, welcher Ausfallmechanismus auftritt. Dies zeigt sich auch beim Vergleich der Ergebnisse des Merkmals Alter in der Tabelle 3.2 mit der Tabelle 3.3. Im Allgemeinen sind Parameterschätzungen bei der Analyse der verfügbaren Objekte nur unverzerrt, wenn ein MCAR-Ausfallmechanismus vorliegt (vgl. Enders, 2010, S. 41).

Beispiel 3.2 (Analyse der verfügbaren Objekte)
Die Auswirkungen einer Analyse der verfügbaren Objekte werden wieder anhand der Datenmatrix aus dem Anhang B demonstriert. Dabei werden erneut 1.000 Simulationsläufe mit jeweils einem MCAR-, MAR- und MNAR-Ausfallmechanismus, wie sie in den Beispielen 2.3, 2.6 und 2.8 beschrieben sind, durchgeführt. Die resultierenden mittleren Parameterschätzungen sind in der Tabelle 3.3 gegeben. Die Korrelation wird dabei anhand der paarweise vorhandenen Objekte berechnet.

Wie bei der Analyse der vollständigen Objekte stimmen alle Parameterschätzungen bei MCAR mit den Originalwerten aus der vollständigen Datenmatrix nahezu überein. Ferner sind die Verzerrungen der Schätzwerte für das Merkmal Einkommen und die Korrelation zwischen Einkommen und Alter bei MAR und MNAR vergleichbar zu den

	Original	MCAR	MAR	MNAR
Einkommen: Mittelwert	37,2	37,2	35,6	31,4
Einkommen: Median	23,5	23,6	21,8	15,5
Einkommen: Standardabweichung	44,2	44,2	42,9	41,2
Korrelation: Einkommen, Alter	0,18	0,17	0,20	0,18
Alter: Mittelwert	50,1	50,1	50,1	50,1
Alter: Median	52,5	52,5	52,5	52,5
Alter: Standardabweichung	19,6	19,6	19,6	19,6

Tabelle 3.3: ACS-Stichprobe: Analyse der verfügbaren Objekte

Verzerrungen der Analyse der vollständigen Objekte im Beispiel 3.1. Jedoch stimmen die Schätzungen der univariaten Statistiken, abweichend zur Analyse der vollständigen Objekte, im Merkmal Alter immer mit den Ergebnissen der vollständigen Datenmatrix überein, da für diese immer alle Objekte der ursprünglichen Datenmatrix verwendet werden.

3.1.2 Merkmalseliminierung

Bei der Merkmalseliminierung werden anstatt unvollständiger Objekte unvollständige Merkmale von der Analyse ausgeschlossen. Wie bei der Objekteliminierung wird bei der Merkmalseliminierung zwischen der Analyse der vollständigen und der verfügbaren Merkmale unterschieden. Der Ansatz der Merkmalseliminierung wird in der Literatur weniger Beachtung geschenkt, da vermutlich meist davon ausgegangen wird, dass alle Merkmale, die erhoben wurden, auch analysiert werden sollen (vgl. Bankhofer, 1995, S. 98). Dennoch ist die Merkmalseliminierung für einige Imputationsverfahren, welche z. B. Distanzen anhand der verfügbaren Merkmale bestimmen, von Bedeutung. Aus diesem Grund werden die beiden generellen Ansätze zur Merkmalseliminierung und insbesondere die Distanzberechnung anhand der verfügbaren Merkmale im Folgenden dargestellt.

Wenn alle Merkmale mit fehlenden Werten von der Analyse ausgeschlossen werden, so wird dieses Vorgehen als Analyse der vollständigen Merkmale (complete variable analysis) bezeichnet. Analog zur Analyse der vollständigen Objekte kann die Datenmatrix in diesem Fall durch eine geeignete Sortierung der Merkmale in die Form

$$A = (a_{ik})_{n\times m} = (A_{obs}, A_{mis}) = \Big((a_{ik})_{n\times q}, (a_{ik})_{n\times(m-q)}\Big) \qquad (3.2)$$

gebracht werden. Dabei besteht die Untermatrix A_{obs} aus den q vollständig beobachteten Merkmalen und A_{mis} aus den $m - q$ unvollständigen Merkmalen. Anhand der Matrix A_{obs} können nun z. B. Distanzen oder Klassen mithilfe üblicher Verfahren für vollständige Daten bestimmt werden (vgl. Wishart, 1978, S. 281; Bankhofer, 1995, S. 98).

Anstatt nur die vollständigen Merkmale bei einer Analyse zu verwenden, ist es auch möglich (ähnlich wie beim Übergang zwischen der Analyse der vollständigen Objekte zur Analyse der verfügbaren Objekte), die jeweils verfügbaren Merkmale heranzuziehen. Eine solche Analyse der verfügbaren Merkmale kann insbesondere zur Distanzberechnung eingesetzt werden. Im Bereich der L_p-Distanzen wurden drei solcher Anpassungen zur Berechnung der Distanz zwischen zwei Objekten bei unvollständigen Datenmatrizen von Dixon (1979, S. 618–619) vorgestellt (vgl. auch Aste et al., 2015, S. 4). Im Detail schlägt Dixon (1979, S. 618–619) folgende Möglichkeiten vor:

- Einfaches Ignorieren der Merkmale, die nicht bei beiden Objekten vollständig sind (diese Idee ist auch schon bei Wishart (1978, S. 281–282) zu finden).
- Ignorieren der Merkmale, die nicht bei beiden Objekten vollständig sind, aber Erhöhung der Distanz um den Faktor Anzahl Merkmale in der Datenmatrix dividiert durch die Anzahl der zur Berechnung der Distanz verwendeten Merkmale (diese Vorgehen ist ähnlich zu Gower (1971, S. 859)).
- Berechnung eines Mittelwertes der merkmalsweisen Distanzen über alle beobachteten Objekte in einem unvollständigen Merkmal und Verwendung dieses Mittelwerts, falls die Distanz in einem Merkmal aufgrund eines unvollständigen Objektes nicht berechnet werden kann.

Dixon (1979, S. 618–619) stellt seine Ansätze nur für eine ungewichtete City-Block-Distanz bzw. eine ungewichtete euklidische Distanz vor. Bankhofer (1995, S. 99–100) führt einen Korrekturfaktor im allgemeineren Kontext von gewichteten L_p-Distanzen ein. Er schlägt vor, die Distanz zwischen zwei Objekten i und j anhand der Formel

$$d(i,j) = \left(\frac{|M|}{|M_{ij}|} \sum_{k \in M_{ij}} \alpha_k \cdot |a_{ik} - a_{jk}|^p \right)^{\frac{1}{p}} \tag{3.3}$$

zu berechnen. Dabei sind $M_{ij} = \{k : v_{ik} = 1 \wedge v_{jk} = 1\}$ die Menge der gemeinsam beobachteten Merkmale der Objekte i und j, $\alpha_1, \ldots, \alpha_m$ nicht-negative Gewichte für die einzelnen Merkmale und p steuert, wie stark der Einfluss der absoluten

Differenzen ist. Dasselbe Vorgehen kann auch bei der linearhomogenen Aggregation von merkmalsweisen Distanzen $d_k(i,j)$ verwendet werden (vgl. Gower, 1971, S. 859; Wishart, 1985, S. 126–128; Wishart, 1986, S. 454–457; Bankhofer, 1995, S. 100):

$$d(i,j) = \frac{|M|}{|M_{ij}|} \sum_{k \in M_{ij}} \alpha_k \cdot d_k(i,j). \tag{3.4}$$

Streng genommen handelt es sich bei den durch die Gleichungen (3.3) und (3.4) definierten Funktionen nicht zwingend um eine Distanzfunktion, da die so berechneten Werte die Dreiecksungleichung verletzen können (vgl. Bankhofer, 1995, S. 101). Um dieses Problem zu lösen, stellt Bankhofer (1995, S. 101–102) zwei Ansätze zur Glättung der Distanzmatrix vor. Er weist jedoch auch darauf hin, dass die Verletzung der Dreiecksungleichung im Vergleich zur nicht positiven Semidefinitheit bei Kovarianzmatrizen nicht von entscheidender Bedeutung ist.

3.2 Imputationsverfahren

In diesem Abschnitt wird zunächst festgelegt, was im Rahmen dieser Arbeit unter einem Imputationsverfahren verstanden wird. Anschließend werden verschiedene Einteilungsmöglichkeiten, die gleichzeitig wichtige Eigenschaften von Imputationsverfahren sind, vorgestellt. Die Darstellung einzelner Imputationsverfahren geschieht im Kapitel 4.

Unter Imputationsverfahren werden in Anlehnung an Ford (1983, S. 186), Schafer und Graham (2002, S. 158), Andridge und Little (2010, S. 40) sowie Little und Rubin (2020, S. 24) Verfahren verstanden, die (unbeobachtete) Werte in einer Datenmatrix ersetzen, wobei normalerweise das Ziel ist, eine vervollständigte Datenmatrix zu erzeugen. Die durch ein Imputationsverfahren erzeugten Werte werden auch als Imputationswerte bezeichnet. Dabei ist die Berechnungsvorschrift eines Imputationswerts zunächst nicht relevant, sondern kann von Verfahren zu Verfahren variieren. Neben dem Begriff Imputationsverfahren werden im Deutschen auch die Bezeichnungen Ersetzungs-, Ergänzungs- oder Vervollständigungsverfahren bzw. -techniken verwendet (vgl. Schnell, 1986, S. 92; Bankhofer, 1995, S. 104).

Bei einer Imputation werden normalerweise nur die unbeobachteten Werte durch Imputationswerte ersetzt. Dazu bestimmen die Imputationsverfahren in der Regel für jeden unbeobachteten Wert a_{ik} aus der Datenmatrix A einen Imputationswert a_{ik}^{imp}. Anschließend geben die Verfahren eine vervollständigte Matrix

$$A^{verv} = (a_{ik}^{verv})_{n \times m} \tag{3.5}$$

zurück, welche dieselben Dimensionen wie A besitzt. Für die vervollständigte Datenmatrix A^{verv} werden normalerweise alle beobachteten Werte aus A übernommen und nur die unbeobachteten Werte durch Imputationswerte ersetzt, also

$$a_{ik}^{verv} = \begin{cases} a_{ik} & \text{falls } v_{ik} = 1 \\ a_{ik}^{imp} & \text{falls } v_{ik} = 0 \end{cases}, \tag{3.6}$$

wodurch eine Datenmatrix A^{verv} ohne fehlende Werte resultiert (vgl. z. B. Bankhofer, 1995, S. 104–105; Little und Rubin, 2020, S. 24).

In der Literatur existieren verschiedene Einteilungsmöglichkeiten für Imputationsverfahren. Die Verfahren werden unter anderem unterteilt in bzw. nach

- single und multiple Imputationsverfahren (vgl. z. B. Rubin, 1987, S. 15; Enders, 2010, S. 42; Little und Rubin, 2020, S. 67),
- deterministische und stochastische Verfahren (vgl. z. B. Santos, 1981, S. 140; Brick und Kalton, 1996, S. 227; Chauvet et al., 2011, S. 459),
- der Verwendung von Informationen anderer Merkmale für die Imputation (vgl. z. B. Santos, 1981, S. 140; Schnell, 1986, S. 95, 97; Waal et al., 2011, S. 225–226),
- explizite und implizite Modellierung der Zusammenhänge in der Datenmatrix (vgl. z. B. Sande, 1982, S. 148; Little und Rubin, 2020, S. 67–69),
- Annahmen an den Ausfallmechanismus (vgl. z. B. Sande, 1982, S. 148; Bankhofer, 1995, S. 105),
- Verfahren, die beobachtete oder berechnete Werte imputieren (vgl. Laaksonen, 2003, S. 1009–1010),
- dem Ursprung der Verfahren (vgl. z. B. Schnell, 1986, S. 97; Aittokallio, 2010, S. 255; García-Laencina et al., 2010, S. 264; Jerez et al., 2010, S. 107–109),
- dem Skalenniveau der zu imputierenden Variable und der Hilfsvariablen (vgl. z. B. van Buuren und Groothuis-Oudshoorn, 2011, S. 16; Stekhoven und Bühlmann, 2012, S. 112).

Die Unterscheidung zwischen single und multiple Imputation ist eng verknüpft mit dem Namen Rubin. Rubin hat die Ideen für die multiplen Imputationsverfahren in seinen Zeitschriftenaufsätzen (Rubin, 1977, 1978) zunächst entwickelt und anschließend in seinem Buch (Rubin, 1987) umfassend dargestellt. Im Gegensatz zur single Imputation werden bei der multiplen Imputation für jeden fehlenden Wert mehrere Imputationswerte erzeugt. Unter gewissen Annahmen an das Imputationsmodell und den Ausfallmechanismus (Rubin (1987, S. 118–119) spricht in diesem Zusammenhang auch von „proper imputation") kann mithilfe der multiplen Imputation der Standardfehler für einen Parameterschätzer nahezu unverzerrt geschätzt werden. Im Gegensatz dazu tendieren die single Imputationsverfahren bei undifferenzierter Anwendung von Analysemethoden für vollständige Daten zu einer Unterschätzung der Standardfehler (vgl. Schafer und Graham, 2002, S. 165–166). Jedoch merken unter anderem Marker et al. (2002, S. 332–333) an, dass die Findung eines Imputationsverfahrens, das „proper" im Sinne von Rubin ist, in der Realität sehr schwierig sein kann. Die Verwendung irgendeiner Form von multipler Imputation ist also nicht ausreichend, um statistisch korrekte Auswertungen zu erreichen (vgl. auch Fay, 1992, S. 229–232). Gleichzeitig geht durch die Verwendung multipler Imputationsverfahren ein großer Vorteil der Imputationsverfahren verloren: Die zur Verfügungsstellung von einer Datenmatrix, die mit herkömmlichen Analyseverfahren analysiert werden kann (vgl. Särndal, 1992, S. 243). Ferner existieren neben der multiplen Imputation weitere Ansätze, um „korrekte" Standardfehler zu erhalten (vgl. z. B. Rao und Shao, 1992; Durrant, 2009, S. 299; Kim und Rao, 2009, S. 917; Little und Rubin, 2020, S. 85–95).

Bei dem Begriffspaar deterministisch und stochastisch kann zwischen einer strikten und einer weiter gefassten Definition des Begriffs deterministisch unterschieden werden. Deterministische Verfahren im strikten Sinne erzeugen für dieselbe Datenmatrix bei beliebigen Wiederholungen stets exakt dieselben Imputationswerte. Im Gegenzug werden alle Verfahren, die dies nicht gewährleisten, als stochastisch bezeichnet. Eine solche strikte Definition von deterministischen Verfahren verwenden z. B. Bello (1994, S. 454), Longford (2005, S. 40) und Chauvet et al. (2011, S. 459). Hingegen fassen unter anderem Santos (1981, S. 140), Kalton und Kasprzyk (1986, S. 8) sowie Brick und Kalton (1996, S. 227) die Definition von deterministischen Imputationsverfahren weiter. Sie bezeichnen nur Verfahren als stochastisch, die ein stochastisches Residuum zu einem vorher „deterministisch" bestimmten Wert hinzuaddieren. Durch diese Definition lassen sie auch für deterministische Verfahren zu, dass z. B. im Rahmen der Parameterschätzung für ein Imputationsmodell eine stochastische Komponente existiert. Bei dieser weiter gefassten Definition ist es also auch bei deterministischen

Imputationsverfahren möglich, dass sich die Imputationswerte bei einer erneuten Anwendung des Verfahrens auf dieselbe Datenmatrix ändern. Laaksonen (2006, S. 340) unterscheidet aus diesem Grund explizit zwischen der Stochastizität bei den Modellen und der Imputation selbst.

Außerdem können die Imputationsverfahren danach differenziert werden, ob sie für die Imputation eines Merkmals zusätzliche Informationen aus anderen Merkmalen nutzen oder nicht (vgl. Santos, 1981, S. 140; Waal et al., 2011, S. 225–226). Ein Merkmal, das zur Imputation eines anderen Merkmals verwendet wird, wird auch als Hilfsvariable (auxiliary variable) bezeichnet (vgl. Brick und Kalton, 1996, S. 227–228). Verfahren, die keine Hilfsvariablen zur Imputation verwenden, ziehen keine Informationen aus den anderen Merkmalen der Datenmatrix. Schnell (1986, S. 95) bezeichnet sie daher auch als nicht-informative Ersetzungstechniken.

Des Weiteren werden Imputationsverfahren nach ihrem zugrunde liegenden Imputationsmodell differenziert. Dabei wird zwischen Verfahren unterschieden, welche die Merkmalszusammenhänge explizit modellieren, und solchen, welche die Zusammenhänge nur implizit modellieren (vgl. Sande, 1982, S. 148; Little und Rubin, 2020, S. 67–69). Ein Beispiel für ein explizites Imputationsverfahren ist die lineare Regressionsimputation. Bei dieser wird für die Variablenzusammenhänge ein lineares Modell unterstellt und dieses Modell zur Imputation verwendet. Hingegen verwenden z. B. Hot-Deck-Verfahren die Zusammenhänge zwischen den Variablen nur implizit. Einem Hot-Deck-Verfahren liegt folglich kein explizites Modell (z. B. lineare Zusammenhänge zwischen den Variablen) zugrunde (vgl. Little und Rubin, 2020, S. 67–69). Das Modell wird vielmehr implizit durch das gewählte Imputationsverfahren festgelegt (vgl. auch Särndal, 1992, S. 243).

Der zugrundeliegende Ausfallmechanismus spielt für die Wahl eines geeigneten MD-Verfahrens häufig eine Rolle. Aus diesem Grund können die Verfahren auch nach den Annahmen an den zugrundeliegenden Ausfallmechanismus eingeteilt werden (vgl. Sande, 1982, S. 148; Bankhofer, 1995, S. 105). Eine Sonderstellung nehmen dabei meist Verfahren ein, die mit MNAR-Daten umgehen können (vgl. z. B. Schafer und Graham, 2002, S. 171–173; Kim und Shao, 2014, S. 123–144; Little und Rubin, 2020, S. 351–403).

Ferner können die Verfahren nach den möglichen Ausprägungen der Imputationswerte differenziert werden. Ein Teil der Verfahren imputiert nur Werte, die entweder in der vorliegenden oder einer ähnlichen Datenmatrix bereits vorhanden sind. Klassische Beispiele hierfür sind die Hot- und Cold-Deck-Verfahren (vgl. Andridge und Little, 2010, S. 40–41). Andere Verfahren „berechnen“ die Imputationswerte, sodass auch

Werte imputiert werden können, die nicht beobachtet wurden. Ein Beispiel hierfür sind die Regressionsimputationsverfahren. Auf der einen Seite können durch diese Berechnungen unplausible Werte, wie z. B. ein negatives Alter oder Gewicht, entstehen. Auf der anderen Seite kann ein Imputationsverfahren, das nur beobachtete Werte als Imputationswerte zulässt, nachteilig sein, wenn nicht alle möglichen Werte beobachtet wurden (vgl. Laaksonen, 2003, S. 1009–1010).

Eine weitere Einteilungsmöglichkeit für Imputationsverfahren besteht darin, sie nach ihrem Ursprung zu differenzieren (vgl. Aittokallio, 2010, S. 255). So grenzt bereits Schnell (1986, S. 97) Verfahren, die aus der angewandten Forschungsstatistik kommen, von Verfahren ab, die hauptsächlich in der amtlichen Statistik angewendet werden. Unter letztere fallen vor allem die Cold- und Hot-Deck-Verfahren. Die Verfahren aus der angewandten Forschungsstatistik bezeichnet Schnell (1986, S. 97) auch als multivariate Ersetzungstechniken, da sie unmittelbar auf traditionellen multivariaten Methoden basieren. Ferner können von diesen eher statistisch geprägten Verfahren auch die auf Methoden des maschinellen Lernens basierenden Imputationsverfahren abgegrenzt werden (vgl. García-Laencina et al., 2010, S. 264).

In der praktischen Anwendung eines Imputationsverfahrens ist insbesondere relevant, welche Skalenniveaus die zu imputierenden Datenmatrizen besitzen dürfen. So existieren Imputationsverfahren, wie z. B. die lineare Regressionsimputation, die nur quantitative Merkmale imputieren können und zunächst auch nur quantitative Hilfsvariablen einsetzen können. Andere Verfahren, wie z. B. das von Favre et al. (2005) vorgeschlagene, sind rein auf qualitative Merkmale spezialisiert (vgl. Favre et al., 2005, S. 412). Es existieren jedoch auch Verfahren, wie z. B. missForest, die auch mit gemischten Datenmatrizen umgehen können (vgl. Stekhoven und Bühlmann, 2012, S. 113).

Die hier vorgestellten Einteilungsmöglichkeiten stellen wesentliche Eigenschaften von Imputationsverfahren dar. Sie werden daher im Kapitel 4, in dem die einzelnen Imputationsverfahren dargestellt werden, eine wichtige Rolle spielen. Dort werden auch einige Eigenschaften, die zu Abgrenzungen innerhalb einer Verfahrenskategorie dienen, noch einmal detaillierter aufgegriffen.

3.3 Parameterschätzverfahren

In diesem Abschnitt werden in Anlehnung an Bankhofer (1995, S. 155) Verfahren dargestellt, die anhand einer unvollständigen Datenmatrix unbekannte Parameter direkt schätzen. In der statistischen Literatur wird der Begriff der Parameterschätzverfahren normalerweise wesentlich weiter gefasst, da alle Methoden darunterfallen, die zur Schätzung von Parametern dienen (vgl. z. B. Fahrmeir et al., 2016, S. 348–356). In der modernen Literatur gibt es zwei verbreitete Ansätze, die zur Parameterschätzung bei unvollständigen Datenmatrizen eingesetzt werden: Zum einen Full Information Maximum Likelihood (FIML) und zum anderen der Expectation Maximization (EM) Algorithmus (vgl. z. B. Enders, 2010, S. 86–87; Graham, 2012, S. 53; Newman, 2014, S. 390). Beide Ansätze basieren auf Likelihood-Funktionen und werden insbesondere zur Bestimmung von Maximum Likelihood (ML) Parameterschätzwerten anhand unvollständiger Datenmatrizen verwendet. Daher wird im Folgenden zunächst etwas Theorie zu Likelihood-Funktionen bei fehlenden Werten dargestellt und anschließend in den Abschnitten 3.3.1 und 3.3.2 genauer auf FIML und den EM-Algorithmus eingegangen.

Im Fall einer vollständig beobachteten Datenmatrix, also wenn $A = A_{obs}$ ist, kann eine Likelihood-Funktion $f(A \mid \theta)$ aufgestellt werden. Sie ist definiert als $f(A \mid \theta) = f(A, \theta)$. Die Likelihood-Funktion entspricht folglich der Wahrscheinlichkeits- bzw. Dichtefunktion $f(A, \theta)$, wobei sie als Funktion in θ bei gegebenen beobachteten Werten A aufgefasst werden kann. Mithilfe der Likelihood-Funktion können insbesondere ML-Schätzwerte bestimmt werden. Dabei wird ein Schätzwert $\hat{\theta}_{ML}$ als ML-Schätzwert bezeichnet, wenn

$$f(A \mid \hat{\theta}_{ML}) \geq f(A \mid \theta) \qquad \forall \theta \in \Omega_\theta \tag{3.7}$$

gilt, also $\hat{\theta}_{ML}$ ein Maximum der Likelihood-Funktion ist (vgl. Fisher, 1922, S. 323–324; Fahrmeir et al., 2016, S. 348–349; Bamberg et al., 2017, S. 143).

Falls Werte in der Datenmatrix A unbeobachtet sind, ist eine Inferenz anhand der Likelihood-Funktion $f(A \mid \theta)$ für vollständig beobachtete Datenmatrizen aufgrund der fehlenden Werte in A nicht mehr direkt möglich. Vielmehr liegt nun eine gemeinsame Wahrscheinlichkeits- bzw. Dichtefunktion $f(A, V, \theta, \phi)$ der Daten A und der MD-Indikatormatrix V vor. Diese hängt zusätzlich zu A_{obs} und θ von den unbeobachteten Werten A_{mis}, der MD-Indikatormatrix V und dem Nuisance-Parameter[8] ϕ ab. Um zur Verteilung der beobachteten Werte zu kommen, werden zunächst die fehlenden Werte A_{mis} aus $f(A, V, \theta, \phi)$ herausintegriert (vgl. Little und Rubin, 2002, S. 119):

$$L_{gem}(\theta, \phi) = \int f(A, V, \theta, \phi) dA_{mis}. \tag{3.8}$$

[8] Dieser Parameter ist normalerweise nicht von primärem Interesse und wird daher als Nuisance-Parameter bezeichnet, was frei übersetzt „störender Parameter“(Rüger, 1996, S. 245) bedeutet.

Bei gegebenen beobachteten Daten A_{obs} und MD-Indikatormatrix V ist die Gleichung (3.8) eine Funktion in (θ,ϕ) und kann als gemeinsame Likelihood-Funktion von (θ,ϕ) aufgefasst werden (vgl. Seaman et al., 2013, S. 262; Little und Rubin, 2020, S. 133, 351).

Häufig ist die Modellierung der gemeinsamen Verteilung von A und V und damit die Verwendung der in Gleichung (3.8) gegebenen Likelihood-Funktion schwierig (vgl. Little und Rubin, 2020, S. 133). Falls jedoch der Ausfallmechanismus ignorierbar ist, kann auf eine Modellierung der gemeinsamen Verteilung von A und V verzichtet werden. In diesem Fall können inferenzielle Aussagen anhand der deutlich einfacher zu modellierenden Likelihood-Funktion

$$L_{ign}(\theta) = \int f(A \mid \theta) dA_{mis}, \tag{3.9}$$

welche auch manchmal als ignorierbare Likelihood bezeichnet wird, abgeleitet werden (vgl. Little und Rubin, 2020, S. 133). Insbesondere ist der Ausfallmechanismus ignorierbar, falls die Werte MAR sind und weitere eher technische Bedingungen erfüllen. Details zu den konkreten Bedingungen hängen von der gewählten Form der Inferenz ab und sind unter anderem bei Seaman et al. (2013, S. 262–265) sowie Little und Rubin (2020, S. 133–136) zu finden.[9]

3.3.1 Full Information Maximum Likelihood

Der Ansatz von FIML um einen Maximum-Likelihood-Schätzer für θ zu bestimmen, ist die direkte Maximierung der Likelihood-Funktion aus der Gleichung (3.9). Dieser Ansatz geht unter anderem auf Lord (1955) und Anderson (1957) zurück, die ihn für die Parameterschätzungen bei bi- und multivariat normalverteilten Zufallsvariablen entwickelten (vgl. Enders, 2010, S. 86). Im Falle multivariat normalverteilter Daten kann der Beitrag zur Log-Likelihood-Funktion eines Objektes i mittels

$$\begin{aligned} \log L_i = & -\frac{m_i}{2}\log(2\pi) - \frac{1}{2}\log\left(|\Sigma_{M_i,M_i}|\right) \\ & -\frac{1}{2}\left(a^{M_i} - \mu_{M_i}\right)^T \Sigma^{-1}_{M_i,M_i}\left(a^{M_i} - \mu_{M_i}\right) \end{aligned} \tag{3.10}$$

[9] Außerdem ist je nach gewählter Inferenzform ein everywhere MAR-Ausfallmechanismus (wie in Gleichung (2.7) definiert) notwendig oder ein realised MAR-Ausfallmechanismus (wie in Gleichung (A.2) definiert) ausreichend (vgl. Seaman et al., 2013, S. 262–265; Little und Rubin, 2020, S. 133–136).

ausgedrückt werden (vgl. Enders, 2010, S. 88). Dabei enthält die Menge M_i die Indizes der beobachteten Merkmale im Objekt i und m_i ist die Anzahl beobachteter Merkmale im Objekt i. Entsprechend sind Σ_{M_i,M_i} die Teilkovarianzmatrix zwischen den beobachteten Merkmalen im Objekt i, μ_{M_i} die Erwartungswerte der beobachteten Merkmale und a^{M_i} die beobachteten Werte im Objekt i. In die Gleichung (3.10) fließen also alle beobachteten Informationen des Objekts i ein (vgl. Wothke, 2000, S. 201; Savalei und Rhemtulla, 2012, S. 484–490; Nicholson et al., 2017, S. 146; Lang und Little, 2018, S. 289).

Die ignorierbare Log-Likelihood-Funktion ergibt sich dann als Summe der Log-Likelihood Beiträge der einzelnen Objekte (vgl. Enders, 2001, S. 134):

$$\log L_{ign}(\mu, \Sigma) = \sum_{i=1}^{n} \log L_i. \tag{3.11}$$

Für die Bestimmung des Maximums von Gleichung (3.11) gibt es im Falle fehlender Werte keine einfachen geschlossenen Ausdrücke. Daher erfolgt die Ermittlung der ML-Schätzwerte für den Erwartungswertvektor μ und die Kovarianzmatrix Σ meist iterativ mit nummerischen Methoden, z. B. mittels Newton-Raphson-Algorithmus (vgl. Allison, 2003, S. 550).

3.3.2 EM-Algorithmus

Eine Alternative zu der direkten Maximierung der Likelihood-Funktion $L_{ign}(\theta)$ mittels FIML ist der EM-Algorithmus, der die Likelihood-Funktion $L_{ign}(\theta)$ über den „Umweg" der Likelihood-Funktion für vollständige Daten zu maximieren versucht. Der Name EM-Algorithmus geht auf die Arbeit von Dempster et al. (1977) zurück, die den EM-Algorithmus zum ersten Mal in großer Allgemeinheit darstellen.[10] Spezialfälle des Algorithmus sind aber schon länger bekannt (vgl. z. B. die Abhandlungen zur Historie des EM-Algorithmus bei Meng und van Dyk (1997, S. 511–512), McLachlan und Krishnan (2008, S. 29–31) sowie Little und Rubin (2020, S. 188)). Da der EM-Algorithmus auch Basis für einige Imputationsverfahren ist (vgl. Abschnitt 4.3.3), wird

[10] Die Bezeichnung „EM-Algorithmus" ist eigentlich irreführend. Genau genommen handelt es sich bei „dem EM-Algorithmus" nicht um eine programmierbare Abfolge von Befehlen, sondern um ein prinzipielles Vorgehen, das für konkrete Anwendungen in unterschiedliche Algorithmen mündet. Daher ist es an dieser Stelle genau genommen nicht korrekt von „dem EM-Algorithmus" zu sprechen (vgl. Dempster et al., 1977, S. 6). Trotzdem hat sich dieser Sprachgebrauch sowohl in der englischen (vgl. z. B. Schafer und Graham, 2002, S. 163; McLachlan und Krishnan, 2008, S. 18–20; Enders, 2010, S. 103–105; Little und Rubin, 2020, S. 187–188), als auch in der deutschen Literatur (vgl. z. B. Bankhofer, 1995, S. 160–166; Decker und Wagner, 2008, S. 73–74; Backhaus und Blechschmidt, 2009, S. 272) durchgesetzt und wird daher auch im Folgenden verwendet.

er im Folgenden genauer dargestellt. Zunächst wird das Prinzip des EM-Algorithmus kurz erläutert. Anschließend wird auf die bekannteste Form des EM-Algorithmus – der EM-Algorithmus für multivariat normalverteilte Daten – genauer eingegangen.

Da die Likelihood-Funktion $L_{ign}(\theta)$ meist vom Ausfallmuster abhängt, ist ihre Maximierung häufig schwieriger als die Maximierung der Likelihood-Funktion im Falle vollständiger Daten (vgl. Enders, 2010, S. 88–95). Der EM-Algorithmus geht daher einen „Umweg“ über die Likelihood-Funktion für vollständige Daten, indem er zunächst die fehlenden Beiträge A_{mis} zur Likelihood-Funktion $f(\theta \mid A_{obs}, A_{mis})$ – exakter: die fehlenden Beiträge von A_{mis} zu einer suffizienten Statistik für θ – anhand einer aktuellen Parameterschätzung $\theta^{(t)}$ für θ „imputiert“. Anschließend maximiert der EM-Algorithmus $f(\theta \mid A_{obs}, A_{mis})$, so als ob die fehlenden Werte bekannt wären, wodurch ein neuer Parameterschätzwert $\theta^{(t+1)}$ für θ gefunden wird. Nun imputiert der EM-Algorithmus erneut die fehlenden Beiträge zur Likelihood-Funktion anhand des aktualisierten Parameterschätzwertes $\theta^{(t+1)}$ für θ. Daraufhin maximiert er wieder $f(\theta \mid A_{obs}, A_{mis})$, wodurch ein neuer Parameterschätzwert für θ gefunden wird. Zwischen diesen beiden Schritten iteriert der Algorithmus bis ein Abbruchkriterium erfüllt ist. Der erste der beiden Schritte, bei dem die Werte „imputiert“ werden, heißt Expectation-Schritt oder kurz E-Schritt; der zweite Schritt wird auch als Maximization-Schritt oder kurz M-Schritt bezeichnet. Aus diesen Bezeichnungen leitet sich der Name des Algorithmus ab (vgl. Schafer und Graham, 2002, S. 163; Little und Rubin, 2020, S. 187–189).

Da der EM-Algorithmus mit einem E-Schritt beginnt, benötigt er Startwerte für θ, um den ersten E-Schritt durchführen zu können. Little und Rubin (2020, S. 251–252) schlagen vor, die Startwerte mittels Schätzung anhand eines Eliminierungsverfahrens oder anhand einer imputierten Datenmatrix zu bestimmen. Sie empfehlen weiterhin, mehrere Startwerte zu verwenden, da das Resultat des EM-Algorithmus von diesen abhängen kann (vgl. auch Wu, 1983, S. 102; Nader et al., 2011, S. 334; Feng und Shaotong, 2013, S. 578). Ferner kann auch durch eine geeignete (erneute) Wahl von Startwerten die Konvergenzgeschwindigkeit des EM-Algorithmus erhöht werden (vgl. Kuroda et al., 2015, S. 1052). Das Bemerkenswerte am EM-Algorithmus ist, dass er in vielen Fällen mindestens zu einem lokalen Maximum oder zu einem Sattelpunkt der Likelihood-Funktion $L_{ign}(\theta)$ führt, obwohl $L_{ign}(\theta)$ im Algorithmus nicht direkt vorkommt (vgl. Dempster et al., 1977, S. 10; McLachlan und Krishnan, 2008, S. 79–80).

Die konkrete Umsetzung des EM-Prinzips wird nun unter der Annahme einer multivariaten Normalverteilung der Datenmatrix A dargestellt. Die Parametermenge der multivariaten Normalverteilung ist $\theta = (\mu, \Sigma)$ und im Weiteren ist $\theta^{(t)} = (\mu^{(t)}, \Sigma^{(t)})$

die Parameterschätzung des EM-Algorithmus für den t-ten E-Schritt. Eine suffiziente Statistik für (μ, Σ) ist (vgl. Little und Rubin, 2020, S. 250):

$$\left(\sum_{i=1}^{n} a_{ik},\ k = 1, \ldots, m; \quad \sum_{i=1}^{n} a_{ik} a_{il},\ k,l = 1, \ldots, m\right). \tag{3.12}$$

In einem E-Schritt werden die Werte

$$E\left(\sum_{i=1}^{n} a_{ik} \,\middle|\, A_{obs}, \theta^{(t)}\right) = \sum_{i=1}^{n} a_{ik}^{(t)}, \qquad k = 1, \ldots, m \tag{3.13}$$

und

$$E\left(\sum_{i=1}^{n} a_{ik} a_{il} \,\middle|\, A_{obs}, \theta^{(t)}\right) = \sum_{i=1}^{n} \left(a_{ik}^{(t)} a_{il}^{(t)} + c_{kli}^{(t)}\right), \qquad k,l = 1, \ldots, m \tag{3.14}$$

berechnet (vgl. Little und Rubin, 2020, S. 250–251). Dabei ist $a_{ik}^{(t)}$ der Erwartungswert von a_{ik} gegeben den beobachteten Werten A_{obs} unter der Bedingung, dass $\theta = \theta^{(t)}$ ist. Falls a_{ik} beobachtet ist, entspricht der bedingte Erwartungswert gerade dem beobachteten Wert. Im Falle, dass der Wert a_{ik} unbeobachtet ist, wird der Erwartungswert anhand der aktuellen Parameterschätzwerte $\theta^{(t)}$ und den beobachteten Werten a^{M_i} im Objekt i mittels

$$E\left(a_{ik} \,\middle|\, A_{obs}, \theta^{(t)}\right) = \mu_k^{(t)} + \Sigma_{k,M^i}^{(t)} \left(\Sigma_{M^i,M^i}^{(t)}\right)^{-1} \left(a^{M_i} - \mu_{M^i}^{(t)}\right) \qquad (v_{ik} = 0) \tag{3.15}$$

berechnet (vgl. Johnson und Wichern, 2007, S. 252). In der Gleichung (3.15) sind $\mu_k^{(t)}$ bzw. $\mu_{M^i}^{(t)}$ der aktuell geschätzte Erwartungswert im Merkmal k bzw. der Vektor mit den aktuell geschätzten Erwartungswerten in den im Objekt i beobachteten Merkmalen. Ferner enthält der Vektor $\Sigma_{k,M^i}^{(t)}$ die aktuell geschätzten Kovarianzen zwischen dem Merkmal k und den beobachteten Merkmalen im Objekt i. Die Matrix $\Sigma_{M^i,M^i}^{(t)}$ ist die Teilmatrix der Kovarianzmatrix $\Sigma^{(t)}$, welche die Koeffizienten zwischen den beobachteten Merkmalen M^i im Objekt i enthält. Insgesamt ergibt sich folglich (vgl. auch Bankhofer, 1995, S. 163):

$$a_{ik}^{(t)} = \begin{cases} \mu_k^{(t)} + \Sigma_{k,M^i}^{(t)} \left(\Sigma_{M^i,M^i}^{(t)}\right)^{-1} \left(a^{M_i} - \mu_{M^i}^{(t)}\right) & \text{falls } v_{ik} = 0, \\ a_{ik} & \text{falls } v_{ik} = 1. \end{cases} \tag{3.16}$$

Der Korrekturfaktor $c_{kli}^{(t)}$ in der Gleichung (3.14) ist 0, falls mindestens einer der beiden Werte a_{ik} oder a_{il} beobachtet ist. Falls beide Werte unbeobachtet sind, entspricht

$c_{kli}^{(t)}$ der Kovarianz zwischen a_{ik} und a_{il} gegeben den beobachteten Werten A_{obs} und unter der Bedingung, dass $\theta = \theta^{(t)}$ ist:

$$Cov\left(a_{ik}, a_{il} \mid A_{obs}, \theta^{(t)}\right) = \gamma_{kl}. \tag{3.17}$$

Hierbei stammt γ_{kl} aus der Matrix $\Gamma = (\gamma_{kl})_{m \times m}$, die anhand der Indizes der beobachteten und unbeobachteten Merkmale im Objekt i partitioniert werden kann, sodass $\Gamma_{\overline{M}_i,M_i}, \Gamma_{M_i,\overline{M}_i}, \Gamma_{M_i,M_i}$ jeweils Nullmatrizen der passenden Dimensionen sind und

$$\Gamma_{\overline{M}_i,\overline{M}_i} = \Sigma^{(t)}_{\overline{M}_i,\overline{M}_i} - \left(\Sigma^{(t)}_{\overline{M}_i,M_i}\left(\Sigma^{(t)}_{M_i,M_i}\right)^{-1}\Sigma^{(t)}_{M_i,\overline{M}_i}\right) \tag{3.18}$$

ist. Dabei enthält M_i bzw. $\overline{M}_i$ die Indizes der beobachteten bzw. unbeobachteten Merkmale im Objekt i. Folglich ist $\Gamma_{\overline{M}_i,M_i}$ die Teilmatrix von Γ, welche die Einträge zwischen den unbeobachteten Merkmalen $\overline{M}_i$ (zeilenweise) und den beobachteten Merkmalen M_i (spaltenweise) enthält. Analog sind die anderen Teilmatrizen definiert (vgl. Johnson und Wichern, 2007, S. 252–254).

Nach dem Ende eines E-Schrittes schließt sich ein M-Schritt an. In diesem werden anhand der für die suffizienten Statistiken mittels der Gleichungen (3.13) und (3.14) berechneten Werte neue Parameterschätzwerte $\theta^{(t+1)} = (\mu^{(t+1)}, \Sigma^{(t+1)})$ bestimmt (vgl. Little und Rubin, 2020, S. 251):

$$\begin{aligned} \mu_k^{(t+1)} &= \frac{1}{n} E\left(\sum_{i=1}^{n} a_{ik} \,\middle|\, A_{obs}, \theta^{(t)}\right) = \frac{1}{n}\sum_{i=1}^{n} a_{ik}^{(t)} \\ \sigma_{kl}^{(t+1)} &= \frac{1}{n} E\left(\sum_{i=1}^{n} a_{ik}a_{il} \,\middle|\, A_{obs}, \theta^{(t)}\right) - \mu_k^{(t+1)}\mu_l^{(t+1)} \\ &= \frac{1}{n}\sum_{i=1}^{n}\left[\left(a_{ik}^{(t)} - \mu_k^{(t+1)}\right)\left(a_{il}^{(t)} - \mu_l^{(t+1)}\right) + c_{kli}^{(t)}\right] \end{aligned} \tag{3.19}$$

Der Algorithmus wechselt nun zwischen diesen beiden Schritten so lange hin und her, bis die Abweichungen zwischen $\theta^{(t)}$ und $\theta^{(t+1)}$ eine vorgegebene Schranke unterschreiten oder ein anderes Abbruchkriterium erfüllt ist (vgl. Bankhofer, 1995, S. 163; Little und Rubin, 2020, S. 187–188). Eine effiziente Implementierung des beschriebenen EM-Algorithmus für multivariat normalverteilte Daten ist z. B. mittels Sweep-Operator möglich (vgl. Schafer, 1997, S. 166–169).

Beispiel 3.3 (EM-Algorithmus)
Analog zu den Beispielen 3.1 und 3.2 werden nun die Parameter mithilfe des EM-Algorithmus für multivariat normalverteilte Daten anhand der simulierten unvollständi-

gen Datenmatrizen aus Anhang B geschätzt. Die resultierenden Parameterschätzungen sind in der Tabelle 3.4 angegeben.[11] *Bei den MCAR-Datenmatrizen stimmen die Parameterschätzungen mit Ausnahme des Medians gut mit den Originalwerten überein. Jedoch wird bei MAR nur noch der Erwartungswert (annähernd) korrekt geschätzt und bei MNAR nur die Korrelation. Selbst dieses einfache Beispiel zeigt, dass die Übertragbarkeit der theoretisch sehr guten Eigenschaften des EM-Algorithmus auf die Ergebnisse entscheidend von der Übereinstimmung der Daten mit den Annahmen abhängen können. Die verzerrten Parameterschätzungen bei MAR und die allgemeine Überschätzung des Medians sind vermutlich auf die relativ deutliche Abweichung der Daten von der multivariaten Normalverteilung zurückzuführen.*

	Original	MCAR	MAR	MNAR
Einkommen: Mittelwert	37,2	37,2	37,1	31,8
Einkommen: Median	23,5	37,2	37,1	31,8
Einkommen: Standardabweichung	44,2	44,0	42,8	41,0
Korrelation: Einkommen, Alter	0,18	0,17	0,21	0,18

Tabelle 3.4: ACS-Stichprobe: EM-Algorithmus

3.4 Anpassung von Analyseverfahren

Die meisten Analyseverfahren setzen eine vollständige Datenmatrix voraus (vgl. Schafer und Graham, 2002, S. 147). Anstatt eine solche vollständige Datenmatrix im Vorfeld durch z. B. ein Eliminierungs- oder Imputationsverfahren zu schaffen, können auch Analyseverfahren so modifiziert werden, dass sie eine unvollständige Datenmatrix direkt verarbeiten können. Der Aufwand für eine solche Modifikation ist abhängig vom betrachteten Verfahren. Ferner ist meist für jedes Verfahren eine spezifische Modifikation notwendig (vgl. Bankhofer, 1995, S. 168; Decker und Wagner, 2008, S. 65). Im Folgenden werden für verschiedene Verfahren einige Anpassungsmöglichkeiten kurz vorgestellt.

[11] Unter der Annahme einer Normalverteilung stimmt der Median mit dem Erwartungswert überein, weshalb der geschätzte Erwartungswert in der Tabelle 3.4 als Schätzwert für den Median verwendet wird.

Im Rahmen der Hauptkomponentenanalyse schlägt Wiberg (1976, S. 230) zur Bestimmung der Faktorwertematrix $X = (x_{il})_{n\times \mathtt{t}}$ und der Faktorladungsmatrix $F = (f_{kl})_{m\times \mathtt{t}}$ bei der Verwendung von $\mathtt{t}$ Faktoren vor, anstatt des Optimierungsproblems

$$\sum_{i=1}^{n}\sum_{k=1}^{m}\left(a_{ik} - \sum_{l=1}^{\mathtt{t}} f_{kl}x_{il}\right)^2 \to \min \tag{3.20}$$

für vollständige Datenmatrizen im Fall fehlender Werte das angepasste Optimierungsproblem

$$\sum_{i,k:v_{ik}=1}\left(a_{ik} - \sum_{l=1}^{\mathtt{t}} f_{kl}x_{il}\right)^2 \to \min \tag{3.21}$$

zu lösen. Das Ziel der Gleichung (3.20) ist eine möglichst gute Approximation aller Werte aus A durch XF^T. Hingegen strebt die Gleichung (3.21) eine möglichst gute Approximation der beobachteten Werte an (vgl. auch Bankhofer, 1995, S. 176). Algorithmen zur Lösung des Optimierungsproblems (3.21) sind z. B. bei Wiberg (1976, S. 231–233), Grung und Manne (1998, S. 127–132) sowie Ilin und Raiko (2010, S. 1964–1965) zu finden.

Eine Verallgemeinerung dieser Methode ist die Verwendung einer gewichteten Approximation

$$\sum_{i=1}^{n}\sum_{k=1}^{m} w_{ik}\left(a_{ik} - \sum_{l=1}^{t} f_{kl}x_{il}\right)^2 \to \min, \tag{3.22}$$

wobei für einen unbeobachteten Wert $v_{ik} = 0$ das Gewicht $w_{ik} = 0$ gesetzt wird (vgl. Gabriel und Zamir, 1979, S. 489). Als Alternative zur Ignorierung der fehlenden Werte im Optimierungsproblem der Gleichung (3.20) existieren auch iterative Algorithmen, welche die fehlenden Werte mehrmals imputieren und so X und F iterativ bestimmen (vgl. Kiers, 1997, S. 254; Josse und Husson, 2016, S. 7).

Darüber hinaus existieren auch für die lineare Regression Vorschläge, um die Parameter direkt anhand einer unvollständigen Datenmatrix zu schätzen. So schlagen z. B. Afifi und Elashoff (1967, S. 15) vor, im Falle einer einfachen linearen Regression mit den Parametern β_0, β_l die Abweichungsquadratsumme mittels

$$\sum_{i\in N_{kl}}(a_{ik} - (\beta_0 + \beta_l a_{il}))^2 + \sum_{i\in \overline{N}_k\cap N_l}(a_{\bullet k} - (\beta_0 + \beta_l a_{il}))^2 + \sum_{i\in N_k\cap \overline{N}_l}(a_{ik} - (\beta_0 + \beta_l a_{\bullet l}))^2 \tag{3.23}$$

zu berechnen. Dabei enthalten die Mengen N_k, N_l die Indizes der Objekte mit beobachteten Werten im Merkmal k bzw. l sowie $\overline{N}_k, \overline{N}_l$ die Indizes der Objekte mit unbeobachteten Werten im Merkmal k bzw. l. In der Gleichung (3.23) werden $a_{\bullet k}$

und $a_{\bullet l}$ als zusätzliche Optimierungsparameter angesehen. Nun werden die Parameterschätzungen für $a_{\bullet k}$, $a_{\bullet l}$, β_0 und β_l so gewählt, dass sie die Quadratsumme in der Gleichung (3.23) minimieren. Im Falle der einfachen Regression lassen sich für die Parameterschätzwerte explizite Formeln angeben (vgl. Afifi und Elashoff, 1967, S. 16). Dieser Ansatz zur Anpassung der Abweichungsquadratsumme ist prinzipiell auch auf multiple Regressionsmodelle übertragbar. Die explizite Angabe der Formeln wird jedoch mit zunehmender Variablenanzahl schnell unübersichtlich (vgl. Bankhofer, 1995, S. 178–180).

Durch Anpassungen können fehlende Werte auch im Rahmen der Clusteranalyse berücksichtigt werden. So beschreibt z. B. Chi et al. (2016) eine Möglichkeit zur direkten Verwendung einer unvollständigen Datenmatrix im Rahmen des KMEANS-Verfahrens. Des Weiteren gibt es auch Ansätze, welche die fehlenden Werte als Optimierungsparameter ansehen. Hierdurch werden anstelle fester Imputationswerte, wie sie bei einer normalen Imputation der Datenmatrix im Voraus zu einer Clusteranalyse resultieren würden, die Imputationswerte über mehrere Verfahrensiterationen im Laufe des Clusterverfahrens angepasst (vgl. Kim et al., 2007, S. 108–109). Andere Ansätze im Rahmen der Clusteranalyse betrachten die direkte Verwendung von unvollständigen Distanzmatrizen (vgl. z. B. Gaul und Schader, 1994, S. 171–192; Bankhofer, 1995, S. 168–172).

Neben diesen Anpassungen für klassische multivariate Analysemethoden existieren auch Anpassungen für Methoden des maschinellen Lernens. Beispielsweise implementieren Breiman et al. (1984, S. 142–143) beim Classification and Regression Tree (CART) Algorithmus sogenannte Surrogate Splits, um mit fehlenden Werten nach der Erstellung des Baums umgehen zu können. Die Idee eines Surrogate Splits ist, dass falls bei einem Objekt das in einem Knoten eigentlich zur Unterteilung verwendete Merkmal k nicht beobachtet ist, stattdessen ein Ersatzmerkmal zur Unterteilung zu verwenden. Dieses Ersatzmerkmal sollte zu einer möglichst ähnlichen Unterteilung wie das nicht beobachtete Merkmal k führen (vgl. Breiman et al., 1984, S. 140–141). Für Support Vector Machines schlagen Pelckmans et al. (2005, S. 685) ein zur Anpassung der Gleichung (3.21) ähnliches Vorgehen vor. Sie passen die Berechnung einer Verlustfunktion so an, dass diese auch für fehlende Werte möglich ist (vgl. Pelckmans et al., 2005, S. 685–687). Anschließend konstruieren sie anhand dieser angepassten Verlustfunktion eine Support Vector Machine (vgl. Pelckmans et al., 2005, S. 687–689). Für neuronale Netze schlagen Sharpe und Solly (1995, S. 75) vor, für jedes Muster fehlender Werte ein separates Netz zu trainieren. Dieses Vorgehen führt jedoch bei vielen verschiedenen Mustern fehlender Werte zu sehr vielen Netzen. Daher schlagen

Juszczak und Duin (2004, S. 96) vor, für jedes unabhängige Merkmal ein neuronales Netz zu trainieren. Anschließend wird jedes Objekt mit fehlenden Werten nur durch die neuronalen Netze prognostiziert, für welche das Objekt Beobachtungen aufweist. Die Prognose dieser Netze wird dann mittels einer Aggregationsregel (z. B. Mittelwert der Netzoutputs) zu einem Wert zusammengefasst.

Auch wenn diese beiden Vorschläge von Sharpe und Solly (1995, S. 75) und Juszczak und Duin (2004, S. 96) ursprünglich für neuronale Netze erfolgten, so sind beide Vorgehensweisen prinzipiell auf andere Analyseverfahren anwendbar. Auch die zuvor vorgestellten Anpassungen basieren zum Teil auf ähnlichen Konzepten. So ändern z. B. die Vorschläge von Afifi und Elashoff (1967, S. 15), Wiberg (1976, S. 230), Gabriel und Zamir (1979, S. 489) und Pelckmans et al. (2005, S. 685) die Zielfunktion des jeweiligen Verfahrens so ab, dass diese auch bei fehlenden Werten definiert ist. Ein anderes Konzept ist die Verwendung von redundanten Informationen in der Datenmatrix. Dies geschieht entweder explizit, wie z. B. bei Surrogate Splits, oder wird implizit unterstellt. Die beiden Konzepte Anpassung einer Zielfunktion und Verwendung von redundanten Informationen sind prinzipiell auch auf weitere Verfahren übertragbar. Gleichzeitig verdeutlicht dieser Abschnitt aber, dass selbst bei einer Übertragung eines bekannten Prinzips meist eine spezielle Anpassung für jedes Verfahren notwendig ist.

3.5 Sensitivitätsbetrachtungen

Normalerweise ist das Ziel aller bisher beschriebenen MD-Verfahren genau eine vollständige Datenmatrix bzw. einen Satz von geschätzten Parametern zu liefern. Dieses einzelne Resultat hängt dabei unter anderem von dem gewählten MD-Verfahren und dem vorliegenden Ausfallmechanismus ab. Insbesondere der letzte Punkt ist in der Praxis problematisch, da anhand der beobachteten Daten normalerweise nicht eindeutig auf den Ausfallmechanismus geschlossen werden kann (vgl. Schafer und Graham, 2002, S. 152; Molenberghs et al., 2008, S. 374–376). Daher ist ein Ziel der Sensitivitätsanalyse, den Einfluss des unterstellten Ausfallmechanismus und des gewählten MD-Verfahrens auf die Datenanalyse zu untersuchen (vgl. Bankhofer, 1995, S. 181).

Zur Sensitivitätsanalyse gibt es verschiedene Strategien. Eine Möglichkeit ist die Verwendung einer multiplen Imputation. Mithilfe dieser können auch verschiedene MNAR-Ausfallmechanismen modelliert und so die Sensitivität der Ergebnisse für eine Abweichung zu einem MAR-Ausfallmechanismus untersucht werden (vgl. Carpenter und Kenward, 2015, S. 435–467). Ein weiterer Ansatz ist die Verwendung unterschiedlicher MD-Methoden auf derselben Datenmatrix, um die Abhängigkeit der Ergebnisse von der MD-Methode zu überprüfen (vgl. Bankhofer, 1995, S. 184–185). Alternativ kann auch mit sogenannten Worst- und Best-Case-Szenarien gearbeitet werden. Dabei werden im einfachsten Fall die unbeobachteten Werte durch den jeweils kleinsten oder größten beobachteten Wert ersetzt. Anschließend werden die resultierenden Analyseergebnisse miteinander verglichen. Falls beide Ergebnisse ähnlich sind, wird von einem geringen Einfluss der fehlenden Werte ausgegangen. Falls beide Ergebnisse sich stark unterscheiden, ist eine Interpretation schwierig (vgl. Bankhofer, 1995, S. 185; Pedersen et al., 2017, S. 161).

Beispiel 3.4 (Worst- und Best-Case-Szenario)
Die Sensitivitätsanalyse mittels Worst- und Best-Case-Szenario wird anhand der ACS-Datenmatrix aus dem Anhang B verdeutlicht. In der Abbildung 3.1 sind die aus den beiden Szenarien resultierenden Imputationswerte dargestellt. Sie entsprechen jeweils dem minimalen bzw. maximalen beobachteten Einkommen. Insbesondere die Imputation des höchsten beobachteten Einkommens führt zu einer bereits optisch erkennbaren starken Abweichung zur ursprünglichen Datenmatrix (vgl. auch Abbildung B.1 im Anhang B). Auch die Ergebnisse in den Tabellen 3.5 und 3.6 zeugen von einer deutlichen Verzerrung. So wird bei der Imputation des minimalen Einkommens bei allen simulierten Ausfallmechanismen der Median um mehr als die Hälfte unterschätzt. Auch die anhand der vervollständigten Datenmatrizen berechneten Mittelwerte sind deutlich zu niedrig. Bei der Imputation des maximalen Einkommens wird hingegen sowohl das mittlere Einkommen als auch die Standardabweichung um mehr als das

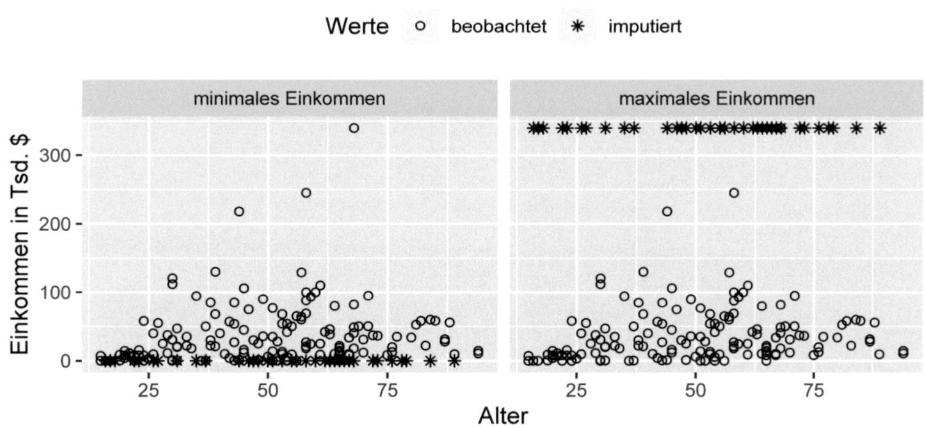

Abbildung 3.1: ACS-Stichprobe: Worst-/Best-Case-Analyse

	Original	MCAR	MAR	MNAR
Einkommen: Mittelwert	37,2	27,9	26,7	23,6
Einkommen: Median	23,5	11,2	10,1	9,2
Einkommen: Standardabweichung	44,2	41,5	40,2	38,2
Korrelation: Einkommen, Alter	0,18	0,14	0,05	0,13

Tabelle 3.5: ACS-Stichprobe: Imputation des minimalen Einkommens

	Original	MCAR	MAR	MNAR
Einkommen: Mittelwert	37,2	106,6	100,7	97,2
Einkommen: Median	23,5	42,0	39,9	33,2
Einkommen: Standardabweichung	44,2	126,5	119,1	119,8
Korrelation: Einkommen, Alter	0,18	0,05	0,33	0,12

Tabelle 3.6: ACS-Stichprobe: Imputation des maximalen Einkommens

Doppelte überschätzt. Beide untersuchten extremen Szenarien führen also zu teilweise erheblich verzerrten Parameterschätzwerten und sind daher für eine Imputation in den vorliegenden Fällen ungeeignet. Ferner zeigen diese Betrachtungen, dass die Resultate deutlich vom gewählten Imputationsverfahren abhängen können.

4 Imputationsverfahren für unvollständige Datenmatrizen

Die Einteilung der Imputationsverfahren in diesem Kapitel erfolgt in Anlehnung an Schnell (1986, S. 97), García-Laencina et al. (2010, S. 264) und Jerez et al. (2010, S. 107–109) nach dem Ursprung der Verfahren. Bereits Schnell (1986, S. 97) merkt an, dass diese Einteilungsmöglichkeit der Verfahren eine gewisse Willkür besitzt, da viele Verfahren als Spezialformen einer multiplen Regression aufgefasst werden können (vgl. auch Santos, 1981, S. 140–141; Waal et al., 2011, S. 255–261). Die nachfolgende Zuordnung der Verfahren in die jeweiligen Kategorien besitzt daher eine gewisse Subjektivität, da alternative Zuordnungen für einige Verfahren denkbar wären. In Zweifelsfällen wird sich daher an den Zuordnungen von Schnell (1986), Bankhofer (1995)[12] und García-Laencina et al. (2010) orientiert. Der große Vorteil bei dieser Einteilung ist, dass Verfahren nicht mehrfach nur mit leichten Abwandlungen dargestellt werden müssen. Gleichzeitig sind die Verfahren innerhalb einer Gruppe häufig sehr ähnlich, da sie oft auf gemeinsame Wurzeln bzw. Ideen zurückgehen. Ferner können alleine aus praktischen Gründen nie alle existierenden Imputationsverfahren (oder auch nur Verfahrensgruppen) in einer Arbeit dargestellt werden. Aus diesem Grund wird sich bei der Auswahl der dargestellten Verfahren und Verfahrensgruppen unter anderem an der Verbreitung[13] der Verfahren bzw. Verfahrensgruppen orientiert. Die Darstellung der Imputationsverfahren wird partiell durch in der Literatur existierende Erweiterungsvorschläge ergänzt. Darüber hinaus werden stellenweise auch weitere denkbare Anpassungsmöglichkeiten vorgestellt. Außerdem werden Auswirkungen der Imputationsverfahren beispielhaft anhand der ACS-Stichprobe demonstriert, sofern

[12] Auch wenn Bankhofer (1995, S. 105) die Imputationsverfahren nicht nach dem Ursprung der Verfahren, sondern nach Annahmen an den Ausfallmechanismus einteilt, resultiert im Endeffekt eine ähnliche Gliederung der Verfahren wie bei Schnell (1986).

[13] Ein generelles Maß, wie verbreitet einzelne Verfahren oder Verfahrensgruppen sind, ist nicht ohne Weiteres zu finden. Als Behelfsgröße wird daher im Folgenden die Häufigkeit der Verfahren bzw. Verfahrensgruppen in den im Kapitel 5 untersuchten Simulationsstudien verwendet.

dies möglich und sinnvoll ist. Weitere Details zu den Beispielen sind im Anhang B zu finden.

In Abschnitt 4.1 werden in Anlehnung an Bankhofer (1995, S. 105–106) zunächst einfache Imputationsverfahren vorgestellt. Eine Zuordnung dieser Verfahren in eine der anderen Verfahrenskategorien ist aufgrund ihrer Einfachheit bzw. teilweise auch aufgrund ihres ungeklärten Ursprungs nicht sinnvoll bzw. möglich. Nach diesen Verfahren werden mit Hot- und Cold-Deck-Verfahren in Abschnitt 4.2 die sogenannten Deck-Verfahren dargestellt, die ihren Ursprung in den amtlichen Statistikbehörden haben. Daraufhin folgen in Abschnitt 4.3 die multivariaten Imputationsverfahren, die auf multivariaten Analysemethoden basieren. Von diesen eher traditionellen Verfahrenskategorien werden noch die auf Methoden des maschinellen Lernens basierenden Imputationsverfahren abgegrenzt, welche in Abschnitt 4.4 vorgestellt werden (vgl. García-Laencina et al., 2010, S. 264; Jerez et al., 2010, S. 107–109). Zum Abschluss des Kapitels wird in Abschnitt 4.5 noch auf den generellen Aufbau von Imputationsverfahren eingegangen.

4.1 Einfache Imputationsverfahren

Im Folgenden werden zunächst einfache Imputationsverfahren dargestellt, welche verhältnismäßig leicht Imputationswerte liefern (vgl. Bankhofer, 1995, S. 106). Die Abgrenzung dieser Verfahren zu den anderen Imputationsverfahren ist relativ willkürlich und ein großer Teil der Verfahren kann auch als (einfacher) Spezialfall der Regressionsimputation aufgefasst werden (vgl. z. B. Santos, 1981, S. 140–141; Waal et al., 2011, S. 255–261). Bei der Zuordnung eines Verfahrens zu dieser Gruppe wird sich daher vor allem an Bankhofer (1995, S. 106–112) orientiert.

4.1.1 Deduktive Imputation und Expertenschätzungen

Die deduktive Imputation und die Expertenschätzungen haben unter den Imputationsverfahren in gewisser Weise eine Sonderrolle, da das Wissen von Menschen sehr direkt zur Bestimmung von Imputationswerten genutzt wird. Dabei wird unter einer deduktiven Imputation die Möglichkeit einer logischen Ableitung des Imputationswerts für einen fehlenden Wert verstanden. Ein Beispiel für eine mögliche deduktive Imputation ist ein fehlender Wert im Merkmal Schwangerschaft bei einer männlichen Person. Hier kann aufgrund eines logischen Schlusses die Ausprägung „Schwanger = Nein“ imputiert werden (vgl. Waal et al., 2011, S. 24). Ein weiteres Beispiel, bei dem eine deduktive Imputation eingesetzt werden kann, ist das Fehlen einer Summenvariable, für die alle Summenbestandteile bekannt sind (vgl. Kalton und Kasprzyk, 1982, S. 23). Allgemein basiert die deduktive Imputation auf Konsistenzregeln bzw. Redundanzen in der Datenmatrix, welche von Experten aufgestellt bzw. identifiziert werden. Dabei geht die deduktive Imputation normalerweise davon aus, dass die vorhandenen Werte korrekt sind (vgl. van der Loo und de Jonge, 2011, S. 6; Waal et al., 2011, S. 302).

Offensichtlich imputiert die deduktive Imputation, wenn die Annahmen korrekt sind, stets den „richtigen" Wert für einen fehlenden Wert. Sie ist also normalerweise das beste Imputationsverfahren, wenn sie anwendbar ist (vgl. Kalton und Kasprzyk, 1986, S. 6; Waal et al., 2011, S. 301–302). Jedoch ist die eindeutige logische Ableitung von Imputationswerten häufig nicht möglich. Deshalb schlagen Kalton und Kasprzyk (1982, S. 23) vor, die deduktive Imputation so zu erweitern, dass ein Wert auch dann als Imputationswert verwendet wird, wenn auf ihn zwar nicht logisch eindeutig geschlossen werden kann, der Wert aber sehr wahrscheinlich ist. Andere Autoren wie Brick und Kalton (1996, S. 226) sprechen auch dann bereits von einer deduktiven Imputation, wenn der Imputationswert nur mit einer sehr hohen Sicherheit aber nicht mit Gewissheit aus den vorhandenen Daten bestimmt werden kann. In diesem Bereich verschwimmt der Übergang zwischen einer deduktiven Imputation und einer klassischen Imputation anhand von Expertenschätzungen, bei der ein Experte anhand der vorliegenden Informationen für jeden fehlenden Wert einen Imputationswert schätzt (vgl. auch Schnell, 1986, S. 96).

Bankhofer (1995, S. 111–112) merkt an, dass die Idee der Expertenschätzung einer Imputation mittels Regressionsanalyse ähnelt, da der Mensch einen funktionalen Zusammenhang zwischen den beobachteten Informationen und den fehlenden Werte schätzt. Im Gegensatz zur Regressionsanalyse vermeiden gute Expertenschätzungen jedoch unplausible Werte (vgl. Longford, 2005, S. 47–48). Problematisch an der Imputation durch Expertenschätzungen ist, dass dieses Vorgehen für große Datenmatrizen mit vielen fehlenden Werten sehr aufwendig ist. Ferner sind die imputierten Werte immer subjektiver Natur, da ihnen keine formale Prozedur zugrunde liegt (vgl. Bankhofer, 1995, S. 112). Daher kommt z. B. Bankhofer (1995, S. 112) zu dem Schluss, dass Expertenschätzungen eher ungeeignet zur Ersetzung fehlender Werte sind.

4.1.2 Imputation eines vorgegebenen Werts

Eine der einfachsten Möglichkeiten, fehlende Werte zu ersetzen, ist alle mit einem vorgegebenen Wert zu imputieren. Als vorgegebener Wert wird in der Literatur für kardinale Daten beispielsweise eine Null verwendet (vgl. z. B. Ouyang et al., 2004, S. 917; Wong et al., 2007, S. 1003). Eine weitere Möglichkeit stellt die bereits in Abschnitt 3.5 erwähnte und anhand der ACS-Stichprobe demonstrierte Imputation eines Best- oder Worst-Case-Werts für alle fehlenden Werte in einem Merkmal dar. So kann z. B. bei Testergebnissen entweder die maximal oder minimal zu erreichende Punktzahl als Imputationswert verwendet werden (vgl. z. B. Béland et al., 2018, S. 183; Cetin-Berber et al., 2019, S. 496).

Wenn die Imputation eines vorgegebenen Werts nicht im Zuge einer Sensitivitätsanalyse verwendet wird, gibt es neben der offensichtlichen Einfachheit dieses Imputationsverfahrens diverse Nachteile. So kann die Verteilung eines Merkmals mit fehlenden Werten durch die Imputation nur eines einzelnen Werts ähnlich wie bei der im Folgenden dargestellten Lageparameterimputation stark verzerrt werden. Ferner nutzt dieses Verfahren keine in der Datenmatrix eventuell vorhandenen Informationen über die fehlenden Werte (vgl. z. B. Troyanskaya et al., 2001, S. 521; Faisal und Tutz, 2017, S. 95). Diese Verfahren sind daher normalerweise nicht empfehlenswert.

4.1.3 Lageparameterimputation

Vermutlich eines der bekanntesten Imputationsverfahren ist die Lageparameterimputation. Bei dieser werden alle fehlenden Werte in einem Merkmal k durch einen geeigneten Lageparameter ersetzt. Welcher Lageparameter geeignet ist, ist unter anderem von dem Skalenniveau des zu imputierenden Merkmals abhängig. So kommt im Fall nominaler Daten häufig der Modus als Lageparameter in Betracht, während bei ordinalen Daten zusätzlich der Median und bei quantitativen Daten das arithmetische Mittel oder auch das geometrische Mittel verwendet werden kann (vgl. Bankhofer, 1995, S. 106–107; Bamberg et al., 2017, S. 16–17). Die Idee der Lageparameterimputation geht laut Bankhofer (1995, S. 106) und Enders (2010, S. 42) vermutlich auf Wilks (1932) zurück. Wilks (1932) ersetzt im Rahmen von Parameterschätzungen die fehlenden Werte durch das arithmetische Mittel, bevor die Parameter geschätzt werden (vgl. auch Bankhofer, 1995, S. 106).

Bei der Lageparameterimputation wird im einfachsten Fall der gewählte Lageparameter anhand der n_k beobachteten Werte im Merkmal k bestimmt. Alle fehlenden Werte im Merkmal k werden dann durch diesen Wert ersetzt. Zum Beispiel werden im

Fall einer Imputation des arithmetischen Mittels die fehlenden Werte a_{ik} im Merkmal k durch den Mittelwert $\overline{a_k^{obs}}$ der beobachteten Werte im Merkmal k

$$a_{ik}^{imp} = \overline{a_k^{obs}} = \frac{1}{n_k} \sum_{i \in N_k} a_{ik}. \tag{4.1}$$

ersetzt. In der Gleichung (4.1) ist $N_k = \{i \in N : v_{ik} = 1\}$ die Indexmenge der beobachteten Werte bei Merkmal k (vgl. z. B. Bankhofer, 1995, S. 106–107; Little und Rubin, 2020, S. 69).

Ein Problem bei der Imputation eines Lageparameters ist, dass die Verteilung des imputierten Merkmals häufig verzerrt wird. So führt z. B. die Imputation des arithmetischen Mittels im Normalfall zu einer Unterschätzung der Varianzen, wenn diese mittels Schätzfunktionen für vollständige Datenmatrizen ermittelt werden. Unter der Annahme eines MCAR-Ausfallmechanismus existieren angepasste Parameterschätzfunktionen für die Varianz und Kovarianzen, welche diese Verzerrung aufheben können (vgl. Bello, 1993b, S. 857; Little und Rubin, 2020, S. 69–70). Jedoch erscheint fraglich, inwieweit diese in der Realität eingesetzt werden. Ferner können auch viele weitere Schätzfunktionen für vollständige Daten, wie z. B. die für Quantile, Schiefe oder Wölbung, durch die Imputation eines Lageparameters verzerrt werden, wie z. B. Little und Rubin (2020, S. 69–70) anmerken und auch im nachfolgenden Beispiel 4.1 zu sehen ist.

Beispiel 4.1 (Mittelwert- und Medianimputation)
Die Auswirkungen einer Mittelwert- und einer Medianimputation werden wieder anhand der ACS-Stichprobe (Anhang B) demonstriert. Zunächst sind in der Abbildung 4.1 die resultierenden vervollständigten Datenmatrizen basierend auf der unvollständigen ACS-Stichprobe des Anhangs B dargestellt. Deutlich erkennbar ist die verringerte Variabilität im Merkmal Einkommen, da beide Verfahren alle fehlenden Werte mit jeweils einem einzigen Wert imputieren. Ferner sind die durch die Mittelwertimputation imputierten Werte größer als die der Medianimputation.

Die Auswirkungen der beiden Imputationsverfahren auf die Parameterschätzungen sind in den Tabellen 4.1 und 4.2 dargestellt. In den Tabellen ist gut zu erkennen, dass bei dem simulierten MCAR-Ausfallmechanismus der Mittelwert bei der Mittelwertimputation und der Median bei der Medianimputation unverzerrt geschätzt werden können, da diese jeweils dem Schätzwert der beobachteten Werte (nahezu) entsprechen. Jedoch werden selbst unter MCAR alle anderen Parameterschätzungen verzerrt. Insbesondere verzerrt die Mittelwertimputation den Median und die Medianimputation den Mittelwert, wie aus den beiden Tabellen 4.1 und 4.2 deutlich hervorgeht. Außerdem sind

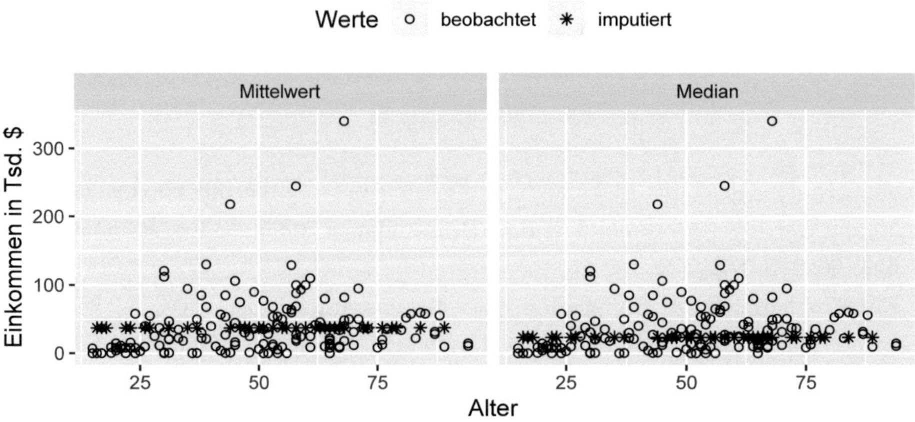

Abbildung 4.1: ACS-Stichprobe: Lageparameterimputation

in den Tabellen auch eine Verringerung der Variabilität und eine Unterschätzung der Korrelation bei beiden Verfahren zu beobachten. Falls kein MCAR-Ausfallmechanismus vorliegt, sind alle Parameterschätzwerte verzerrt.

	Original	MCAR	MAR	MNAR
Einkommen: Mittelwert	37,2	37,2	35,6	31,4
Einkommen: Median	23,5	37,2	35,6	31,2
Einkommen: Standardabweichung	44,2	38,2	37,1	35,7
Korrelation: Einkommen, Alter	0,18	0,15	0,17	0,16

Tabelle 4.1: ACS-Stichprobe: Mittelwertimputation

	Original	MCAR	MAR	MNAR
Einkommen: Mittelwert	37,2	33,8	32,1	27,5
Einkommen: Median	23,5	23,6	21,8	15,5
Einkommen: Standardabweichung	44,2	38,7	37,6	36,3
Korrelation: Einkommen, Alter	0,18	0,15	0,13	0,15

Tabelle 4.2: ACS-Stichprobe: Medianimputation

Neben der bisher dargestellten merkmalsweisen Imputation eines Lageparameters existieren auch Ansätze zur objekt- bzw. skalenweisen Imputation eines Lageparameters. So kann z. B. ein fehlender Werte a_{ik} in einem Objekt i durch den Mittelwert $\overline{a^{i,obs}}$ der beobachteten Werte desselben Objekts imputiert werden

$$a_{ik}^{imp} = \overline{a^{i,obs}} = \frac{1}{m_i} \sum_{k \in M_i} a_{ik}. \tag{4.2}$$

Dabei sind $M_i = \{k \in M : v_{ik} = 1\}$ und m_i die Indizes bzw. die Anzahl der beobachteten Werte bei Objekt i (vgl. z. B. Ware et al., 1993, S. 6:16; Downey und King, 1998, S. 177; Béland et al., 2016, S. 59). Eine objekt- oder skalenweise Imputation eines Lageparameters ist jedoch nur sinnvoll, wenn alle in die Berechnung des Imputationswerts in der Gleichung (4.2) einfließenden Merkmale dasselbe Konzept in einer ähnlichen Skalierung messen (vgl. Downey und King, 1998, S. 177). Ähnliches gilt für die Ersetzung aller fehlenden Werte durch den Mittelwert aller beobachteten Werte $\overline{A^{obs}}$ (vgl. Bankhofer, 1995, S. 108).

Eine Kombination der merkmals- und objektweisen Mittelwertimputation stellt die Two-Way Imputation dar. Bei dieser wird ein fehlender Wert a_{ik} durch

$$a_{ik}^{imp} = \overline{a^{i,obs}} + \overline{a_k^{obs}} - \overline{A^{obs}} \tag{4.3}$$

ersetzt (vgl. Bernaards und Sijtsma, 2000, S. 331). Die Idee der Two-Way Imputation ist die gleichzeitige Berücksichtigung eines Zeilen- und Spalteneffekts ähnlich einer zweifaktoriellen Varianzanalyse (vgl. Bernaards und Sijtsma, 2000, S. 333).

4.1.4 Zufallszahlenimputation

Bei der Zufallszahlenimputation wird jeder fehlende Wert durch eine Zufallszahl ersetzt. Für die Generierung der Zufallszahlen bzw. zur Festlegung der Verteilung, aus der die Zufallszahlen zur Imputation gezogen werden, gibt es verschiedene Möglichkeiten (vgl. Santos, 1981, S. 140–141; Schnell, 1986, S. 95; Bankhofer, 1995, S. 109; Chen et al., 2000, S. 1155):

- Für jedes Merkmal mit fehlenden Werten wird eine Verteilung spezifiziert und aus dieser Verteilung wird mittels Zufallszahlengenerator für jeden fehlenden Wert eine Zufallszahl gezogen und diese als Imputationswert verwendet.
- Für jeden fehlenden Wert in einem Merkmal wird zufällig ein beobachteter Wert aus diesem Merkmal imputiert.

- Für jedes unvollständige Objekt (Empfängerobjekt) wird ein vollständiges Objekt (Spenderobjekt) ausgewählt und alle fehlenden Werte im Empfängerobjekt werden durch die beobachteten Ausprägungen im Spenderobjekt ersetzt.

Die letzten beiden Methoden sind Spezialformen einer Hot-Deck-Imputation und werden daher in Abschnitt 4.2.1 genauer betrachtet. Bei der ersten Methode ist eine wichtige Frage, wie die Verteilung, aus der die Imputationswerte gezogen werden, spezifiziert wird. Im einfachsten Fall ist die Verteilung bekannt (vgl. Bankhofer, 1995, S. 109). Falls dies nicht der Fall ist, gibt es verschiedene Methoden eine geeignete Verteilung zu schätzen, z. B. mittels Kerndichteschätzer, welche beispielsweise in Fahrmeir et al. (2016, S. 91–94) dargestellt werden.

Beispiel 4.2 (Zufallszahlenimputation)
Zur Verdeutlichung der Zufallszahlenimputation werden anhand des ersten Vorgehens die fehlenden Werte in der Datenmatrix aus Abschnitt B imputiert. Als einfaches Modell zur Modellierung der Einkommensverteilung wird die Lognormalverteilung herangezogen (vgl. Schwarze und Elsas, 2013, S. 121).[14] *Jedoch weist die Lognormalverteilung nur für positive Werte eine positive Dichte auf. Da in der Datenmatrix jedoch auch Personen ohne Einkommen (mit einem beobachteten Einkommen von 0) existieren, ist die Anwendung der Lognormalverteilung nicht direkt möglich. Um dieses Problem zu lösen und das Modell gleichzeitig einfach zu halten, wird nur zwischen Personen mit und ohne Einkommen unterschieden, wobei für Personen mit positivem Einkommen davon ausgegangen wird, dass ihr Einkommen lognormalverteilt ist. Für das Merkmal Einkommen wird also eine Mischverteilung bestehend aus einer Einpunktverteilung (bei 0) und einer Lognormalverteilung spezifiziert. Die zugehörige Verteilungsfunktion lautet*

$$F(x) = \chi_1 F_1(x) + \chi_2 F_2(x), \tag{4.4}$$

wobei χ_1 *der Mischungskoeffizient für die Einpunktverteilung (vgl. z. B. Toutenburg und Heumann, 2008, S. 70) mit der Verteilungsfunktion*

$$F_1(x) = \begin{cases} 0 & \textit{für } x < 0 \\ 1 & \textit{für } x \geq 0 \end{cases} \tag{4.5}$$

[14] Der Ansatz, Einkommenswerte als lognormalverteilt zu betrachten, geht gemäß Cowell und Flachaire (2015, S. 373) auf Gibrat (1931) zurück. Für weitere Ansätze, die auch genauere Modellierung erlauben, sei auf z. B. Cowell und Flachaire (2015, S. 369–392) verwiesen.

ist und χ_2 der Mischungskoeffizient für die Lognormalverteilung (vgl. z. B. Hedderich und Sachs, 2020, S. 288) mit der Verteilungsfunktion F_2 mit zugehöriger Dichte

$$f_2(x) = \begin{cases} \frac{1}{\sigma x \sqrt{2\pi}} \cdot e^{-\frac{(\ln x - \mu)^2}{2\sigma^2}} & \textit{für } x > 0 \\ 0 & \textit{für } x \leq 0 \end{cases} \tag{4.6}$$

ist.

Bei dieser Spezifikation entspricht der Mischungskoeffizient der Einpunktverteilung χ_1 dem Anteil der Personen, die kein Einkommen haben, und χ_2 dem Anteil der Personen mit Einkommen, also ist $\chi_2 = 1 - \chi_1$. Der Mischungskoeffizient χ_1 wird durch die relative Häufigkeit der Personen ohne Einkommen geschätzt. Die Parameter der Lognormalverteilung für Personen mit positivem Einkommen werden anhand der beobachteten positiven Einkommen mittels ML-Methode geschätzt (vgl. z. B. Johnson et al., 1994, S. 220). Nachdem so aus den beobachteten Daten die Verteilung für das Merkmal Einkommen geschätzt ist, wird aus dieser Verteilung für jeden fehlenden Wert eine Zufallszahl gezogen.

Das Resultat einer solchen Imputation ist in der Abbildung 4.2 dargestellt. Im Vergleich zur Lageparameterimputation zeigt die Abbildung 4.2, dass die Zufallszahlenimputation die Variabilität im Merkmal Einkommen besser widerspiegelt und gleichzeitig plausible Werte imputiert. Jedoch zeigen die Ergebnisse in der Tabelle 4.3, dass die gewählte Spezifikation der Einkommensverteilung nicht korrekt ist. So führt die Imputation bei einem MCAR-Ausfallmechanismus zu einer Überschätzung des

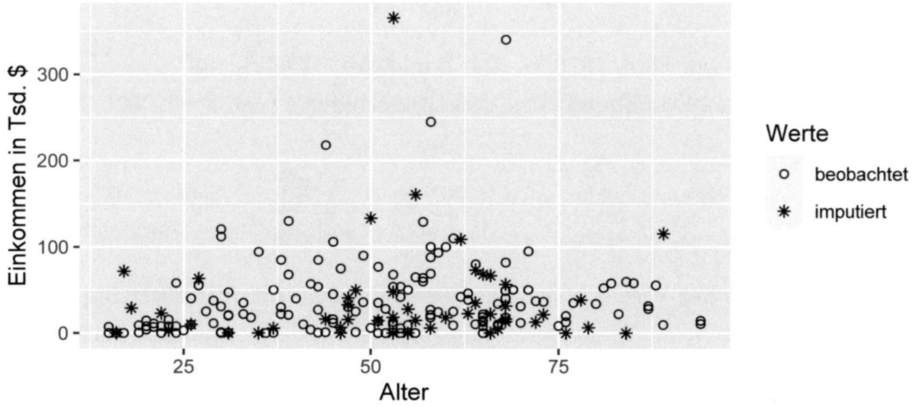

Abbildung 4.2: ACS-Stichprobe: Zufallszahlenimputation

mittleren Einkommens und der Variabilität. Gleichzeitig wird das Medianeinkommen unterschätzt.

	Original	MCAR	MAR	MNAR
Einkommen: Mittelwert	37,2	39,3	38,0	33,1
Einkommen: Median	23,5	22,5	20,8	15,7
Einkommen: Standardabweichung	44,2	56,6	57,0	51,2
Korrelation: Einkommen, Alter	0,18	0,11	0,14	0,13

Tabelle 4.3: ACS-Stichprobe: Zufallszahlenimputation

4.1.5 Imputation des Verhältnisschätzers

Falls ein Merkmal k mit fehlenden Werten kardinales Skalenniveau besitzt und ein weiteres kardinales Hilfsmerkmal $l \in M$, $l \neq k$, in der Datenmatrix existiert, können unter gewissen Voraussetzungen die fehlenden Werte in k durch einen Verhältnisschätzer ersetzt werden. Für die Beschreibung des Verhältnisschätzers sei wieder $N_k = \{i \in N : v_{ik} = 1\}$ die Indexmenge der Objekte, die im Merkmal k einen beobachteten Wert aufweisen. Falls für alle Objekte, die im Merkmal k beobachtete Werte aufweisen, auch Beobachtungen im Merkmal l vorhanden sind – falls also die Bedingung $N_k \subset N_l$ erfüllt ist – kann der Verhältnisschätzer mittels

$$a_k^{Ratio} = \frac{1}{|N_l|} \cdot \frac{\sum\limits_{j \in N_k} a_{jk}}{\sum\limits_{j \in N_k} a_{jl}} \sum_{j \in N_l} a_{jl} \tag{4.7}$$

berechnet werden (vgl. Ford, 1976, S. 324; Bankhofer, 1995, S. 108).

In der alternativen Schreibweise des Verhältnisschätzers (vgl. Ford, 1976, S. 324)

$$a_k^{Ratio} = \frac{\frac{1}{|N_l|} \sum\limits_{j \in N_l} a_{jl}}{\frac{1}{|N_k|} \sum\limits_{j \in N_k} a_{jl}} \cdot \frac{1}{|N_k|} \sum_{j \in N_k} a_{jk} = \frac{\overline{a_l^{obs}}}{\frac{1}{|N_k|} \sum\limits_{j \in N_k} a_{jl}} \cdot \overline{a_k^{obs}} \tag{4.8}$$

wird deutlich, dass der Verhältnisschätzer eine Korrektur der Mittelwertimputation vornimmt. Im Fall $N_k = N_l$ entspricht die Imputation des Verhältnisschätzers der Mittelwertimputation. Folglich können sich gegenüber der Mittelwertimputation nur Vorteile ergeben, wenn im Hilfsmerkmal l mehr Werte beobachtet sind als im Merkmal k. Im Idealfall ist das Merkmal l vollständig beobachtet. Ferner sollte bei der

Auswahl des Hilfsmerkmals auf eine möglichst hohe Korrelation zum zu imputierenden Merkmal k geachtet werden (vgl. Bankhofer, 1995, S. 108).

Beispiel 4.3 (Imputation des Verhältnisschätzers)

Auch die Imputation des Verhältnisschätzers soll anhand der ACS-PUMS-Stichprobe (Anhang B) verdeutlicht werden. Da die Imputation des Verhältnisschätzers eine Art Korrektur der Mittelwertschätzung darstellt, ist ein Vergleich der Ergebnisse beider Verfahren interessant. Beim Vergleich der Abbildung 4.3 mit der Abbildung 4.1 sind kaum Abweichungen zwischen der Mittelwertimputation und der Imputation des Verhältnisschätzers erkennbar.

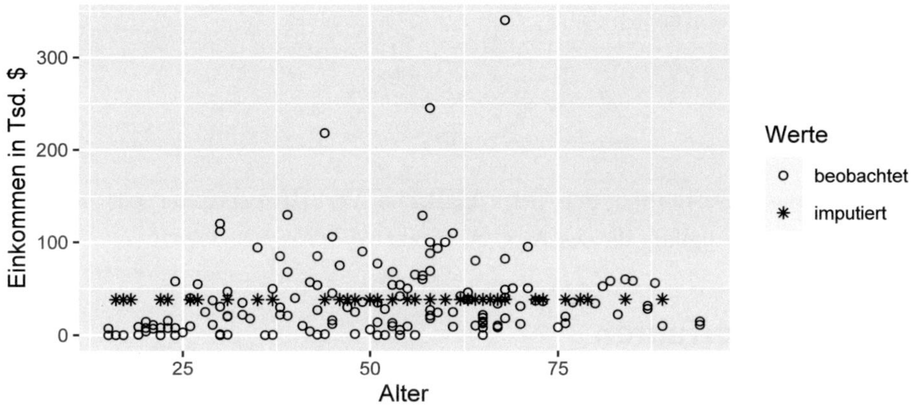

Abbildung 4.3: ACS-Stichprobe: Imputation des Verhältnisschätzers

Der Vergleich der MCAR-Spalte in der Tabelle 4.4 mit der zugehörigen Spalte in der Tabelle 4.1 zeigt, dass die nahezu identischen Resultate in den Abbildungen 4.3 und 4.1 nicht nur zufällig sind. Diese beiden Spalten enthalten exakt die gleichen Werte. Auch der Vergleich der MNAR-Spalten zeigt, dass beide Verfahren auch in diesem Fall zu nahezu identischen Ergebnissen führen. Nur beim MAR-Ausfallmechanismus unterscheiden sich beide Verfahren. Die Imputation des Verhältnisschätzers schätzt

	Original	MCAR	MAR	MNAR
Einkommen: Mittelwert	37,2	37,2	36,2	31,6
Einkommen: Median	23,5	37,2	38,0	31,7
Einkommen: Standardabweichung	44,2	38,2	37,1	35,7
Korrelation: Einkommen, Alter	0,18	0,15	0,18	0,17

Tabelle 4.4: ACS-Stichprobe: Imputation des Verhältnisschätzers

das mittlere Einkommen besser als die Mittelwertimputation, führt aber gleichzeitig zu einer noch stärkeren Überschätzung des Medianeinkommens. Ferner macht die MAR-Spalte der Tabelle 4.4 deutlich, dass auch unter einem MAR-Ausfallmechanismus die Imputation des Verhältnisschätzers alle betrachteten Parameterschätzungen verzerrt.

Falls die Bedingung $N_k \subset N_l$ verletzt ist, ist die Berechnung eines Imputationswerts mittels der Gleichung (4.7) nicht mehr möglich. Eine mögliche Anpassung ist in diesem Fall anstatt der in k beobachteten Objekte der Menge N_k die gemeinsam in k und l beobachteten Objekte der Menge $N_{kl} = N_k \cap N_l = \{i : v_{ik} = 1 \wedge v_{il} = 1\}$ zur Berechnung zu verwenden. Hierdurch ergibt sich der Imputationswert für die Objekte mit fehlenden Werten mit

$$a_{ik}^{imp} = \frac{1}{|N_l|} \cdot \frac{\sum\limits_{j \in N_{kl}} a_{jk}}{\sum\limits_{j \in N_{kl}} a_{jl}} \sum_{j \in N_l} a_{jl}. \tag{4.9}$$

Die Gleichung (4.9) enthält den ursprünglichen Verhältnisschätzer aus der Gleichung (4.7) als Spezialfall, da aus $N_k \subset N_l$ direkt $N_k \cap N_l = N_k$ folgt.

4.2 Deck-Verfahren

Die Deck-Verfahren haben ihre Ursprünge in der amtlichen Statistik und werden dort schon sehr lange eingesetzt (vgl. z. B. U.S. Bureau of the Census, 1961, S. LXXXV; Ono und Miller, 1969, S. 277; Andridge und Little, 2010, S. 41). Bei den Deck-Verfahren werden klassischerweise beobachtete Werte zur Imputation verwendet. Je nachdem, ob die beobachteten Werte aus derselben Datenmatrix oder aus einer anderen Datenmatrix stammen, wird zwischen Hot- bzw. Cold-Deck-Verfahren unterschieden. Im Folgenden werden zunächst in Abschnitt 4.2.1 die Hot-Deck-Verfahren beschrieben, die zur Imputation Werte aus derselben Datenmatrix verwenden. Anschließend wird in Abschnitt 4.2.2 auf die historisch gesehen eigentlich älteren Cold-Deck-Verfahren eingegangen.

4.2.1 Hot-Deck-Verfahren

Der Begriff Hot-Deck geht zurück auf die Zeit, als Daten noch in Form von Lochkarten verarbeitet wurden. Die Lochkarten werden bei der Bearbeitung warm und eine aktuelle Datenmatrix, die gerade in Bearbeitung ist, wird daher als Hot-Deck bezeichnet. Falls ein fehlender Wert durch einen Wert aus dem aktuellen Lochkartenstapel (aktuellen

Datenmatrix) ersetzt wird, spricht man daher auch von einer Hot-Deck-Imputation. Die Prägung des Begriffs Hot-Deck geht zurück auf das U.S. Census Bureau, welches ab 1962 fehlende Werte bei der Current Population Survey durch Werte aus derselben Umfrage ersetzte und so bis heute verfährt (vgl. Ono und Miller, 1969, S. 277; U.S. Census Bureau, 2002, S. 9-2; Andridge und Little, 2010, S. 41; van Buuren, 2018, S. 30; U.S. Census Bureau, 2021). Bei einem Hot-Deck-Verfahren wird ein Objekt, dessen Werte zur Ersetzung fehlender Werte verwendet werden, auch als Spender (Donor) und ein Objekt, dessen fehlende Werte ersetzt werden, auch als Empfänger (Recipient) bezeichnet (vgl. Andridge und Little, 2010, S. 40–41; Joenssen, 2015, S. 64).

In der Literatur gibt es keine einheitliche Definition des Begriffs Hot-Deck. Daher unterscheiden sich auch die Ansichten, welche Imputationsverfahren unter den Begriff Hot-Deck fallen (vgl. Ford, 1983, S. 185; Little und Rubin, 2002, S. 66; Joenssen, 2015, S. 63–67). Ein Aspekt, der in fast allen Definitionen von Hot-Deck-Verfahren zu finden ist, ist die Verdopplung beobachteter Werte aus derselben Datenmatrix zur Ersetzung fehlender Werte. Autoren wie Ford (1983, S. 186), Sande (1983, S. 341), Schafer und Graham (2002, S. 159) und Enders (2010, S. 49) definieren Hot-Deck-Verfahren alleine anhand dieser Verdopplungseigenschaft. Sie sehen folglich alle Verfahren, die fehlende Werte in einer Datenmatrix durch beobachtete Werte derselben Datenmatrix ersetzen, als Hot-Deck-Verfahren an, unabhängig davon, wie die Zuordnung der Spender- und Empfängerobjekte geschieht.

Andere Autoren wie Andridge und Little (2010, S. 40–41), Waal et al. (2011, S. 249), Joenssen (2015, S. 67) und Little und Rubin (2020, S. 76) betonen zusätzlich, dass für ein Empfängerobjekt ähnliche Objekte als Spender fungieren. Sie verwenden bei ihren Definitionen den Begriff Ähnlichkeit allgemein und lassen so unterschiedliche Möglichkeiten zur Spezifizierung von Ähnlichkeiten zu. Eine weitere Gruppe von Autoren legt in ihrer Definition fest, dass die Ähnlichkeiten zwingend in Form von Imputationsklassen abgebildet werden müssen (vgl. z. B. Chapman, 1976, S. 245–246; Bankhofer, 1995, S. 120; Brick und Kalton, 1996, S. 228–229). Diese Gruppe bezeichnet nur Verfahren, die innerhalb von Imputationsklassen Verdopplungen vornehmen, als Hot-Deck-Verfahren.

Die Definitionen innerhalb dieser drei Gruppen sind nicht komplett identisch, sondern unterscheiden sich teilweise in anderen Aspekten. Ferner scheinen auch einige Autoren aus der Gruppe, die Ähnlichkeiten zwischen Spender und Empfänger fordern, diese Forderung in ihrer weiteren Betrachtung zu vernachlässigen. So führen sowohl Waal et al. (2011, S. 259) als auch Little und Rubin (2020, S. 77) das (einfache) Random Hot-Deck als ein Beispiel für Hot-Deck-Verfahren auf. Beim Random Hot-

Deck wird ein fehlender Wert zufällig durch einen beobachteten Wert ersetzt, wobei jedes Objekt mit beobachteten Werten dieselbe Wahrscheinlichkeit besitzt als Spender ausgewählt zu werden (vgl. Little und Rubin, 2020, S. 77). Inwieweit sich Spender und Empfänger ähneln, wird also bei diesem Verfahren vernachlässigt.[15] Um dieses Problem zu vermeiden, werden im Folgenden alle Verfahren, die zur Ersetzung fehlender Werte in einer Datenmatrix beobachtete Werte aus derselben Datenmatrix verwenden, als Hot-Deck-Verfahren bezeichnet.

Beispiel 4.4 (Einfaches Random Hot-Deck)

Bei einem MCAR-Ausfallmechanismus ist das einfache Random Hot-Deck in der Lage, den Erwartungswert unverzerrt zu schätzen (vgl. Little und Rubin, 2020, S. 77). Dies zeigt sich sowohl in der Abbildung 4.4 als auch in den Simulationsergebnissen in der Tabelle 4.5, die auf der ACS-Stichprobe aus dem Anhang B basieren. Auch die anderen univariaten Statistiken werden in der ACS-Stichprobe beim MCAR-Ausfallmechanismus nahezu unverzerrt geschätzt. Jedoch führt das Random Hot-Deck zu einer Unterschätzung des Zusammenhangs zwischen den Merkmalen, da dieser Zusammenhang bei der Imputation nicht berücksichtigt wird. Diese Vernachlässigung ist in der Abbildung 4.4 anhand der relativ hohen imputierten Einkommenswerte bei niedrigem Alter zu sehen. In den Simulationsergebnissen spiegelt sich diese Tatsache in der

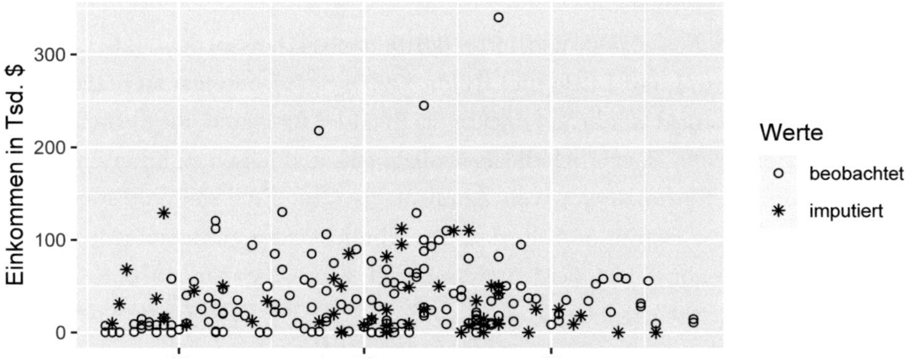

Abbildung 4.4: ACS-Stichprobe: Einfaches Random Hot-Deck

[15] Unter der Annahme, dass alle potenzielle Spender zum Empfänger gleich ähnlich sind, würde ein solches einfaches Random Hot-Deck Ähnlichkeiten korrekt berücksichtigen. Diese Annahme erscheint jedoch in den meisten Fällen nicht plausibel und wird auch weder von Little und Rubin (2020, S. 77) noch von Waal et al. (2011, S. 259) getroffen.

unterschätzten Korrelation wider. Ferner führt das Random Hot-Deck im Beispiel bei einem MAR- und MNAR-Ausfallmechanismus zu verzerrten Parameterschätzungen.

	Original	MCAR	MAR	MNAR
Einkommen: Mittelwert	37,2	37,2	35,5	31,5
Einkommen: Median	23,5	23,6	21,8	15,9
Einkommen: Standardabweichung	44,2	44,0	42,7	41,1
Korrelation: Einkommen, Alter	0,18	0,13	0,15	0,14

Tabelle 4.5: ACS-Stichprobe: Einfaches Random Hot-Deck

4.2.1.1 Berücksichtigung von Ähnlichkeiten

Auch wenn die vorherige Definition für ein Hot-Deck-Verfahren keine Ähnlichkeit zwischen Spender und Empfänger fordert, so nehmen doch die meisten Hot-Deck-Verfahren eine Zuordnung anhand von Ähnlichkeiten vor. Im Folgenden werden solche Möglichkeiten zur Berücksichtigung von Ähnlichkeiten zwischen Spendern und Empfängern dargestellt. In Anlehnung an Andridge und Little (2010, S. 42) wird in diesem Abschnitt zunächst davon ausgegangen, dass nur ein Merkmal mit fehlenden Werten vorliegt. Anpassungen für multivariate Ausfallmuster werden im nachfolgenden Abschnitt 4.2.1.2 diskutiert.

Eine Möglichkeit zur Berücksichtigung von Ähnlichkeiten stellen Imputationsklassen dar, die im Englischen auch als adjustment cells bezeichnet werden (vgl. Brick und Kalton, 1996, S. 228; Andridge und Little, 2010, S. 42). Im einfachsten Fall werden die Objekte anhand eines vollständig beobachteten Hilfsmerkmals in Klassen eingeteilt. Bei einem qualitativen Merkmal kann dazu z. B. jeder Ausprägung eine Klasse zugeordnet werden. Falls das Hilfsmerkmal quantitativ ist, kann es zunächst klassiert werden (vgl. Bankhofer, 1995, S. 113). Zur Bildung von Imputationsklassen können auch mehrere Hilfsmerkmale herangezogen werden. In diesem Fall kann eine Kreuzklassifikation anhand aller Hilfsmerkmale vorgenommen werden (vgl. Andridge und Little, 2010, S. 42). Alternativ können die Imputationsklassen mithilfe der Score Methode gebildet werden. Hierbei wird versucht, Objekte mit möglichst ähnlichen Antwortwahrscheinlichkeiten oder möglichst ähnlichen geschätzten Merkmalsausprägungen in Klassen einzuteilen (vgl. Little, 1986, S. 146; Eltinge und Yansaneh, 1997, S. 34; Haziza und Beaumont, 2007, S. 33–34). Ferner können mithilfe von Entscheidungsbaumverfahren Imputationsklassen konstruiert werden (vgl. Brick und Kalton,

1996, S. 228). Jedoch ist diese Konstruktionsart laut Andridge und Little (2010, S. 43) nicht weit verbreitet.

Zur Konstruktion von Imputationsklassen sollten Variablen verwendet werden, die hoch mit dem Merkmal mit fehlenden Werten und mit der zum Merkmal mit fehlenden Werten zugehörigen Spalte in der MD-Indikatormatrix korreliert sind (vgl. Ford, 1983, S. 186; Little und Vartivarian, 2005, S. 164). Unabhängig von der Auswahl der Hilfsmerkmale und der Konstruktionsvorschrift für die Imputationsklassen sollten die resultierenden Imputationsklassen nicht zu wenige Objekte umfassen. Ansonsten kann es vorkommen, dass innerhalb einer Klasse entweder kein geeigneter Spender vorhanden ist oder einzelne Objekte sehr häufig als Spender fungieren (vgl. Andridge und Little, 2010, S. 42–43).

Nachdem die Objekte in Imputationsklassen eingeteilt wurden, kann die Zuordnung eines Spenders zu einem Empfänger zufällig innerhalb einer Klasse erfolgen (vgl. Andridge und Little, 2010, S. 42). Diese Hot-Deck-Form wird auch als Random Hot-Deck innerhalb von Imputationsklassen bezeichnet (vgl. Schulte Nordholt, 1998, S. 161; Haziza und Beaumont, 2007, S. 26). Alternativ zur zufälligen Zuordnung können auch die Objekte vorher sortiert werden und dann (objektweise) sequentiell[16] abgearbeitet werden. Bei diesem (objektweisen) sequentiellen Hot-Deck werden die Objekte in der Reihenfolge, in der sie in der Datenmatrix nach erfolgter Sortierung vorkommen, imputiert. Für ein Objekt mit fehlenden Werten dient dabei der direkte Vorgänger innerhalb der Imputationsklasse als Spender. Falls dieser als Spender ungeeignet ist, wird dessen Vorgänger auf die Eignung als Spender überprüft. Es werden so lange Vorgänger überprüft, bis entweder ein geeigneter Spender gefunden wurde oder kein Vorgänger in der Imputationsklasse mehr vorhanden ist (vgl. Schulte Nordholt, 1998, S. 161). Sowohl in diesem Fall als auch im Falle, dass bei einem Random Hot-Deck innerhalb von Imputationsklassen kein geeigneter Spender vorliegt, wird entweder ein Startwert verwendet (zur Bestimmung von Startwerten vgl. z. B. Chapman, 1976, S. 246; Kalton und Kasprzyk, 1982, S. 23 und Fay, 1999, S. 113) oder es werden Imputationsklassen zusammengelegt (vgl. z. B. Kalton und Kish, 1981, S. 149; Andridge und Little, 2010, S. 42).

[16] Der Begriff sequentiell wird im Deutschen bei Imputationsverfahren zum einen im Zusammenhang mit einer Objektreihenfolge (vgl. Schnell, 1985, S. 53–54; Schnell, 1986, S. 109–110) und zum anderen bei der Imputation mehrerer Merkmale mit fehlenden Werten verwendet (vgl. Bankhofer, 1995, S. 123; Joenssen, 2015, S. 99; Münnich et al., 2015, S. 276). Falls aus dem Kontext nicht direkt ersichtlich ist, welche Hot-Deck-Form gemeint ist, werden gegebenenfalls die Begriffe objektweise sequentiell und merkmalsweise sequentiell verwendet.

Beispiel 4.5 (Random Hot-Deck innerhalb von Imputationsklassen)
Um eine Random Hot-Deck-Imputation innerhalb von Klassen anhand der ACS-Datenmatrix (Anhang B) durchführen zu können, muss das Merkmal Alter zunächst in Klassen eingeteilt werden. Als Klassenanzahl wird vier gewählt und auf Basis der Spannweite des Merkmals Alter werden vier gleichlange Intervalle konstruiert. Innerhalb dieser vier Imputationsklassen wird anschließend ein Random Hot-Deck durchgeführt. Das Imputationsergebnis für die Beispiel-MCAR-Datenmatrix ist in der Abbildung 4.5 dargestellt.

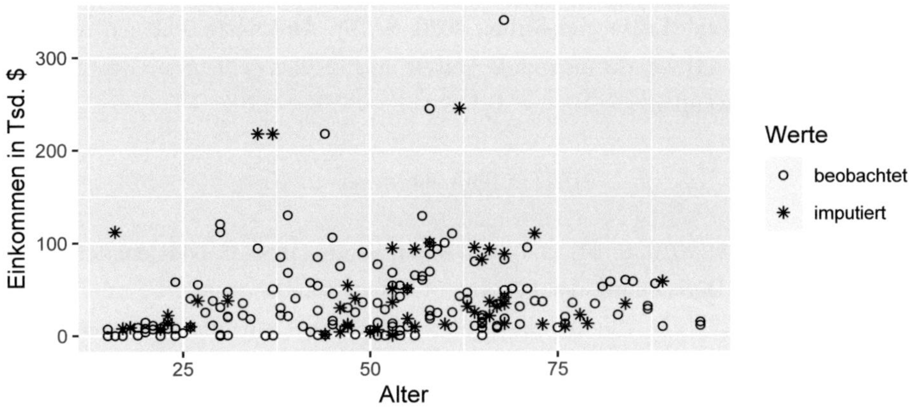

Abbildung 4.5: ACS-Stichprobe: Hot-Deck innerhalb von Imputationsklassen

Beim Vergleich der Abbildungen 4.4 und 4.5 zeigt sich, dass die Random Hot-Deck-Imputation innerhalb von Klassen die Zusammenhänge zwischen Alter und Einkommen besser als das einfache Random Hot-Deck berücksichtigt. Dies zeigen auch die in der Tabelle 4.6 dargestellten Simulationsergebnisse. Die Korrelation zwischen Einkommen und Alter wird bei allen drei simulierten Ausfallszenarien unverzerrt geschätzt. Ferner sind auch die restlichen Parameterschätzungen bei den simulierten MCAR- und MAR-Mechanismen nahezu unverzerrt.

	Original	MCAR	MAR	MNAR
Einkommen: Mittelwert	37,2	37,2	37,2	32,1
Einkommen: Median	23,5	23,7	23,7	16,6
Einkommen: Standardabweichung	44,2	44,1	43,9	41,7
Korrelation: Einkommen, Alter	0,18	0,18	0,18	0,18

Tabelle 4.6: ACS-Stichprobe: Hot-Deck innerhalb von Imputationsklassen

Anstatt der Verwendung von Imputationsklassen können Ähnlichkeiten zwischen Spender und Empfänger auch mithilfe von Distanzen berücksichtigt werden. Dazu werden zunächst Distanzen zwischen einem Empfänger und allen möglichen Spendern berechnet. Hierzu existieren verschiedene Ansätze. Es können Distanzen anhand der oben beschriebenen Imputationsklassen mithilfe von

$$d(i,j) = \begin{cases} 0, & \text{falls } i \text{ und } j \text{ derselben Klasse angehören} \\ 1, & \text{falls } i \text{ und } j \text{ unterschiedlichen Klassen angehören} \end{cases} \tag{4.10}$$

berechnet werden (vgl. Little und Rubin, 2020, S. 79). Alternativ schlagen Andridge und Little (2010, S. 44) vor, die maximale Abweichung in allen gemeinsam beobachteten Merkmalen zu verwenden:

$$d(i,j) = \max_{k \in M_{ij}} |a_{ik} - a_{jk}| \,. \tag{4.11}$$

Andridge und Little (2010, S. 44) und auch schon Sande (1983, S. 344) empfehlen, die Merkmale vor der Berechnung der Distanz (4.11) zu standardisieren. Ferner schlägt Sande (1983, S. 344) vor, die Wichtigkeit der Merkmale mithilfe von zusätzlichen Gewichten w_k abzubilden:

$$d(i,j) = \max_{k \in M_{ij}} w_k \, |a_{ik} - a_{jk}| \,. \tag{4.12}$$

Die obigen Ansätze lassen sich durch die Verwendung von gewichteten L_p-Distanzen, die in Abschnitt 3.1.2 beschrieben sind, verallgemeinern (vgl. Joenssen, 2015, S. 79). Eine weitere Möglichkeit stellt die Verwendung einer Mahalanobis-Distanz dar, welche laut Kalton (1983, S. 76) und Little (1988, S. 291) erstmals von Vacek und Takamaru (1980, S. 326) vorgeschlagen wurde.

Des Weiteren schlägt Little (1988, S. 291–292), basierend auf einer Idee von Rubin (1986, S. 91–92), mit dem Predictive Mean (Matching)[17] einen Ansatz zur Distanzbestimmung vor, der die Zusammenhänge zwischen dem Merkmal mit fehlenden Werten und den vollständig beobachteten Merkmalen in den Fokus stellt. Bei der Distanzberechnung mithilfe von Predictive Mean wird zunächst ein Regressionsmodell geschätzt, bei dem das Merkmal mit fehlenden Werten als abhängige und die vollständig beobachteten Merkmale als unabhängige Variablen fungieren. Anschließend

[17] Beim Predictive Mean Matching verwendet Little (1988, S. 291–292) stets das Objekt mit der geringsten Distanz als Spender. Die berechnete Distanz wird von ihm später als Predictive Mean bezeichnet (vgl. Little und Rubin, 2002, S. 69; Andridge und Little, 2010, S. 44).

werden die geschätzten Werte für das Merkmal mit fehlenden Werten $(\hat{a}_{1k}, \ldots, \hat{a}_{nk})^T$ zur Distanzberechnung verwendet (vgl. Andridge und Little, 2010, S. 44):

$$d(i,j) = (\hat{a}_{ik} - \hat{a}_{jk})^2 \tag{4.13}$$

Nachdem eine Distanzfunktion ausgewählt und die Distanzen berechnet sind, kann mit ihrer Hilfe die Zuordnung der Spenderobjekte zu den Empfängerobjekten vorgenommen werden. Für die konkrete Zuordnung existieren in der Literatur unterschiedliche Ansätze. Im einfachsten Fall wird das Objekt als Spender verwendet, welches die geringste Distanz zum Empfänger besitzt. Falls mehrere Objekte dieselbe „geringste" Distanz zum Empfänger besitzen, kann ein Spender zufällig aus diesen Objekten ermittelt werden (vgl. Chen und Shao, 2000, S. 113). Diese Art des Hot-Decks wird auch als Nearest-Neighbour Hot-Deck bezeichnet (vgl. Andridge und Little, 2010, S. 44). Anstelle des nächsten Nachbarn können auch die k nächsten Nachbarn den Spenderpool bilden, aus dem zufällig ein Spender ausgewählt wird (vgl. Sande, 1983, S. 343). Eine Diskussion zur Auswahl eines geeigneten Wertes für k ist z. B. bei Joenssen (2015, S. 74–75) zu finden.

Eine weitere Möglichkeit ist die Festlegung eines Schwellwerts d_0 für die maximale Distanz zwischen Spender und Empfänger. Alle vollständigen Objekte j mit $d(i,j) < d_0$ bilden dann einen Spenderpool für das Empfängerobjekt i. Die Zuordnung des Spenders kann dann durch zufällige Auswahl eines Objektes aus dem Spenderpool erfolgen (vgl. Andridge und Little, 2010, S. 44; Little und Rubin, 2020, S. 78–79). Ein weiterer Ansatz besteht darin, die Wahrscheinlichkeit für die Auswahl eines Objektes als Spender abhängig von seiner Distanz zum Empfänger zu machen. Siddique und Belin (2008, S. 86–87) schlagen hierfür vor, die Wahrscheinlichkeit proportional zur Inversen der Distanz zwischen potenziellem Spender und Empfänger zu wählen. Anschließend wird mithilfe dieser Wahrscheinlichkeitsfunktion ein Spender zufällig ermittelt.

Beispiel 4.6 (Nearest-Neighbour Hot-Deck)
Die Ergebnisse eines Nearest-Neighbour Hot-Decks sind in der Abbildung 4.6 für die Datenmatrix aus dem Anhang B dargestellt. Die Abbildung 4.6 zeigt deutlich, dass die Imputation fehlender Werte durch benachbarte beobachtete Werte erfolgt: Jeder Stern (Imputationswert) liegt auf einer Höhe mit einem nicht weit entfernten Kreis (beobachteter Wert). In vielen Fällen liegt eine Beobachtung mit demselben Alter vor, die direkt zur Imputation verwendet wird. In der Abbildung 4.6 sind solche Objektpaare daran erkennbar, dass ein Sternmittelpunkt auf einem Kreismittelpunkt liegt.

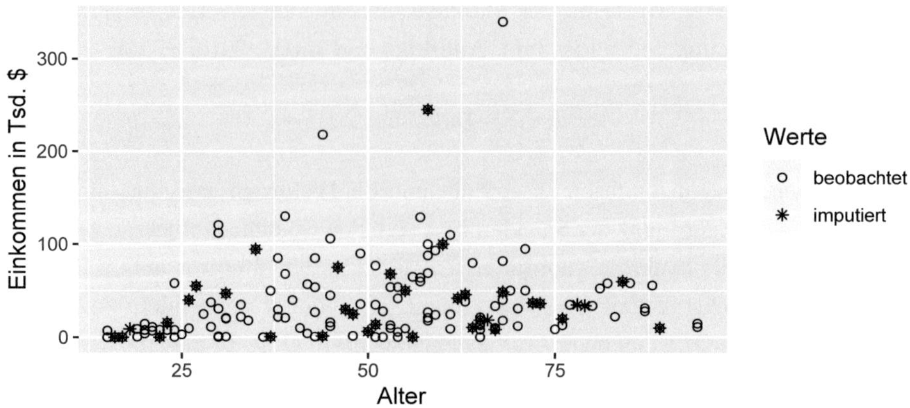

Abbildung 4.6: ACS-Stichprobe: Nearest-Neighbour Hot-Deck

Die Simulationsergebnisse sind in der Tabelle 4.7 wiedergegeben. Das Nearest-Neighbour Hot-Deck führt in allen Fällen zu einer verzerrten Schätzung der univariaten Parameter. Es überschätzt bei den simulierten MCAR- und MAR-Ausfallmechanismen den Mittelwert, Median und die Standardabweichung.[18] *Nur die Korrelation wird bei diesen Ausfallmechanismen (nahezu) unverzerrt geschätzt. Im Fall der MNAR fehlenden Werte wird das mittlere Einkommen und das Medianeinkommen, wie auch bei den anderen Hot-Deck-Verfahren, unterschätzt.*

	Original	MCAR	MAR	MNAR
Einkommen: Mittelwert	37,2	38,9	39,7	34,9
Einkommen: Median	23,5	24,7	24,8	18,0
Einkommen: Standardabweichung	44,2	47,5	48,8	47,0
Korrelation: Einkommen, Alter	0,18	0,18	0,19	0,20

Tabelle 4.7: ACS-Stichprobe: Nearest-Neighbour Hot-Deck

4.2.1.2 Hot-Deck bei multivariaten Ausfallmustern

Die bisherigen Beschreibungen gehen davon aus, dass nur ein Merkmal mit fehlenden Werten existiert. Falls jedoch mehrere Merkmale fehlende Werte aufweisen, also ein

[18] Da die verzerrten Parameterschätzungen, insbesondere für MCAR fehlende Werte, zunächst auffällig erscheinen, wurden die Ergebnisse noch einmal durch eine Erhöhung der Simulationsläufe auf 10.000 Wiederholungen überprüft, wobei jedoch keine relevanten Abweichungen erkennbar waren. Ferner konnten die Ergebnisse auch mit der Funktion kNN aus dem R-Paket VIM (Kowarik und Templ, 2016) repliziert werden.

multivariates Ausfallmuster vorliegt, müssen gewisse Verfahrensanpassungen vorgenommen werden. In der Hot-Deck-Literatur werden verschiedene Vorgehensweisen zur Imputation bei multivariaten Ausfallmustern beschrieben. Zunächst wird bei multivariaten Ausfallmustern grundsätzlich zwischen (merkmalsweise) sequentiellen und simultanen Hot-Deck-Verfahren unterschieden.[19] Ferner kann zwischen iterativen und nicht-iterativen Verfahren differenziert werden (vgl. Joenssen, 2015, S. 98–99). Diese Begriffe werden im Folgenden erläutert.

Die (merkmalsweise) sequentiellen Hot-Deck-Verfahren erstellen für jedes Merkmal mit fehlenden Werten ein eigenes (implizites) Imputationsmodell. Die Merkmale werden dann sequentiell in einer vorgegebenen Reihenfolge imputiert. Hierdurch können für ein Objekt mit fehlenden Werten mehrere unterschiedliche Spender zum Einsatz kommen (vgl. Joenssen, 2015, S. 99). Im Gegensatz dazu verwenden simultane Verfahren für ein Objekt mit fehlenden Werten nur einen einzigen Spender, mit dessen Hilfe alle fehlenden Werte im Empfänger simultan ersetzt werden (vgl. Bankhofer, 1995, S. 123). Andridge und Little (2010, S. 48) weisen darauf hin, dass auch eine Kombination von simultanem und sequentiellem Vorgehen möglich ist. So können zunächst Gruppen von Merkmalen gebildet werden, welche dann sequentiell abgearbeitet werden, wobei alle Merkmale innerhalb einer Gruppe simultan imputiert werden.

Bei Hot-Deck-Verfahren kann ferner zwischen iterativen und nicht-iterativen Verfahren unterschieden werden. Die Idee für iterative Hot-Deck-Verfahren geht auf Judkins et al. (1993, S. 459–460) und England et al. (1994, S. 409–410) zurück (vgl. Andridge und Little, 2010, S. 48). Beide beschreiben die Anwendung eines iterativen Hot-Decks anhand eines Beispiels. Diese Ideen werden in Judkins (1998, S. 145) zum cyclic m-partition Hot-Deck ausgebaut.[20] Beim cyclic m-partition Hot-Deck werden zunächst die fehlenden Werte mithilfe einer einfachen Methode ersetzt (vgl. auch Andridge und Little, 2010, S. 48–49). Anschließend werden die ursprünglich fehlenden Werte mithilfe eines sequentiellen Hot-Decks imputiert. Bei der Imputation eines Merkmals werden dabei alle anderen Merkmale als vollständig bzw. vervollständigt betrachtet. Nachdem alle Merkmale mit fehlenden Werten auf diese Art imputiert wurden, wiederholt sich der Vorgang. Zur Imputation wird dabei immer die Datenmatrix mit den zuletzt imputierten Werten als Grundlage verwendet. Die Imputation der einzelnen Variablen

[19] Diese Unterscheidung zwischen simultanen und sequentiellen Hot-Deck-Verfahren erfolgt hier in Anlehnung an Bankhofer (1995, S. 123) und Joenssen (2015, S. 99–103). Andere Autoren wie Schnell (1985, S. 53–54) grenzen zwar auch simultane und sequentielle Hot-Deck-Verfahren voneinander ab, definieren die Begriffe aber anders (vgl. auch Schnell, 1986, S. 109–110).

[20] Judkins (1998, S. 145) spricht von einem „cyclic n-partition hotdeck“, wobei n die Anzahl an Merkmalen bei Judkins (1998, S. 145) ist, wofür in dieser Arbeit das Symbol m verwendet wird.

wird so lange durchgeführt bis eine Art „Konvergenz“ erreicht ist (vgl. Judkins, 1998, S. 145). Andridge und Little (2010, S. 49) merken an, dass sowohl die Wahl eines geeigneten Maßes zur Messung von „Konvergenz“ schwierig ist, als auch, dass unklar ist, ob diese Form des Hot-Decks überhaupt konvergiert (vgl. auch Joenssen, 2015, S. 105).

4.2.1.3 Mehrfache Verwendung von Spendern

Ein weiterer Aspekt, der Auswirkungen auf Hot-Deck-Verfahren besitzt, ist die Beschränkung der Spendehäufigkeit eines Objektes, die auch als Donor-Limit bezeichnet wird. Die Ideen hinter diesem Vorgehen sind, den Einfluss einzelner Objekte auf das Imputationsergebnis zu begrenzen und der Versuch die Imputationsvarianz zu verringern (vgl. Kalton und Kish, 1981, S. 147; Joenssen, 2015, S. 106). Jedoch weist bereits Sande (1983, S. 344) darauf hin, dass durch eine Beschränkung der Spendehäufigkeit zwar die Imputationsvarianz verringert werden kann, aber dies gleichzeitig zu einer erhöhten Verzerrung führen kann. Die Beschränkung der Spendehäufigkeit stellt also ein Verzerrung-Varianz-Dilemma dar. Das Ziel muss also stets sein, dass die Varianz durch die Beschränkung stärker sinkt als die dadurch auftretende Verzerrung (vgl. James et al., 2021, S. 33–36).

Umfangreiche Simulationen zur Untersuchung der Beschränkung der Spendehäufigkeit wurden von Joenssen und Bankhofer (2012) und Joenssen (2015, S. 111–172) durchgeführt. Basierend auf seinen Simulationsergebnissen kommt Joenssen (2015, S. 177) zu dem Schluss, dass die Sinnhaftigkeit einer Beschränkung der Spendehäufigkeit unter anderem von dem Ausfallmechanismus und dem Anteil fehlender Werte abhängt. Er empfiehlt, die Spendehäufigkeit bei weniger als 25 % fehlender Werte stets zu beschränken.

Bei seinen Untersuchungen geht Joenssen (2015, S. 112) davon aus, dass Spender- und Empfängermenge disjunkt sind. Ferner verlangt das Optimierungsproblem bei Joenssen (2015, S. 112), dass für jedes Empfängerobjekt derselbe Pool an potenziellen Spendern verwendet wird. Diese Anforderungen werden jedoch nicht von allen Hot-Deck-Formen erfüllt. Insbesondere können unter diesen Annahmen nur vollständige Objekte spenden, da alle unvollständigen Objekte stets Teil der Empfängermenge sein müssen, damit sie imputiert werden können. Das Optimierungsproblem in Joenssen (2015, S. 112) lässt sich jedoch auch für den Fall, dass unvollständige Objekte als Spender infrage kommen und der Pool an potenziellen Spendern vom Empfängerobjekt abhängt, verallgemeinern. Diese Verallgemeinerung wird im Folgenden motiviert und mündet im Optimierungsproblem (4.20).

Als Vorarbeit wird zunächst auf den Bereich eingegangen, aus dem das Donor-Limit dl gewählt werden kann, sodass eine vollständige Imputation aller unvollständigen Objekte möglich ist. Dazu wird ein Optimierungsproblem aufgestellt, welches – falls eine vollständige Imputation möglich ist – unter anderem eine untere Schranke dl_{min} für die Wahl des Donor-Limits dl liefert. Des Weiteren enthält die Lösung dieses Optimierungsproblems eine mögliche Spender-Empfänger-Zuordnung, die für jede Wahl eines Donor-Limits $dl \geq dl_{min}$ eine zulässige Lösung des Hot-Deck-Optimierungsproblems (4.20) darstellt. Ferner wird sich zeigen, dass eine vollständige Imputation aller fehlenden Werte im Rahmen des Hot-Deck-Optimierungsproblems, falls sie überhaupt möglich ist, genau dann erfolgen kann, wenn das gewählte Donor-Limit dl im Bereich $[dl_{min}, \infty)$ liegt.

Für die Bestimmung des minimalen Donor-Limits dl_{min} sei $Empf$ die Menge aller Empfängerobjekte. In der Regel entspricht $Empf$ der Menge der unvollständigen Objekte, also $Empf = \{i \in N | \exists k \in M : v_{ik} = 0\}$. Für jedes Empfängerobjekt $j \in Empf$ umfasst SP_j die Menge aller potenziellen Spender. Bei einem simultanen Hot-Deck, bei dem auch unvollständige Objekte als Spender zugelassen werden, kann diese Menge z. B. als

$$SP_j = \{i \in N | \forall k \in M : v_{jk} = 0 \implies v_{ik} = 1\} \tag{4.14}$$

definiert werden. Die Bedingung $\forall k \in M : v_{jk} = 0 \implies v_{ik} = 1$ stellt sicher, dass jedes Merkmal, welches im Objekt j einen fehlenden Wert aufweist ($v_{jk} = 0$), im Objekt i beobachtet wurde ($v_{ik} = 1$). Falls alternativ nur alle vollständigen Objekte als Spender zugelassen werden, ist die Spendermenge für alle unvollständigen Objekte $j \in Empf$ identisch: $SP_j = \{i \in N | \forall k \in M : v_{ik} = 1\}$.

Für die Definition des Optimierungsproblems wird zusätzlich die Indikatorvariable $\mathfrak{x}_{ij}$ benötigt, die angibt, ob Objekt i als Spender für Objekt j fungiert. Dabei ist $\mathfrak{x}_{ij} = 1$, falls Objekt i seine Werte Objekt j spendet, und ansonsten Null. Hiermit lässt sich zunächst ein binäres Optimierungsproblem zur Bestimmung des kleinsten Donor-

Limits dl_{min} aufstellen, bei dem die vollständige Imputation der unvollständigen Datenmatrix gewährleistet wird:

$$
\begin{array}{llll}
\min & dl & & (4.15) \\
\text{unter} & \sum_{j \in N} \mathfrak{x}_{ij} \leq dl & \forall i \in N & (4.16) \\
 & \sum_{i \in SP_j} \mathfrak{x}_{ij} = 1 & \forall j \in Empf & (4.17) \\
 & \sum_{i=1}^{n} \sum_{j=1}^{n} \mathfrak{x}_{ij} = |Empf| & & (4.18) \\
 & \mathfrak{x}_{ij} \in \{0,1\} & \forall (i,j) \in N \times N & (4.19)
\end{array}
$$

Die n Bedingungen (4.16) führen dazu, dass kein Objekt häufiger als dl als Spender verwendet wird. Die zweite Art von Nebenbedingungen (4.17) gewährleistet, dass jedem Empfängerobjekt genau ein Spender aus der zugehörigen Spendermenge zugeordnet wird. Die letzte Bedingung (4.18) stellt sicher, dass nur genau so viele Objekte als Spender ausgewählt werden, wie Empfänger existieren. Diese Zeile ist notwendig, da ansonsten nicht sinnvolle Lösungen existieren können, bei denen z. B. ein vollständiges Objekt i für sich selbst spendet, falls für dieses Objekt die maximale Anzahl an Spendemöglichkeiten bei der Nebenbedingung $\sum_{j=1}^{n} \mathfrak{x}_{ij} \leq dl$ noch nicht voll ausgeschöpft ist.

Das Problem (4.15) - (4.19) besitzt genau dann eine Lösung, wenn für alle Empfängerobjekte $j \in Empf$ mindestens ein potenzieller Spender existiert (vgl. Anhang C). Falls das Optimierungsproblem eine Lösung besitzt, enthält die Menge der Optimallösungen alle möglichen Spender-Empfänger-Zuordnungen, die das minimale Donor-Limit dl_{min} einhalten. Falls der Zulässigkeitsbereich des Problems leer ist, ist eine vollständige Imputation aller fehlenden Werte mittels der gewählten Hot-Deck-Form – unabhängig von der Wahl des Donor-Limits – nicht möglich. Eine Lösung für das binäre Optimierungsproblem (4.15) - (4.19), sofern sie existiert, kann z. B. mithilfe des Branch&Bound-Verfahrens ermittelt werden (vgl. z. B. Domschke et al., 2015, S. 140–146). Im Spezialfall, dass nur alle vollständigen Objekte als Spender zugelassen werden ($SP_j = \{i \in N | \forall k \in M : v_{ik} = 1\}$ für alle $j \in Empf$), ergibt sich das minimal mögliche Donor-Limit dl_{min} als aufgerundeter Quotient zwischen der Anzahl der Empfängerobjekte geteilt durch die Anzahl der vollständigen Objekte: $\left\lceil \frac{|Empf|}{n-|Empf|} \right\rceil$ (vgl. Joenssen, 2015, S. 112). Falls auch unvollständige Objekte als Spender zugelassen werden, ist die Angabe einer solchen Formel im Allgemeinen nicht mehr möglich und das minimal mögliche Donor-Limit dl_{min} muss mithilfe des Optimierungsproblems (4.15) - (4.19) bestimmt werden.

Das von Joenssen (2015, S. 112) aufgestellte Hot-Deck-Optimierungsproblem, welches von disjunkten Spender- und Empfängermengen ausgeht, hat das Ziel im Rahmen eines Nearest-Neighbour Hot-Decks eine Spender-Empfänger-Zuordnung zu finden, deren Summe an Distanzen zwischen Spendern und Empfängern möglichst klein ist. Dieses Optimierungsproblem kann mithilfe der vorherigen Überlegungen auch für nicht disjunkte Spender- und Empfängermengen und unterschiedliche potenzielle Spenderpools verallgemeinert werden:

$$\begin{aligned}
\text{min} \quad & \sum_{i=1}^{n}\sum_{j=1}^{n} \mathfrak{x}_{ij} d_{ij} & & \\
\text{unter} \quad & \sum_{j \in N} \mathfrak{x}_{ij} & \leq dl \quad & \forall i \in N \\
& \sum_{i \in SP_j} \mathfrak{x}_{ij} & = 1 \quad & \forall j \in Empf \\
& \sum_{i=1}^{n}\sum_{j=1}^{n} \mathfrak{x}_{ij} & = |Empf| \quad & \\
& \mathfrak{x}_{ij} \in \{0,1\} & & \forall (i,j) \in N \times N
\end{aligned} \tag{4.20}$$

Die Nebenbedingungen des Optimierungsproblems (4.15) - (4.19) und des Optimierungsproblems (4.20) sind identisch. Der einzige Unterschied ist, dass im Optimierungsproblem (4.15) - (4.19) das Donor-Limit dl die zu minimierende Variable ist, während dl im Hot-Deck-Optimierungsproblem (4.20) ein vorgegebener/festgelegter Wert ist. Daher besitzt das Problem (4.20) genau dann eine Lösung, wenn $dl \geq dl_{min}$ ist, wobei dl_{min} die optimale Lösung für dl aus dem Problem (4.15) - (4.19) ist.[21] Durch die Wahl eines kleinen Donor-Limits im Optimierungsproblem (4.20) lässt sich die Imputationsvarianz verringern, was jedoch, wie bereits am Anfang des Abschnitts ausgeführt, zu einer erhöhten Verzerrung führen kann. Umgekehrt führt die Wahl eines großen Donor-Limits zu einer höheren Varianz bei niedrigerer Verzerrung. Welche Wahl von dl optimal ist, kann nicht direkt aus dem Optimierungsproblem (4.20) abgeleitet werden.

[21] Falls eine Lösung für $dl < dl_{min}$ existieren würde, würde die gefundene Lösung gleichzeitig auch die Nebenbedingungen (4.16) - (4.19) erfüllen, im Widerspruch dazu, dass dl_{min} optimal ist. Umgekehrt seien die $\mathfrak{x}_{ij}^*$ eine Optimallösung des Problems (4.15) - (4.19). Dann sind diese $\mathfrak{x}_{ij}^*$ eine zulässige Lösung des Optimierungsproblems (4.20), wenn $dl \geq dl_{min}$, da sie offensichtlich alle Nebenbedingungen erfüllen.

Anstatt das Problem (4.20) für ein vorgegebenes Donor-Limit dl aufzustellen, bietet es sich daher unter dem Gesichtspunkt des Verzerrung-Varianz-Dilemmas an, dass Donor-Limit dl als Variable zu betrachten und einen Bestrafungsterm λdl für ein zu hohes Donor-Limit in die Zielfunktion mit aufzunehmen, wodurch die zu minimierende Zielfunktion

$$\sum_{i=1}^{n}\sum_{j=1}^{n} \mathfrak{x}_{ij} d_{ij} + \lambda dl \tag{4.21}$$

resultiert. Dieses Vorgehen ähnelt der Regularisierung von Regressionsmodellen (vgl. z. B. James et al., 2021, S. 237–251). Anstatt der festen Vorgabe eines Donor-Limits – wie im Optimierungsproblem (4.20) – wird das Donor-Limit dl bei der Verwendung der Zielfunktion (4.21) selbst als zu optimierender Parameter angesehen. Die Wahl des Donor-Limits wird durch den Tuning-Parameter λ gesteuert. Ein hohes λ führt zu einem geringen Donor-Limit, während ein kleines λ in einem hohen Donor-Limit resultiert. Ein weiterer Vorteil der Zielfunktion (4.21) ist, dass für jede Wahl von λ stets zulässige Lösungen existieren, sofern für jedes Empfängerobjekt mindestens ein Spenderobjekt existiert. Die vorherige Bestimmung eines minimalen Donor-Limits bzw. die Erhöhung des Donor-Limits, falls das Optimierungsproblem (4.20) für eine zu kleine Wahl von dl keine Lösung besitzt, entfällt also bei der Verwendung der Zielfunktion (4.21). Vielmehr resultiert stets eine (unter der Berücksichtigung von λ) optimale Zuordnung der Spender zu den Empfängern.

4.2.1.4 Weitere Aspekte

Es existieren neben den bereits vorgestellten Aspekten weitere, die Einfluss auf die Hot-Deck-Imputation haben. So wird in der Literatur grundsätzlich zwischen deterministischen und stochastischen Formen der Hot-Deck-Imputation unterschieden (vgl. z. B. Andridge und Little, 2010, S. 41; Joenssen, 2015, S. 92). Ein weiterer Aspekt, der die Hot-Deck-Verfahren beeinflussen kann, ist die Berücksichtigung von Designgewichten bei der Imputation (vgl. Andridge und Little, 2010, S. 46–47). Dieser Ansatz lässt sich relativ einfach bei Random Hot-Deck-Verfahren umsetzen, indem die Auswahlwahrscheinlichkeiten für die potenziellen Spender proportional zu ihren Gewichten gewählt werden (vgl. Rao und Shao, 1992, S. 816).

Die theoretischen Eigenschaften von Hot-Deck-Verfahren sind in der Literatur nicht vollständig untersucht (vgl. Andridge und Little, 2010, S. 49). Die nachfolgenden Eigenschaften sind eine Zusammenfassung von Andridge und Little (2010, S. 49–55), wo auch weitere Details zu finden sind. Über das einfache Random Hot-Deck ist bekannt, dass es bei einem MCAR-Ausfallmechanismus eine unverzerrte Schätzung des Erwartungswertes garantiert (vgl. Andridge und Little, 2010, S. 49). Sowohl das Random Hot-Deck innerhalb von Imputationsklassen als auch das Nearest-Neighbour Hot-Deck führen auch bei gewissen Formen von MAR zu konsistenten Schätzungen des Erwartungswertes. Ferner ist das Nearest-Neighbour Hot-Deck unter gewissen Annahmen auch bei einem MAR-Ausfallmechanismus in der Lage, die Quantile und Verteilungen konsistent und asymptotisch unverzerrt zu schätzen (für Details siehe Chen und Shao (2000)). Alle Formen des Hot-Decks tendieren zu einer Unterschätzung der Unsicherheit bei Parameterschätzungen, falls die vervollständigte Datenmatrix ausgewertet wird, als wenn sie vollständig beobachtet wäre. Andridge und Little (2010, S. 51–55) erläutern drei generelle Möglichkeiten, um diesem Problem zu begegnen, wobei sie schlussendlich empfehlen, entweder Resampling Methoden oder Multiple Imputationsverfahren zu verwenden (vgl. Andridge und Little, 2010, S. 60–61).

Allgemein ist für eine gute Hot-Deck-Imputation insbesondere die Verfügbarkeit geeigneter Spenderobjekte entscheidend. Die Abbildung 4.7 zeigt, dass dies selbst bei Vorliegen eines MAR-Ausfallmechanismus problematisch sein kann. Als Ausfallmechanismus wurde unterstellt, dass der y-Wert eines Objektes genau dann unbeobachtet ist, wenn der x-Wert größer als 0 ist. In der Abbildung 4.7 werden die Objekte mit fehlenden Werten durch Kreuze dargestellt. Für Objekte mit hohem x-Wert existieren keine geeigneten Spender, da die beobachteten y-Werte zur Imputation dieser Objekte zu gering sind (vgl. Andridge und Little, 2010, S. 50). Falls keine solch extreme Form eines Ausfallmechanismus vorliegt, ist insbesondere die Stichprobengröße entscheidend für eine Hot-Deck-Imputation, da mit steigendem Stichprobenumfang mehr Spender

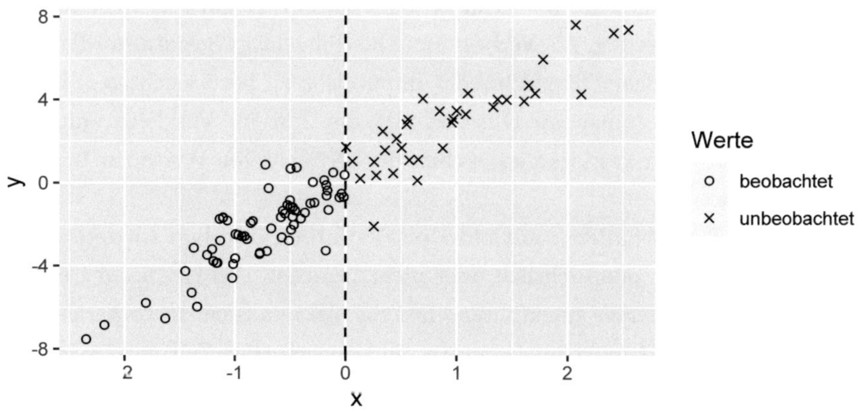

Abbildung 4.7: Problematische Spenderwahl bei MAR-Ausfallmechanismus

zur Verfügung stehen, was die Imputation verbessert (vgl. Andridge und Little, 2010, S. 51).

4.2.2 Cold-Deck-Verfahren

Im Gegensatz zu Hot-Deck-Verfahren verwenden Cold-Deck-Verfahren zur Imputation einer Datenmatrix Informationen aus einer anderen Datenmatrix (vgl. Ford, 1983, S. 186). Die Cold-Deck-Verfahren können als ein Vorgänger der Hot-Deck-Verfahren angesehen werden. Bevor das U.S. Census Bureau für den Census of Population Hot-Deck-Verfahren einsetzte, verwendete es beobachtete Werte aus dem jeweils vorherigen Census zur Imputation (vgl. U.S. Bureau of the Census, 1961, S. LXXXV). Ford (1983, S. 186) fasst die Definition von Cold-Deck-Verfahren relativ weit, da er neben der Nutzung von beobachteten Werten auch die Verwendung von Beziehungen aus einer anderen Datenmatrix zur Imputation zulässt. Andere Autoren wie z. B. Chapman (1976, S. 245), Andridge und Little (2010, S. 41) und Little und Rubin (2020, S. 69) setzen – ähnlich wie bei Hot-Deck-Verfahren – die Verwendung eines beobachteten Wertes zur Imputation voraus.

Das Finden von geeigneten Imputationswerten kann (analog zu Hot-Deck-Verfahren) mithilfe von Ähnlichkeitsbeziehungen erfolgen. Hierbei wird in der Literatur unter anderem die Verwendung von Imputationsklassen erwähnt (vgl. Chapman, 1976, S. 245; Kalton, 1983, S. 69). Dies setzt im Allgemeinen voraus, dass die Merkmale, welche zur Bildung von Imputationsklassen bzw. zur Berechnung von Distanzen verwendet werden, in beiden Datenmatrizen vorhanden sind. Insbesondere bei Zeitreihen bzw. Panels kann zur Imputation auch der beobachtete Wert für ein Objekt zu einem vorherigen Zeitpunkt verwendet werden. Als Verbesserung hierfür schlägt Schulte Nordholt (1998, S. 160) vor, einen zeitlichen Trend bei der Imputation zu berücksichtigen. Falls z. B. das beobachtete Einkommen im Durchschnitt um 2 % im Vergleich zum letzten beobachteten Zeitpunkt gestiegen ist, sollten die beobachteten Werte zur Imputation um 2 % erhöht werden.

Theoretische Eigenschaften von Cold-Deck-Verfahren sind laut Little und Rubin (2020, S. 69) entweder offensichtlich oder nicht bekannt. Als Kritik an Cold-Deck-Verfahren ist unter anderem aufzuführen, dass die Werte aus einem vorherigen Untersuchungszeitpunkt nicht mehr repräsentativ für den aktuellen Zeitpunkt sein können (vgl. Kalton, 1983, S. 69–70). Dieser Kritikpunkt kann zwar durch die von Schulte Nordholt (1998, S. 160) vorgeschlagene Anpassung in manchen Fällen abgemildert werden, jedoch stellen die imputierten Werte dann nicht mehr unbedingt beobachtete

Werte dar. Ferner können die benötigte „kalte“ Datenmatrix und die an sie gestellte Anforderungen (z. B. vorhandene Merkmale, Repräsentativität) problematisch sein (vgl. Bankhofer, 1995, S. 120). Dies alles lässt einige Autoren schlussfolgern, dass die Methode in der Realität vermutlich eher selten angewendet wird und veraltet ist (vgl. Kalton, 1983, S. 69–70; Lessler und Kalsbeek, 1992, S. 214; Bankhofer, 1995, S. 120; Rässler, 2000, S. 72; Messingschlager, 2012, S. 12).

4.3 Multivariate Imputationsverfahren

In diesem Abschnitt werden verschiedene Möglichkeiten zur Imputation mittels multivariater Analyseverfahren dargestellt. Hierbei wird die Darstellung auf die verbreitetsten Verfahren Imputation mittels Regressionsanalyse (Abschnitt 4.3.1), Hauptkomponentenanalyse und Singulärwertzerlegung (Abschnitt 4.3.2) sowie die EM-Imputation (Abschnitt 4.3.3) beschränkt. Darüber hinaus existieren in der Literatur noch weitere Vorschläge zur Anwendung multivariater Verfahren zur Imputation. So schlagen z. B. Wilkinson (1958) und Rubin (1972) die Anwendung einer Varianzanalyse zur Imputation fehlender Werte vor (vgl. auch Bankhofer, 1995, S. 134–139). Ferner stellt Bankhofer (1995, S. 139–141) einen Ansatz vor, wie mithilfe der Diskriminanzanalyse Imputationswerte bestimmt werden können. Details zu diesen Verfahren können in den genannten Quellen gefunden werden.

4.3.1 Imputation mittels Regressionsanalyse

Die Imputation mittels Regressionsanalyse, die auch als Regressionsimputation bezeichnet wird (vgl. z. B. Göthlich, 2009, S. 125; Münnich et al., 2015, S. 272), gehört zu den bekanntesten MD-Methoden.[22] Sie wird in der Literatur sehr häufig erwähnt, wobei meist nur die Imputation mittels linearer Regression dargestellt wird (vgl. Bankhofer, 1995, S. 126). Unter anderem weisen Bankhofer (1995, S. 126) und Little und Rubin (2020, S. 71) darauf hin, dass für eine Imputation grundsätzlich auch nichtlineare Regressionsmodelle infrage kommen.

Die Grundideen einer Imputation mittels Regressionsanalyse lassen sich gut anhand eines univariaten Ausfallmusters bei einer ausschließlich quantitativen Datenmatrix verdeutlichen. Im Folgenden wird zunächst davon ausgegangen, dass nur das Merkmal k

[22] Bankhofer (1995, S. 126) weist darauf hin, dass die Regressionsanalyse im eigentlichen Sinn nicht multivariat ist. Jedoch ordnet Bankhofer (1995, S. 126) die Imputation mittels Regressionsanalyse aufgrund ihrer Bedeutung unter die multivariaten Verfahren ein, was auch mit der Zuordnung in Schnell (1986, S. 116–118) übereinstimmt, weshalb diese Zuordnung hier beibehalten wird.

fehlende Werte besitzt. Zur Imputation der fehlenden Werte im Merkmal k wird zu Beginn ein Regressionsmodell aufgestellt, in dem das Merkmal k als abhängige Variable und die restlichen Merkmale als erklärende Variablen fungieren. Häufig wird hierfür das lineare Modell

$$a_k = \beta_0 + a_1\beta_1 + \cdots + a_{k-1}\beta_{k-1} + a_{k+1}\beta_{k+1} + \cdots + a_m\beta_m + \varepsilon, \tag{4.22}$$

bestehend aus den Merkmalsvektoren $a_k, a_1, \ldots, a_{k-1}, a_{k+1}, \ldots a_m$ sowie den Regressionskoeffizienten $\beta_0, \ldots, \beta_{k-1}, \beta_{k+1}, \ldots, \beta_m$ und dem Residuum ε, verwendet (vgl. Little und Rubin, 2020, S. 71). Die Parameterschätzwerte $\hat{\beta}_0, \ldots, \hat{\beta}_{k-1}, \hat{\beta}_{k+1}, \ldots, \hat{\beta}_m$ werden anhand der vollständig beobachteten Objekte ermittelt und können dann zur Imputation eingesetzt werden. Die deterministische Regressionsimputation ersetzt einen fehlenden Wert a_{ik} durch (vgl. z. B. Bankhofer, 1995, S. 126; Little und Rubin, 2020, S. 71)

$$a_{ik}^{imp} = \hat{\beta}_0 + a_{i1}\hat{\beta}_1 + \cdots + a_{i,k-1}\hat{\beta}_{k-1} + a_{i,k+1}\hat{\beta}_{k+1} + \cdots + a_{i,m}\hat{\beta}_m. \tag{4.23}$$

Die stochastische Regressionsimputation addiert zu dem Wert aus der Gleichung (4.23) noch ein Residuum ε_{ik} hinzu (vgl. Little und Rubin, 2020, S. 73):

$$a_{ik}^{imp} = \hat{\beta}_0 + a_{i1}\hat{\beta}_1 + \cdots + a_{i,k-1}\hat{\beta}_{k-1} + a_{i,k+1}\hat{\beta}_{k+1} + \cdots + a_{i,m}\hat{\beta}_m + \varepsilon_{ik}. \tag{4.24}$$

Das Residuum ε_{ik} wird häufig aus einer Normalverteilung mit Erwartungswert 0 und Varianz entsprechend der geschätzten Residualvarianz des Modells (4.22) gezogen. Die stochastische Regressionsimputation bildet die Variation im Merkmal k durch die Addition des Residuums besser ab als die deterministische Regressionsimputation (vgl. Little und Rubin, 2020, S. 73).

Die Schätzung der Parameter von Gleichung (4.22) erfolgt im Normalfall mithilfe der Methode der kleinsten Quadrate. Details zu diesem Schätzverfahren sind z. B. bei Bankhofer und Vogel (2008, S. 227–234) und Fahrmeir et al. (2009, S. 90–92) zu finden. Bankhofer (1995, S. 127) merkt an, dass nicht alle Merkmale in das Modell 4.22 mit einbezogen werden müssen. Er schlägt vor, dass z. B. anhand des Determinationskoeffizienten oder von Signifikanztests ein geeignetes Modell ausgewählt werden kann. Anstatt dieser Auswahlkriterien können auch andere Gütemaße wie das Akaike oder bayessche Informationskriterium verwendet werden (vgl. James et al., 2021, S. 232–235). Diese Auswahlkriterien können auch im Rahmen einer Stepwise

Selection verwendet werden, die z. B. Frane (1976, S. 411) zur Findung eines geeigneten Imputationsmodells vorschlägt.

Beispiel 4.7 (Deterministische Regressionsimputation)
Auch die Auswirkungen einer Regressionsimputation werden beispielhaft anhand der ACS-Stichprobe (Anhang B) demonstriert. In der Abbildung 4.8 sind die imputierten Werte bei der Verwendung einer deterministischen linearen Regressionsimputation dargestellt. Die Werte liegen alle exakt auf der anhand der vollständigen Objekte geschätzten Regressionsgeraden. Sie spiegeln dadurch die ursprüngliche Variabilität im Merkmal Einkommen nicht wider. Dies zeigen auch die Ergebnisse der Simulation in der Tabelle 4.8. Auch wird der lineare Zusammenhang zwischen Alter und Einkommen durch eine exakte Positionierung der Imputationswerte auf der Regressionsgeraden überschätzt. Jedoch ist bei dem MCAR- und MAR-Mechanismus der Mittelwert im Merkmal Einkommen (nahezu) unverzerrt.

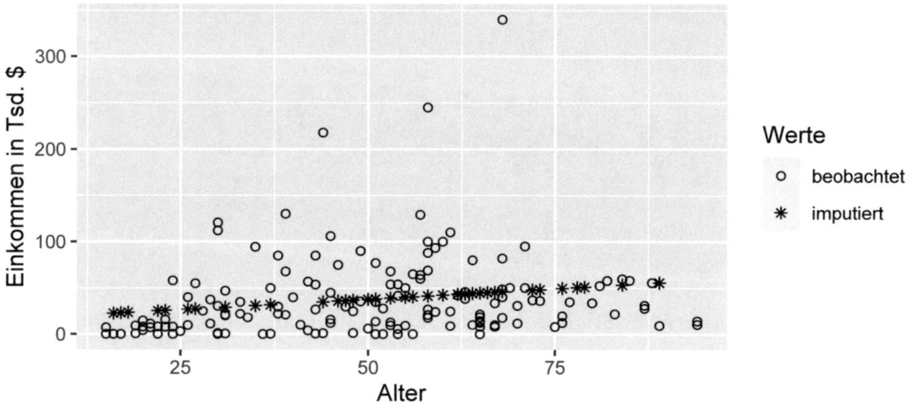

Abbildung 4.8: ACS-Stichprobe: Deterministische Regressionsimputation

	Original	MCAR	MAR	MNAR
Einkommen: Mittelwert	37,2	37,2	37,1	31,8
Einkommen: Median	23,5	32,0	34,6	25,0
Einkommen: Standardabweichung	44,2	38,4	37,4	35,8
Korrelation: Einkommen, Alter	0,18	0,20	0,24	0,21

Tabelle 4.8: ACS-Stichprobe: Deterministische Regressionsimputation

Beispiel 4.8 (Stochastische Regressionsimputation)
In der Abbildung 4.9 und in der Tabelle 4.9 sind die Ergebnisse einer stochastischen Regressionsimputation der ACS-Stichprobe (Anhang B) dargestellt. Beim Vergleich mit der deterministischen Regressionsimputation in der Abbildung 4.8 zeigt sich, dass die imputierten Werte nicht mehr direkt auf der Regressionsgerade liegen, sondern um diese streuen. Dies führt dazu, dass die ursprüngliche Variabilität in der Datenmatrix besser abgebildet wird. Gleichzeitig ist aus der Abbildung 4.9 ersichtlich, dass aus einer Regressionsimputation auch unplausible Werte resultieren können. Ein Teil der imputierten Werte ist negativ, obwohl alle beobachteten Einkommenswerte in der Stichprobe nichtnegativ sind.

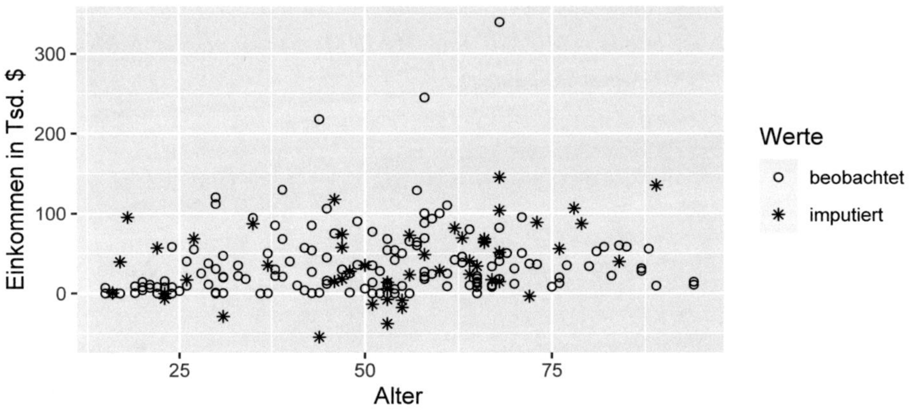

Abbildung 4.9: ACS-Stichprobe: Stochastische Regressionsimputation

	Original	MCAR	MAR	MNAR
Einkommen: Mittelwert	37,2	37,2	37,1	31,8
Einkommen: Median	23,5	27,0	26,5	19,6
Einkommen: Standardabweichung	44,2	44,3	43,0	41,3
Korrelation: Einkommen, Alter	0,18	0,17	0,21	0,18

Tabelle 4.9: ACS-Stichprobe: Stochastische Regressionsimputation

In der Tabelle 4.9 ist zu sehen, dass die stochastische Regressionsimputation – analog zur deterministischen Regressionsimputation – sowohl bei einem MCAR als auch bei einem MAR-Ausfallmechanismus den Mittelwert (nahezu) nicht verzerrt. Durch die zusätzliche Streuung sind die Schätzwerte für die Standardabweichung und die Korrelation bei der stochastischen Regressionsimputation weniger stark verzerrt als bei einer deterministischen Regressionsimputation.

4.3.1.1 Die Methode von Buck und ihre Erweiterungen

Wenn kein univariates Ausfallmuster vorliegt, lässt sich das Modell (4.22) nicht direkt anwenden, da eventuell mehr als ein Wert eines Objektes unbeobachtet ist. Eine Erweiterung der deterministischen Regressionsimputation zur Imputation multivariater Ausfallmuster stellt die Methode von Buck (1960, S. 303) dar. Bei dieser wird die Datenmatrix zunächst in zwei Teilmatrizen, welche die unvollständigen bzw. vollständigen Objekte enthalten, unterteilt. Anschließend werden für jedes unvollständig beobachtete Objekt i eigene Regressionsmodelle, die auf das Ausfallmuster des Objekts angepasst sind, aufgestellt. Dazu wird für jedes im Objekt i nicht beobachtete Merkmal k das Modell

$$a_k = \beta_0 + \sum_{l \in M_i} a_l \beta_l + \varepsilon \tag{4.25}$$

aufgestellt, bei dem alle im Objekt i beobachteten Merkmale (zusammengefasst in der Indexmenge M_i) als unabhängige Variablen verwendet werden. Die Parameter des Modells werden dann mithilfe der vollständig beobachteten Objekte geschätzt und abschließend wird der Wert

$$a_{ik}^{imp} = \hat{\beta}_0 + \sum_{l \in M_i} a_l \hat{\beta}_l \tag{4.26}$$

imputiert (vgl. Buck, 1960, S. 303).

Eine Limitation der Methode von Buck (1960) ist die ausschließliche Verwendung der vollständigen Objekte zur Parameterschätzung. Hierdurch können in den unvollständigen Objekten enthaltene Informationen nicht zur Imputation genutzt werden. Ferner benötigt die Methode von Buck (1960) eine Mindestzahl vollständiger Objekte, da ansonsten die Schätzung der Regressionsmodelle nicht möglich ist. Diese Mindestzahl hängt von dem vorliegenden Ausfallmuster ab, da zur Schätzung eines Regressionsmodells mindestens so viele Objekte benötigt werden, wie unabhängige Variablen im Modell vorkommen (vgl. Bankhofer, 1995, S. 130). Darüber hinaus sollten für gute Parameterschätzungen deutlich mehr Objekte als zu schätzende Parameter vorhanden sein, wodurch die empfehlenswerte Anzahl an Objekte noch einmal erhöht wird (vgl. Gleason und Staelin, 1975, S. 236–237; James et al., 2021, S. 225–226).

Diese Limitation versuchen Gleason und Staelin (1975, S. 236–237) durch ihre Anpassung der Methode von Buck (1960) zu umgehen. Sie verwenden dieselben Regressionsmodelle wie in der Methode von Buck, führen die Schätzung der Modelle jedoch nicht mehr anhand der vollständigen Objekte durch, sondern imputieren zunächst für alle fehlenden Werte den beobachteten Merkmalsmittelwert und verwenden die so vervollständigte Datenmatrix zur Schätzung der Regressionskoeffizienten (vgl. Gleason und Staelin, 1975, S. 236–237; Bankhofer, 1995, S. 130). Alternativ schlagen Gleason und Staelin (1975, S. 236–237) basierend auf der Idee von Glasser (1964, S. 835–836) auch vor, eine Kovarianzmatrix anhand der verfügbaren Objekte zu berechnen und anschließend mithilfe dieser Kovarianzmatrix die Regressionsparameter zu schätzen. Nach ihren Untersuchungen beider Varianten empfehlen Gleason und Staelin (1975, S. 242–243) die Mittelwertimputation bei wenig Objekten und geringer Korrelation, während sie bei vielen Objekten und stärkeren Korrelationen die Methode basierend auf der Analyse der verfügbaren Objekte präferieren.

Eine andere Modifikation der Methode von Buck, um die vorher genannte Limitation auf die vollständig beobachteten Objekte zu umgehen, schlagen Chan und Dunn (1972, S. 474) vor. Bei ihrer Anpassung ersetzen Chan und Dunn (1972, S. 474) zunächst die fehlenden Werte in allen Objekten mit nur einem fehlenden Wert anhand der Methode von Buck. Anschließend ersetzen sie die fehlenden Werte in allen Objekten mit genau zwei fehlenden Werten, wobei auch die bereits vervollständigten Objekte mit zur Schätzung der Regressionskoeffizienten herangezogen werden. Im nächsten Schritt werden alle Objekte mit drei fehlenden Werten imputiert, wobei wiederum alle bereits imputierten und vollständigen Objekte zur Parameterschätzung verwendet werden. Dieses Vorgehen wird fortgesetzt, bis alle fehlenden Werte imputiert sind, wobei für jede Ersetzung die Methode von Buck angewendet wird.

Eine weitere Methode, die große Ähnlichkeiten zur Methode von Buck (1960) und den beiden Anpassungen von Gleason und Staelin (1975) sowie Chan und Dunn (1972) aufweist, ist die Methode von Walsh (1961). Ihre Beschreibung ist relativ umfangreich (vgl. Gleason und Staelin, 1975, S. 232), weshalb auf eine Darstellung verzichtet wird. Weitere Details zu dieser Methode können direkt bei Walsh (1961) oder z. B. bei Bankhofer (1995, S. 131–133) gefunden werden. Bei ungünstigen Ausfallmustern müssen bei der Methode von Buck (1960) und deren Modifikationen vergleichsweise viele Regressionsmodelle geschätzt werden (vgl. Bankhofer, 1995, S. 129–133). Bei der Methode von Buck (1960) und der Modifikation von Gleason und Staelin (1975) lassen sich die benötigten Parameterschätzwerte jedoch sehr einfach mithilfe des Sweep-Operators berechnen, wodurch die Anzahl an zu schätzenden Parametern zumindest bei diesen Methoden unter Rechenzeitaspekten unproblematisch ist (vgl. Buck, 1960, S. 303; Little und Rubin, 2020, S. 72). Durch die Anpassungen von Gleason und Staelin (1975) oder Chan und Dunn (1972) bzw. bei der Methode von Walsh (1961) werden für die Schätzung der Regressionsmodelle mehr Informationen aus den verfügbaren Objekten genutzt, als dies bei der ursprünglichen Methode von Buck (1960) der Fall ist. Jedoch sind sowohl bei der Anpassung von Chan und Dunn (1972) als auch bei der Methode von Walsh (1961) die Parameterschätzungen vieler Regressionsmodelle abhängig von bereits vorher geschätzten Regressionsmodellen, wodurch Verzerrungen bei den Parameterschätzungen auftreten können (vgl. Bankhofer, 1995, S. 133).

4.3.1.2 Iterative Ansätze

Eine weitere Möglichkeit zur Imputation mittels Regressionsanalyse bei multivariaten Ausfallmustern stellen iterative Ansätze dar. Der erste Ansatz dieser Art ist gemäß Anderson et al. (1983, S. 458) die Methode von Federspiel et al. (1959).[23] Bei dieser Methode wird die Datenmatrix A zunächst mithilfe eines einfachen Imputationsverfahrens vervollständigt. Federspiel et al. (1959, S. 49) sprechen in diesem Zusammenhang auch von Initialwerten für die fehlenden Werte und schlagen vor, diese Initialwerte anhand einer Mittelwertimputation für jedes Merkmal mit fehlenden Werten zu generieren. Anschließend werden die fehlenden Werte sukzessive für jedes Merkmal $k \in \{1, \ldots, m\}$, beginnend mit dem kleinsten Index imputiert. Der Imputationswert für einen fehlenden Wert a_{ik} im Merkmal k wird analog zur univariaten deterministischen Regressionsimputation mittels Gleichung (4.23) berechnet.

Die Parameter der Gleichung (4.23) werden immer anhand der zuletzt vervollständigten Datenmatrix geschätzt. Für das erste Merkmal mit fehlenden Werten wird also die Datenmatrix mit den Initialwerten verwendet. Für das zweite Merkmal mit fehlenden Werten wird die Datenmatrix verwendet, die aus der Regressionsimputation des ersten Merkmals und der Mittelwertimputation der restlichen Merkmale besteht. Nun wird so lange über die Merkmale mit fehlenden Werten iteriert, bis sich die neu imputierten Werte von den vorherigen Imputationswerten nicht mehr unterscheiden (vgl. Federspiel et al., 1959, S. 49–52). Anstatt der strikten Gleichheit der Imputationswerte, wie sie formal bei Federspiel et al. (1959, S. 51) gefordert wird, kann ein Schwellwert festgelegt werden und falls die Änderung der Imputationswerte kleiner als dieser Schwellwert ist, wird das Verfahren abgebrochen (vgl. Jackson, 1968,

[23] Federspiel et al. (1959, S. 49–52) bezeichnen die Methode in ihrer Originalarbeit als „The Greenberg Procedure“. In späteren Veröffentlichungen wird die Methode jedoch nach Federspiel et al. (1959) zitiert (vgl. Jackson, 1968, S. 837; Anderson et al., 1983, S. 458; Bankhofer, 1995, S. 127–128), da die angegebene Originalquelle von Greenberg (ein Arbeitsbericht der Universität von North Carolina aus dem Jahr 1957) vermutlich schon zur damaligen Zeit nicht mehr verfügbar war. Im Folgenden wird die Methode daher im Einklang mit der zitierten Literatur als Methode von Federspiel et al. (1959) bezeichnet und nach Federspiel et al. (1959) zitiert.

S. 839; Bankhofer, 1995, S. 127). Die Konvergenz der Methode von Federspiel ist zwar noch nicht formal bewiesen, jedoch zeigt Bankhofer (1995, S. 127–129) anhand von Analogien zu anderen Imputationsverfahren auf, dass die Konvergenz gesichert sein sollte.

Alternativ zur Methode von Federspiel et al. (1959) schlagen Gleason und Staelin (1975, S. 238) vor, ihre Abwandlung der Methode von Buck (1960) iterativ anzuwenden. Finkbeiner (1979, S. 413) stellt bei seiner Untersuchung der iterativen Anwendung basierend auf der Idee von Gleason und Staelin (1975, S. 238) fest, dass die Imputationswerte teilweise nicht konvergieren, sondern zwischen zwei unterschiedlichen Werten alternieren. Das Problem tritt bei der Untersuchung von Finkbeiner (1979, S. 413) nur bei Datenmatrizen mit wenigen Objekten auf. Sobald genügend Objekte vorhanden sind, konnte Finkbeiner (1979, S. 413) keine Probleme mit der Konvergenz der Imputationswerte beobachten.

Die bisher beschriebenen Formen der iterativen Regressionsimputation sind deterministischer Natur. Gold und Bentler (2000, S. 332–333) schlagen eine iterative Form der stochastischen Regressionsimputation vor. Zur initialen Vervollständigung der Datenmatrix verwenden sie ein einfaches Random Hot-Deck. Anschließend werden in jedem Merkmal k die fehlenden Werte anhand des Modells (4.24) der univariaten stochastischen Regressionsimputation ersetzt. Die Parameterschätzwerte basieren dabei zunächst für alle Merkmale auf der initial imputierten Datenmatrix. Erst nachdem alle Merkmale einmal mithilfe des Modells (4.24) imputiert wurden, wird diese Datenmatrix zur Schätzung der Parameter in der darauffolgenden Iteration verwendet. Im Gegensatz zur Methode von Federspiel et al. (1959) werden also zunächst alle Merkmale einmal imputiert, bevor die so entstandene Datenmatrix zur Parameterschätzung der darauffolgenden Iteration verwendet wird. Hierdurch ist die Imputationsreihenfolge der Merkmale irrelevant. Für die stochastische Komponente ε_{ik} des Modells (4.24) verwenden Gold und Bentler (2000, S. 332) beobachtete Residuen zwischen Schätzwerten basierend auf dem linearen Modell und den beobachteten Werten. Da eine Konvergenz der Imputationswerte aufgrund deren Stochastizität nicht zu erwarten ist, brechen Gold und Bentler (2000, S. 333) die Imputation nach 3 Iterationen ab. Weitere Ansätze, mit denen unter anderem auch eine iterative (stochastische) Regressionsimputation durchgeführt werden kann, werden in Abschnitt 4.3.1.5 dargestellt.

4.3.1.3 Adaptive Regressionsimputation

Eine Methode, die ursprünglich aus dem Bereich Microarray-Analyse stammt, und sich dort bewährt hat (vgl. z. B. Brock et al., 2008; Celton et al., 2010; Oh et al., 2011,

S. 85), ist die adaptive Regressionsimputation.[24] Sie basiert auf der Arbeit von Bø et al. (2004), in welcher sie im Sprachgebrauch der Microarray-Analyse definiert ist. Um die Methode zu verallgemeinern, werden im Folgenden die Begriffe Zeile anstatt Gene und Spalte an Stelle von Array verwendet. Eine Diskussion, inwieweit diese Übertragung der Begriffe adäquat ist, wird am Ende des Abschnitts erfolgen, da dies sinnvoller nach der Beschreibung des Verfahrens geschehen kann.

Bei der adaptiven Regressionsimputation werden Imputationswerte aus zwei Verfahren kombiniert. Im ersten Schritt wird eine „Zeilenimputation“ (Bezeichnung bei Bø et al. (2004): LSimpute_gene) durchgeführt. Die Imputationswerte dieses Verfahrens fließen zum einen in den endgültigen Imputationswert der adaptiven Regressionsimputation ein und werden zum anderen auch im Rahmen des zweiten Imputationsverfahrens, der „Spaltenimputation“ (Bezeichnung bei Bø et al. (2004): LSimpute_array), verwendet. Nach dem Abschluss beider Imputationsverfahren wird für jeden einzelnen zu imputierenden Wert ein Gewichtungskoeffizient zur Aggregation beider Resultate bestimmt. Die Bestimmung der Gewichte wird dabei an die Datenmatrix „adaptiert“ und erklärt damit den Namen des Verfahrens. Die einzelnen Schritte werden im Folgenden genauer dargestellt.

Bei der „Zeilenimputation“ wird die Datenmatrix zeilenweise durchgegangen. Fehlt der Wert a_{ik} in der Zeile i, werden die κ Zeilen mit der höchsten absoluten Korrelation zur Zeile i, die im Merkmal k keinen fehlenden Wert aufweisen, bestimmt. Die Berechnung der Zeilenkorrelationen erfolgt anhand der paarweise verfügbaren Werte. Sei $N_{\kappa,ik}$ die Indexmenge der κ Zeilen mit der höchsten Korrelation. Dann wird anhand jeder Zeile $j \in N_{\kappa,ik}$ ein einfaches lineares Regressionsmodell basierend auf den paarweise verfügbaren Werten geschätzt. In diesen Modellen fungiert die Zeile i als abhängige und die Zeile j als unabhängige Variable. Anhand dieser Regressionsmodelle werden κ Imputationswerte für den fehlenden Wert a_{ik} erzeugt. Die κ Imputationswerte werden anhand der Gewichte

$$w_j = \frac{\left(\frac{r_{ij}^2}{1-r_{ij}^2+\epsilon}\right)^2}{\sum_{l\in N_{\kappa,ik}}\left(\frac{r_{il}^2}{1-r_{il}^2+\epsilon}\right)^2}, \qquad (j \in N_{\kappa,ik}) \tag{4.27}$$

zu einem Imputationswert für a_{ik} linear aggregiert. In der Gleichung (4.27) ist r_{ij} die Korrelation zwischen den Zeilen i und j sowie $\epsilon = 10^{-6}$ eine Konstante, die eine

[24] In dem ursprünglichen Beitrag von Bø et al. (2004) trägt das hier beschriebene Verfahren den Namen LSimpute_adaptive. In späteren Arbeiten wird diese Methode auch als least squares adaptive bezeichnet (vgl. z. B. Brock et al., 2008; Chiu et al., 2013).

Division durch Null verhindert, falls die Zeilen i und j perfekt korreliert sind. Der Zähler des Doppelbruches führt dazu, dass Imputationswerte basierend auf Zeilen mit hoher absoluter Korrelation bei der Aggregation stärker als Imputationswerte aus Zeilen mit niedrigerer absoluter Korrelation gewichtet werden. Der Nenner des Doppelbruches dient der Normierung der Gewichte, sodass sie in Summe eins ergeben. Für die Wahl von κ schlagen Bø et al. (2004) den Wert 10 vor, da dieser bei ihren Experimenten gute Resultate erzielte. Sie weisen jedoch auch darauf hin, dass für andere Datenmatrizen andere Werte für κ besser geeignet sein können.

Der zweite Schritt der adaptiven Regressionsimputation stellt die „Spaltenimputation" dar. Zu Berechnung der Imputationswerte wird für jedes Objekt i die Datenmatrix A anhand der beobachteten und unbeobachteten Merkmale im Objekt i partitioniert. Dazu enthalten die Mengen $M_i = \{k \in M : v_{ik} = 1\}$ und $\overline{M}_i = \{k \in M : v_{ik} = 0\}$ die Indizes der beobachteten bzw. unbeobachteten Merkmale im Objekt i. Nun ist die Spaltenimputation für die unbeobachteten Werte $a^{\overline{M}_i}$ im Objekt i definiert als

$$a^{\overline{M}_i} = \bar{a}^{\overline{M}_i} + S_{\overline{M}_i, M_i} S^{-1}_{M_i, M_i} \left(a^{M_i} - \bar{a}^{M_i} \right). \tag{4.28}$$

In der Gleichung (4.28) sind a^{M_i}, $\bar{a}^{M_i}$ und $\bar{a}^{\overline{M}_i}$ Spaltenvektoren, welche die beobachteten Werte im Objekt i, sowie den Mittelwert der beobachteten bzw. der unbeobachteten Merkmale im Objekt i enthalten. Ferner sind $S_{\overline{M}_i, M_i}$ und S_{M_i, M_i} die Untermatrizen der Kovarianzmatrix S, welche die Kovarianzen zwischen den Merkmalen $\overline{M}_i$ und M_i bzw. M_i und M_i enthalten. Die Kovarianzmatrix S und die Mittelwerte $\bar{a}^{M_i}$ sowie $\bar{a}^{\overline{M}_i}$ werden dabei anhand der mittels Zeilenimputation imputierten Matrix berechnet (vgl. Bø et al., 2004).

Die imputierten Werte der adaptiven Regressionsimputation werden anhand eines gewichteten Mittelwerts des Zeilen- a_{ik}^{ZImp} und des Spaltenimputationswerts a_{ik}^{SImp} berechnet:

$$a_{ik}^{imp} = w_{ik} \cdot a_{ik}^{ZImp} + (1 - w_{ik}) a_{ik}^{SImp}. \tag{4.29}$$

Zur Berechnung des Gewichtes w_{ik} werden zunächst 5 % der beobachteten Werte aus der unvollständigen Datenmatrix mithilfe eines MCAR-Ausfallmechanismus gelöscht. Anschließend werden diese gelöschten Werte einmal mittels Zeilen- und einmal mittels Spaltenimputation ersetzt. Anhand dieser imputierten Werte der Zeilenimputation $a_{jl}^{ZImp,hilf}$ bzw. der Spaltenimputation $a_{jl}^{SImp,hilf}$ werden die Fehler $e_{jl}^{ZImp} = a_{jl}^{ZImp,hilf} - a_{jl}^{obs}$ bzw. $e_{jl}^{SImp} = a_{jl}^{SImp,hilf} - a_{jl}^{obs}$ für jeden der gelöschten beobachteten Werte a_{jl}^{obs} berechnet. Daraufhin wird für jeden gelöschten beobachteten Wert a_{jl}^{obs} die maximale absolute Korrelation, die bei der Zeilenimputation verwendet wurde, $r_{max,hilf,jl}$ ermittelt. Um das Gewicht w_{ik} zur Berechnung des finalen Imputationswerts a_{ik}^{imp} zu bestimmen, wird auch für a_{ik} der maximale absolute Korrelationskoeffizient $r_{max,ik}$, der bei der Zeilenimputation verwendet wurde, bestimmt. Nun wird das optimale Gewicht w_{ik} anhand der Hilfsimputationswerte mit ähnlich hoher maximaler absoluter Korrelation wie $r_{max,ik}$ bestimmt. Dazu werden alle Hilfsimputationswerte mit $r_{max,hilf,jl} \in [r_{max,ik} - 0{,}05,\, r_{max,ik} + 0{,}05]$ verwendet. Wenn die Indizes dieser Hilfsimputationswerte in der Menge[25]

$$R_{ik} = \{(j,l) \in N \times M : r_{max,hilf,jl} \in [r_{max,ik} - 0{,}05,\, r_{max,ik} + 0{,}05]\} \tag{4.30}$$

zusammengefasst sind, dann lautet das Optimierungsproblem zur Bestimmung von w_{ik}:

$$\begin{aligned} \min \quad & \sum_{(j,l)\in R_{ik}} \left(w_{ik} e_{jl}^{ZImp} + (1 - w_{ik}) e_{jl}^{SImp} \right)^2 \\ \text{unter} \quad & w_{ik} \in [0{,}1] \end{aligned} \tag{4.31}$$

Anhand des so bestimmten Gewichtes w_{ik} wird der finale Imputationswert der adaptiven Regressionsimputation mittels Gleichung (4.29) berechnet (vgl. Bø et al., 2004).

Wie bereits in der Einleitung angemerkt, stammt die adaptive Regressionsimputation aus dem Bereich der Microarray-Analyse. In diesem Bereich repräsentieren üblicherweise die Zeilen einer Matrix die Gene und die Spalten enthalten die Informationen über die Arrays bzw. die Proben eines Experiments (vgl. z. B. Ouyang et al., 2004, S. 917; Kim et al., 2005, S. 187; Aittokallio, 2010, S. 256; Liew et al., 2011, S. 499). Anhand dieses Aufbaus einer Datenmatrix erscheint es zunächst naheliegend, die Methode LSimpute_gene als Zeilenimputation bzw. LSimpute_array als Spaltenimputation zu definieren. Auf der anderen Seite wird bei einer Betrachtung des zugrundeliegenden Vorgangs der Datenerhebung deutlich, dass bei einem Microarray-Experiment die Arrays die Merkmalsträger/Objekte und die Gene die Merkmale darstellen. Daher erscheint es auch möglich LSimpute_gene als „Merkmalsimputation" und LSimpute_array als „Objektimputation" aufzufassen. Hierdurch müssten beide Methoden genau umgekehrt zur Definition in diesem Abschnitt zugeordnet werden, da die Datenmatrix A in den Zeilen die Objekte und in den Spalten die Merkmale enthält. Beim Studium von Bø et al. (2004) stellt sich heraus, dass Bø et al. (2004) die Zuordnung der einfachen Regression für die Zeilen und die multiple Regression für die Spalten

[25] Falls weniger als 100 Hilfswerte die Bedingung $r_{max,ik} \pm 0{,}05$ erfüllen, wird der Bereich so lange vergrößert, bis mindestens 100 Werte zur Verfügung stehen (vgl. Bø et al., 2004).

anhand der Dimensionalität der Datenmatrix vorgenommen haben und nicht anhand einer Objekt/Merkmalsüberlegung. Da im Rahmen von Microarray-Experimenten normalerweise die Zeilenanzahl deutlich größer als die Spaltenanzahl ist (vgl. Butte, 2002, S. 951), wie auch stillschweigend in dieser Arbeit für die Datenmatrix A meist angenommen, erscheint es folglich sinnvoll LSimpute_gene als Zeilenimputation und LSimpute_array als Spaltenimputation aufzufassen.

4.3.1.4 Lokale Regressionsimputation

Bei einer lokalen Regressionsimputation werden anstelle aller verfügbaren Objekte nur die κ Objekte, die zum zu imputierenden Objekt am ähnlichsten sind, zur Schätzung der Regressionskoeffizienten verwendet. Zur Bestimmung der κ ähnlichsten Objekte zu einem Objekt i mit fehlenden Werten muss zunächst ein geeigneter Distanz- bzw. Ähnlichkeitsindex gewählt werden. Kim et al. (2005, S. 188) verwenden hierfür unter anderem die euklidische Distanz

$$d(i,j) = \sqrt{\sum_{k \in M_i} (a_{ik} - a_{jk})^2}, \tag{4.32}$$

wobei sie zur Berechnung nur die Merkmale der Menge M_i verwenden, die bei Objekt i beobachtet sind. Damit bei der Berechnung in der Gleichung (4.32) keine fehlenden Werte im Objekt j auftreten, schlagen Kim et al. (2005, S. 190) vor, entweder die fehlenden Werte im Objekt j zunächst anhand der beobachteten Merkmalsmittelwerte zu imputieren oder nur vollständige Objekte zur Imputation zuzulassen. Allgemeiner kann auch eine gewichtete L_p-Distanz anhand der paarweise verfügbaren Merkmale bei Objekt i und j verwendet werden, welche in Abschnitt 3.1.2 erläutert wurde.

Falls gemischt-skalierte Datenmatrizen vorliegen, können die vorherigen Ansätze nicht direkt eingesetzt werden. Eine Möglichkeit ist, die Daten neu zu kodieren, sodass die vorherigen Methoden verwendet werden können. Vorschläge für eine entsprechende Codierung sind z. B. bei Graham (2009, S. 562–563), Fahrmeir et al. (2009, S. 80–83) und Joenssen (2015, S. 86–87) zu finden. Alternativ können auch zunächst geeignete merkmalsspezifische Distanzindizes $d_k(i,j)$ berechnet und diese mittels einer linearen homogenen Aggregation, wie in Abschnitt 3.1.2 dargestellt, aggregiert werden.

Sobald die κ nächsten Nachbarn zu einem Objekt i bestimmt sind, werden diese in einer Matrix A_i zusammengefasst. Die Matrix A_i wird dabei als vollständig angesehen, da entweder nur vollständige Objekte als Nachbarn verwendet werden oder die fehlenden Werte der Nachbarn im Vorfeld imputiert werden (vgl. Kim et al., 2005, S. 190).

Anhand der Matrix A_i wird nun ein multivariates Regressionsmodell für die fehlenden Werte $a_{i\bar{k}_1}, \ldots, a_{i\bar{k}_{\bar{m}_i}}$ im Objekt i geschätzt, sodass die fehlenden Werte anhand der folgenden Gleichung imputiert werden können:

$$\begin{aligned} a_{i\bar{k}_1}^{imp} &= \beta_{01} + \beta_{11} a_{ik_1} + \cdots + \beta_{m_i,1} a_{ik_{m_i}} \\ a_{i\bar{k}_2}^{imp} &= \beta_{02} + \beta_{12} a_{ik_1} + \cdots + \beta_{m_i,2} a_{ik_{m_i}} \\ &\vdots \\ a_{i\bar{k}_{\bar{m}_i}}^{imp} &= \beta_{0\bar{m}_i} + \beta_{1\bar{m}_i} a_{ik_1} + \cdots + \beta_{m_i,\bar{m}_i} a_{ik_{m_i}} \end{aligned} \tag{4.33}$$

Dabei sind $k_1, \ldots, k_{m_i}$ die Indizes der im Objekt i beobachteten Merkmale und $\bar{k}_1, \ldots, \bar{k}_{\bar{m}_i}$ die Indizes der nicht beobachteten Merkmale im Objekt i. Die Koeffizienten jeder Zeile aus der Gleichung (4.33) können dabei mittels multipler Regression geschätzt werden (vgl. Kim et al., 2005, S. 189–190; Johnson und Wichern, 2007, S. 387–389).

Für die Bestimmung von κ schlagen Kim et al. (2005, S. 191) vor, einen oder mehrere bekannte Werte zu löschen. Diese gelöschten Werte werden dann mittels lokaler Regressionsimputation mit verschiedenen Werte für κ imputiert. Anschließend wird der Wert für κ für die Imputation der unvollständigen Datenmatrix verwendet, welcher das „beste“ Ergebnis liefert. Jedoch stellen Brock et al. (2008) bei ihrer Untersuchung fest, dass die so ausgewählten Werte für κ stark variieren können.

Als Alternative zu der obigen Definition der lokalen Regression bei der die κ nächsten Objekte und alle Merkmale zur Imputation verwendet werden, schlagen Kim et al. (2005, S. 189) auch vor, nur die κ nächsten Merkmale und alle Objekte zur Imputation zu verwenden. Eine denkbare Anpassung der lokalen Regressionsimputation ist eine Veränderung der Definition von „lokal“. Anstatt einer festen Anzahl κ an Nachbarn auszuwählen und anschließend eine parametrische Regression durchzuführen, wäre es auch möglich, einen nichtparametrischen Regressionsansatz zu wählen. Dies wäre z. B. mithilfe einer lokalen Regression oder mithilfe von Splines möglich (für Details zu diesen Verfahren siehe z. B. Fahrmeir et al., 2009 und James et al., 2021).

Beispiel 4.9 (Lokale Regressionsimputation)

Zur Veranschaulichung einer lokalen Regressionsimputation wird eine solche für die ACS-Stichprobe des Anhangs B durchgeführt. Da es sich hierbei nur um ein Beispiel handelt, wurde zur Demonstration willkürlich $\kappa = 10$ gewählt und es werden stets nur vollständige Objekte zur Schätzung der Regressionskoeffizienten verwendet. In der Abbildung 4.10 ist die lokale Struktur der Imputationswerte gut erkennbar. Im Vergleich zur deterministischen Regressionsimputation (Abbildung 4.8) werden *hierdurch insbesondere für Personen über 70 sinnvollerer Imputationswerte generiert. Jedoch könnte eine höhere Wahl von κ insbesondere im mittleren Altersbereich zu plausibleren Werten führen.*

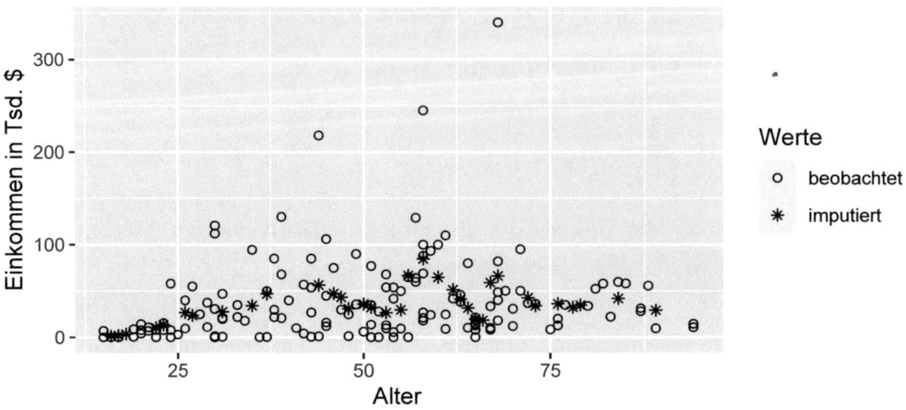

Abbildung 4.10: ACS-Stichprobe: Lokale Regressionsimputation

Die Ergebnisse der Beispielsimulation anhand der Stichprobe aus dem Anhang B sind in der Tabelle 4.10 gegeben. Es zeigt sich, wie bei den beiden anderen Ansätzen zur Regressionsimputation, eine relativ gute Schätzung des mittleren Einkommens bei MCAR und MAR bei einer gleichzeitigen Überschätzung des Median-Einkommens. Ähnlich wie bei der deterministischen Regressionsimputation wird auch in diesem Fall die Standardabweichung unter- und die Korrelation überschätzt.

	Original	MCAR	MAR	MNAR
Einkommen: Mittelwert	37,2	37,5	37,4	33,0
Einkommen: Median	23,5	29,5	29,7	23,1
Einkommen: Standardabweichung	44,2	39,7	38,6	37,1
Korrelation: Einkommen, Alter	0,18	0,20	0,21	0,20

Tabelle 4.10: ACS-Stichprobe: Lokale Regressionsimputation

4.3.1.5 Weitere Ansätze und Imputation qualitativer Daten

Zusätzlich zu den bereits vorgestellten Möglichkeiten existieren in der Literatur Erweiterungen der beschriebenen Verfahren und weitere Ansätze, um mithilfe von Regressionsmodellen zu imputieren. So schlägt z. B. Haitovsky (1968, S. 68) vor, die

MD-Indikatorvariablen mit in die Regressionsimputationsmodelle mitaufzunehmen. Ein anderer Ansatz ist z. B. die iterative Anwendung der lokalen Regression (vgl. Cai et al., 2006, S. 938–941). Neben den Erweiterungen der Regressionsimputation existieren auch Verfahren, deren primäres Ziel Parameterschätzungen sind, die jedoch in diesem Rahmen auf Formen der Regressionsimputation zurückgreifen. Hierunter zählen nach Bankhofer (1995, S. 133–134) insbesondere die Methode von Yates (1933) und die Barlett's ANCOVA Methode (1937). Da diese Methoden ursprünglich nicht zum Imputieren gedacht sind, wird auf eine detaillierte Darstellung verzichtet.

Die bisher vorgestellten Verfahren gehen fast ausschließlich davon aus, dass eine rein quantitative Datenmatrix zur Imputation vorliegt. Es existieren jedoch auch Möglichkeiten zur Imputation mittels Regression bei qualitativen oder gemischten Datenmatrizen. Eine solche Möglichkeit zur Imputation quantitativer und gemischter Datenmatrizen ist die Imputation and Variance Estimation Software (IVEware) von Raghunathan et al. (2016), die auf der Veröffentlichung von Raghunathan et al. (2001) basiert. Bei IVEware wird abhängig vom Skalenniveau der zu imputierenden Variable ein geeignetes Regressionsmodell verwendet (vgl. Raghunathan et al., 2001, S. 87; Templ et al., 2011, S. 2795):

- ein lineares Regressionsmodell bei quantitativen Merkmalen,
- ein logistisches Regressionsmodell bei binären Merkmalen,
- ein multinomiales oder generalisiertes logistisches Regressionsmodell bei einer kategorialen Variablen,
- eine Poisson-Regression bei Zähldaten und
- ein Zwei-Phasen-Ansatz bei semi-quantitativen Merkmalen.

Die fehlenden Werte werden bei IVEware mittels eines iterativen Ansatzes imputiert. Dabei werden zunächst die Parameter des jeweiligen Regressionsmodells aus einer geeigneten Verteilung gezogen (Details hierzu sind bei Raghunathan et al. (2001, S. 94) zu finden) und anschließend wird eine stochastische Regressionsimputation durchgeführt. Die Merkmale werden bei IVEware in einer festen Reihenfolge imputiert, wobei als unabhängige Merkmale nur vollständig beobachtete und bereits im selben Schritt imputierte Merkmale verwendet werden (vgl. Raghunathan et al., 2001, S. 87). Daher benötigt IVEware keine Initialwerte für die fehlenden Werte, jedoch werden für die Imputation eines Merkmals eventuelle nicht alle in der Datenmatrix vorhandenen Informationen genutzt (vgl. Templ et al., 2011, S. 2796). Die Imputationsreihenfolge legen Raghunathan et al. (2001, S. 87) anhand der Anteile fehlender Werte in den Merkmalen fest. IVEware imputiert sequentiell immer das Merkmal mit dem geringsten Anteil fehlender Werte, wobei bereits in der aktuellen Iteration imputierte Merkmale als vollständig angesehen werden. Der Algorithmus bricht ab, sobald sich entweder die Imputationswerte stabilisieren oder eine vorgegebene Anzahl an Iterationen durchlaufen wurde (vgl. Raghunathan et al., 2001, S. 87).

Als Verbesserung von IVEware stellen Templ et al. (2011, S. 2796) den Algorithmus Iterative Robust Model-based Imputation (IRMI) vor. Bei IRMI werden zunächst Initialwerte für alle fehlenden Werte mithilfe eines einfachen Imputationsverfahrens bestimmt. Anschließend werden die Merkmale in derselben Reihenfolge wie bei IVEware imputiert, jedoch werden stets alle Merkmale bis auf das zu imputierende als Regressoren im Modell verwendet. Ferner erlaubt IRMI den Einsatz robuster Regressionsverfahren, um das Imputationsergebnis bei Datenmatrizen mit Ausreißern zu verbessern (vgl. Templ et al., 2011, S. 2796). In der Simulation von Templ et al. (2011, S. 2799–2805) ist IRMI IVEware stets ebenbürtig oder überlegen.

Einen noch generelleren Ansatz als IVEware und IRMI stellt Fully Conditional Specification (FCS)[26] dar. Bei diesem Ansatz, der zunächst allgemein beschrieben wird, werden sowohl die Imputationswerte als auch die zur Imputation verwendeten Parameter aus einer Verteilung gezogen. In jeder Iteration t werden dabei die Merkmale sequentiell abgearbeitet. Für das erste Merkmal werden zunächst die zur Imputation benötigten Parameter $\theta_1^{(t)}$ aus der Verteilung $P\left(\theta_1 \mid a_1^{obs}, A_{(-1)}^{verv,(t-1)}\right)$ gezogen. Dabei sind a_1^{obs} die beobachteten Werte im ersten Merkmal und $A_{(-1)}^{verv,(t-1)}$ die aus der vorherigen Iteration $t-1$ resultierende Datenmatrix ohne das erste Merkmal. Anschließend werden die fehlenden Werte im ersten Merkmal a_1^{mis} durch Zufallszahlen aus der Verteilung $P\left(a_1^{mis} \mid a_1^{obs}, A_{(-1)}^{verv,(t-1)}, \theta_1^{(t)}\right)$ ersetzt. Dieser Vorgang wird nun der Reihe nach für alle Merkmale von 1 bis m durchgeführt. Für das k-te Merkmal wird also zunächst $\theta_k^{(t)}$ aus der bedingten Verteilung $P\left(\theta_k \mid a_k^{obs}, A_{(-k)}^{verv,(t-1)}\right)$ gezogen und anschließend werden die fehlenden Werte im Merkmal k durch Zufallszahlen aus der Verteilung $P\left(a_k^{mis} \mid a_k^{obs}, A_{(-k)}^{verv,(t-1)}, \theta_k^{(t)}\right)$ ersetzt. Nachdem alle Merkmale abgearbeitet sind, werden die Imputationswerte und die beobachteten Werte in einer neuen vervollständigten Datenmatrix $A^{verv,(t)}$ zusammengefasst (vgl. Brand, 1999, S. 52–56; van Buuren et al., 2006, S. 1052; van Buuren, 2007, S. 227).

[26] Die Beschreibung des Ansatzes basiert auf van Buuren et al. (2006, S. 1052) und van Buuren (2007, S. 227). Verschiedene Ideen der Methode existierten jedoch auch schon vorher (vgl. van Buuren (2018, S. 119–120) und die darin angegebenen Quellen).

Das Verfahren iteriert so lange, bis entweder eine vorgegebene Anzahl an Iterationen durchlaufen wurde oder ein anderes Abbruchkriterium erfüllt ist (vgl. van Buuren, 2018, S. 126). In vielen Fällen sind laut Brand (1999, S. 128) 5 Iterationen ausreichend. Jedoch weist van Buuren (2018, S. 126–129) darauf hin, dass unter anderem bei sehr hohen Korrelationen oder einem sehr großen Anteil fehlender Werte eine höhere Anzahl Iterationen notwendig sein kann. Jedoch sind selbst in den extremen Beispielen von van Buuren (2018, S. 126–129) ca. 15 bis 20 Iterationen ausreichend. Neben der Vorgabe für die Anzahl an Iterationen benötigt das Verfahren noch Startwerte für die erste vervollständigte Datenmatrix. Diese werden z. B. beim Multivariate Imputation by Chained Equations (MICE) Algorithmus, welcher auf dem FCS-Ansatz beruht, mithilfe eines einfachen Random Hot-Decks bestimmt (vgl. van Buuren, 2018, S. 120).

Um die beschriebene allgemeine Form der FCS z. B. zur Imputation mittels linearer Regression verwenden zu können, werden zum einen geeignete Verteilungen für die Parameter und zum anderen Berechnungsvorschriften zur Bestimmung der Imputationswerte benötigt. Mögliche Verteilungen, aus der im Rahmen einer linearen Regressionsimputation die benötigten Parameter $\theta_1^{(t)}, \ldots, \theta_m^{(t)}$ gezogen werden, sind bei Brand (1999, S. 96–98) zu finden. Nachdem die Parameter $\theta_k^{(t)} = \left\{\beta_{k0}^{(t)}, \beta_{k1}^{(t)}, \ldots, \beta_{k,k-1}^{(t)}, \beta_{k,k+1}^{(t)}, \ldots \beta_{km}^{(t)}, \sigma_k^{(t)}\right\}$ in der Iteration t gezogen wurden, kann im Rahmen einer stochastischen linearen Regressionsimputation ein Imputationswert mittels

$$a_{ik}^{imp,(t)} = \beta_{k0}^{(t)} + \sum_{\substack{l=1 \\ l \neq k}}^{m} a_{il}^{verv,(t-1)} \beta_{kl}^{(t)} + \varepsilon_{ik} \tag{4.34}$$

berechnet werden. Dabei ist ε_{ik} eine Zufallszahl, die aus der $N(0, \sigma_k^{(t)})$-Verteilung gezogen wird, und $a_{il}^{verv,(t-1)}$ der Eintrag für Objekt i im Merkmal l aus der in der vorherigen Iteration $t-1$ vervollständigten Matrix $A^{verv,(t-1)}$ (vgl. Brand, 1999, S. 97; van Buuren et al., 2006, S. 1063).

FCS kann neben der hier vorgestellten Anwendung zur stochastischen Regressionsimputation auch für viele andere multivariate Verfahren verwendet werden (vgl. z. B. van Buuren, 2018, S. 119–123). Wie aus den Beschreibungen deutlich wird, sind IVEware und IRMI eng verwandt mit FCS. Daher sieht van Buuren (2018, S. 119–120) auch IVEware als einen Spezialfall bzw. Vorgänger von FCS an. In der Tat erlaubt FCS den Einsatz derselben Regressionsmodelle zur Imputation wie IVEware. Aufgrund der allgemeineren Definition ist jedoch auch ein Einsatz weiterer bzw. anderer Regressionsmodelle bei FCS zur Imputation möglich. So wäre z. B. der Einsatz einer Gamma-Regression (vgl. Fahrmeir et al., 2009, S. 217) zur Imputation eines positiv stetigen Merkmals denkbar. Allgemeiner erlaubt FCS den Einsatz eines speziell auf die Verteilung des zu imputierenden Merkmals zugeschnittenen Modells (vgl. van Buuren, 2018, S. 164). Durch FCS können folglich (fast) beliebige Kombinationen von Regressionsmodellen zur Imputation verwendet werden, wodurch annähernd jede Datenmatrix mittels Regressionsimputation vervollständigt werden kann.

4.3.2 Imputation mittels Hauptkomponentenanalyse und Singulärwertzerlegung

Die Imputation mittels Hauptkomponentenanalyse und die Imputation mittels Singulärwertzerlegung werden in einem Abschnitt dargestellt, da sie sehr eng miteinander verwandt sind. Diese enge Verwandtschaft resultiert unter anderem daraus, dass eine Hauptkomponentenanalyse mithilfe einer Singulärwertzerlegung durchgeführt werden kann (vgl. z. B. Gerbrands, 1981; Hastie et al., 2009, S. 535; Josse und Husson, 2016, S. 1–2).[27] Ferner ist eine exakte Abgrenzung zwischen beiden Verfahrenstypen nicht immer möglich, wie z. B. das im Weiteren vorgestellt Verfahren von Gleason und Staelin (1975) zeigt. Im gesamten Abschnitt wird davon ausgegangen, dass eine rein quantitative Datenmatrix A erhoben wurde, da dies Voraussetzung für eine Hauptkomponentenanalyse bzw. Singulärwertzerlegung ist. Erweiterungen für kategoriale bzw. gemischte Datenmatrizen sind z. B. bei Audigier et al. (2016, S. 7–12) und Husson et al. (2019, S. 553–557) zu finden.

4.3.2.1 Verfahren ohne Regularisierung

Die erste Idee zur Imputation mittels Hauptkomponentenanalyse geht vermutlich auf Dear (1959)[28] zurück. Bei der Methode von Dear (1959) werden die Einträge der unvollständigen Datenmatrix zunächst mittels

$$\tilde{a}_{ik} = \begin{cases} \frac{a_{ik} - \bar{a}_k}{\sqrt{s_{kk}}} & \text{falls } v_{ik} = 1 \\ 0 & \text{falls } v_{ik} = 0 \end{cases}, \; \bar{a}_k = \frac{1}{|N_k|} \sum_{j \in N_k} a_{jk}, \; s_{kk} = \frac{1}{|N_k|} \sum_{j \in N_k} (a_{jk} - \bar{a}_k)^2 \tag{4.35}$$

standardisiert und vervollständigt, indem fehlende Werte in der standardisierten Matrix durch 0 ersetzt werden. Anhand der Matrix $\widetilde{A} = (\tilde{a}_{ik})_{n \times m}$ wird anschließend

[27] Details zu den Grundlagen der Hauptkomponentenanalyse und der Singulärwertzerlegung bei vollständigen Daten und ihre Verwandtschaft sind z. B. bei Jolliffe (2002) und Hastie et al. (2009, S. 534–541) zu finden.

[28] Zitiert nach Timm (1970, S. 419–421), Chan und Dunn (1972, S. 474), Bankhofer (1995, S. 142–143)

eine Korrelationsmatrix geschätzt, welche zur Berechnung des ersten Faktorladungsvektors $f^1 = (f_{11}, \ldots, f_{m1})^T$ und der ersten Hauptkomponente $x^1 = (x_{11}, \ldots, x_{n1})^T$ verwendet wird. Anhand dieser beiden Vektoren ergibt sich mittels

$$\hat{\tilde{A}} = x^1 (f^1)^T \tag{4.36}$$

eine Schätzung der standardisierten Datenmatrix. Indem die Standardisierung rückgängig gemacht wird, können die fehlenden Werte in A durch

$$a_{ik}^{imp} = \bar{a}_k + \sqrt{s_{kk}} \cdot \hat{\tilde{a}}_{ik}. \tag{4.37}$$

imputiert werden.

Die Methode von Dear kann auf zwei Arten relativ einfach erweitert werden. So können zum einen anstatt der Verwendung nur einer Hauptkomponente mehrere Hauptkomponenten verwendet werden. Zum anderen kann die Anwendung iterativ erfolgen, sodass anhand der imputierten Werte die Hauptkomponenten erneut geschätzt werden, mit deren Hilfe wiederum neue Imputationswerte berechnet werden können. Diese Iteration wird so lange wiederholt, bis z. B. die Abweichungen zwischen den Imputationswerten zweier aufeinanderfolgender Imputationen eine gewisse Schwelle unterschreiten (vgl. Bello, 1993b, S. 860; Bankhofer, 1995, S. 144).

In der Methode von Gleason und Staelin (1975) werden beide Erweiterungen berücksichtigt (vgl. auch Bankhofer, 1995, S. 144). Gleason und Staelin (1975, S. 232) unterteilen die standardisierte Datenmatrix $\tilde{A}$ zunächst in zwei Untermatrizen

$$\tilde{A} = \left(\tilde{A}_{mis}, \tilde{A}_{obs}\right) = \left((\tilde{a}_{ik})_{n\times(m-q)}, (\tilde{a}_{ik})_{n\times q}\right), \tag{4.38}$$

wobei $\tilde{A}_{obs}$ die q vollständig beobachteten Merkmale und $\tilde{A}_{mis}$ die $m-q$ Merkmale mit fehlenden Werten enthält. Die Matrix $\tilde{A}$ kann mithilfe der Singulärwertzerlegung[29] als

$$\tilde{A} = U\Lambda F^T \tag{4.40}$$

[29] Jede Matrix A lässt sich mittels Singulärwertzerlegung in

$$A = U\Lambda F^T \tag{4.39}$$

zerlegen, wobei U und F orthogonale Matrizen sind und $\Lambda = diag(\lambda_1, \ldots, \lambda_m)$ eine Diagonalmatrix ist. Die Werte $\lambda_1, \ldots, \lambda_m$ werden auch als Singulärwerte bezeichnet und ihr Quadrat entspricht den Eigenwerten von $A^T A$. Im Folgenden wird davon ausgegangen, dass die Singulärwerte absteigend sortiert sind, das heißt $\lambda_1 \geq \lambda_2 \geq \cdots \geq \lambda_m$ (vgl. z. B. Hastie et al., 2009, S. 535; Arens et al., 2018, S. 800).

geschrieben werden, wobei $\Lambda = diag(\lambda_1, \ldots, \lambda_m)$ eine Diagonalmatrix mit den Wurzeln der Eigenwerte der zu $\widetilde{A}$ gehörenden Kovarianzmatrix ist sowie F die dazugehörigen Eigenvektoren enthält und für U gilt (vgl. Gleason und Staelin, 1975, S. 233):

$$U = \widetilde{A}F\Lambda^{-1}. \tag{4.41}$$

Zur Approximation von $\widetilde{A}$ und damit auch zur Imputation der fehlenden Werte verwenden Gleason und Staelin (1975, S. 233) nur die $\mathtt{t}$ größten Eigenwerte, die auf der Hauptdiagonale der $\mathtt{t} \times \mathtt{t}$ Untermatrix $\Lambda^{(\mathtt{t})}$ von Λ stehen. Entsprechend enthält $F^{(\mathtt{t})}$ nur die ersten $\mathtt{t}$ Eigenvektoren aus F. Analog zur Gleichung (4.41) resultiert dann $U^{(\mathtt{t})} = \widetilde{A}F^{(\mathtt{t})}{\Lambda^{(\mathtt{t})}}^{-1}$. Dies führt zur Approximation

$$\hat{\widetilde{A}} = U^{(\mathtt{t})}\Lambda^{(\mathtt{t})}{F^{(\mathtt{t})}}^T = \left(\widetilde{A}F^{(\mathtt{t})}{\Lambda^{(\mathtt{t})}}^{-1}\right)\Lambda^{(\mathtt{t})}{F^{(\mathtt{t})}}^T = \widetilde{A}F^{(\mathtt{t})}{F^{(\mathtt{t})}}^T, \tag{4.42}$$

wobei der hintere Term durch Einsetzen von $U^{(\mathtt{t})} = \widetilde{A}F^{(\mathtt{t})}{\Lambda^{(\mathtt{t})}}^{-1}$ und Vereinfachen entsteht (vgl. Gleason und Staelin, 1975, S. 233). In der Gleichung (4.42) wird nun im hinteren Term in $\widetilde{A} = \left(\widetilde{A}_{mis}, \widetilde{A}_{obs}\right)$ die Matrix $\widetilde{A}_{mis}$ durch $\hat{\widetilde{A}}_{mis}$ ersetzt. Anschließend wird diese Gleichung nach $\hat{\widetilde{A}}_{mis}$ aufgelöst, wodurch Imputationswerte für die standardisierte Datenmatrix berechnet werden können.[30] Durch Rücktransformation dieser Werte können nun Imputationswerte für die fehlenden Werte in A bestimmt werden (vgl. Gleason und Staelin, 1975, S. 233–234; Bankhofer, 1995, S. 144–145).

Die gewählte Beschreibung der Methode von Gleason und Staelin (1975) ist durch die Singulärwertzerlegung von $\widetilde{A}$ motiviert. Aufgrund der engen Verwandtschaft mit der Hauptkomponentenanalyse kann die Methode von Gleason und Staelin (1975) auch als Imputation mittels Hauptkomponentenanalyse interpretiert werden (vgl. Gleason und Staelin, 1975, S. 234) und wird so z. B. von Bankhofer (1995, S. 144–145) dargestellt. Die Methode von Gleason und Staelin (1975) kann also sowohl als Imputation mittels Hauptkomponentenanalyse als auch als Imputation mittels Singulärwertzerlegung verstanden werden. In Erweiterung dieser Grundvariante schlagen Gleason und Staelin (1975, S. 238) vor, das Verfahren iterativ anzuwenden. Dazu werden die Imputationswerte des vorherigen Durchlaufs zur Bestimmung der Kovarianzmatrix (und damit zur Bestimmung der Singulärwertzerlegung) in der nächsten Iteration verwendet. Nach dem Ende der Iteration müssen die Werte der resultierenden Matrix

---

[30] Details zur Lösung dieses linearen Gleichungssystems sind bei Gleason und Staelin (1975, S. 234–235) und Bankhofer (1995, S. 145) zu finden.

zur Imputation wieder wie in der Gleichung (4.37) rücktransformiert werden (vgl. Bankhofer, 1995, S. 145).

Eine weitere Möglichkeit zur Imputation mittels Singulärwertzerlegung stellt die Methode von Krzanowski (1988) dar. Zur Beschreibung der Methode wird zunächst davon ausgegangen, dass nur ein Wert a_{ik} in der Matrix fehlt und die restlichen Werte beobachtet sind. In diesem Fall wird als Erstes die Zeile i aus der Matrix A gelöscht. Die hieraus resultierende (vollständige) Matrix $A^{(-i)}$ wird anschließend mittels Singulärwertzerlegung zerlegt:

$$A^{(-i)} = \bar{U}\bar{\Lambda}\bar{F}^T \tag{4.43}$$

Auch die (vollständige) Matrix $A_{(-k)}$, die alle Spalten aus A bis auf die k-te Spalte enthält, wird zerlegt:

$$A_{(-k)} = \tilde{U}\tilde{\Lambda}\tilde{F}^T \tag{4.44}$$

Da für die Zerlegungen in den Gleichungen (4.43) und (4.44) unterschiedliche Ausgangsmatrizen verwendet werden, können jeweils unterschiedliche Matrizen $\bar{U}, \bar{\Lambda}, \bar{F}$ und $\tilde{U}, \tilde{\Lambda}, \tilde{F}$ resultieren. Der Imputationswert für den fehlenden Wert a_{ik} wird dann anhand der Einträge aus diesen Matrizen mittels

$$a_{ik}^{imp} = \sum_{\tau=1}^{m-1} \sqrt{\bar{\lambda}_\tau \tilde{\lambda}_\tau}\, \tilde{u}_{i\tau} \bar{f}_{k\tau}, \tag{4.45}$$

berechnet (vgl. Krzanowski, 1988, S. 35). Durch dieses Vorgehen verwendet Krzanowski (1988, S. 35) anders als Gleason und Staelin (1975) stets alle bei seiner Methode verfügbaren Singulärwerte.[31]

Falls die Datenmatrix A mehr als einen fehlenden Wert enthält, werden nach Krzanowski (1988, S. 35) zunächst alle fehlenden Werte in A mit einer anderen Methode (z. B. Mittelwertimputation) imputiert. Anschließend wird das vorher beschriebenen Verfahren iterativ angewendet bis sich die Imputationswerte nicht mehr wesentlich ändern. Dafür müssen für jeden fehlenden Wert stets die beiden Matrizenzerlegungen (4.43) und (4.44) neu berechnet werden (vgl. Krzanowski, 1988, S. 35). Bei Gleason und Staelin (1975) werden hingegen alle fehlenden Werte in der Matrix A anhand einer Zerlegung berechnet und erst nachdem alle Werte einmal imputiert wurden, ist eine erneute Singulärwertzerlegung notwendig. Eine offensichtliche Anpassung der

[31] Durch das Löschen einer Spalte ($A_{(-k)}$) stehen nur $m-1$ Singulärwerte zur Verfügung.

Methode nach Krzanowski (1988, S. 35) ist, anstatt aller verfügbaren Singulärwerte – ähnlich der Methode von Gleason und Staelin (1975) – nur die $\mathfrak{t}$ größten zu verwenden.

Eine Methode, die als eine Art rechentechnische Vereinfachung der Methode von Krzanowski (1988) angesehen werden kann, ist die Imputation mittels Singulärwertzerlegung nach Troyanskaya et al. (2001).[32] Troyanskaya et al. (2001, S. 522) imputieren zunächst alle fehlenden Werte mittels Mittelwertimputation. Anschließend zerlegen sie die resultierende vervollständigte Datenmatrix A^{verv} mittels Singulärwertzerlegung in $A^{verv} = U\Lambda F^T$ und imputieren anhand der ersten $\mathfrak{t}$ Singulärwerte die fehlenden Werte in A durch

$$a_{ik}^{imp} = \sum_{\tau=1}^{\mathfrak{t}} \lambda_\tau u_{i\tau} f_{k\tau}. \tag{4.46}$$

Im Gegensatz zur Methode von Krzanowski (1988), bei der für jeden fehlenden Wert eine eigene Singulärwertzerlegung vorgenommen wird,[33] sind die Matrizen U, Λ und F bei der Methode von Troyanskaya et al. (2001) für alle fehlenden Werte gleich. Hierdurch ist deutlich weniger Rechenzeit notwendig, da für eine Imputation aller fehlenden Werte nur eine Singulärwertzerlegung vorgenommen werden muss. Nachdem alle fehlenden Werte imputiert wurden, wiederholen Troyanskaya et al. (2001) die Singulärwertzerlegung anhand der erhaltenen vervollständigten Datenmatrix und imputieren erneut. Sie stoppen das Verfahren, sobald die Änderungen zwischen zwei imputierten Matrizen kleiner als ein vorgegebener Schwellwert wird (vgl. Troyanskaya et al., 2001, S. 521–522).

Die Methode von Troyanskaya et al. (2001) und ein Teil der anderen vorgestellten Verfahren bzw. deren Erweiterungen benötigen als Vorgabe die Anzahl $\mathfrak{t}$ an Faktoren bzw. Singulärwerten. Dazu existieren in der Literatur verschiedene Ansätze. Bankhofer (1995, S. 145) schlägt vor, die Anzahl abhängig vom Erklärungsanteil der herangezogenen Faktoren zu machen. Troyanskaya et al. (2001, S. 523) variieren die Anzahl $\mathfrak{t}$ in ihrer Beispieluntersuchung und wählen dann das $\mathfrak{t}$ aus, welches zu den besten Imputationsergebnissen führt. In ihrer Untersuchung ist dies bei der Wahl von $\mathfrak{t} \approx 0{,}2 \cdot m$ der Fall. Laut Ilin und Raiko (2010, S. 1975) ist Kreuzvalidierung

[32] Die Gemeinsamkeiten zwischen der Methode von Troyanskaya et al. (2001) und Krzanowski (1988) werden bei ihrer Analyse deutlich, auch wenn Troyanskaya et al. (2001) nicht auf Krzanowski (1988) verweist.

[33] In der Gleichung (4.45) werden die Werte $\lambda_\tau, u_{i\tau}, f_{k\tau}$ für jeden fehlenden Wert einzeln geschätzt, da der Wert a_{ik} als fehlend betrachtet wird, wodurch eine direkte Zerlegung von A nicht möglich ist. Als Schätzwerte werden in der Gleichung (4.45) $\sqrt{\bar{\lambda}_\tau \tilde{\lambda}_\tau}$ für λ_τ, $\tilde{u}_{i\tau}$ für $u_{i\tau}$ und $\bar{f}_{k\tau}$ für $f_{k\tau}$ verwendet. Krzanowski (1988, S. 35) begründet diese Wahl der Schätzwerte, indem er anmerkt, dass $\tilde{u}_{i\tau}, \bar{f}_{k\tau}$ die maximalen Informationen über $u_{i\tau}, f_{k\tau}$ enthalten und $\sqrt{\bar{\lambda}_\tau \tilde{\lambda}_\tau}$ einen guten Kompromiss zur Schätzung von λ_τ darstellt.

der unkomplizierteste Weg um t zu bestimmen, wofür Josse und Husson (2016, S. 8) drei Möglichkeiten vorschlagen (vgl. auch Bro et al., 2008; Josse und Husson, 2012b, S. 1872–1874).[34]

Beispiel 4.10 (Imputation mittels Singulärwertzerlegung)
Die Auswirkungen einer Imputation mittels Singulärwertzerlegung nach Troyanskaya et al. (2001) wird anhand der ACS-Stichprobe des Anhangs B verdeutlicht, wobei $\mathsf{t} = 1$ *gewählt wird. In der Abbildung 4.11 ist gut erkennbar, dass, ähnlich wie bei der deterministischen Regressionsimputation, alle imputierten Werte auf einer Geraden liegen. In dieser Datenmatrix ist die Steigung dieser Geraden bei der Imputation mittels Singulärwertzerlegung erheblich größer als bei der deterministischen Regressionsimputation (vgl. Abbildung 4.8).*

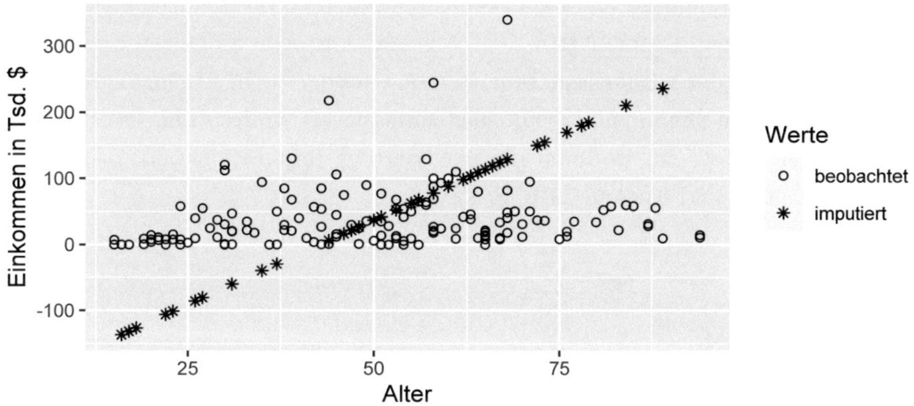

Abbildung 4.11: ACS-Stichprobe: Imputation mittels Singulärwertzerlegung

Durch die große Steigung der Gerade resultiert in der Simulation (Tabelle 4.11) eine deutliche Überschätzung der Standardabweichungen und Korrelationen bei allen Ausfallmechanismen. Insgesamt sind in der Tabelle 4.11 alle Parameterschätzungen bis auf der Mittelwert bei MCAR verzerrt.

[34] Josse und Husson (2016, S. 8) haben bei ihrem Vorschlag zwar nicht die eigentliche Imputation, sondern die Schätzung von Parametern im Sinn. Jedoch verwenden sie die so ermittelten Werte für t auch im Rahmen von Imputationen (vgl. Josse und Husson, 2016, S. 11–12).

	Original	MCAR	MAR	MNAR
Einkommen: Mittelwert	37,2	37,1	47,8	34,5
Einkommen: Median	23,5	26,0	33,6	19,8
Einkommen: Standardabweichung	44,2	65,1	59,9	55,7
Korrelation: Einkommen, Alter	0,18	0,49	0,51	0,46

Tabelle 4.11: ACS-Stichprobe: Imputation mittels Singulärwertzerlegung

4.3.2.2 Verfahren mit Regularisierung

Eine Weiterentwicklung der bisher vorgestellten Verfahren stellt die Methode von Josse et al. (2009)[35] dar, welche eine Regularisierung bei der Berechnung der Imputationswerte vorsieht.[36] Bei dieser Methode wird zunächst die nicht-standardisierte Datenmatrix A z. B. mithilfe einer Mittelwertimputation vervollständigt. Anschließend wird die so erhaltene Datenmatrix A^{verv} zentriert und eine Singulärwertzerlegung durchgeführt, aus der wieder Matrizen U, Λ, F resultieren. In Ergänzung der Gleichung (4.46) führen Josse et al. (2009) einen zusätzlichen Strafterm für das Rauschen innerhalb der Daten ein, wodurch die (zentrierten) Imputationswerte verkleinert werden (vgl. Josse und Husson, 2016, S. 7):

$$\mathring{a}_{ik} = \sum_{\tau=1}^{\mathfrak{t}} \left(\lambda_\tau - \frac{s^2_{Rausch}}{\lambda_\tau} \right) u_{i\tau} f_{k\tau}. \tag{4.47}$$

Die Rauschvarianz s^2_{Rausch} wird mittels

$$s^2_{Rausch} = \frac{\left\| A^{verv} - U\Lambda F^T \right\|^2}{nm - n\mathfrak{t} - m\mathfrak{t} + \mathfrak{t}^2} \tag{4.48}$$

berechnet (vgl. Josse und Husson, 2016, S. 7). Anschließend werden die Werte $\mathring{a}_{ik}$ dezentriert und diese dezentrierten Werte werden für die ursprünglich fehlenden Werte in A eingesetzt (vgl. Josse und Husson, 2012a, S. 89). Die so erhaltene Matrix wird erneut zentriert und die Imputationswerte mittels Gleichung (4.47) abermals berechnet. Diese Schritte werden so lange wiederholt bis die Änderungen der Imputationswerte

[35] Die Quelle Josse et al. (2009) ist französisch. Daher wird die Methode gemäß den (englischen) Quellen Josse und Husson (2012a, S. 88–90) und Josse und Husson (2016, S. 7) dargestellt. Das Ziel des Algorithmus von Josse et al. (2009) ist eine Schätzung der Hauptkomponenten bzw. der Faktorladungen (vgl. Josse und Husson, 2016, S. 5). Die Methode kann jedoch auch als Imputationsverfahren verwendet werden.

[36] Die Arbeit von Josse et al. (2009) enthält keinen direkten Verweis auf eine der vorherigen Primärquellen. Die Verwandtschaft der Methoden wird aber im Folgenden deutlich werden.

zwischen zwei aufeinanderfolgenden Iterationen unter einen vorgegebenen Schwellwert fallen (vgl. Josse und Husson, 2016, S. 7).

Der Vorteil der Methode von Josse et al. (2009) gegenüber den Methoden des vorherigen Abschnitts ist, dass eventuell vorhandenes Rauschen in der Datenmatrix durch die Regularisierung keine so starken Auswirkungen auf die Schätzung der Hauptkomponenten und Faktorladungen und damit auch auf die Imputationswerte besitzt (vgl. Josse und Husson, 2012a, S. 89). Falls das Rauschen sehr stark ist, entspricht die Methode von Josse et al. (2009) nahezu der Mittelwertimputation (vgl. Josse und Husson, 2012a, S. 90). Falls das Rauschen jedoch gering ist, werden die Strafterme $\frac{s^2_{Rausch}}{\lambda_\tau}$ klein (vgl. Josse und Husson, 2012a, S. 89–90) und (unter Vernachlässigung der Datenvorverarbeitung) resultieren praktisch dieselben Werte wie bei der Gleichung (4.46).

Eine weitere Möglichkeit zur Verwendung einer Regularisierung stellt die Imputation mittels „soft-thresholded“ Singulärwertzerlegung von Mazumder et al. (2010) dar. Mazumder et al. (2010) gehen zunächst vom Optimierungsproblem

$$\frac{1}{2} \sum_{i,k:v_{ik}=1} (a_{ik} - o_{ik})^2 + \iota \left\| O \right\|_* \to \min \tag{4.49}$$

aus, wobei die Schatten-Norm $\|O\|_*$ als die Summe der Singulärwerte der Matrix $O = (o_{ik})_{n \times m}$ definiert ist, ι ein Bestrafungsparameter darstellt und die Matrix O die gesuchten Imputationswerte enthält. Für das Optimierungsproblem (4.49) entwickeln sie einen iterativen, auf einer Singulärwertzerlegung basierenden Algorithmus, den sie softImpute[37] nennen (vgl. Mazumder et al., 2010, S. 2291–2292; Hastie et al., 2015, S. 3367–3368). Im Prinzip iteriert softImpute zur Bestimmung einer optimalen Matrix O zwischen den folgenden zwei Schritten (vgl. Mazumder et al., 2010, S. 2291–2292; Hastie et al., 2015, S. 3368):

1. Ersetzen der fehlenden Werte in A durch die aktuellen Schätzwerte aus $\hat{O}$. Die resultierende Matrix wird mit $\hat{A}$ bezeichnet.

2. Aktualisieren der Schätzwerte für $\hat{O}$ mithilfe einer soft-thresholded Singulärwertzerlegung von $\hat{A}$. Dazu wird zunächst die Singulärwertzerlegung von $\hat{A}$ bestimmt:

$$\hat{A} = U \Lambda F^T \tag{4.50}$$

[37] Ursprünglich wurde der Algorithmus von Mazumder et al. (2010, S. 2291–2292) SOFT-IMPUTE getauft. Jedoch änderten sie die Bezeichnung später in der R-Implementierung zu softImpute (vgl. Hastie und Mazumder, 2015; Hastie et al., 2015, S. 3367–3368).

Anschließend werden die Singulärwerte $\lambda_1, \ldots \lambda_m$ um $\mathfrak{l}$ verringert bzw. Null gesetzt, falls sie kleiner als $\mathfrak{l}$ sind. Die hieraus resultierenden Werte

$$\tilde{\lambda}_k = (\lambda_k - \mathfrak{l})_+ = \begin{cases} \lambda_k - \mathfrak{l} & \text{falls } \lambda_k - \mathfrak{l} \geq 0, \\ 0 & \text{sonst} \end{cases} \tag{4.51}$$

werden in der Diagonalmatrix $\tilde{\Lambda} = diag\left(\tilde{\lambda}_1, \ldots, \tilde{\lambda}_m\right)$ gesammelt und anhand dieser wird $\hat{O}$ aktualisiert:

$$\hat{O} = U\tilde{\Lambda}F^T \tag{4.52}$$

Die Iteration endet sobald die Änderungen der Werte in $\hat{O}$ zweier aufeinanderfolgenden Iterationen unter eine vorgegebene Schranke fallen. Als Startwert für O wird die Nullmatrix verwendet (vgl. Mazumder et al., 2010, S. 2292). Abweichend von der prinzipiellen Darstellung setzt der Algorithmus von Mazumder et al. (2010, S. 2292) bei der Berechnung der Zerlegungen und Speicherung der Matrizen zwei auf der speziellen Struktur der Matrizen basierende Anpassungen ein, um die Berechnungen zu beschleunigen. Hierdurch können auch sehr große Matrizen mithilfe des Algorithmus verhältnismäßig schnell imputiert werden (vgl. Mazumder et al., 2010, S. 2309–2311). Details hierzu sind bei Mazumder et al. (2010, S. 2292–2296) und Hastie et al. (2015, S. 3368) zu finden. Hastie et al. (2015) stellen mit softImpute-ALS eine Anpassung des ursprünglichen softImpute-Algorithmus von Mazumder et al. (2010) zur Lösung des Optimierungsproblems (4.49) vor, der bei großen Datenmatrizen zu weiteren Geschwindigkeitsvorteilen führt.

Laut Josse und Husson (2016, S. 24) ähnelt softImpute der von Josse et al. (2009) vorgeschlagenen Imputation mittels regularisierter iterativer Hauptkomponentenanalyse. Beide Verfahren unterscheiden sich nur in der Form der Regularisierung. Während softImpute alle Singulärwerte um einen festen Wert $\mathfrak{l}$ reduziert, verkleinert die Methode von Josse et al. (2009) durch den Strafterm $\frac{s^2_{Rausch}}{\lambda_r}$ größere Singulärwerte schwächer als kleinere (vgl. Verbanck et al., 2015, S. 473–474). Verbanck et al. (2015, S. 474–476) zeigen ferner, dass die von Josse et al. (2009) verwendete Regularisierung auch sehr ähnlich zum bayesschen Ansatz von Oba et al. (2003) ist, der im nächsten Abschnitt vorgestellt wird.

Beispiel 4.11 (Singulärwertzerlegung mit Regularisierung)
Die Auswirkungen einer Imputation mittels Singulärwertzerlegung nach Josse et al. (2009) wird anhand der ACS-Stichprobe des Anhangs B verdeutlicht, wobei $\mathfrak{t} = 1$ *gewählt wird. Die Imputationswerte in der Abbildung 4.12 besitzen im Vergleich zur*

Imputation ohne Regularisierung eine erheblich geringere Streuung und ähneln sehr stark den Imputationswerten der deterministischen Regressionsimputation. Auch die Ergebnisse der Beispielsimulation in der Tabelle 4.12 sind praktisch identisch zur deterministischen Regressionsimputation.

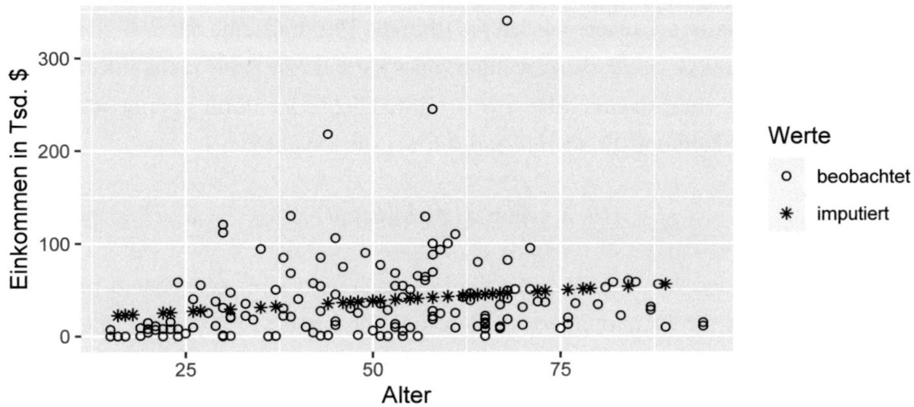

Abbildung 4.12: ACS-Stichprobe: Imputation mittels Singulärwertzerlegung mit Regularisierung

	Original	MCAR	MAR	MNAR
Einkommen: Mittelwert	37,2	37,2	37,1	31,8
Einkommen: Median	23,5	32,0	34,6	25,0
Einkommen: Standardabweichung	44,2	38,4	37,4	35,8
Korrelation: Einkommen, Alter	0,18	0,20	0,24	0,21

Tabelle 4.12: ACS-Stichprobe: Imputation mittels Singulärwertzerlegung mit Regularisierung

4.3.2.3 Bayesscher Ansatz

Ein bayesscher Ansatz zur Imputation mittels Hauptkomponentenanalyse wird von Oba et al. (2003) vorgeschlagen. Dazu gehen sie zunächst von einem probabilistischen Modell für die Hauptkomponentenanalyse aus, welches von Tipping und Bishop (1999a, S. 446–452) bzw. Tipping und Bishop (1999b, S. 614–615) entwickelt wurde (vgl. Oba et al., 2003, S. 2089–2090):

$$a^i = x^i F^{(t)} + \varepsilon_i. \tag{4.53}$$

Hierbei sind a^i und x^i die i-te Zeile aus A bzw. $X^{(\mathfrak{t})}$, $F^{(\mathfrak{t})}$ die Faktorladungsmatrix mit $\mathfrak{t}$ Spalten und ε_i eine (m-dimensionale) Störgröße. Für x^i und ε_i wird angenommen, dass sie $\mathfrak{t}$- bzw. m-dimensional multivariat normalverteilt sind (vgl. Oba et al., 2003, S. 2090). Durch diese Annahmen kann eine vollständige Log-Likelihood für eine Beobachtung a^i angegeben werden (vgl. Oba et al., 2003, S. 2090). Nun wird noch zusätzlich eine geeignete a priori Dichte $f(\theta)$ für die Parametermenge θ angenommen, welche Oba et al. (2003, S. 2090) so wählen, dass sie nahezu einer nicht-informativen a priori-Verteilung entsprechen. Die a posteriori Dichte ist dann proportional zum Produkt aus der Likelihood-Funktion und der a priori Dichte:

$$f(\theta, X \mid A) \propto f(A, X \mid \theta) f(\theta). \tag{4.54}$$

Aufgrund fehlender Werte in A kann die in Gleichung (4.54) gegebene a posteriori Dichte jedoch nicht direkt maximiert werden, um Schätzwerte für die Parameter θ zu erhalten. Eine Maximierung ist jedoch mithilfe des variational Bayes Algorithmus von Attias (1999) möglich, welcher von Oba et al. (2003, S. 2090–2091) verwendet wird und dessen Prinzip dem EM-Algorithmus ähnelt. Nachdem auf diese Weise Schätzwerte für die unbekannten Parameter θ gefunden wurden, werden die fehlenden Werte durch ihre Erwartungswerte unter der geschätzten a posteriori Verteilung ersetzt (vgl. Oba et al., 2003, S. 2091).

Wie bei den meisten der bereits vorgestellten Methoden zur Imputation mittels Hauptkomponentenanalyse bzw. Singulärwertzerlegung muss für die Imputation mittels bayesscher Hauptkomponentenanalyse die Anzahl der verwendeten Hauptkomponenten $\mathfrak{t}$ festgelegt werden. Oba et al. (2003, S. 2092) bestimmen in ihrer Arbeit $\mathfrak{t}$ mittels Ausprobieren. Sie vergleichen dabei gleichzeitig die Auswirkungen der Wahl von $\mathfrak{t}$ zwischen ihrer Methode und der Imputation mittels Singulärwertzerlegung nach Troyanskaya et al. (2001). In ihren Untersuchungen ist die Wahl von $\mathfrak{t}$ bei der Imputation mittels Singulärwertzerlegung ohne Regularisierung wesentlich entscheidender als bei der Imputation mittels bayesscher Hauptkomponentenanalyse. Die Ergebnisse der Imputation mittels bayesscher Hauptkomponentenanalyse werden in ihrer Untersuchung durch eine Erhöhung von $\mathfrak{t}$ immer besser bzw. zumindest nicht wesentlich schlechter, wobei die Verbesserung ab einem gewissen $\mathfrak{t}$ nur noch marginal ausfällt. Hingegen existiert für die Imputation mittels Singulärwertzerlegung nach Troyanskaya et al. (2001) ein Optimum für $\mathfrak{t}$ und wenn dieses überschritten wird, werden die Imputationsergebnisse wieder wesentlich schlechter (vgl. Oba et al., 2003, S. 2092). Diese Ergebnisse verdeutlichen noch einmal die Wichtigkeit der Wahl des

Parameters t zumindest für die nicht bayesschen Formen der Imputation mittels Hauptkomponentenanalyse bzw. Singulärwertzerlegung ohne Regularisierung.

Um den Bogen noch einmal über alle Methoden zur Imputation mittels Singulärwertzerlegung bzw. Hauptkomponentenanalyse zu spannen, hilft die Beobachtung, dass die Vorgabe einer festen Anzahl t an zu verwendenden Singulärwerten bzw. Hauptkomponenten auch als „hard thresholding" bezeichnet wird (vgl. Mazumder et al., 2010, S. 2297–2298; Verbanck et al., 2015, S. 473). Die Methoden ohne Regularisierung bzw. ohne bayesschen Ansatz, die eine feste Anzahl an Faktoren t verwenden, können also auch als „thresholding"-Methoden interpretiert werden. Bei diesen Methoden kann die Wahl von t entscheidenden Einfluss auf das Imputationsergebnis haben, wie z. B. die Ergebnisse von Oba et al. (2003, S. 2092) und Mazumder et al. (2010, S. 2303–2306) zeigen. Anstatt eine solche "harte" Grenze an Faktoren bzw. Singulärwerten vorzugeben, kann alternativ mittels Regularisierung oder bayesschen Ansätzen der Einfluss weniger wichtiger Faktoren begrenzt werden. Die Ergebnisse von Oba et al. (2003, S. 2092) und Mazumder et al. (2010, S. 2303–2306) deuten darauf hin, dass hierdurch die Wahl von t deutlich weniger wichtig wird, so lange t nur groß genug gewählt wird. Zusammen mit den bereits diskutierten Ähnlichkeiten der Methoden zeigt sich, dass zwischen vielen Methoden zur Imputation mittels Singulärwertzerlegung bzw. Hauptkomponentenanalyse viele Gemeinsamkeiten existieren. Entscheidender als die konkrete Wahl einer Methode erscheint daher, ob irgendeine Form der Regularisierung eingesetzt wird und – insbesondere wenn keine Regularisierung verwendet wird – wie viele Faktoren bzw. Singulärwerte zur Imputation verwendet werden.

Beispiel 4.12 (Bayesscher Ansatz)
Auch der bayesscher Ansatz zur Imputation mittels Hauptkomponentenanalyse von Oba et al. (2003) wird anhand der ACS-Stichprobe des Anhangs B verdeutlicht, wobei zum besseren Vergleich mit den vorherigen Beispielen erneut $t = 1$ *gewählt wird. Die Imputationswerte in der Abbildung 4.12 sind nahezu identisch mit denen der Imputation nach Josse et al. (2009) im Beispiel 4.11. Auch die Ergebnisse der Beispielsimulation*

	Original	MCAR	MAR	MNAR
Einkommen: Mittelwert	37,2	37,2	36,6	31,7
Einkommen: Median	23,5	32,2	34,2	25,0
Einkommen: Standardabweichung	44,2	38,4	37,3	35,8
Korrelation: Einkommen, Alter	0,18	0,20	0,23	0,20

Tabelle 4.13: ACS-Stichprobe: Imputation mittels bayesscher Hauptkomponentenanalyse

in der Tabelle 4.13 sind praktisch identisch zur Imputation nach Josse et al. (2009). Beim Vergleich des Beispieles 4.11 mit diesem zeigt sich also auch die Ähnlichkeit des bayesschen Ansatzes und der Imputation mit Regularisierung.

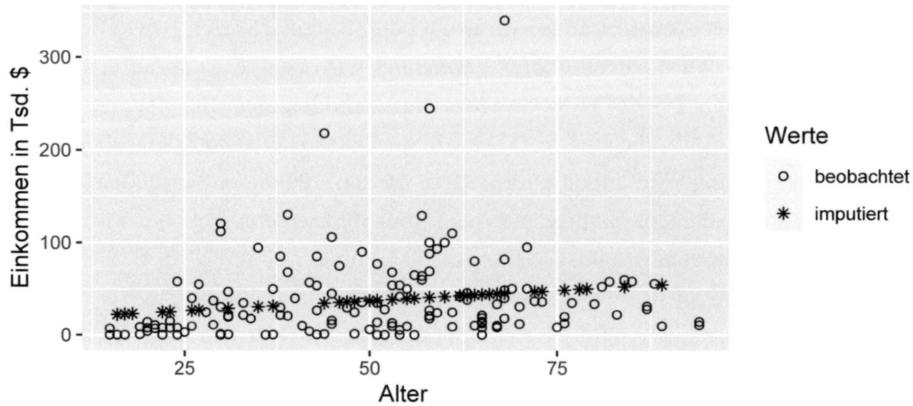

Abbildung 4.13: ACS-Stichprobe: Imputation mittels bayesscher Hauptkomponentenanalyse

4.3.3 EM-Imputation

Der EM-Algorithmus wurde in Abschnitt 3.3.2 bereits als Methode zur Bestimmung von Maximum Likelihood Parameterschätzwerten bei fehlenden Werten vorgestellt. Der Algorithmus ist also in seiner ursprünglichen Form nicht zur Imputation, sondern zur Parameterschätzung gedacht (vgl. Dempster et al., 1977, S. 1). Es gibt jedoch mehrere Möglichkeiten, wie mithilfe des EM-Algorithmus Imputationswerte abgeleitet werden können. Diese werden im Folgenden dargestellt.

Eine Möglichkeit zur Ableitung von Imputationswerten ist, die Werte des letzten E-Schrittes aus der Gleichung (3.16) als Imputationswerte zu verwenden (vgl. z. B. Bello, 1993b, S. 859; Bello, 1995, S. 49; Catellier et al., 2005, S. 558). Alternativ kann auch nach dem eigentlichen Ende des EM-Algorithmus (der letzte Schritt ist ein M-Schritt) noch ein weiterer E-Schritt durchgeführt und diese Werte als Imputationswerte verwendet werden (vgl. Ding und Ross, 2012, S. 924). Da die Werte in einem E-Schritt anhand der Schätzwerte für μ, Σ des vorhergehenden M-Schrittes berechnet werden und sich die Werte im letzten und vorletzten M-Schritt normalerweise fast nicht mehr unterscheiden, werden auch die resultierenden Imputationswerte beider obiger Vorgehen ähnlich sein.

Eine weitere Möglichkeit, um Imputationswerte zu erhalten, ist anhand der EM-Parameterschätzungen Regressionsmodelle für die fehlenden Werte zu schätzen und anhand dieser die Werte zu imputieren (vgl. Liu et al., 2012, S. 1579). Hierbei werden die Parameterschätzungen des letzten M-Schrittes für die Schätzung der β-Koeffizienten verwendet. Da die Berechnung der Werte im E-Schritt anhand der Gleichung (3.16) auch als lineare Regression aufgefasst werden kann (vgl. Schafer, 1997, S. 157), entsprechen die Imputationswerte bei Verwendung eines Regressionsmodells den Imputationswerten bei der Durchführung eines weiteren E-Schrittes.

Die vorher beschriebenen Vorgehensweisen zur Bestimmung von Imputationswerten haben gemeinsam, dass sie – ähnlich wie die deterministische Regressionsimputation – die Variabilität der Daten unterschätzen (vgl. Hippel, 2004, S. 163). Dieses Problem kann – analog zum Übergang von der deterministischen zur stochastischen Regressionsimputation – durch das Hinzufügen eines zufälligen Fehlers verringert werden. Für die Verteilung des Fehlers wird normalerweise eine multivariate Normalverteilung mit Erwartungswert Null verwendet (vgl. Barzi und Woodward, 2004, S. 37–38). Als Kovarianzmatrix wird die Untermatrix $\Sigma_{\overline{M}_i,\overline{M}_i}$ von Σ herangezogen (vgl. Johnson und Wichern, 2007, S. 160–161). Aus dieser multivariaten Normalverteilung wird dann ein Zufallsvektor gezogen und dieser wird zu dem ursprünglichen Imputationsvektor addiert. Dieses Vorgehen zur Imputation kann analog als Ziehen der Imputationswerte aus einer geschätzten Verteilung unter der Annahme einer multivariaten Normalverteilung für die Datenmatrix A angesehen werden. Auf diese Art wird es unter anderem von Twala (2009, S. 379) beschrieben.

Beispiel 4.13 (EM-Imputation)
Die Auswirkungen einer deterministischen und einer stochastischen EM-Imputation werden wieder anhand der ACS-Stichprobe (Anhang B) demonstriert. Zunächst sind in der Abbildung 4.14 die imputierten Werte für beide Verfahren dargestellt. Es wird deutlich, dass bei der deterministischen EM-Imputation alle Werte wie bei der deterministischen Regressionsimputation auf einer Geraden liegen. Dies überrascht aufgrund der oben beschriebenen engen Verwandtschaft beider Verfahren nicht. Beim Übergang zur stochastischen EM-Imputation schwanken die Werte wieder um die Gerade.

Die Auswirkungen der beiden Imputationsverfahren auf die Parameterschätzungen sind in den Tabellen 4.14 und 4.15 zu erkennen. Beim Vergleich der Tabelle 4.14 mit der zur deterministischen Regressionsimputation gehörenden Tabelle 4.8 fällt auf, dass keinerlei Abweichungen zwischen beiden Verfahren existieren. Auch der Vergleich der stochastischen EM-Imputation (Tabelle 4.15) mit der stochastischen Regressionsimpu-

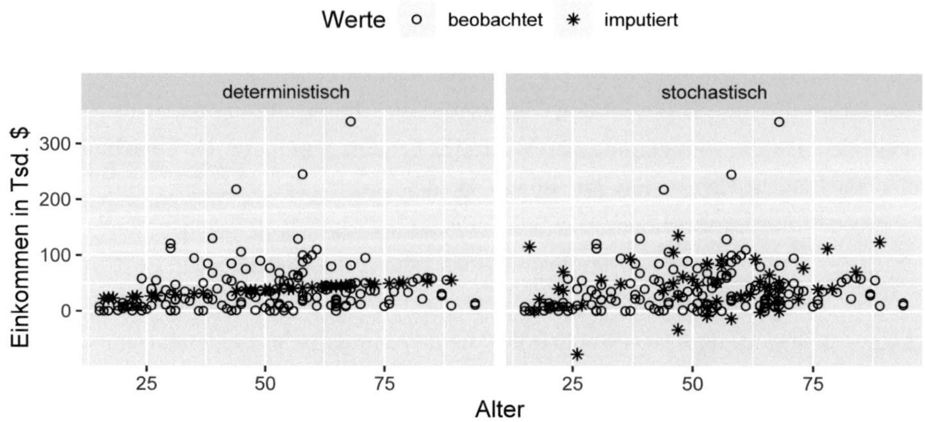

Abbildung 4.14: ACS-Stichprobe: EM-Imputation

tation (Tabelle 4.9) zeigt nur geringe Unterschiede zwischen beiden Verfahren. Die stochastische EM-Imputation unterschätzt jedoch bei allen drei Ausfallmechanismen die Standardabweichung im Merkmal Einkommen etwas stärker als die stochastische Regressionsimputation.

	Original	MCAR	MAR	MNAR
Einkommen: Mittelwert	37,2	37,2	37,1	31,8
Einkommen: Median	23,5	32,0	34,6	25,0
Einkommen: Standardabweichung	44,2	38,4	37,4	35,8
Korrelation: Einkommen, Alter	0,18	0,20	0,24	0,21

Tabelle 4.14: ACS-Stichprobe: Deterministische EM-Imputation

	Original	MCAR	MAR	MNAR
Einkommen: Mittelwert	37,2	37,2	37,1	31,8
Einkommen: Median	23,5	27,0	26,6	19,6
Einkommen: Standardabweichung	44,2	44,1	42,8	41,1
Korrelation: Einkommen, Alter	0,18	0,18	0,21	0,18

Tabelle 4.15: ACS-Stichprobe: Stochastische EM-Imputation

4.4 Imputation mittels Verfahren des maschinellen Lernens

Dieser Abschnitt ist den Möglichkeiten zur Imputation mithilfe von Verfahren des maschinellen Lernens gewidmet. Im Folgenden werden die verbreitetsten Verfahren aus diesem Bereich dargestellt. Hierunter fällt die Imputation mittels k-Nächste-Nachbarn (Abschnitt 4.4.1), Entscheidungsbaumverfahren (Abschnitt 4.4.2) und Clustering (Abschnitt 4.4.3). Neben diesen drei Kategorien existieren in der Literatur noch weitere Vorschläge zur Anwendung von Verfahren des maschinellen Lernens zur Imputation. So gibt es verschiedene Ideen, um mithilfe von neuronalen Netzen Imputationswerte zu bestimmen, über die z. B. García-Laencina et al. (2010, S. 269–272) eine gute Übersicht geben. Ferner existieren Vorschläge, mithilfe von Support Vector Machines Datenmatrizen zu imputieren (vgl. z. B. Honghai et al., 2005, S. 582–584; Yang et al., 2011, S. 252–255). Das grundsätzliche Vorgehen bei diesen Vorschlägen ähnelt häufig einem in den Abschnitten 4.4.1 bis 4.4.3 dargestellten Imputationsverfahren. Der einzige wesentliche Unterschied ist meist, dass neuronale Netze bzw. Support Vector Machines anstatt von k-Nächste-Nachbarn oder Entscheidungsbäumen zur Bestimmung der Imputationswerte eingesetzt werden.

4.4.1 Imputation mittels k-Nächste-Nachbarn

Die Idee der Imputation mittels k-Nächste-Nachbarn (kNN) ist, für die Imputation eines Objekts mit fehlenden Werten κ möglichst ähnliche Objekte zu finden und mithilfe dieser ähnlichen Objekte die fehlenden Werte zu ersetzen. Die Imputation mittels kNN steht folglich in enger Verwandtschaft zu den Hot-Deck-Verfahren, bei denen die Spenderauswahl auf Ähnlichkeiten basiert (vgl. Jerez et al., 2010, S. 110; Kowarik und Templ, 2016, S. 6). Die meisten dieser Hot-Deck-Verfahren können daher als ein Spezialfall der Imputation mittels kNN angesehen werden. Anders als die Hot-Deck-Verfahren setzt jedoch die Imputation mittels kNN nicht voraus, dass der Imputationswert einem beobachteten Wert entsprechen muss, da z. B. auch ein gewichteter Mittelwert der nächsten Nachbarn als Imputationswert verwendet werden kann (vgl. Troyanskaya et al., 2001, S. 521). Um Dopplungen zu vermeiden, werden im Folgenden nur Möglichkeiten zur Imputation mittels kNN vorgestellt, die nicht bereits in Abschnitt 4.2.1 über Hot-Deck-Verfahren dargestellt wurden. Allgemein existiert die Idee zur Verwendung ähnlicher Objekte zur Bestimmung von Imputationswerten schon relativ lange und ist z. B. bereits bei Ford (1976, S. 326) und Lee et al. (1976, S. 539,

541) zu finden. Auch wurde eine Form des distanzbasierten Hot-Decks spätestens seit Ende der 1970-iger Jahre bei Statistics Canada eingesetzt (vgl. Colledge et al., 1978, S. 433; Sande, 1979a[38]; Sande, 1979b, S. 246). In aktuellen Publikationen wird bei der Grundform der Imputation mittels kNN jedoch häufig Troyanskaya et al. (2001, S. 521) (vgl. z. B. Brás und Menezes, 2007, S. 274–275; Branden und Verboven, 2009, S. 8; Oh et al., 2011, S. 78; Penone et al., 2014, S. 962; Pan et al., 2015, S. 616) und seltener auch Batista und Monard (2003, S. 522–523) (vgl. z. B. Luengo et al., 2010, S. 407; García-Laencina et al., 2010, S. 269; Zhang et al., 2012, S. 2841) zitiert.

Bei der einfachsten Form der Imputation mittels kNN wird die Datenmatrix A in zwei Teilmatrizen A_{obs} und A_{mis} eingeteilt, welche die vollständig bzw. unvollständig beobachteten Objekte aus A enthalten. Zur Bestimmung der Imputationswerte für die unvollständigen Objekte in A_{mis} werden dann nur Objekte aus A_{obs}, also nur vollständige Objekte, zugelassen (vgl. Lee et al., 1976, S. 541). Für ein Objekt i mit fehlenden Werten werden dazu die κ Objekte aus A_{obs} mit der geringsten Distanz zum Objekt i ermittelt.[39] Anschließend wird bei der Vervollständigung eines quantitativen Merkmals der Mittelwert dieser nächsten Nachbarn imputiert (vgl. Ford, 1976, S. 326; Lee et al., 1976, S. 541). Anstatt der Verwendung eines einfachen Mittelwertes schlagen Troyanskaya et al. (2001, S. 521) vor, einen gewichteten Mittelwert der nächsten Nachbarn zu imputieren, wobei die Gewichte anhand der Distanzen zum Objekt mit fehlenden Werten festgelegt werden. Zur Imputation eines qualitativen Merkmals kann z. B. der Modus der nächsten Nachbarn verwendet werden (vgl. Batista und Monard, 2003, S. 522).

Um mehr Objekte zur Bestimmung der Imputationswerte verfügbar zu haben, schlagen Kim et al. (2004) vor, die Objekte nach dem Anteil fehlender Werte zu ordnen. Anschließend werden die Objekte sequentiell beginnend mit dem Objekt mit dem geringsten Anteil fehlender Werte abgearbeitet. Bereits imputierte Objekte werden bei dem Vorschlag von Kim et al. (2004) zusätzlich zu den vollständig beobachteten Objekten zur Bestimmung der Imputationswerte verwendet.

Diese Idee, mehr Objekte zur Bestimmung der Imputationswerte zur Verfügung zu haben, führen Brás und Menezes (2007, S. 275) für eine ausschließlich quantitative Datenmatrix weiter, indem sie eine iterative Form der Imputation mittels kNN entwickeln. Dazu ersetzen sie zunächst alle fehlenden Werte mithilfe einer Mittelwertimputation, wodurch die vervollständigte Datenmatrix $A^{verv,(0)}$ entsteht. Anschließend

[38] Zitiert nach Sande (1979b, S. 246).

[39] Die Distanzberechnung basiert z. B. auf der Analyse der verfügbaren Merkmale, wobei unvollständige Merkmale ohne Korrektur ignoriert werden (vgl. z. B. Brás und Menezes, 2007, S. 274). Details zu dieser Art der Distanzberechnung sind in Abschnitt 3.1.2 zu finden.

werden die Objekte mit ursprünglich fehlenden Werten in jeder Iteration $t = 1,2,\ldots$ sequentiell imputiert, wobei die nächsten Nachbarn und die Imputationswerte anhand der vervollständigten Datenmatrix $A^{verv,(t-1)}$ der vorhergehenden Iteration bestimmt werden. Nach Abschluss des Iterationsschrittes t steht eine neue vervollständigte Datenmatrix $A^{verv,(t)}$ zur Verfügung. Falls die Summe der quadratischen Abweichungen zwischen den Werten in $A^{verv,(t-1)}$ und $A^{verv,(t)}$ eine vorher festgelegte Schranke unterschreitet, endet das Verfahren und gibt $A^{verv,(t)}$ als vervollständigte Datenmatrix zurück. Ansonsten wird ein neuer Iterationsschritt angestoßen (vgl. Brás und Menezes, 2007, S. 275). Diese iterative Imputation mittels kNN von Brás und Menezes (2007, S. 275) weist starke Parallelen zum cyclic m-partition Hot-Deck von Judkins (1998, S. 145) auf, welches in Abschnitt 4.2.1.2 vorgestellt wurde.

In den Arbeiten von Troyanskaya et al. (2001, S. 521) sowie Brás und Menezes (2007, S. 275) wird eine ungewichtete euklidische Distanz anhand der verfügbaren Merkmale berechnet. Anstatt dieser Distanzen können auch die in Abschnitt 4.2.1.1 vorgeschlagenen Distanzberechnungen zur Bestimmung der nächsten Nachbarn verwendet werden. Alternativ schlagen Huang und Lee (2004, S. 242–243) vor, die nächsten Nachbarn mithilfe der Grey-Theorie zu bestimmen. Ein weiterer Vorschlag von García-Laencina et al. (2009, S. 1486–1487) ist, die gemeinsamen Informationen von Merkmalen bei der Bestimmung der Distanzen zu berücksichtigen. Diese beiden Vorschläge werden von Pan et al. (2015, S. 619–621) kombiniert, indem sie Merkmalsgewichte basierend auf der gemeinsamen Information in die Grey-Theorie miteinbeziehen.

Ähnlich wie bei der auf Distanzen basierenden Hot-Deck-Imputation beeinflusst die Wahl des Parameters κ das Imputationsergebnis (vgl. z. B. Beretta und Santaniello, 2016). Ansätze zur Wahl von κ sind beispielsweise bei Joenssen (2015, S. 74–75) und Pan et al. (2015, S. 617) und den dort zitierten Quellen zu finden. Insgesamt gesehen lassen sich viele Ergebnisse und Ideen, die in Abschnitt 4.2.1 vorgestellt werden, auch auf die Imputation mittels kNN übertragen.

Beispiel 4.14 (Imputation mittels kNN)
Zur Demonstration der Imputation mittels kNN wird erneut die ACS-Stichprobe aus dem Anhang B verwendet. In der Abbildung 4.15 ist das Resultat einer Imputation mittels kNN unter Verwendung einer euklidischen Distanz und der Imputation eines ungewichteten Mittelwerts der 10 nächsten Nachbarn dargestellt. Die Abbildung 4.15 weist große Ähnlichkeiten zur Abbildung 4.6 des Nearest-Neighbour Hot-Decks auf. Die auffälligsten Unterschiede sind, dass zum einen die imputierten Werte selten exakt beobachteten Werten entsprechen und zum anderen durch die Verwendung des

Mittelwerts bei der 58 Jahre alten Person kein so großer Einkommenswert wie bei der Verwendung des Nearest-Neighbor Hot-Decks imputiert wird.

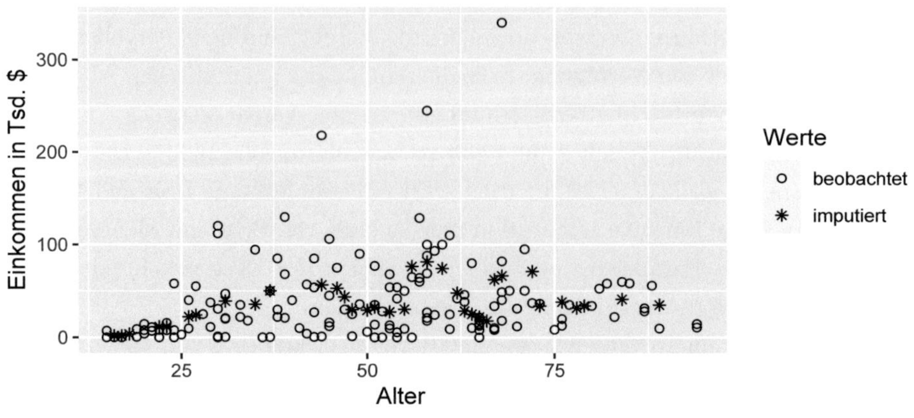

Abbildung 4.15: ACS-Stichprobe: Imputation mittels k-Nächste-Nachbarn

Die Ergebnisse der Simulation sind in der Tabelle 4.16 dargestellt. Die Ergebnisse zeigen, dass die Imputation mittels kNN in diesem Fall als eine Mischform der Mittelwertimputation und des Nearest-Neighbour Hot-Decks aufgefasst werden kann. Ähnlich wie die Mittelwertimputation tendiert die Imputation mittels kNN zu einer guten Schätzung des Mittelwertes, gleichzeitig überschätzt sie außer bei Vorliegen des MNAR-Ausfallmechanismus aber den Median, da das Merkmal Einkommen rechtsschief ist. Die Standardabweichung wird in allen Fällen unterschätzt und die Korrelation etwas überschätzt.

	Original	MCAR	MAR	MNAR
Einkommen: Mittelwert	37,2	37,6	37,4	32,8
Einkommen: Median	23,5	29,7	29,5	23,1
Einkommen: Standardabweichung	44,2	39,7	38,6	37,0
Korrelation: Einkommen, Alter	0,18	0,21	0,21	0,20

Tabelle 4.16: ACS-Stichprobe: Imputation mittels kNN

4.4.2 Imputation mittels Entscheidungsbäumen

Es gibt unterschiedliche Möglichkeiten, Entscheidungsbäume im Rahmen einer Imputation einzusetzen. So können Entscheidungsbäume zur Konstruktion von Imputationsklassen verwendet werden (vgl. z. B. Kalton und Kasprzyk, 1982, S. 28; Kalton,

1983, S. 84–85; Creel und Krotki, 2006, S. 2884–2885). Der Fokus dieses Abschnitts liegt jedoch darauf, wie Entscheidungsbäume direkt zur Imputation fehlender Werte eingesetzt werden können. Dabei wird zwischen der Verwendung von einzelnen Entscheidungsbäumen und Verfahren basierend auf einer Kombination von mehreren Entscheidungsbäumen (sogenannte Ensemble-Methoden) unterschieden.

4.4.2.1 Imputation mittels einzelner Bäume

Um mithilfe von einzelnen Entscheidungsbäumen eine Datenmatrix zu imputieren, wird im einfachsten Fall für jedes Merkmal k mit fehlenden Werten ein Entscheidungsbaum anhand der Objekte konstruiert, die im Merkmal k beobachtete Werte besitzen. Anschließend werden die fehlenden Werte im Merkmal k mithilfe des so konstruierten Entscheidungsbaums prognostiziert (vgl. Quinlan, 1986, S. 96–97). Bei diesem Vorgehen ist unter anderem relevant, ob die bereits imputierten Werte für die Konstruktion der weiteren Entscheidungsbäume verwendet werden und wenn dies der Fall ist, in welcher Reihenfolge die Merkmale imputiert werden (vgl. Lobo und Numao, 1999, S. 500). Lobo und Numao (1999, S. 500) schlagen vor, die Reihenfolge von der Stärke des Zusammenhangs zwischen den Merkmalen mit fehlenden Werten und einer Klassenvariable abhängig zu machen. Dies setzt jedoch voraus, dass eine solche Klassenvariable überhaupt existiert. Einen allgemeineren Ansatz verfolgen Conversano und Siciliano (2009, S. 365-371). Sie sortieren die Datenmatrix so um, dass die Objekte und die Merkmale in der Datenmatrix nach aufsteigender Anzahl fehlender Werte geordnet sind. Nun imputieren sie die Matrix zeilenweise. Sie verwenden als unabhängige Variablen stets alle Merkmale, die vollständig oder bereits vervollständigt sind. Als Anpassung dieses Vorgehens schlagen z. B. D'Ambrosio et al. (2012, S. 232) vor, nur die Merkmale nach der Anzahl fehlender Werte zu sortieren und anschließend die Datenmatrix merkmalsweise beginnend mit dem Merkmal mit dem geringsten Anteil fehlender Werte zu imputieren. D'Ambrosio et al. (2012, S. 232) verwenden dabei nur die vollständigen und bereits imputierten Merkmale zur Konstruktion der Bäume.

Manche Entscheidungsbaumalgorithmen können auch unvollständige Datenmatrizen direkt verarbeiten (vgl. z. B. Breiman et al., 1984, S. 140–143; Quinlan, 1993, S. 27–33; Hothorn et al., 2006, S. 658). Daher ist es theoretisch nicht notwendig, bei der Verwendung dieser Algorithmen für die Konstruktion der Bäume nur Objekte zu verwenden, die in allen einbezogenen Merkmalen vollständig (bzw. vervollstandigt) sind. Jedoch deuten die Ergebnisse von Feelders (1999, S. 334), Batista und Monard (2003, S. 526–527) sowie Saar-Tsechansky und Provost (2007, S. 1651) darauf hin, dass eine Imputation im Vorfeld zu besseren Ergebnissen als die Verwendung der internen MD-Techniken der Entscheidungsbäume führt. Aus diesem Grund kann es auch bei Entscheidungsbaumalgorithmen, die unvollständige Objekte verarbeiten können, sinnvoll sein, bei der Konstruktion eines Baums ausschließlich vollständige bzw. vervollständigte Merkmals-Objekt-Kombinationen zu verwenden.

4.4.2.2 Imputation mittels Ensemble-Methoden

Anstatt die fehlenden Werte mit einzelnen Bäumen zu imputieren, können auch Ensemble-Methoden zur Imputation herangezogen werden. Das verbreitetste Imputationsverfahren[40], welches zur Imputation Entscheidungsbaum-Ensembles einsetzt, ist missForest. Es wurde von Stekhoven und Bühlmann (2012) entwickelt und basiert auf Random Forest (Breiman, 2001). Der Ablauf einer Imputation mittels missForest ist als Struktogramm in der Abbildung 4.16 dargestellt und wird zunächst überblicksartig beschrieben. Anschließend wird auf einige Details genauer eingegangen. Ein Teil der folgenden Beschreibung kann nicht direkt aus der Veröffentlichung von Stekhoven und Bühlmann (2012) entnommen werden, sondern basieren auf der Analyse des Quellcodes des zugehörigen R-Pakets missForest (Stekhoven, 2013) in der offiziellen CRAN-Version 1.4.

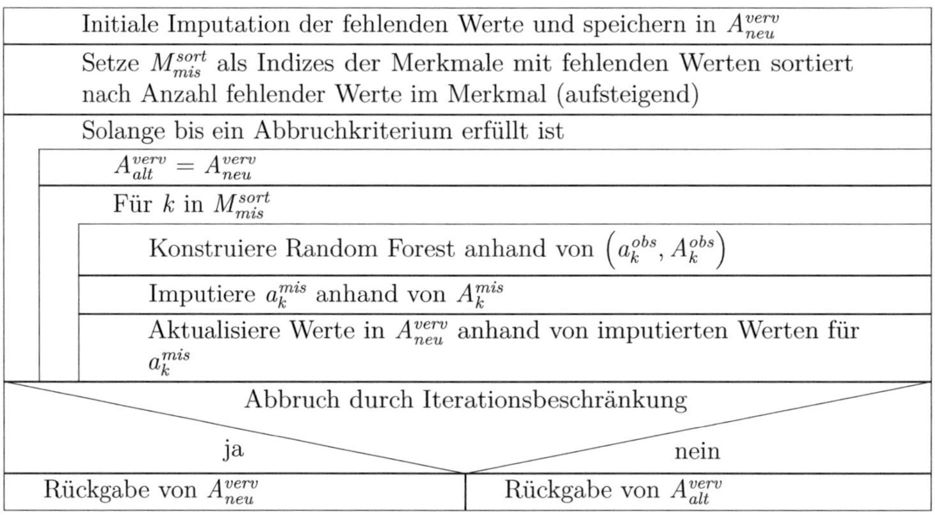

Abbildung 4.16: missForest Algorithmus (in Anlehnung an Stekhoven und Bühlmann (2012, S. 113) und Stekhoven (2013))

[40] Basierend auf der Analyse im Kapitel 5.

Im ersten Schritt werden für die fehlenden Werte in der Datenmatrix A initiale Werte imputiert. Hierfür verwendet missForest eine merkmalsweise Mittelwertimputation für quantitative Merkmale und eine merkmalsweise Modusimputation für qualitative Merkmale (vgl. Stekhoven und Bühlmann, 2012, S. 113; Stekhoven, 2013). Anschließend werden die Indizes der Merkmale mit fehlenden Werten nach der Anzahl fehlender Werte in den Merkmalen aufsteigend sortiert und in der Variable M_{mis}^{sort} gespeichert. Nach dieser Initialisierungsphase werden so lange Imputationen durchgeführt bis mindestens ein Abbruchkriterium erfüllt ist. Dazu wird zunächst die in der vorherigen Iteration imputierte Datenmatrix (bzw. in der ersten Iteration die initial imputierte Datenmatrix) in einer Variable gespeichert, die in der Abbildung 4.16 mit A_{alt}^{verv} bezeichnet wird. Anschließend werden die Merkmale in der durch M_{mis}^{sort} vorgegebenen Reihenfolge sequentiell imputiert. Die so erhaltenen Imputationswerte überschreiben die Imputationswerte der vorherigen Iteration (bzw. der initialen Imputation) in A_{neu}^{verv}. Nachdem die Iteration durch die Erfüllung mindestens eines Abbruchkriteriums beendet ist, wird eine imputierte Datenmatrix zurückgegeben (vgl. Stekhoven und Bühlmann, 2012, S. 113).

Einige Details dieses generellen Ablaufs werden nun genauer dargestellt. Für die Imputation eines Merkmals k mit fehlenden Werten wird die jeweils aktuelle vervollständigte Datenmatrix A_{neu}^{verv} in vier Teile geteilt. Dazu werden als Erstes die Zeilen der Datenmatrix in zwei Gruppen unterteilt. Die erste Gruppe („obs"-Gruppe) enthält alle Objekte, die im Merkmal k in der Datenmatrix A ursprünglich beobachtete Werte besitzen. Die zweite Gruppe („mis"-Gruppe) besteht aus den Objekten, die in der Datenmatrix A ursprünglich fehlende Werte im Merkmal k aufweisen. Nun werden die Werte im Merkmal k anhand dieser beiden Gruppe in einen beobachteten Teil a_k^{obs} und in einen unbeobachteten Teil a_k^{mis} unterteilt. Analog werden die Werte aller anderen Merkmale (mit Ausnahme des Merkmals k) in einen beobachteten Teil, zusammengefasst in der Matrix A_k^{obs}, und in einen unbeobachteten Teil, zusammengefasst in der Matrix A_k^{mis}, unterteilt. Nach dieser Unterteilung wird anhand der Datenmatrix $\left(a_k^{obs}, A_k^{obs}\right)$ ein Random Forest konstruiert, wobei der Vektor a_k^{obs} als abhängige Variable fungiert. Anschließend werden mithilfe des so konstruierten Random Forests und der Matrix A_k^{mis} die im Merkmal k (ursprünglich) fehlenden Werte imputiert.

Jedes Mal, nachdem alle Merkmale mit fehlenden Werten einmal imputiert wurden, werden die Abbruchkriterien überprüft. Das erste Abbruchkriterium ist die maximale Anzahl an Iterationen, wobei eine Iteration als ein Durchlauf der „Solange bis ein Abbruchkriterium erfüllt ist"-Schleife definiert ist (vgl. Stekhoven, 2013). Wenn die Schleife aufgrund der Erreichung der maximalen Iterationsanzahl verlassen wird, wird

A_{neu}^{verv} als imputierte Datenmatrix zurückgegeben. Neben der Anzahl an Iterationen wird nach jedem Durchlauf dieser Schleife auch überprüft, ob die Unterschiede zwischen A_{neu}^{verv} und A_{alt}^{verv} im Vergleich zu den Unterschieden der vorherigen Iteration zugenommen haben (Details zur Berechnung der Unterschiedlichkeit sind bei Stekhoven und Bühlmann (2012, S. 113) zu finden). Falls dies der Fall ist, wird die Iteration beendet und A_{alt}^{verv} als imputierte Datenmatrix zurückgegeben (vgl. Stekhoven und Bühlmann, 2012, S. 113; Stekhoven, 2013).

In Erweiterung der von Stekhoven und Bühlmann (2012) bzw. Stekhoven (2013) ursprünglich veröffentlichen Form von missForest schlagen Ramosaj und Pauly (2019, S. 1749–1750) vor, anstatt der einfachen Bootstrapsamples gewichtete Bootstrapsamples für die Konstruktion der Entscheidungsbäume zu verwenden. Ferner stellen Ramosaj und Pauly (2019, S. 1745–1747) auch die Verwendung von zwei verschiedenen Formen von geboosteten Entscheidungsbäumen (anstatt von Random Forest) zur Imputation der Werte vor. Dazu ersetzen sie im missForest Algorithmus einfach die Konstruktion eines Random Forests durch die Konstruktion geboosteter Entscheidungsbäume. Weitere Ansätze zur Imputation mithilfe von Entscheidungsbaum-Ensembles sind bei Tang und Ishwaran (2017, S. 364–367) und den dort enthaltenen Quellen zu finden.

Beispiel 4.15 (Imputation mittels missForest)
Zur Demonstration der Imputation mittels missForest wird erneut die ACS-Stichprobe aus dem Anhang B verwendet. In der Abbildung 4.17 ist das Resultat der Imputation mittels missForest für die Beispieldatenmatrix zu sehen. Optisch sind die imputierten

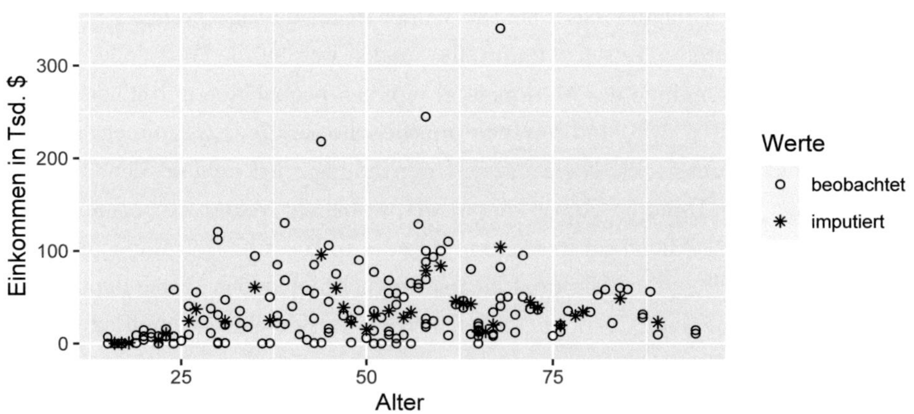

Abbildung 4.17: ACS-Stichprobe: Imputation mittels missForest

Werte ähnlich wie bei den lokalen Verfahren. Auch die Ergebnisse in der Tabelle 4.17 sind ähnliche wie z. B. die Resultate der Imputation mittels kNN, jedoch verzerrt die Imputation mittels missForest die meisten Parameter etwas weniger stark.

	Original	MCAR	MAR	MNAR
Einkommen: Mittelwert	37,2	37,3	37,3	32,8
Einkommen: Median	23,5	27,0	27,4	21,0
Einkommen: Standardabweichung	44,2	40,5	39,7	38,0
Korrelation: Einkommen, Alter	0,18	0,19	0,20	0,21

Tabelle 4.17: ACS-Stichprobe: Imputation mittels missForest

4.4.3 Imputation mittels Clustering

In diesem Abschnitt werden Imputationsverfahren vorgestellt, die auf Clustering basieren. Unter Clusteranalyse-Verfahren werden in diesem Zusammenhang Verfahren verstanden, die das Ziel haben, Objekte in Klassen oder Gruppen zusammenzufassen (vgl. z. B. Bankhofer und Vogel, 2008, S. 173; James et al., 2021, S. 516). Im ersten Teil des Abschnitts wird auf die Imputation mittels partitionierender Verfahren eingegangen, wobei insbesondere verschiedene Imputationsmöglichkeiten mithilfe von KMEANS vorgestellt werden. Anschließend werden im zweiten Teil Möglichkeiten zur Imputation mittels Clustering vorgestellt, die probabilistische Modelle zum Finden der Klassen verwenden.

Li et al. (2004, S. 574–575) führen eine Imputation mithilfe von KMEANS durch, indem sie zunächst zufällig `K` vollständige Objekte als Klassenzentren auswählen und anschließend iterativ die Klassenzuordnung wie bei einem normalen KMEANS-Verfahren mit vollständigen Objekten (vgl. z. B. James et al., 2021, S. 517–521) aktualisieren. Nachdem auf diese Weise `K` Gruppen gefunden wurden, ersetzen sie die fehlenden Werte in einem Objekt anhand der Ausprägungen des nächsten Nachbarn innerhalb der Gruppe (vgl. Li et al., 2004, S. 574). Aus der Beschreibung bei Li et al. (2004, S. 574–575) geht nicht hervor, wie mit den fehlenden Werten während der Cluster-Phase oder bei der Bestimmung des nächsten Nachbarn umgegangen wird. Zhang et al. (2006, S. 1081) verwenden z. B. in der Cluster-Phase nur vollständige Objekte und ordnen die unvollständigen Objekte erst im Nachgang der nächstgelegenen Gruppe zu. Dieses Vorgehen setzt jedoch voraus, dass mindestens `K` vollständige Objekte in der Datenmatrix vorhanden sind.

Anstatt die Werte des nächsten Nachbarn innerhalb einer Klasse zur Imputation zu verwenden, können auch die Klassenmittelwerte imputiert werden (vgl. Raja und Thangavel, 2020, S. 4365–4366[41]). Eine Kombination dieser beiden Ideen stellt in gewisser Weise die Verwendung von Kernfunktionen zur Bestimmung einer Art gewichteten Mittelwert als Imputationswerts dar. So schlagen Zhang et al. (2006, S. 1082) und Zhang et al. (2008a, S. 131–132) vor, einen fehlenden Wert im Merkmal k des Objekts i, welches zur Klasse K_p gehört, durch

$$a_{ik}^{imp} = \frac{\sum_{j \in K_p} v_{jk} a_{jk} \prod_{l \in M \setminus k} K\left(\frac{a_{il} - a_{jl}}{h}\right)}{\sum_{j \in K_p} v_{jk} \prod_{l \in M \setminus k} K\left(\frac{a_{il} - a_{jl}}{h}\right) + n^{-2}} \tag{4.55}$$

zu imputieren. In der Gleichung (4.55) ist K eine Kernfunktion und h die Bandbreite. Durch die Gleichung (4.55) werden alle im Merkmal k beobachteten Werte von Objekten, die zur Klasse K_p gehören, zur Imputation des fehlenden Werts berücksichtigt. Diese beobachteten Werte werden mithilfe der Kernfunktion K gewichtet, wodurch in gewisser Weise ein gewichteter Mittelwert der beobachteten Werte imputiert wird (der Term n^{-2} dient der Vermeidung eines Nenners, der gleich Null ist, und beeinflusst das Ergebnis für große n kaum). Als Kernfunktion verwenden Zhang et al. (2006, S. 1082) und Zhang et al. (2008a, S. 132) einen Gauß-Kern. Die Bandbreite h bestimmen sie mithilfe von Kreuzvalidierung (vgl. Zhang et al., 2006, S. 1083; Zhang et al., 2008a, S. 133–134). Falls in mehreren Merkmalen fehlende Werte auftreten, werden die fehlenden Werte zunächst mithilfe einer merkmalsweisen Mittelwertimputation ersetzt und anschließend die Merkmale sequentiell imputiert (vgl. Zhang et al., 2006, S. 1083). Anstatt den Imputationswert aus der Gleichung (4.55) direkt zu verwenden, schlagen Zhang et al. (2006, S. 1082) auch noch vor, ein Residuum zu addieren, um so ein stochastisches Imputationsverfahren zu erhalten.

Es existieren in der Literatur weitere Vorschläge zur Imputation mittels partitionierender Clusteranalyse-Verfahren. So schlagen Li et al. (2004, S. 575–576) die Verwendung von Fuzzy KMEANS anstatt von KMEANS vor. Da in diesem Fall ein Objekt nicht mehr eindeutig einem Cluster zugeordnet wird, sondern Zugehörigkeitsgrade zu allen Klassen besitzen, imputieren Li et al. (2004, S. 575–576) einen anhand der Zugehörigkeitsgrade gewichteten Mittelwert der Klassenzentren. Hingegen verwenden

[41] Raja und Thangavel (2020, S. 4365–4366) schreiben diese Idee eigentlich Suguna und Thanushkodi (2011) zu. Jedoch verwenden Suguna und Thanushkodi (2011, S. 217–218) nicht den Klassenmittelwert zur Imputation, sondern weisen den fehlenden Werten verschiedene „mögliche“ Werte zu und kontrollieren, ob ein Objekt mit diesen Werten der richtigen Klasse zugeordnet wird. Der erste „mögliche“ Wert, der ein Objekt der richtigen Klasse zuordnet, wird dann als Imputationswert verwendet.

Raja und Thangavel (2020, S. 4368, 4371) Rough KMEANS, um Imputationswerte zu bestimmen. Unter anderem von Zhang et al. (2006, S. 1082) wird angemerkt, dass anstatt KMEANS auch andere partitionierende Verfahren zur Klassifikation verwendet werden könnten, um so z. B. die Wahl der Klassenanzahl $\mathtt{K}$ umgehen zu können.

Ein weiterer Ansatz zur Imputation mittels Clustering ist die Verwendung von Verfahren, die auf probabilistischen Modellen basieren. Dafür werden unter anderem von Ouyang et al. (2004) und Di Zio et al. (2007) gaußsche Mischverteilungsmodelle verwendet. Bei dem von Ouyang et al. (2004) vorgeschlagenen GMCimpute-Algorithmus werden als Erstes alle vollständigen Objekte mithilfe des iterativen Klassifikations-EM-Algorithmus von Banfield und Raftery (1993) in $\mathtt{K}$ Klassen eingeteilt. Anschließend werden die fehlenden Werte durch bedingte Erwartungswerte (gegeben den beobachteten Werten und den geschätzten Parametern) ersetzt. Nach dieser Initialisierungsphase werden auf Basis der vervollständigten Datenmatrix die Objekte wiederum in Klassen eingeteilt und basierend auf dieser Klassifikation werden die fehlenden Werte erneut imputiert. Der Algorithmus führt diese beiden Schritte so lange iterativ aus, bis sich die Klassenzugehörigkeit der Objekte nicht mehr ändert. Sobald dies der Fall ist, wird für jeden fehlenden Wert ein vorläufiger Imputationswert $a_{ik}^{imp,\mathtt{K}}$ gespeichert. Diesen Vorgang führt der Algorithmus für unterschiedliche Anzahlen an Klassen $\mathtt{K} = 1, \ldots, \mathtt{K}_{max}$ durch, woraus die vorläufigen Imputationswerte $a_{ik}^{imp,1}, a_{ik}^{imp,2}, \ldots, a_{ik}^{imp,\mathtt{K}_{max}}$ resultieren. Der endgültige Imputationswert für einen fehlenden Wert ist dann der Mittelwert dieser vorläufigen Imputationswerte (vgl. Ouyang et al., 2004, S. 918–919):

$$a_{ik}^{imp} = \frac{1}{\mathtt{K}_{max}} \sum_{\mathtt{K}=1}^{\mathtt{K}_{max}} a_{ik}^{imp,\mathtt{K}}. \tag{4.56}$$

Bis zu welcher maximalen Anzahl an Klassen $\mathtt{K}_{max}$ vorläufige Imputationswerte ermittelt werden, muss bei der Verwendung des Algorithmus von Ouyang et al. (2004) vorgegeben werden (vgl. Ouyang et al., 2004, S. 918). Ouyang et al. (2004, S. 920–921) bestimmen den Wert empirisch und wandeln ihn stellenweise sogar bei derselben Datenmatrix je nach Anteil fehlender Werte ab.

Alternativ zum Vorgehen von Ouyang et al. (2004) verwenden Di Zio et al. (2007) den EM-Algorithmus von Hunt und Jorgensen (2003) zur Schätzung der Parameter der gaußschen Mischverteilungsmodelle. Der Vorteil des EM-Algorithmus von Hunt und Jorgensen (2003) ist, dass er mit unvollständigen Datenmatrizen umgehen kann. Auf diese Weise können die Parameter der gaußschen Mischverteilung direkt aus der unvollständigen Datenmatrix ermittelt werden, wodurch ein iteratives Vorgehen mit Imputation und erneuter Klassifikation wie bei Ouyang et al. (2004) entfällt. Nachdem auf diese Weise Schätzwerte für die Mischverteilungsparameter vorliegen, werden bei der Vorgehensweise von Di Zio et al. (2007) die fehlenden Werte entweder als Erwartungswert der unvollständigen Einträge[42] (gegeben den beobachteten Wert und der geschätzten Verteilungsparameter) imputiert oder durch Zufallszahlen ersetzt, die aus der geschätzten Mischverteilung gezogen werden (vgl. Di Zio et al., 2007, S. 5306–5308).

Neben den hier vorgestellten Methoden zur Imputation mittels Clustering existieren in der Literatur noch weitere Ansätze. So verwenden z. B. Samad und Harp (1992, S. 206), Fessant und Midenet (2002, S. 303) und Latif und Mercier (2010, S. 190) selbstorganisierende Karten und Wong et al. (2007, S. 1001–1002) einen multi-stage Ansatz zur Klassifikation. Jedoch sind die Ideen zur Imputation meist ähnlich zu einem der bereits dargestellten Verfahren und nur das verwendete Clusteranalyse-Verfahren unterscheidet sich.

Beispiel 4.16 (Imputation mittels GMCimpute)
Zur Demonstration der Imputation mittels GMCimpute (Ouyang et al., 2004) wird erneut die ACS-Stichprobe aus dem Anhang B verwendet. In der Abbildung 4.18 ist das Resultat der Imputation mittels GMCimpute bei der Verwendung von $\mathtt{K}_{max} = 4$ *für die Beispieldatenmatrix zu sehen. Im Vergleich zu den anderen Imputationsverfahren ist die relativ geringe Streuung der Imputationswerte auffällig. Dies zeigt sich auch bei den Simulationsergebnissen in der Tabelle 4.18, in der die Standardabweichung stärker*

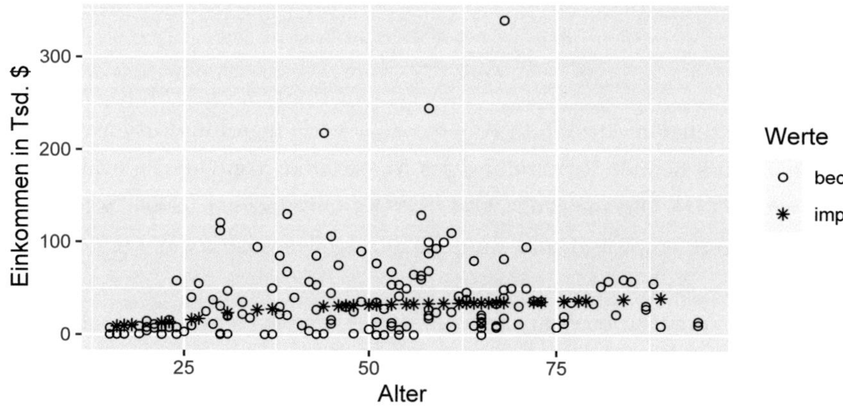

Abbildung 4.18: ACS-Stichprobe: Imputation mittels GMCimpute

[42] Diese Idee zur Imputation wird auch schon bei Ghahramani und Jordan (1994, S. 124) erwähnt. Jedoch führen Ghahramani und Jordan (1994) diese nicht weiter aus, da sie nur Parameterschätzungen und nicht an der Bestimmung von Imputationswerten interessiert sind.

als z. B. bei missForest oder der stochastischen Regressionsimputation unterschätzt wird. Auch die übrigen Parameterschätzwerte sind meist verzerrt.

	Original	MCAR	MAR	MNAR
Einkommen: Mittelwert	37,2	34,0	33,0	28,2
Einkommen: Median	23,5	25,7	25,7	18,2
Einkommen: Standardabweichung	44,2	38,9	37,7	36,3
Korrelation: Einkommen, Alter	0,18	0,19	0,16	0,17

Tabelle 4.18: ACS-Stichprobe: Imputation mittels GMCimpute

4.5 Genereller Aufbau von Imputationsverfahren

Neben den bisher in diesem Kapitel dargestellten Verfahren existieren in der Literatur noch viele weitere Vorschläge für Imputationsverfahren. Viele dieser im Zuge der Literaturrecherche gefundenen Imputationsverfahren, die in diesem Kapitel nicht dargestellt werden, weisen eine große Ähnlichkeit zu einem dargestellten Imputationsverfahren auf. Dies liegt daran, dass viele Verfahren im generellen Aufbau große Gemeinsamkeiten aufweisen bzw. nur unterschiedliche Ausprägungen in gewissen Kernkategorien vorweisen. Dieser generelle Aufbau von Imputationsverfahren wird in diesem Abschnitt dargestellt.[43]

Das zentrale Element eines Imputationsverfahrens ist das zur Modellierung der Zusammenhänge verwendete Verfahren, welches im Folgenden inneres Verfahren genannt wird. Diese inneren Verfahren sind häufig bekannte multivariate Analyseverfahren oder Verfahren aus dem Bereich des maschinellen Lernens, wie z. B. lineare Regression oder Entscheidungsbäume. Der Ursprung des inneren Verfahrens ist jedoch meist nicht entscheidend für den weiteren Aufbau eines Imputationsverfahrens. Hierfür ist eine Unterscheidung zwischen inneren Verfahren, die direkt Prognosewerte liefern können, und solchen, die dies nicht können, entscheidender. Die inneren Verfahren des ersten Typs modellieren die Zusammenhänge zwischen einem (oder mehreren) unabhängigen Merkmal(en) und einem (oder mehreren) abhängigen Merkmal(en) in einer Datenmatrix direkt, wodurch sie Prognosewerte für das abhängige Merkmal

[43] Viele in diesem Abschnitt zusammenfassend dargestellte Aspekte sind bereits in anderen Quellen zu finden. Jedoch betrachten diese Quellen nur einzelne Aspekte oder Teile des generellen Aufbaus von Imputationsverfahren. Die größte Ähnlichkeit zum hier vorgestellten Ansatz, Imputationsverfahren zu beschreiben, haben vermutlich die Darstellungen des MICE-Algorithmus (vgl. van Buuren und Groothuis-Oudshoorn, 2011, S. 15–16; van Buuren, 2018, S. 120–121).

(die abhängigen Merkmale) berechnen können. Ein Beispiel für ein solches Verfahren ist die lineare Regression. Bei der zweiten Art von inneren Verfahren existiert keine direkt in der Datenmatrix vorhandene abhängige Variable. Unter diese Kategorie fällt z. B. die Hauptkomponentenanalyse. Im Bereich des maschinellen und statistischen Lernens werden Verfahren der ersten Kategorie dem Bereich des überwachten Lernens zugeordnet, während die Verfahren der zweiten Kategorie dem unüberwachten Lernen angehören (vgl. z. B. James et al., 2021, S. 26–28).

Die Bestimmung eines Imputationswerts a_{ik}^{imp} läuft bei der Verwendung eines inneren Verfahrens aus dem Bereich des überwachten Lernens normalerweise so ab, dass zunächst ein Modell „geschätzt" wird, in dem das Merkmal k als abhängiges Merkmal fungiert. Anschließend werden diesem Modell die Werte des Objekts i übergeben und ein Wert für a_{ik}^{imp} „prognostiziert".[44] Diese generelle Beschreibung ist zunächst relativ vage, da für die konkrete Spezifizierung eines Imputationsverfahrens weitere Aspekte festgelegt werden müssen:

- **Initiale Imputation**: Werden die fehlenden Werte zunächst einmalig durch initiale Imputationswerte ersetzt?
- **Iterativ**: Wird die Bestimmung der Imputationswerte wiederholt?
- **Reihenfolge**: In welcher Reihenfolge werden die Zeilen und Spalten imputiert?
- **Unabhängige Merkmale**: Welche Merkmale fließen als unabhängige Merkmale in die Modelle ein?
- **Verwendete Werte**: Welche Werte werden für die „Schätzung" der Modelle und für die „Prognose" der Imputationswerte verwendet?
- **Stochastizität**: Wird bei der „Prognose" ein stochastischer Fehler berücksichtigt oder nicht?

Diese weiteren Aspekte beeinflussen sich zum Teil gegenseitig und können auch Unteraspekte besitzen. So ist z. B. bei iterativen Verfahren festzulegen, welche Kriterien, wie beispielsweise die Änderung der Imputationswerte oder die maximale Anzahl an Iterationen, alles zu einem Abbruch der Iteration führen können und gegebenenfalls

[44] Die Begriffe Schätzen und Prognose stehen in Anführungszeichen, da sie bei einer Imputation leicht andere Bedeutung als bei normalen Prognosevorgängen haben können. So wird beispielsweise als Imputationswert nicht unbedingt der beste Wert im Sinne einer klassischen Prognose verwendet, sondern es kann ein stochastischer Fehler hinzugefügt werden (vgl. auch van Buuren, 2018, S. 55–57).

welche imputierte Datenmatrix anschließend zurückgegeben wird. Jedoch handelt es sich hierbei häufig eher um technische Details als um entscheidende Eigenschaften der Imputationsverfahren.

Die weiteren Aspekte bilden die Struktur eines Imputationsverfahrens. Mit dieser Struktur lässt sich der generelle Ablauf eines Imputationsverfahrens unter Vernachlässigung des inneren Verfahrens beschreiben. In vielen Fällen ist es möglich, die Struktur eines Imputationsverfahrens beizubehalten und das innere Verfahren durch fast jedes andere Verfahren (unter Berücksichtigung von Anforderungen an die Skalenniveaus) aus dem Bereich des überwachten Lernens zu ersetzen. So lassen sich z. B. die in Abschnitt 4.3.1 beschriebenen Imputationsverfahren mittels linearer Regression durch eine Verwendung von Regressionsbäumen oder Random Forests anstatt einer Regression in Imputationsverfahren mittels Entscheidungsbäumen umwandeln. Es wäre aber genauso gut möglich, die lineare Regression durch neuronale Netze zu ersetzen, wodurch jeweils eine Imputation mittels neuronaler Netze resultieren würde. Auch wenn das innere Verfahren also ein zentrales Element eines spezifischen Imputationsverfahrens darstellt und großen Einfluss auf die resultierenden Imputationswerte haben kann, so sind doch viele unterschiedliche innere Verfahren im Rahmen der Struktur eines Imputationsverfahrens denkbar und möglich.

Die Ausführungen zur Struktur der Imputationsverfahren und der weiteren Aspekte gelten bei der Verwendung eines inneren Verfahrens aus dem Bereich des unüberwachten Lernens in ähnlicher Form. Jedoch werden bei einem inneren Verfahren aus dem Bereich des unüberwachten Lernens häufig zunächst die Zusammenhänge der Datenmatrix als Ganzes modelliert. Anschließend muss festgelegt werden, wie anhand dieser Zusammenhänge Imputationswerte bestimmt werden können. Bei Repräsentationsverfahren, die eine Approximation der ursprünglichen Datenmatrix ermöglichen, wie z. B. die Hauptkomponentenanalyse, ist dieser Schritt relativ einfach, da diese Verfahren in gewisser Weise „Prognosewerte“ für die ganze Datenmatrix liefern können. Bei anderen Verfahren, die Parameter oder andere zusammenfassende Ergebnisse der Datenmatrix bereitstellen, werden die Imputationswerte normalerweise anhand dieser Parameter geschätzt (z. B. EM-Imputation oder die Verfahren von Ouyang et al. (2004) und Di Zio et al. (2007)) oder eine Zuordnung zu einer oder mehreren repräsentativen Einheiten vorgenommen, anhand derer ein Imputationswert ermittelt werden kann (z. B. bei manchen Formen der KMEANS-Imputation).

Viele Imputationsverfahrensgruppen, die ein gemeinsames inneres Verfahren aufweisen, haben eine ähnliche Evolution durchlaufen. Der Ursprung ist häufig ein relativ einfaches Imputationsverfahren, welches anschließend weiterentwickelt wird. Dies zeigt sich z. B. sehr prototypenhaft bei der Imputation mittels k-Nächste-Nachbarn. Zunächst verwendet das Vorgehen von Lee et al. (1976) nur vollständige Objekte zur Bestimmung der Imputationswerte. Anschließend versuchen Kim et al. (2004) durch die Mitverwendung von bereits imputierten Objekten und einer Anpassung der Imputationsreihenfolge mehr Objekte zur Bestimmung der Imputationswerte zur Verfügung zu haben. Im nächsten Schritt schlagen dann Brás und Menezes (2007) vor, die Imputation iterativ durchzuführen, wofür sie zusätzlich initiale Imputationswerte bestimmen. Parallel dazu werden „neue“ Imputationsverfahren entwickelt, indem Modifikationen am inneren Verfahren vorgenommen werden (vgl. z. B. Huang und Lee, 2004, S. 242–243; García-Laencina et al., 2009, S. 1486–1487; Pan et al., 2015, S. 619–621).

Unter anderem aufgrund dieser ähnlichen Evolution der Gruppen lassen sich für viele Imputationsverfahren andere Imputationsverfahren finden, die eine identische oder zumindest sehr ähnliche Struktur besitzen, aber ein anderes inneres Verfahren einsetzen. Unter Vernachlässigung des inneren Verfahrens existieren also immer wieder ähnliche Strukturen bei unterschiedlichen Imputationsverfahren. Mit diesem Wissen kann eine Art generischer Imputationsalgorithmus definiert werden, der in der Lage ist, sehr viele unterschiedliche Imputationsverfahren anhand weniger Übergabeparameter abzubilden. Der schematische Aufbau eines solchen generischen Imputationsalgorithmus ist in der Abbildung 4.19 zu sehen und ist im R-Paket imputeGeneric (Rockel, 2022) implementiert. Der Algorithmus benötigt als Übergabeparameter nur das verwendete innere Verfahren sowie die weiteren in diesem Abschnitt dargestellten Aspekte eines

- Initiale Imputation der fehlenden Werte (falls vorgesehen)
- Iteriere solange, bis ein Abbruchkriterium erfüllt ist (oder einmalig, falls nicht iterativ)
  - Imputiere anhand der vorgegebenen Objekt- und Merkmalsreihenfolge
    - „Schätze“ Imputationsmodell (inneres Verfahren) anhand der vorgesehenen Werte
    - Imputiere die fehlenden Werte anhand des vorher geschätzten Modells (ggf. plus stochastischem Fehler)
- Rückgabe der imputierten Datenmatrix

Abbildung 4.19: Generischer Imputationsalgorithmus (schematischer Aufbau)

Imputationsverfahrens.[45] Anschließend kann er das gewünschte Imputationsverfahren direkt emulieren.

Das die Angabe und Implementierung eines solchen generischen Imputationsalgorithmus überhaupt möglich ist, zeigt, dass sich die Strukturen vieler Imputationsverfahren deutlich ähnlicher sind, als dies auf den ersten Blick erscheinen mag. Diese Feststellung gilt für fast alle Imputationsverfahren und Verfahrenskategorien unabhängig vom verwendeten inneren Verfahren. Jedoch kann das innere Verfahren erheblichen Einfluss auf die bestimmten Imputationswerte haben. Die Austauschbarkeit der inneren Verfahren ist also eher ein theoretisch/technischer Aspekt, der die Ähnlichkeit der Strukturen verdeutlichen soll. Bei der konkreten Auswahl eines Imputationsverfahrens spielt jedoch das innere Verfahren neben der Struktur eine entscheidende Rolle, da erst das Zusammenspiel dieser beiden Punkte die Eigenschaften und damit auch die Güte eines Imputationsverfahrens festlegen.

[45] Bei inneren Verfahren aus dem Bereich des unüberwachten Lernens ist zusätzlich die Übergabe einer Funktion zur Bestimmung von Imputationswerten anhand der zurückgelieferten Ergebnisse des inneren Verfahrens notwendig.

5 Analyse existierender Simulationsstudien

In diesem Kapitel werden existierende Simulationsstudien, die Imputationsverfahren vergleichen, analysiert.[46] Das primäre Ziel dieses Kapitels ist es, die Güte von Imputationsverfahren anhand von existierenden Simulationsstudien zu untersuchen. Ferner wird der Aufbau der unterschiedlichen Simulationen untersucht. Dies geschieht zum einen, um die Datenbasis für die Güteuntersuchung darzustellen, und zum anderen, um die Wahl von Simulationsparametern für zukünftige Studien zu erleichtern. Zunächst stellt sich jedoch die Frage, ob in der Literatur diese Aspekte nicht schon hinreichend untersucht wurden, da bereits einige Zusammenfassungen von Simulationsstudien existieren (vgl. Raymond, 1986, S. 408–410; Roth, 1994, S. 539–546; Pigott, 2001, S. 362–372; Tsikriktsis, 2005, S. 57–58; Aittokallio, 2010, S. 257–259; Liew et al., 2011, S. 500–505; Young et al., 2011, S. 18–35; Cheema, 2014, S. 496–503; Moorthy et al., 2014, S. 19–20; Devi Priya und Sivaraj, 2015, S. 67–68; Lin und Tsai, 2020, S. 1487–1504).

Die existierenden Zusammenfassungen unterscheiden sich in mehreren Aspekten. Am auffälligsten sind die Unterschiede beim generellen Aufbau: Die oben genannten Quellen fassen die Studien auf drei unterschiedliche Weisen zusammen. Raymond (1986, S. 408–410), Roth (1994, S. 539–546), Pigott (2001, S. 362–372), Aittokallio (2010, S. 257–259), Liew et al. (2011, S. 500–505), Young et al. (2011, S. 18–35), Cheema (2014, S. 496–503) und Moorthy et al. (2014, S. 19–20) stellen die Ergebnisse in Form eines Fließtexts dar, während Tsikriktsis (2005, S. 57–58) und Devi Priya und Sivaraj (2015, S. 67–68) die Ergebnisse in einer Tabelle präsentieren. Diese Darstellungen sind den Autoren möglich, da sie jeweils weniger als 50 Veröffentlichungen betrachten. Lin und Tsai (2020, S. 1488) hingegen untersuchen über 100 Veröffentlichungen, weshalb

[46] Eine frühe Form dieses Kapitels wurde als Arbeitspapier veröffentlicht (vgl. Rockel, 2017). Die Struktur des Kapitels ähnelt dem Arbeitspapier und einige Ausführungen sind identisch. Jedoch wurde die Literaturrecherche grundlegend überarbeitet, wodurch die Datenbasis und damit auch die Darstellungen in diesem Kapitel teilweise deutliche Abweichungen zum Arbeitspapier aufweisen.

sie die Ergebnisse aggregiert über die einzelnen Faktoren der Simulationen darstellen. Sie fokussieren sich jedoch ausschließlich auf das Studiendesign (also Aspekte wie die verwendeten Datenmatrizen und Ausfallmechanismen) und nicht auf die Bewertung der MD-Verfahren.

Der Artikel von Lin und Tsai (2020) legt nahe, dass die anderen genannten Quellen nur eine relativ geringe Anzahl an Simulationsstudien mit in ihre Betrachtung einschließen. Ferner legen die Autoren meist weder die Suchstrategie noch die Auswahlkriterien bei ihrer Literaturrecherche offen. Insbesondere das Fehlen geeigneter Ausschlusskriterien erscheint problematisch, da hierdurch die Bewertung der Imputationsverfahren verzerrt werden kann (vgl. Abschnitt 5.2). Aus diesen Gründen erscheint eine Bewertung der Imputationsverfahren anhand existierender Zusammenfassungen fragwürdig. Für die vorliegende Arbeit wird daher eine neue Literaturrecherche mit dem Ziel durchgeführt, Imputationsverfahren anhand von existierenden Simulationsstudien zu bewerten.

Um möglichst viele relevante Simulationsstudien zu finden, wird sowohl eine Rückwärtssuche als auch eine Stichwortsuche durchgeführt. Das grundsätzliche Vorgehen bei der Literaturrecherche wird in Abschnitt 5.1 dargestellt. Weitere Details zur Recherche sind im Anhang D dokumentiert. Anschließend werden die grundsätzlichen Vorgehensweisen der Studien in Abschnitt 5.2 erläutert. Hierauf aufbauend werden die Details der Studien in aggregierter Form in Abschnitt 5.3 vorgestellt. Der Hauptteil dieses Kapitels ist der Vergleich der Imputationsverfahren anhand der gefundenen Simulationsstudien. Dieser erfolgt in Abschnitt 5.4. Am Ende des Kapitels werden die gefundenen Erkenntnisse zusammengefasst und Forschungslücken im Bereich der Simulationsstudien aufgezeigt.

5.1 Literaturrecherche

Das Vorgehen und die Darstellung der Literaturrecherche geschieht in Anlehnung an Liberati et al. (2009), Moher et al. (2009) und ist dabei insbesondere von Zhang et al. (2017)[47] beeinflusst. Zur Identifikation relevanter Studien werden zwei unterschiedliche

[47] Zhang et al. (2017) führen eine ähnliche Literaturrecherche durch. Im Gegensatz zu der vorliegenden Untersuchung betrachten sie nicht nur Imputationsverfahren, sondern beziehen alle möglichen MD-Verfahren mit ein. Dafür schränken sie sich jedoch bei der Auswahl der Studien wesentlich stärker ein und legen den Fokus auf longitudinale Daten. Daher sind die Ergebnisse der MD-Verfahren von Zhang et al. (2017) nur schwer mit den hier gefundenen vergleichbar. Jedoch ist die Methodik von Zhang et al. (2017) stellenweise gut übertragbar und wird daher für Teile dieser Untersuchung verwendet.

Suchstrategien angewendet. Zum einen wird eine Rückwärtssuche basierend auf existierenden Literaturüberblicken durchgeführt und zum anderen wird eine Stichwortsuche im Web of Science sowie bei EBSCO vorgenommen. Der Verlauf der Literaturrecherche ist grafisch in der Abbildung 5.1 am Ende des Abschnitts dargestellt. Als Ausgangsquellen für die Rückwärtssuche werden die folgenden Veröffentlichungen verwendet:

- Raymond (1986)
- Roth (1994)
- Pigott (2001)
- Tsikriktsis (2005)
- Aittokallio (2010)
- Liew et al. (2011)
- Young et al. (2011)
- Cheema (2014)
- Moorthy et al. (2014)
- Devi Priya und Sivaraj (2015)
- Lin und Tsai (2020)

Aus diesen Veröffentlichungen werden alle eingeflossenen Quellen[48] berücksichtigt. Hierbei werden zunächst keine weiteren Ausschlusskriterien angewendet, außer dass die Quelle als Artikel in einer Fachzeitschrift erschienen ist. Die Anzahl der so gefundenen Quellen je Ausgangsquelle sind in der Abbildung 5.1 im oberen linken Rechteck angegeben. Aufgrund der Auswahl sind bei diesen Quellen auch noch Quellen enthalten, die keine Simulationsstudien beinhalten. Eine weitere Selektion wird erst im nächsten Schritt vorgenommen. Insgesamt resultieren aus dieser Suche 276 Quellen, da ein Teil der gefundenen Quellen in mehreren Ausgangsquellen vorkommt.

Um nicht dem rein in die Vergangenheit gerichteten Blickwinkel einer Rückwärtssuche und der eventuell vorhandenen Selektionsverzerrung der existierenden Zusammenfassungen zu unterliegen, wird zusätzlich eine Stichwortsuche in den beiden

[48] Unter einer Quelle wird in diesem Kapitel eine Veröffentlichung bzw. ein Artikel verstanden.

Datenbanken Web of Science Core Collection und Business Source Premier (bereitgestellt durch EBSCO) durchgeführt. Details zur Durchführung der Suche befinden sich im Anhang D. Die Suche im Web of Science liefert insgesamt 3.424 Treffer und in der Datenbank Business Source Premier von EBSCO werden 729 Treffer erzielt. Nach dem Entfernen von Duplikaten resultieren insgesamt 3.800 Treffer aus der Stichwortsuche.

Das weitere Vorgehen zum Auswählen relevanter Quellen aus allen gefunden Quellen bzw. Treffern der Stichwortsuche geschieht in Anlehnung an Zhang et al. (2017, S. 69–72). Damit eine Quelle in die weitere Betrachtung aufgenommen wird, muss sie alle folgenden Kriterien erfüllen:

- Die Quelle ist als Artikel in einer Fachzeitschrift veröffentlicht worden.
- Die Sprache der Veröffentlichung ist Englisch.
- Es werden mindestens zwei unterschiedliche Imputationsverfahren mithilfe einer Simulation verglichen.
- Die Simulation fokussiert sich nicht primär auf Methoden zur Imputation longitudinaler Daten oder anderer spezieller Daten wie z. B. Geodaten.

Das erste Kriterium (Veröffentlichung in einer Fachzeitschrift) dient dazu eine gewisse Mindestqualität der Quellen sicherzustellen. Der zweite Punkt (englische Sprache) ist notwendig, damit die Quellen von möglichst vielen Personen und insbesondere vom Verfasser dieser Arbeit verstanden werden können.[49] Das dritte und vierte Kriterium ist dem Fokus der Betrachtung geschuldet. Da das primäre Ziel die Beurteilung von Imputationsverfahren ist, werden nur Studien mit mindestens zwei Imputationsverfahren eingeschlossen. Gleichzeitig soll ein relativ breiter Überblick geschaffen werden, wodurch Quellen mit dem Fokus auf spezielle Datenstrukturen ausgeschlossen werden, da für diese häufig spezielle Verfahren existieren.

Insgesamt erfüllen 166 der 3.800 Treffer der Stichwortsuche alle Kriterien. Von den 276 bei der Rückwärtssuche gefundenen Quellen erfüllen 138 alle Kriterien. Diese 138 Quellen aus der Rückwärtssuche und die 166 Quellen aus der Stichwortsuche werden zusammengeführt. Nach Entfernung von Duplikaten verbleiben so 266 Veröffentlichungen als Datenbasis für die weitere Betrachtung. Die weitere Verminderung der Anzahl

[49] Theoretisch könnten unter dem Aspekt Verständnis auch deutschsprachige Veröffentlichungen mit einbezogen werden. Jedoch ist in den gefundenen Quellen keine relevante deutschsprachige Quelle vorhanden (vermutlich aufgrund der Auswahl der Suchstrings bzw. der Ausgangsquellen für die Rückwärtssuche). Der Ausschluss deutschsprachiger Quellen stellt insofern keine Einschränkung dar.

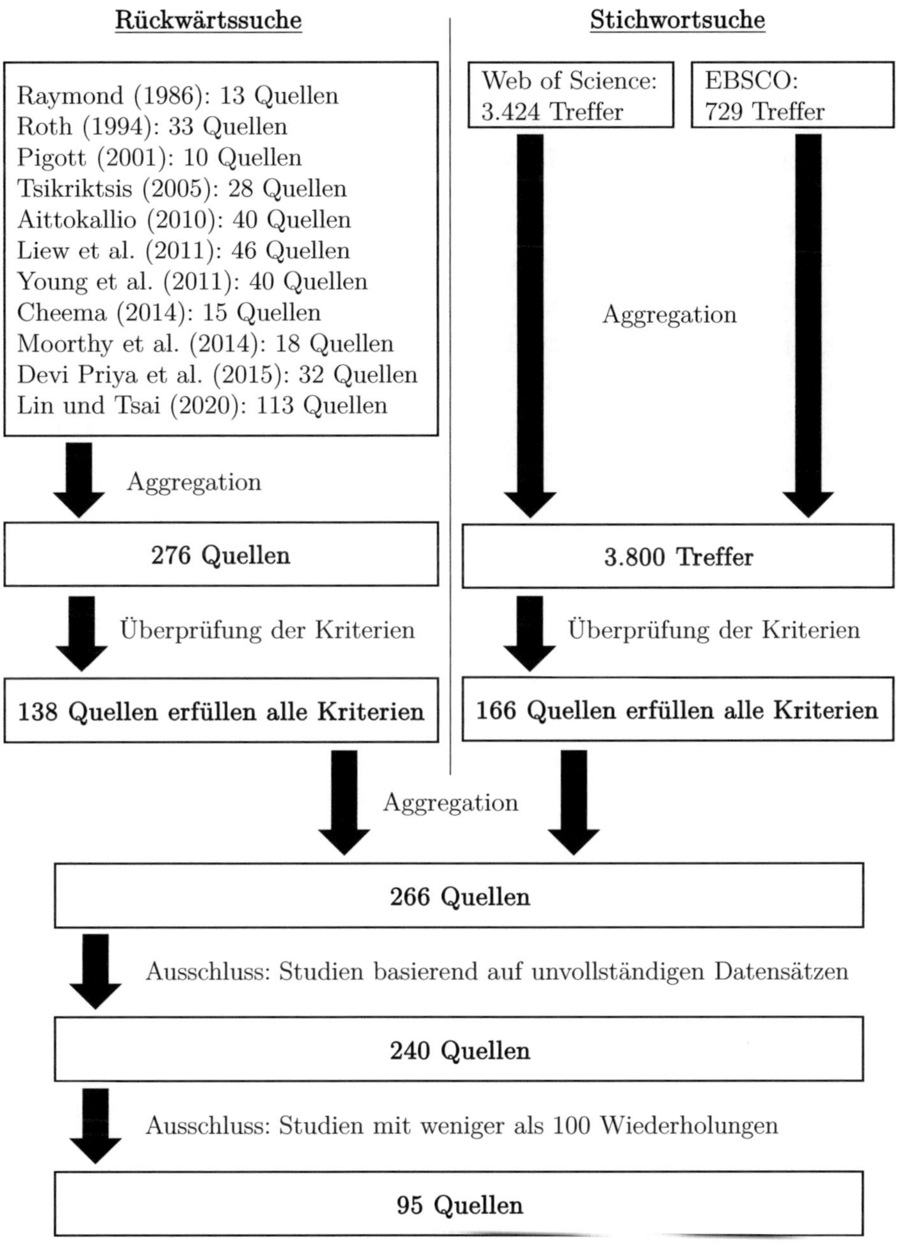

Abbildung 5.1: Übersicht über die Literaturrecherche

an Veröffentlichungen, die in der Abbildung 5.1 dargestellt ist, erfolgt anhand von Überlegungen im folgenden Abschnitt.

5.2 Vorgehensweisen zum Vergleich von Imputationsverfahren

Beim Vergleich von Imputationsverfahren kann zwischen zwei unterschiedlichen Vorgehensweisen differenziert werden. Die Unterschiede zwischen den beiden Vorgehensweisen entstehen durch die verwendeten Datenmatrizen. Ein Teil der Studien[50] basiert auf realen Datenmatrizen, die bereits fehlende Werte enthalten. Bei der anderen Vorgehensweise kommen vollständige Datenmatrizen zum Einsatz und die fehlenden Werte werden erst im Laufe des Vergleichs erzeugt. Der schematische Ablauf der beiden Vorgehensweisen ist in den Abbildungen 5.2 und 5.3 dargestellt.

Abbildung 5.2: Vorgehensweise bei Verwendung unvollständiger Datenmatrizen

Bei der Verwendung realer unvollständiger Datenmatrizen (Abbildung 5.2) werden zunächst die Werte imputiert und anschließend die imputierten Datenmatrizen analysiert. Bei dieser Analyse werden normalerweise die Auswirkungen der Imputationsverfahren auf Parameterschätzwerte oder Modelle beschrieben. Eine Bewertung, inwiefern ein Verfahren besser als das andere ist, ist in der Regel nicht möglich, da weder die wahren Werte für die fehlenden Werte noch die wahre (gemeinsame) Verteilung der Merkmale bekannt sind. Aus diesem Grund sind Studien, die auf dieser Vorgehensweise beruhen, zur Beurteilung der Güte von Imputationsverfahren in der Regel ungeeignet und werden daher von der weiteren Betrachtung ausgeschlossen. Hierdurch verringert sich die Anzahl an betrachteten Quellen um 26 von 266 auf 240.

Bei der zweiten Vorgehensweise (Abbildung 5.3) werden vollständige Datenmatrizen als Ausgangspunkt verwendet. Aus diesen Datenmatrizen werden zunächst Werte gelöscht, die anschließend mit verschiedenen Verfahren imputiert werden. Nach der Imputation werden die vervollständigten Datenmatrizen analysiert. Hierbei können die Ergebnisse entweder mit auf der vollständigen Datenmatrix basierenden Resultaten

50 Im Folgenden wird in Anlehnung an Zhang et al. (2017, S. 71–72) eine Quelle als eine Studie aufgefasst.

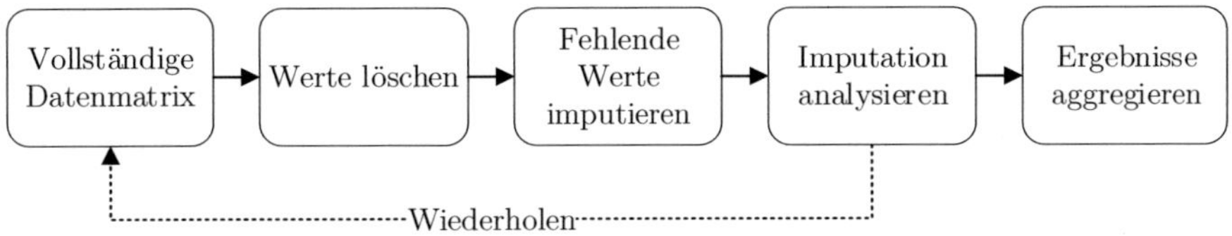

Abbildung 5.3: Vorgehensweise bei Verwendung vollständiger Datenmatrizen

oder, falls die vollständige Datenmatrix simuliert wurde, mit bekannten Simulationsparametern verglichen werden. In beiden Fällen gibt es eine Vergleichsbasis, die eine Bewertung der Imputationsverfahren erlaubt. Es ist also bei dieser Vorgehensweise theoretisch möglich zu beurteilen, wie gut ein Imputationsverfahren bei den gegebenen Randbedingungen der Simulation im Vergleich zu den anderen betrachteten Imputationsverfahren ist.

Dieser Prozess vom Generieren der vollständigen Datenmatrix (bei simulierten Datenmatrizen) bzw. Löschen der Werte (bei realen Datenmatrizen) bis zur Analyse der imputierten Datenmatrizen wird in vielen Studien mehrmals wiederholt, was in der Abbildung 5.3 durch den Rückwärtspfeil mit der Beschriftung „Wiederholen“ angedeutet wird. Wiederholungen sind in der Regel notwendig, um reliable Aussagen über die Güte der untersuchten Imputationsverfahren ableiten zu können, da das Löschen der Werte normalerweise eine stochastische Komponente besitzt und auch einige Imputationsverfahren nicht deterministisch sind. Wie viele Wiederholungen notwendig sind, um reliable Ergebnisse zu erhalten, hängt von verschiedenen Faktoren innerhalb der Simulation ab. Daher empfehlen unter anderem Flegal et al. (2008, S. 259) und Morris et al. (2019, S. 2081) die Angabe von Monte Carlo Standardfehlern, um die Reliabilität einer Studie im Nachhinein beurteilen zu können. Bei einer Untersuchung von 100 Simulationsstudien stellten Morris et al. (2019, S. 2076, 2088) fest, dass nur die Autoren einer Studie Monte Carlo Standardfehler angaben und drei weitere Artikel die gewählte Anzahl an Wiederholungen begründeten. Auch bei den 240 hier untersuchten Quellen ergibt sich ein ähnliches Bild. Die meisten Autoren geben weder Monte Carlo Standardfehler an, noch liefern sie eine Begründung für die gewählte Anzahl an Wiederholungen.

Um verlässliche Aussagen über die Güte von Imputationsverfahren treffen zu können, ist es notwendig, nur reliable Studien in die weitere Betrachtung mit einzubeziehen. Da eine Berechnung von Monte Carlo Standardfehlern aus den publizierten Daten normalerweise im Nachgang nicht möglich ist, können diese nicht nachträglich zur Beurteilung der Reliabilität berechnet werden. Aus diesem Grund bietet in den meisten

Studien nur die Anzahl an Wiederholungen, sofern sie von den Studienautoren angegeben wird, einen Hinweis auf die Reliabilität der Studienergebnisse. Eine Übersicht über die Anzahl an Wiederholungen in den Simulationen der 240 Quellen gibt die Abbildung 5.4.[51] Bei ca. 10 % der Studien haben die Autoren weder die Anzahl an Wiederholungen angegeben, noch konnte diese aus den gegebenen Informationen in der Quelle abgeleitet werden. Diese Studien werden in der Abbildung 5.4 unter der Kategorie „?“ erfasst. Als Anzahl an Wiederholungen werden „runde“ Zahlen von den Studienautoren bevorzugt. Die Anzahlen 1, 10, 100 und 1.000 werden zusammen in über 50 % der Veröffentlichungen verwendet. Insgesamt wird am häufigsten 1.000 als Anzahl an Wiederholungen gewählt. Nur ca. 3 % der Studien führen mehr als 1.000 Wiederholungen durch und nur eine Studie mehr als 10.000 Wiederholungen.

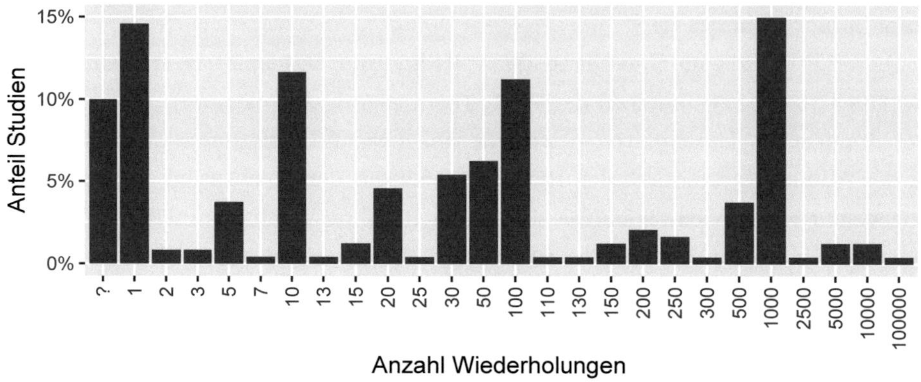

Abbildung 5.4: Anzahl Wiederholungen der 240 Quellen

Wie viele Wiederholungen für reliable Ergebnisse notwendig sind, kann nicht aus der Abbildung 5.4 abgeleitet werden. Hinweise liefern jedoch die Studien, welche die Anzahl an Wiederholungen begründen oder Monte Carlo Standardfehler angeben. So berichtet Laaksonen (2003, S. 1014), dass sich in seiner Simulation nach ca. 60 Wiederholungen die Ergebnisse nicht mehr stark geändert hätten. Er führt jedoch zur Sicherheit 130 Wiederholungen durch. Ferner berichten Hentges und Dunsmore (1998, S. 744), dass nach ihrer Erfahrung 500 Wiederholungen für einen Teil der bei ihnen untersuchten Verfahren ausreichend sind. Sie verwenden jedoch im späteren Teil ihres Artikels nur noch 100 Wiederholungen (vgl. Hentges und Dunsmore, 1998, S. 750). Aus denen bei Ambler et al. (2007, S. 288–293) berichteten Monte Carlo

[51] Zusätzlich werden in der Tabelle D.1 im Anhang alle 240 Quellen gegliedert nach der Anzahl an Wiederholungen aufgeführt.

Standardfehlern ist ersichtlich, dass 1.000 Wiederholungen für reliable Ergebnisse in ihrer Studie ausreichend sind. Basierend auf diesen Erkenntnissen und als Kompromiss zwischen dem Ausschluss zu vieler Studien und der Reliabilität der einbezogenen Studien werden für die folgenden Betrachtungen nur Studien mit 100 oder mehr Wiederholungen berücksichtigt. Hierdurch verbleiben 95 Quellen, die im Folgenden zunächst weiter analysiert und anschließend zur Bewertung der Imputationsverfahren verwendet werden.

5.3 Simulationsdesign der untersuchten Studien

Bevor die Imputationsverfahren in Abschnitt 5.4 anhand der gefundenen Studien bewertet werden, wird in diesem Abschnitt zunächst auf das Design der gefundenen Studien eingegangen. Dies dient zum einen dazu, zu erkennen, in welchem Bereich sich verschiedene Simulationsparameter in den untersuchten Studien normalerweise bewegen. Zum anderen können so die gefundenen Ergebnisse leichter eingeordnet werden. Ferner wird zum Abschluss des Abschnitts untersucht, welche Auswirkungen eine Variation gewisser Faktoren auf die Güte der Imputationsverfahren besitzen.

5.3.1 Datenmatrizen

Um die Imputationsverfahren zu bewerten, werden in den Studien unterschiedliche Typen von Datenmatrizen eingesetzt. Grundsätzlich kann bei diesen Typen zwischen realen und simulierten Datenmatrizen unterschieden werden. Bei der Verwendung realer Datenmatrizen werden entweder a-priori vollständige Datenmatrizen eingesetzt (vgl. z. B. Strike et al., 2001, S. 893) oder zunächst unvollständige Datenmatrizen so bearbeitet, dass eine vollständige Datenmatrix resultiert. Diese Bearbeitung geschieht normalerweise durch das Löschen unvollständiger Objekte oder Merkmale oder durch eine Kombination von beidem (vgl. z. B. Jörnsten et al., 2005, S. 4156).

Einen Mittelweg zwischen der Simulation von Datenmatrizen anhand einer theoretischen Verteilung und der direkten Verwendung realer Datenmatrizen stellt das Resampling dar. Hierbei werden aus einer realen Datenmatrix durch Ziehen (mit oder ohne Zurücklegen) „neue“ Datenmatrizen erzeugt. Das Ziehen geschieht normalerweise für jede Wiederholung erneut, sodass sich die Datenmatrizen von Iteration zu Iteration unterscheiden (vgl. z. B. Paul et al., 2008, S. 363).

Ein Teil der Studien basiert nicht nur auf einem Typ von Datenmatrizen, sondern auf mehreren. In der Tabelle 5.1 sind alle bei den 95 untersuchten Studien vorkommenden Kombinationen an Datenmatrixtypen und deren Anzahl dargestellt. Ferner ist in der letzten Zeile der Tabelle 5.1 die Gesamtanzahl an Studien angegeben, die den jeweiligen Typ verwendet hat. Die Tabelle 5.1 ist absteigend nach der Verwendungshäufigkeit der Kombinationen sortiert. Hierdurch ist ersichtlich, dass über 87 % der Studien (83 von 95) nur einen Typ von Datenmatrix verwenden. Ferner setzen über die Hälfte der Studien (53) ausschließlich simulierte Datenmatrizen ein. Insgesamt werden von 65 Studien simulierte Datenmatrizen und von 30 Studien reale Datenmatrizen verwendet. Nur 12 Studien wenden eine Form von Resampling an, um die vollständigen Datenmatrizen zu generieren. Falls von einer Studie mehrere unterschiedliche Datenmatrixtypen verwendet werden, bezieht die Studie stets simulierte Datenmatrizen mit ein. Insgesamt scheinen die untersuchten Studien zur Verwendung simulierter Datenmatrizen zu tendieren.

simuliert	real	Resampling	Anzahl
x	-	-	53
-	x	-	21
-	-	x	9
x	x	-	9
x	-	x	3
65	30	12	

Tabelle 5.1: Typen von Datenmatrizen

Die Dimensionen der Datenmatrizen, sofern diese in den Studien angegeben sind, sind in den Abbildungen 5.5[52] und 5.6 dargestellt. In der Abbildung 5.5 werden die Dimensionen der realen Datenmatrizen und in der Abbildung 5.6 die Dimensionen der simulierten Datenmatrizen gezeigt. Die beiden Abbildungen sind gleich skaliert, um die Dimensionen leichter vergleichen zu können. Die Skalierung aller Achsen ist logarithmisch, um auch Unterschiede bei kleineren Anzahlen an Objekten und Merkmalen erkennen zu können. Beim Vergleich der Abbildungen 5.5 und 5.6 fällt auf, dass deutlich mehr simulierte als reale Datenmatrizen verwendet werden. Dies war aufgrund der Werte in der Tabelle 5.1 zu erwarten, da deutlich weniger Studien auf realen Datenmatrizen als auf simulierten Datenmatrizen basieren. Etwas abgemildert wird diese Diskrepanz dadurch, dass bei Studien mit realen Datenmatrizen im Schnitt

[52] Bei der Erstellung der Abbildung 5.5 werden Microarray-Datenmatrizen nicht berücksichtigt, da diese eine andere Struktur besitzen (vgl. Abschnitt 4.3.1.3). Außerdem sind die Dimensionen einer Datenmatrix von Laaksonen (2003) nicht dargestellt, da diese mit 59.878 Objekten zu einer deutlichen Stauchung der Abszissenachse führen würde.

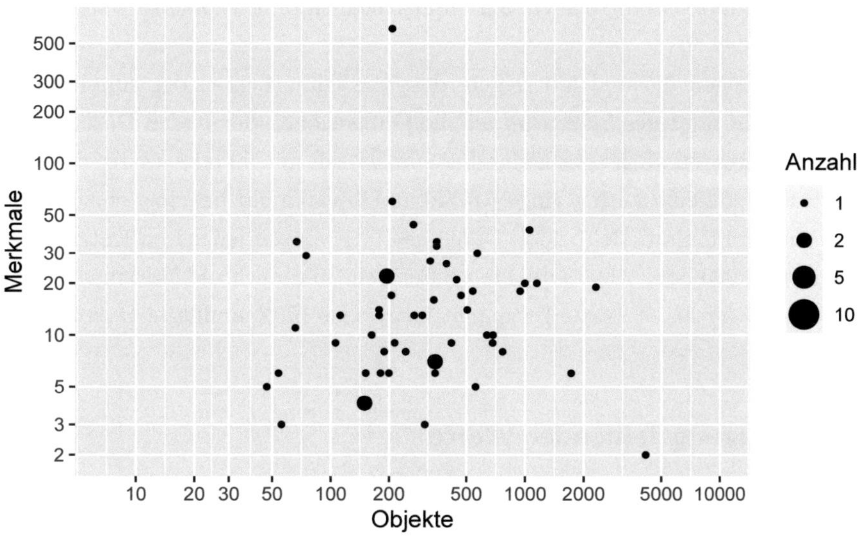

Abbildung 5.5: Dimensionen der realen Datenmatrizen

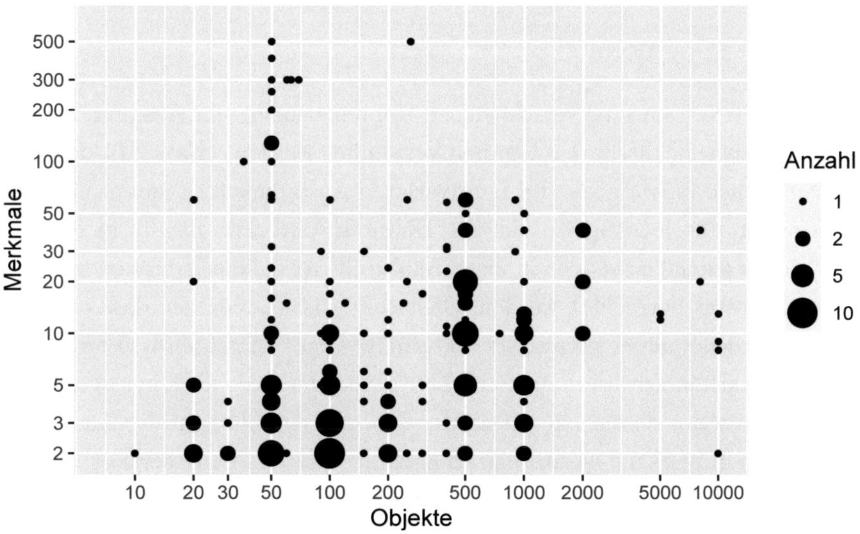

Abbildung 5.6: Dimensionen der simulierten Datenmatrizen

ca. 3,7 unterschiedlich dimensionierte Datenmatrizen und bei Studien mit simulierten Datenmatrizen durchschnittlich ca. 3,2 unterschiedlich dimensionierte Datenmatrizen eingesetzt werden.[53]

Die Abbildungen 5.5 und 5.6 zeigen, dass die Dimensionen der simulierten Datenmatrizen ein breiteres Spektrum als die Dimensionen der realen Datenmatrizen abdecken. So werden auch sehr kleine Datenmatrizen mit 50 oder weniger Objekten simuliert, während eine solch geringe Anzahl an Objekten nur bei einer einzigen realen Datenmatrix vorkommt. Bei beiden Datenmatrixtypen werden selten Datenmatrizen mit mehr als 1.000 oder 2.000 Objekten untersucht und auch die Merkmalsanzahl ist häufig auf weniger als 50 (reale Datenmatrizen) oder 100 (simulierte Datenmatrizen) begrenzt.

5.3.2 Erzeugung fehlender Werte

Um die Imputationsverfahren untersuchen zu können, müssen aus den vollständigen Datenmatrizen zunächst Werte gelöscht werden. Diese Erzeugung fehlender Werte wird hauptsächlich durch die folgenden drei Faktoren beeinflusst:

- Ausfallmuster
- Ausfallmechanismus
- Anteil fehlender Werte

In der Tabelle 5.2 sind die verschiedenen Kombinationen von Ausfallmustern und Ausfallmechanismen, die in den Studien verwendet werden, erfasst. In der Tabelle wird nur zwischen univariaten und multivariaten Ausfallmustern unterschieden. Die Zählung erfolgt für jede Spalte einzeln. Dadurch wird jede Studie in der Spalte „gesamt“ genau einmal erfasst, da in dieser Spalte alle Ausfallmechanismen unabhängig vom Ausfallmuster betrachtet werden. Gleichzeitig ist es möglich, dass eine Studie entweder in beiden Spalten „univariat“ und „multivariat“ erfasst wird, wenn sie sowohl univariate als auch multivariate Ausfallmuster betrachtet, oder auch nur in einer dieser beiden Spalten, wenn sie nur ein univariates oder nur ein multivariates Ausfallmuster verwendet. Die Tabelle 5.2 ist absteigend nach der letzten Spalte sortiert.

Aus der Tabelle 5.2 geht hervor, dass über 80 % der Studien (78) mindestens eine Form eines MCAR-Ausfallmechanismus miteinbeziehen und über 43 % der

[53] Falls in einer Studie mehrere Datenmatrizen mit derselben Dimension, aber z. B. mit unterschiedlichen Korrelationen verwendet werden, werden diese Datenmatrizen sowohl bei der Durchschnittsberechnung als auch in der Abbildung nur einmal erfasst.

	univariat	multivariat	gesamt
MCAR	8	34	41
MCAR, MAR, MNAR	9	11	18
MCAR, MAR	3	13	16
MAR	4	6	9
MNAR	3	6	8
MCAR, MNAR	1	3	3
gesamt	28	73	95

Tabelle 5.2: Ausfallmechanismen und Ausfallmuster

Studien (41) nur MCAR-Ausfallmechanismen zur Simulation verwenden. Hingegen wird mindestens eine Form eines MAR- bzw. MNAR-Ausfallmechanismus in 43 bzw. 29 der Studien untersucht. Meist werden diese beiden Ausfallmechanismen mit einem MCAR-Ausfallmechanismus kombiniert. Außerdem simulieren die Studien deutlich häufiger multivariate als univariate Ausfallmuster. Nur sechs Studien betrachten sowohl univariate als auch multivariate Ausfallmuster in ihrer Untersuchung.

Verschiedene Aspekte des Faktors Anteil fehlender Werte werden in den Abbildungen 5.7 und 5.8 dargestellt. Die Abbildung 5.7 zeigt, aggregiert über alle Studien, wie häufig verschiedene Anteile fehlender Werte simuliert werden. Hingegen fokussiert sich die Abbildung 5.8 auf die Variation des Faktors Anteil fehlender Werte in den einzelnen Studien.

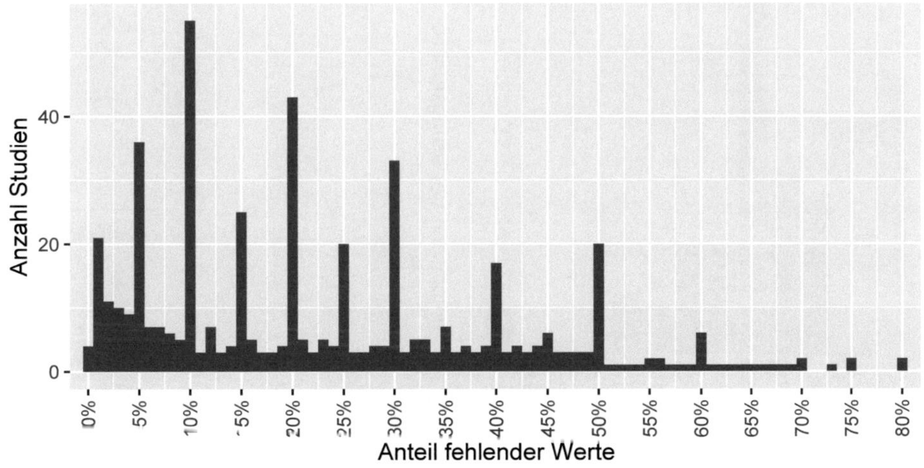

Abbildung 5.7: Simulierter Anteil fehlender Werte bei den untersuchten Studien

Die Abbildung 5.7 ist ein Histogramm, in dem der simulierte Anteil fehlender Werte in allen Studien dargestellt ist. Der Anteil fehlender Werte wird dazu in Intervalle der Form $\left(\frac{i}{100} - 0{,}005; \frac{i}{100} + 0{,}005\right]$, für $i = 1, \ldots 80$, klassiert. Die Intervalle sind also auf ganze Prozentpunkte zentriert und einen Prozentpunkt lang. Da über 85 % der simulierten Anteile fehlender Werte ganzzahlige Prozentzahlen sind, wird meist der Zentralwert eines Intervalls simuliert. Diese Aussage trifft insbesondere auf die exponierten Intervalle mit den Zentralwerten 1 %, 5 %, 10 %, 15 %, 20 %, 25 %, 30 %, 40 % und 50 % zu. Diese Werte werden folglich sehr häufig simuliert. Ferner geht aus der Abbildung hervor, dass der große Teil der simulierten Anteile fehlender Werte 50 % nicht übersteigt.

Die Abbildung 5.7 basiert auf 494 Datenpunkten aus 92 Studien (3 Studien haben den Anteil fehlender Werte nicht angegeben). Im Durchschnitt werden also ca. 5 verschiedene Anteile fehlender Werte in den Studien simuliert. Da jedoch Celton et al. (2010, S. 6) 100 sowie Eirola et al. (2013, S. 122) 70 verschiedene Anteile fehlender Werte und der Rest der Studien weniger als 13 simulieren, ist dieser Mittelwert verzerrt. Eine bessere Übersicht über die Anzahl an Variationen gibt die Abbildung 5.8a, in der die Anzahl an Faktorstufen dargestellt ist, auf denen der Faktor Anteil fehlender Werte variiert wird. Aus der Abbildung 5.8a geht hervor, dass über 85 % der Studien den Anteil fehlender Werte variieren und dass mehr als sieben unterschiedliche Anteile fehlender Werte nur selten simuliert werden.

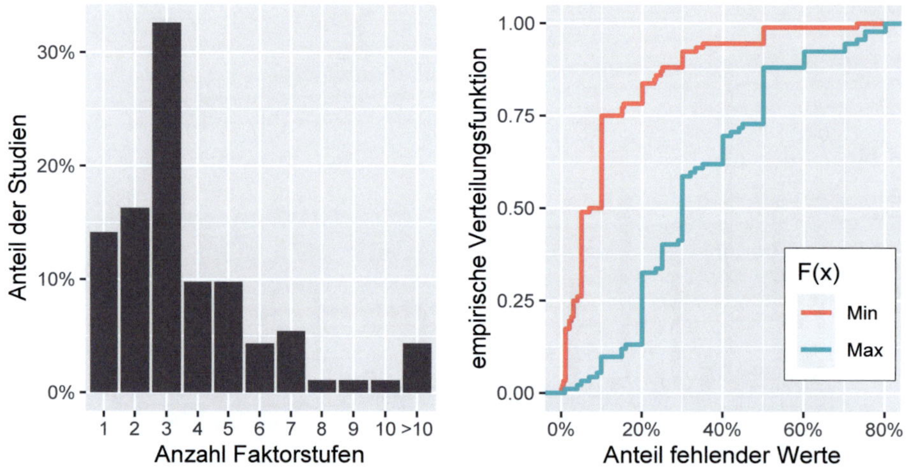

(a) Anzahl Faktorstufen

(b) Empirische Verteilungsfunktion

Abbildung 5.8: Variation des Faktors Anteil fehlender Werte

Die empirische Verteilungsfunktion des minimal und maximal simulierten Anteils fehlender Werte in den einzelnen Studien ist in der Abbildung 5.8b dargestellt. Die Abbildung 5.8b zeigt, dass dreiviertel der Studien einen Anteil von 10 % oder weniger fehlender Werte mit in die Simulation aufgenommen haben. Ferner werden am häufigsten ein minimaler Anteil fehlender Werte von 1 %, 5 % oder 10 % simuliert. Ein Anteil von mehr als 50 % fehlender Werte ist in den Studien eher selten zu finden. Häufige Endpunkte für den Anteil fehlender Werte sind 20 %, 30 % und 50 %. Insgesamt zeigen die Analysen in diesem Abschnitt, dass bei der Erzeugung fehlender Werte der Anteil fehlender Werte deutlich häufiger als der Ausfallmechanismus oder das Ausfallmuster variiert wird.

5.3.3 MD-Verfahren

Der zentrale Aspekt der Studien sind die untersuchten MD-Verfahren. In den Studien werden insgesamt 265 verschiedene MD-Verfahren untersucht. Jedoch ist eine exakte Abgrenzung zwischen verschiedenen Verfahren nicht immer möglich, da ein Teil der Autoren weder Quellen noch exakte Namen oder Beschreibungen der Verfahren geben. Daher sind ein Teil der 265 „Verfahren“ Sammelkategorien für nicht genau genug spezifizierte Methoden. Ferner ist eine Einteilung nicht vollständig objektiv möglich, da nicht immer eindeutig ist, ab wie viel Unterschiedlichkeit zwei Verfahren unterschiedlichen Kategorien angehören sollten. Diese Probleme werden bei der Analyse der MD-Verfahren aber in den Hintergrund treten, da die Analysen stets auf einer höher aggregierten Ebene als auf Basis der 265 Verfahren erfolgt.[54]

Um einen besseren Überblick über die untersuchten Typen von MD-Verfahren zu gewinnen, ist in der Tabelle 5.3 zunächst die Untersuchungshäufigkeit der Typen an MD-Verfahren (eingeteilt nach Kapitel 3) gegeben.[55] Aufgrund der Studienauswahl kommen in jeder der 95 untersuchten Quellen mindestens zwei Imputationsverfahren vor. Ferner werden in fast der Hälfte der Studien zusätzlich Eliminierungsverfahren einbezogen. Im Vergleich dazu sind die anderen Verfahrenstypen in den Studien weniger

[54] Von ähnlichen Problemen berichten Zhang et al. (2017, S. 72). Sie haben in ihrer Analyse 250 unterschiedliche MD-Verfahren gefunden. Diese fassen sie auf zwei Aggregationsstufen zu 14 und 7 Kategorien zusammenfassen. Ihre Analysen führen sie normalerweise auf einer der beiden Aggregationsstufen durch.

[55] Die Anzahlen in der Tabelle 5.3 sind aufgrund der Auswahl der Studien, bei welcher der Fokus auf Imputationsverfahren lag, nicht repräsentativ für alle Studien, die MD-Verfahren vergleichen. Es existieren auch Studien, die keine Imputationsverfahren einbeziehen, diese werden jedoch im Vorfeld aus der Betrachtung ausgeschlossen (vgl. Abschnitt 5.2).

präsent. Insgesamt beziehen 54 der 95 Studien eine weitere Art von MD-Verfahren neben den Imputationsverfahren mit ein.

Verfahrenstyp	Anzahl
Eliminierungsverfahren	41
Imputationsverfahren	95
Parameterschätzverfahren	15
Anpassung von Analyseverfahren	6
Sensitivitätsanalyse	23

Tabelle 5.3: Häufigkeit untersuchter MD-Verfahrenstypen

Im Folgenden werden die untersuchten Imputationsverfahren im Fokus stehen. Dazu werden die in den Studien gefundenen Imputationsverfahren zunächst den Unterkapiteln der zweiten und dritten Gliederungsebene des Kapitels 4 zugeordnet, wodurch Verfahrensgruppen entstehen. Die Abbildung 5.9 zeigt, wie häufig Imputationsverfahren aus den verschiedenen Gruppen verwendet werden. Die zweite Gliederungsebene des vierten Kapitels bildet Oberkategorien, die in der Abbildung 5.9 durch fett gedruckte Beschriftung und rote Balken hervorgehoben werden. Unter diesen Oberkategorien sind jeweils Unterkategorien, die der dritten Gliederungsebene entsprechen, angeordnet. Ferner befinden sich in der Abbildung 5.9 unterhalb der dritten Gliederungsebene noch einmal Verfahren, die besonders häufig untersucht werden. Verfahren und Verfahrensgruppen, die nicht in mindestens fünf verschiedenen Studien miteinbezogen werden, sind zur besseren Übersicht in der Abbildung 5.9 nicht dargestellt. Diese nicht dargestellten Verfahren und Kategorien werden nur in weniger als 5 % der Studien berücksichtigt. Sie sind daher von dem Großteil der Studienautoren entweder als nicht untersuchenswert betrachtet worden oder sind zum Zeitpunkt der Studie noch nicht bekannt gewesen. Auch Verfahren, die unter keiner Überschrift eines Abschnittes des Kapitels 4 fallen, spielen in den Studien fast keine Rolle und sind daher auch nicht in der Abbildung dargestellt.

Aus der Abbildung 5.9 geht hervor, dass die einfachen Imputationsverfahren und die multivariaten Verfahren mit 75 bzw. 70 Berücksichtigungen deutlich häufiger in Studien miteinbezogen werden als Deck-Verfahren oder Imputationsverfahren, die auf Verfahren des maschinellen Lernens beruhen. Die hohe Anzahl an verwendeten einfachen Imputationsverfahren ist zum großen Teil auf die häufige Verwendung von Lageparameterimputationsverfahren zurückzuführen. Die anderen Arten von einfachen Imputationsverfahren werden in höchstens 15 % der Studien berücksichtigt.

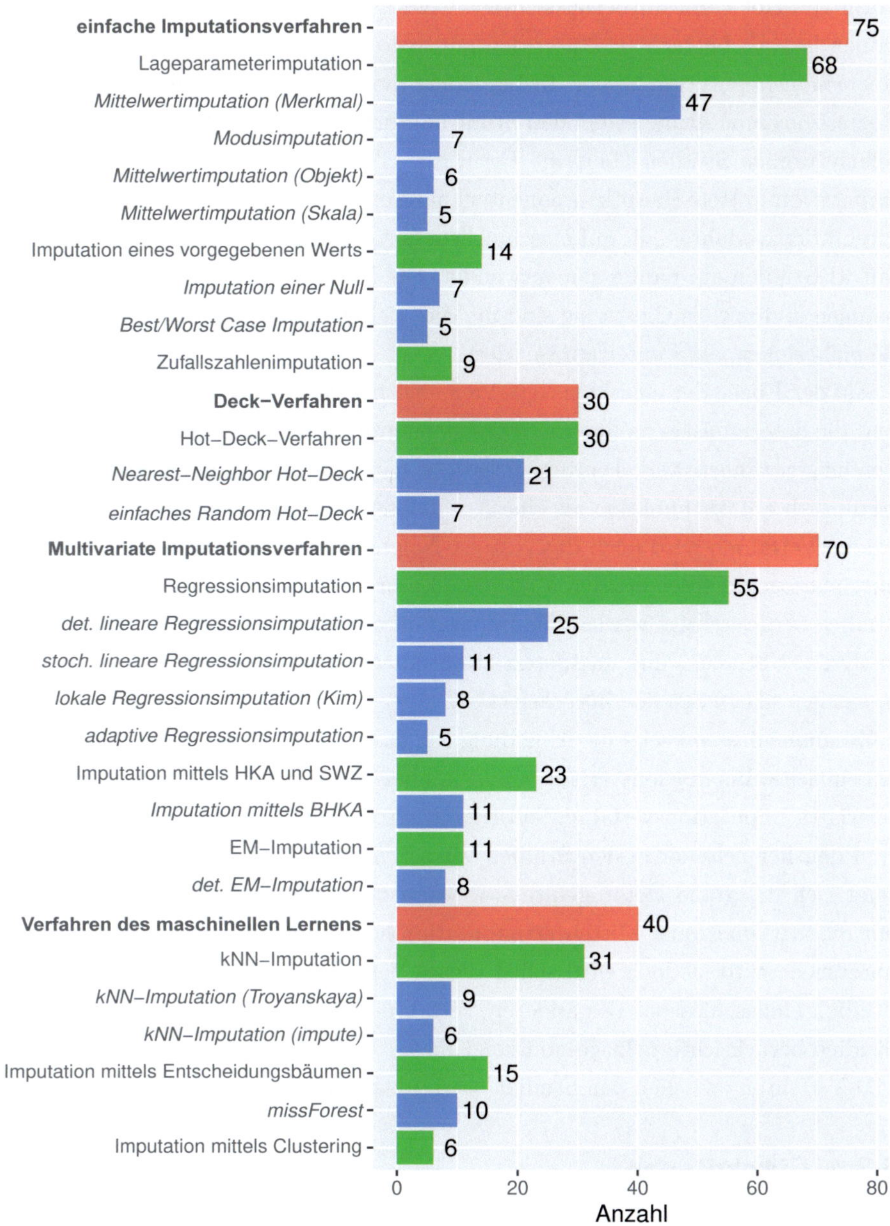

Abbildung 5.9: Häufigkeit verwendeter Imputationsverfahren

Wenn ein Deck-Verfahren in einer Studie miteinbezogen wird, dann wird stets eine Form von Hot-Deck mitberücksichtigt. Cold-Deck-Verfahren werden in den Simulationen fast nie betrachtet. Unter den multivariaten Imputationsverfahren sticht die Regressionsimputation hervor. Insbesondere die Verwendung einer Form der linearen Regressionsimputation ist bei den Studienautoren beliebt. Hingegen untersuchen nur relativ wenige Studien (11) eine Form der EM-Imputation und auch nur 23 eine Imputation mittels Hauptkomponentenanalyse oder Singulärwertzerlegung. Von den Imputationsverfahren, die auf maschinellem Lernen basieren, wird die kNN-Imputation mit 31 Studien am häufigsten verwendet. Die Imputationen mittels Entscheidungsbäumen und mittels Clustering sind im Vergleich dazu mit nur 15 bzw. 6 Studien, die sie einbeziehen, eher unterrepräsentiert.

Auf der Ebene der einzelnen Verfahren sind insbesondere die Mittelwertimputation und die deterministische lineare Regressionsimputation aufgrund ihrer häufigen Verwendung erwähnenswert. Die vergleichsweise häufige Einbeziehung dieser Verfahren ist vermutlich auf die Funktion als eine Art Referenzwert zurückzuführen. Neben diesen beiden Verfahren wird noch das Nearest-Neighbor Hot-Deck in über 20 der Studien miteinbezogen. Ferner existieren noch zwei weitere Verfahren, die in mindestens zehn Studien berücksichtigt werden: die Imputation mittels bayesscher Hauptkomponentenanalyse (11 Studien) und missForest (10 Studien). Alle anderen Verfahren werden nur in weniger als 10 Studien berücksichtigt.

Zusammenfassend zeigt die Abbildung 5.9, dass in über 75 % der Studien mindestens ein einfaches Imputationsverfahren und in über 70 % der Studien mindestens ein multivariates Imputationsverfahren berücksichtigt wird. Die anderen Verfahrensgruppen sind deutlich seltener in den Studien vertreten. Auf Ebene der einzelnen Verfahren zeigt sich die große Heterogenität zwischen den Studien. Auf dieser Ebene sticht nur die merkmalsweise Mittelwertimputation hervor, die mit Abstand am häufigsten untersucht wird. Jedoch wird selbst dieses Verfahren in weniger als der Hälfte der Studien eingeschlossen. Die anderen Verfahren werden meist von deutlich weniger Studien berücksichtigt. Insgesamt zeigt dieser Abschnitt, dass sich die einbezogenen MD-Verfahren zwischen den Studien stark unterscheiden.

5.3.4 Gütekriterien

Im letzten Schritt einer Simulation wird die Güte der untersuchten MD-Verfahren beurteilt. Dazu werden meist Werte, Parameter oder Modelle, die aufgrund des Simulationsdesigns bekannt sind oder die anhand der vollständigen Datenmatrix ermittelt werden, mit nach Anwendung der MD-Verfahren geschätzten Werten, Parametern oder Modellen verglichen. Die Beurteilung der MD-Verfahren kann auf verschiedenen Aggregationsstufen der Daten erfolgen. Die verschiedenen Aggregationsstufen sind in der Abbildung 5.10 dargestellt.

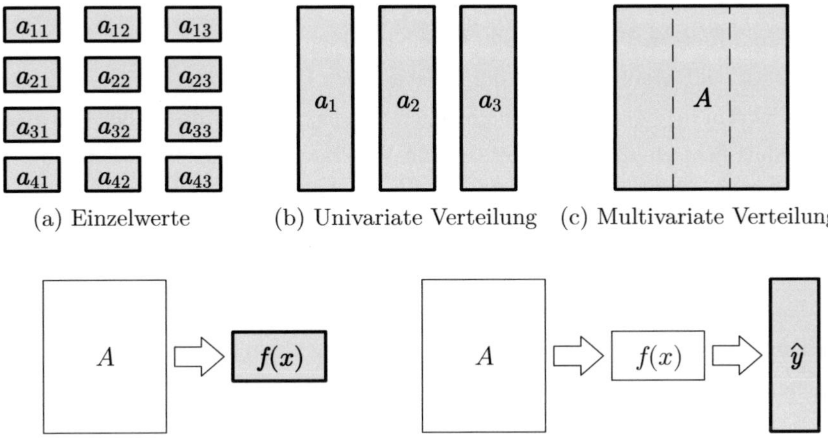

(a) Einzelwerte (b) Univariate Verteilung (c) Multivariate Verteilung

(d) Modell (e) Prognose

Abbildung 5.10: Aggregationsstufen

Die lokalste Stufe stellt die Bewertung anhand der einzelnen Werte der Datenmatrix dar, wie sie bei dem direkten Vergleich der Imputationswerte mit den Originalwerten erfolgt (Abbildung 5.10a). Auf dem nächsten Aggregationslevel kann die Auswirkung der Verfahren auf die Verteilung der Merkmale untersucht werden. Auf dieser Stufe kann noch einmal zwischen den Auswirkungen auf die Verteilung eines einzelnen Merkmals (Abbildung 5.10b) und den Auswirkungen auf die gemeinsame Verteilung mehrerer Merkmale (Abbildung 5.10c) unterschieden werden. Auf dem höchsten Aggregationslevel werden die Auswirkungen der Verfahren auf Modelle untersucht, die nach der Anwendung bzw. durch die Anwendung der MD-Verfahren erstellt werden. Hierbei kann zwischen den Auswirkungen auf die Modelle selbst (Abbildung 5.10d) wie z. B. auf die Schätzgüte einzelner Modellparameter und den Auswirkungen auf die Modellprognosen (Abbildung 5.10e) unterschieden werden (vgl. z. B. James et al., 2021, S. 17–20).

Die in den Studien gefundenen Gütekriterien werden zunächst den verschiedenen Aggregationsstufen zugeordnet. In der Abbildung 5.11 sind die Gütekriterien aufgeschlüsselt nach Kategorien, die sich an den Aggregationsstufen orientieren, dargestellt. Diese Kategorien sind jeweils durch einen roten Balken und eine fett gedruckte Beschriftung hervorgehoben. Ferner sind unter den Kategorien alle Kriterien der Kategorie dargestellt, die in mindestens drei Studien verwendet werden. Die Abbildung ist auf der ersten Ebene nach absteigender Häufigkeit der Kategorien geordnet. Auch die Gütekriterien innerhalb der Kategorien sind in absteigender Häufigkeit geordnet.

Die Kategorie Einzelwerte enthält alle Gütekriterien, die sich auf den Vergleich der einzelnen imputierten Werte mit den Originalwerten bzw. den direkten Vergleich der vervollständigten Datenmatrix mit der vollständigen Datenmatrix beziehen. Ein solcher Vergleich wird in insgesamt 36 der 95 Studien durchgeführt. In dieser Kategorie werden hauptsächlich Fehlermaße verwendet, welche die Abweichung zwischen den imputierten Werten und den Originalwerten direkt messen. Bei den verwendeten Fehlermaßen handelt es sich meist um eine Form eines quadratischen Fehlers, wie an den drei am häufigsten verwendeten Kriterien Root Mean Squared Error (RMSE), Normalized Root Mean Squared Error (NRMSE) und Mean Squared Error (MSE) ersichtlich ist. Auch die meisten Kriterien mit weniger als drei Verwendungen messen die Abweichung zwischen den imputierten Werten und den Originalwerten. Einen etwas anderen Ansatz verfolgen drei Studien, welche die Korrelation zwischen den imputierten Werten und den Originalwerten messen. Hierbei wird nicht die Unterschiedlichkeit direkt gemessen, sondern vielmehr der Zusammenhang zwischen diesen beiden Arten von Werten.

Es ist beachtenswert, dass Kriterien aus der Kategorie Einzelwerte am häufigsten verwendet werden, obwohl 54 der 95 Studien neben den Imputationsverfahren noch weitere Typen von MD-Verfahren miteinbeziehen. Normalerweise können nur Imputationsverfahren anhand von solchen Kriterien beurteilt werden, da die anderen Typen von MD-Verfahren in der Regel keine Imputationswerte liefern. Insgesamt wird in 33 der 41 Studien, die nur Imputationsverfahren vergleichen, eine Bewertung anhand eines Kriteriums aus der Kategorie Imputationswerte vorgenommen. Bei diesen Simulationen wird also in über 80 % der Fälle ein solches Kriterium miteinbezogen. Bei den verbleibenden drei Studien, die ein Kriterium aus der Kategorie Imputationswerte verwenden und neben Imputationsverfahren auch andere Typen von MD-Verfahren vergleichen, werden die anderen MD-Verfahren bei der Beurteilung anhand der Einzelwerte normalerweise nicht mitbetrachtet.

Am zweithäufigsten werden die MD-Verfahren anhand ihrer Auswirkungen auf die multivariate Verteilung beurteilt. Hierbei werden die MD-Verfahren am häufigsten anhand der Schätzgüte für klassische Größen der bivariaten Statistik wie Kovarianzen oder Korrelationen beurteilt. Eine Möglichkeit, auch den Zusammenhang von mehr als zwei Variablen zur Beurteilung der MD-Verfahren zu verwenden, stellt die Schätzgüte von Cronbachs Alpha dar, welche von vier Studien zur Bewertung genutzt wird.

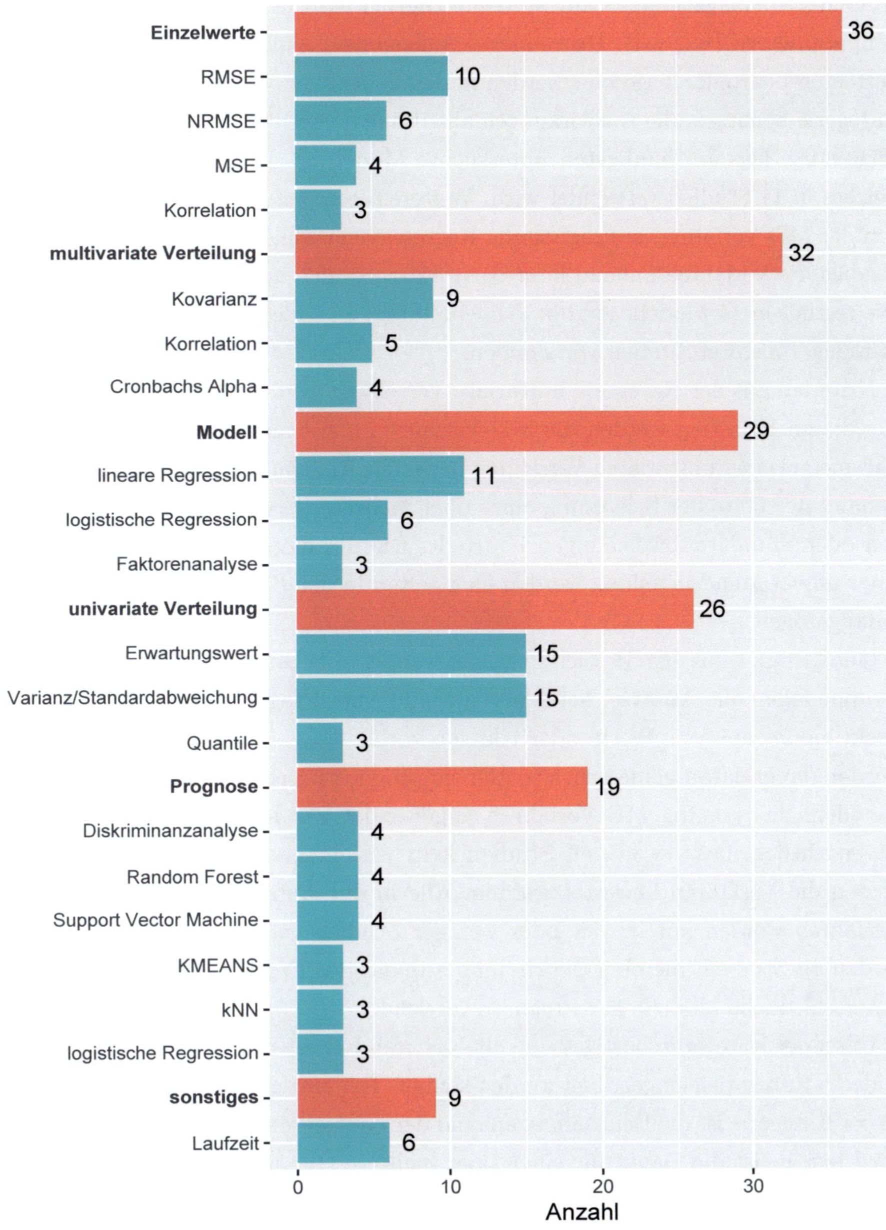

Abbildung 5.11: Häufigkeit verwendeter Gütekriterien

Die am dritthäufigsten verwendete Kategorie ist die Beurteilung der MD-Verfahren anhand von Auswirkungen auf Modelle. Hierbei wird meist die Schätzgüte von Modellparametern (wie z. B. Regressionskoeffizienten) nach der Anwendung der MD-Verfahren beurteilt. Insgesamt werden in den 29 Studien, die ein Kriterium aus dieser Kategorie benutzen, die Auswirkungen auf 17 unterschiedliche Modelle zur Bewertung verwendet. Das am häufigsten untersuchte Modell ist das der linearen Regression, welches in 11 Studien verwendet wird. Weitere 6 Studien untersuchen die Auswirkungen der MD-Verfahren auf logistische Regressionsmodelle. Außerdem werden in drei Studien die Verfahren anhand ihrer Auswirkungen auf eine Faktorenanalyse beurteilt. Die restlichen 14 Modelle sind in der Abbildung 5.11 nicht dargestellt, da sie jeweils in weniger als drei Studien vorkommen.

Kriterien aus der Kategorie univariate Verteilung werden in 26 Studien verwendet. Bei diesen Kriterien werden die MD-Verfahren meist anhand der Schätzgüte eines Parameters einer univariaten Verteilung bewertet. Am häufigsten werden die Verfahren anhand der Güte der Schätzung eines oder mehrerer Erwartungswerte oder Varianzen oder Standardabweichungen beurteilt. Die Schätzgüte für andere Kennzahlen einer univariaten Verteilung werden eher selten in den Simulationen zur Bewertung herangezogen.

Gütekriterien aus dem Bereich Prognose werden in 19 Studien verwendet. Unter diese Gruppe fallen alle Ansätze, bei denen mithilfe eines Prognosemodells, wie z. B. einer Diskriminanzanalyse, Werte oder Klassen vorhergesagt werden. Die MD-Verfahren werden dabei daran gemessen, wie gut die prognostizierten Werte der Modelle sind, nachdem das jeweilig MD-Verfahren angewendet wurde. Aus der Abbildung 5.11 ist ersichtlich, dass es in den Studien kein vorherrschendes Modell gibt, anhand dessen die Verfahren bewertet werden. Alle in der Abbildungen 5.11 aufgeführten Verfahren werden nur in vier oder weniger Studien verwendet. Insgesamt werden in den 19 Studien, die eine Beurteilung anhand der Prognosegüte durchführen, 28 unterschiedliche Modelle zur Prognose verwendet.

Unter der Kategorie sonstiges sind alle weiteren Kriterien gesammelt, die in keine der anderen Kategorien eingeordnet werden können. Das einzige bedeutsame Kriterium aus dieser Kategorie ist die Beurteilung anhand der Laufzeit der Verfahren. Zur Bewertung wird hier meist die Dauer für einen oder mehrere Durchläufe eines MD-Verfahrens gemessen.

Insgesamt verwenden 83 der 95 Studien mindestens zwei unterschiedliche Kriterien. Teilweise sind sich die innerhalb einer Studie verwendeten Kriterien sehr ähnlich, wie z. B. unterschiedliche Maße zur Bewertung der Genauigkeit der Imputationswerte.

In anderen Studien werden jedoch deutlich unterschiedlichere Kriterien verwendet. In der Tabelle 5.4 sind die Anzahl an unterschiedlichen Aggregationsstufen, die innerhalb der Studien zur Bewertung verwendet werden, erfasst. Über die Hälfte der Studien verwenden nur Kriterien einer Aggregationsstufe. Diese Studien bewerten die Verfahren beispielsweise nur anhand der Genauigkeit der imputierten Werte. 28 Studien verwenden zumindest Gütekriterien von zwei verschiedenen Aggregationsstufen und acht Studien untersuchen drei Aggregationsstufen gleichzeitig. Nur eine Studie bezieht Kriterien von vier unterschiedlichen Aggregationsstufen ein. Keine Studie untersucht alle fünf möglichen Aggregationsstufen gleichzeitig.

Verwendete Aggregationsstufen	1	2	3	4
Anzahl Studien	58	28	8	1

Tabelle 5.4: Anzahl verwendeter Aggregationsstufen

Insgesamt zeigt die Abbildung 5.11, dass keine Kategorie in mehr als der Hälfte der Studien berücksichtigt wird. Noch deutlicher wird die Inhomogenität bei der Bewertung, wenn die einzelnen Kriterien betrachtet werden. Das am häufigsten verwendete Kriterium ist die Beurteilung anhand der Schätzgüte des Erwartungswerts bzw. der Varianz/Standardabweichung. Diese werden in 15 der 95 Studien verwendet, was nicht einmal einem Anteil von 16 % der Studien entspricht. Schlussendlich deutet die Abbildung 5.11 darauf hin, dass in den Studien kein Konsens zu bestehen scheint, wie die MD-Verfahren bewertet werden sollten. Ferner werden die Verfahren innerhalb einer Studie häufig nur anhand einer oder zwei Aggregationsstufen der Daten untersucht.

5.3.5 Auswirkungen der variierten Faktoren

In den vorherigen Abschnitten wurden die Ausprägungen verschiedener Faktoren untersucht. In diesem Abschnitt werden nun die Auswirkungen, die eine Variation verschiedener Faktoren auf die Güte der MD-Verfahren haben, anhand der gefundenen Studien analysiert. Dies dient zum einen der weiteren Analyse der Simulationsdesigns. Zum anderen können aus diesen Beobachtungen Erkenntnisse für das Design von Studien gezogen werden, wenn das Auftreten von fehlenden Werten nicht ausgeschlossen werden kann.

Die Auswirkungen einer Erhöhung bzw. Verstärkung eines Faktors auf die Güte der Imputationsverfahren ist in der Tabelle 5.5 dargestellt. Falls ein Faktor in einer Studie nicht (systematisch) variiert oder die Auswirkungen der Variation in der zugehörigen Veröffentlichung nicht dargestellt werden, wird die Studie in der Spalte „nicht variiert / dargestellt" erfasst. Aus der Tabelle 5.5 ist ersichtlich, dass der Einfluss der Ausfallrate von fast dreiviertel der Studien systematisch untersucht wird. Alle anderen Faktoren werden in weniger als 35 % der Studien variiert bzw. ihre Auswirkungen dokumentiert. Die Aussagen zu den einzelnen Faktoren beziehen sich im Folgenden stets nur auf die Studien, die den entsprechenden Faktor systematisch variiert und die Ergebnisse dokumentiert haben.

	besser	keine	schlechter	unter-schiedlich	nicht variiert/ dargestellt
Anzahl Objekte	21	5	2	5	62
Anzahl Merkmale	7	0	5	3	80
Zusammenhang	8	0	2	5	80
Ausfallmechanismus	1	2	24	5	63
Ausfallrate	0	0	65	4	26

Tabelle 5.5: Auswirkung einer Erhöhung/Verstärkung eines Faktors auf die Imputationsverfahren

Eine Erhöhung der Anzahl an Objekten hat in über der Hälfte der Studien einen positiven Einfluss auf die Güte der Imputation. In weiteren fünf Studien hat sie zumindest keine negativen Effekte, welche nur in zwei Studien zu beobachten sind. Ferner ist das Ergebnis bei fünf Studien nicht eindeutig. Bei diesen Studien hat die Erhöhung der Objektanzahl teilweise einen positiven aber stellenweise auch einen negativen Einfluss auf die Imputationsgüte.

Bei der Anzahl an Merkmalen ist das Bild nicht eindeutig. In sieben Studien führt eine Erhöhung der Anzahl an Merkmalen zu einer Verbesserung der Verfahren, aber in fünf anderen Studien verschlechtern sich die Imputationsergebnisse. Im Gegensatz dazu profitieren die Imputationsverfahren in den meisten Studien von einer Verstärkung des Zusammenhangs zwischen den Merkmalen. Jedoch liegen für beide Faktoren nur 15 Studien vor, welche die Faktoren sowohl systematisch variieren als auch die Auswirkungen der Variation dokumentieren.

Beim Ausfallmechanismus[56] und der Ausfallrate ergibt sich ein sehr eindeutiges Bild. Eine Verstärkung des Ausfallmechanismus verbessert nur in einer Studie das Imputationsergebnis, verschlechtert es aber in 24 anderen. Die Erhöhung der Ausfallrate

[56] Eine Verstärkung des Ausfallmechanismus bedeutet in der Tabelle 5.5, dass anstatt eines MCAR-Ausfallmechanismus entweder ein MAR- oder MNAR-Ausfallmechanismus bzw. anstatt eines MAR- ein MNAR-Ausfallmechanismus simuliert wird.

führt sogar in 65 der 69 Studien zu einer Verschlechterung und ihre Auswirkungen sind in den verbleibenden vier Studien nicht eindeutig.

Zusätzlich zu den bisher beschriebenen Faktoren können auch die Gütekriterien einen Einfluss auf die Bewertung der Imputationsverfahren haben. In der Tabelle 5.6 ist dargestellt, in wie vielen Studien unterschiedliche Gütekriterien zu unterschiedlichen Ergebnissen geführt haben. Aus der Tabelle 5.6 geht hervor, dass in 26 Studien unterschiedliche Gütekriterien stets zur selben Beurteilung der Verfahren (im Sinne von gleicher Bewertungsrangfolge) geführt haben. In 55 Studien gibt es jedoch in Abhängigkeit der Gütekriterien unterschiedliche Einschätzungen der Verfahren. In manchen Fällen sind diese Abweichungen nur relativ gering ausgeprägt, in anderen Fällen unterscheiden sich die Ergebnisse der Verfahren jedoch deutlich zwischen den Kriterien. In 14 Studien wird nur ein Gütekriterium verwendet oder die Ergebnisse nicht getrennt nach Gütekriterien dargestellt.

Bewertung	gleich	unterschiedlich	nicht variiert/dargestellt
Anzahl	26	55	14

Tabelle 5.6: Auswirkung unterschiedlicher Gütekriterien

Insgesamt stützen die gefundenen Auswirkungen der Faktoren die meisten Aussagen, die in der Literatur existieren. Tendenziell führt eine Erhöhung der Information in der Datenmatrix durch mehr Objekte oder einen höheren Zusammenhang zwischen den Merkmalen zu einer besseren Imputierbarkeit der fehlenden Werte. Auf der anderen Seite führt eine Verstärkung des Ausfalls durch einen stärkeren Ausfallmechanismus oder durch mehr fehlende Werte zu einer Verschlechterung der Imputationsergebnisse. Inwieweit zusätzlich Merkmale die Situation verbessern, hängt von dem Zusammenhang der Merkmale ab. Aus diesen Beobachtungen folgt für das Design von Datenerhebungen, dass möglichst viele Informationen in die Datenmatrix einfließen sollten und gleichzeitig ein möglichst geringer Anteil fehlender Werte angestrebt werden sollte.

5.4 Bewertung der Imputationsverfahren

Die Bewertung der Imputationsverfahren anhand der untersuchten Studien geschieht auf zwei Aggregationsebenen. Zum einen werden die einzelnen Verfahren miteinander verglichen und zum anderen die Gruppen, die durch die dritte Gliederungsebene des Kapitels 4 gebildet werden. Diese Zweiteilung ist unter anderem der geringen Beobachtungszahl vieler Einzelverfahren geschuldet. Die Bewertung eines Verfahrens alleine anhand einer oder zwei Studien erscheint nicht sinnvoll, wie sich zum einen in der Variabilität der folgenden Bewertungen zeigt. Zum anderen erschwert eine weitere Tatsache die objektive Bewertung von Verfahrensgruppen und einzelnen Imputationsverfahren, die nur in wenigen Studien untersucht werden: In auffällig vielen Fällen schneiden Verfahren in den Studien sehr gut ab, die von den Autoren des Verfahrens durchgeführt werden (vgl. z. B. Di Zio et al., 2007, S. 5311–5315; Muñoz und Rueda, 2009, S. 309–316; Chen et al., 2018, S. 2073–2076). Diese „Verzerrung“ ist bei Verfahren bzw. Verfahrensgruppen, die auf vielen unterschiedlichen Studien beruhen, meist eher zu vernachlässigen. Jedoch kann sie bei Verfahren und Verfahrensgruppen, die nur in wenigen Studien untersucht werden, erheblich Auswirkungen haben. Aus diesen Gründen werden in den folgenden Abschnitten nur Verfahren und Verfahrensgruppen betrachtet, die in mindestens fünf Studien untersucht werden. Da diese Bedingung von mindestens fünf Studien bei der alleinigen Betrachtung von einzelnen Verfahren für einige Verfahrensgruppen dazu führen würde, dass kein einziges Verfahren aus dieser Gruppe untersucht würde, wird zusätzlich der Vergleich auf Basis der Gruppen, die durch die dritte Gliederungsebene des Kapitels 4 gebildet werden, durchgeführt. Hierdurch können Verfahrensgruppen identifiziert werden, deren weitere Untersuchung vielversprechend sein könnte.

Für die Bewertungen der Verfahren bzw. Verfahrensgruppen werden Rangfolgen verwendet. In jeder Studie erhält das beste untersuchte Verfahren den Rang eins und die anderen untersuchten Verfahren erhalten aufsteigende Ränge entsprechend ihrer Ergebnisse. Diese Rangfolgen sind in den Studien entweder direkt angegeben oder werden aus den Studienergebnissen abgeleitet. Bei den folgenden Bewertungen der Verfahren bzw. Verfahrensgruppen wird stets das Ziel verfolgt, das mögliche Potenzial einer Verfahrensgruppe bzw. eines Verfahrens zu erfassen. Falls also z. B. mehrere Verfahren einer Gruppe oder ein Verfahren mit verschiedenen Parametereinstellungen in einer Studie untersucht werden, wird immer das Ergebnis des besten Verfahrens bzw. der besten Parametereinstellung berücksichtigt.

Bei den Vergleichen in den Abschnitten 5.4.1 und 5.4.2 werden zunächst die Verfahrensgruppen bzw. die Imputationsverfahren einzeln betrachtet. Darüber hinaus werden die Imputationsverfahren in Abschnitt 5.4.3 paarweise miteinander verglichen. Ein solcher paarweiser Vergleich wird für die Verfahrensgruppen nicht durchgeführt, da der direkte Vergleich verschiedener Verfahrensgruppen aufgrund der teilweise starken Heterogenität innerhalb der Verfahrensgruppen nicht sinnvoll erscheint.

5.4.1 Bewertung der Verfahrensgruppen

In diesem Abschnitt werden die Ergebnisse der Verfahrensgruppen analysiert. Für jede Verfahrensgruppe wird dazu jede Studie berücksichtigt, die ein Verfahren aus dieser Gruppe miteinbezieht. Für jede dieser Studien wird der Rang des besten Verfahrens aus der Gruppe bestimmt. Dieser Rang wird dann mit der Gesamtanzahl der einbezogenen Verfahren in der jeweiligen Studie in Relation gesetzt. So kann ein Überblick über das Potenzial der einzelnen Verfahrensgruppen gewonnen werden, ohne dabei auf die Vergleichsverfahren, die von Studie zu Studie variieren, im Detail einzugehen. Jedoch wird bei der Untersuchung berücksichtigt, wie viele Verfahren eine Studie vergleicht, da beispielsweise die Interpretation eines zweiten Ranges unter anderem abhängig von der Anzahl der Vergleichsverfahren ist.

Die so gewonnenen Informationen über die Verfahrensgruppen werden in Form von Sterndiagrammen in der Abbildung 5.12 visualisiert. Dazu wird für jede Verfahrensgruppe ein Sterndiagramm erstellt, bei dem jede Achse einer Studie entspricht. Auf dieser Achse werden für jede Studie drei Punkte eingezeichnet:

- ein roter Punkt für den Rang, welches das beste Verfahren aus der Gruppe in der Studie belegt
- ein blauer Punkt für die Anzahl an Verfahren in der Studie
- ein schwarzer Punkt bei Rang „zehn“

Die schwarzen Punkte werden zur besseren optischen Vergleichbarkeit hinzugefügt; sie enthalten keine Informationen über die Studien. Daher können auch in Studien mit mehr als zehn Verfahren die roten und blauen Punkte weiter außen liegen als die schwarzen. Die Punkte eines Typs werden auf die in Sterndiagrammen übliche Weise miteinander verbunden, wodurch ein rotes, ein blaues und ein schwarzes Polygon entstehen. Die Studien bzw. Achsen sind in den Sterndiagrammen zunächst entsprechend der Anzahl an einbezogenen Verfahren in den Studien und sekundär nach dem Rang der Verfahrensgruppe geordnet. Um die optische Vergleichbarkeit zwischen den Sterndiagrammen zu erhöhen, wird zum einen ein schwarzer Punkt im Zentrum (dieser entspricht dem fiktiven Rang „null“ in allen Studien) jedes Diagramms hinzugefügt. Zum anderen wird die Skalierung aller Diagramme in der Abbildung 5.12 in dem Sinne gleich gewählt, dass der Abstand der Ränge vom Mittelpunkt in allen Sterndiagrammen identisch ist. Außerdem sind in der Abbildung 5.12 zur besseren Übersicht die Achsen nicht dargestellt. Wie zu Beginn des Abschnitts 5.4 erläutert, sind in der Abbildung 5.12 nur Verfahrensgruppen mit mindestens fünf Beobachtungen erfasst.

Die Sterndiagramme können folgendermaßen interpretiert werden:

- Die Anzahl an Ecken eines Polygons (diese ist für alle drei Polygone einer Gruppe gleich) entspricht der Anzahl an Studien, in denen ein Verfahren aus der Verfahrensgruppe einbezogen wird. Je „runder“ dementsprechend ein Polygon erscheint, desto mehr Studien haben mindestens ein Verfahren aus der Verfahrensgruppe miteinbezogen.
- Das blaue Polygon beschreibt die Anzahl an Vergleichsverfahren in den Studien. Je weiter außen (bezogen auf den Mittelpunkt) die Ecken des blauen Polygons liegen, desto mehr Verfahren waren Teil der Vergleichsstudien.
- Das rote Polygon repräsentiert die Ränge, welche die Verfahrensgruppen in den einzelnen Studien erreicht haben. Je weiter innen (bezogen auf den Mittelpunkt) die Ecken des roten Polygons liegen, desto besser sind die Ergebnisse der jeweiligen Verfahrensgruppe.
- Das Verhältnis der Ecken des roten und des blauen Polygons spiegelt den relativen Rang der Verfahrensgruppe im Vergleich zu den Vergleichsverfahren wider. Je weiter also die roten und blauen Ecken auseinanderliegen, desto besser sind die Ergebnisse der jeweiligen Verfahrensgruppe.

Die Verfahrensgruppen in der Abbildung 5.12 sind entsprechend der Gliederung im Kapitel 4 angeordnet. Jede Zeile in der Abbildung 5.12 entspricht einem Abschnitt auf der zweiten Ebene des Kapitels 4. Da aus der Gruppe der Deck-Verfahren nur Hot-Deck-Verfahren in mindestens fünf Studien berücksichtigt wurden, enthält diese Zeile nur ein Sterndiagramm. Aus allen anderen Obergruppen erfüllen jeweils drei Verfahrensgruppen die Mindestanzahl und entsprechend sind in den anderen Zeilen jeweils drei Sterndiagramme zu sehen.

In der ersten Zeile der Abbildung 5.12 sind die Ergebnisse der drei Verfahrensgruppen Lageparameterimputation, Imputation eines vorgegebenen Werts und Zufallszahlenimputation dargestellt, welche alle zu den einfachen Imputationsverfahren (vgl. Kapitel 4.1) zählen. Das Sterndiagramm der Lageparameterimputationsverfahren ist nicht eindeutig, da diese in einigen wenigen Studien zu den besten, in vielen anderen Studien aber zu den schlechtesten Verfahren zählen. Hingegen führt die Imputation eines vorgegebenen Werts in fast allen Studien zu sehr schlechten Ergebnissen. Die

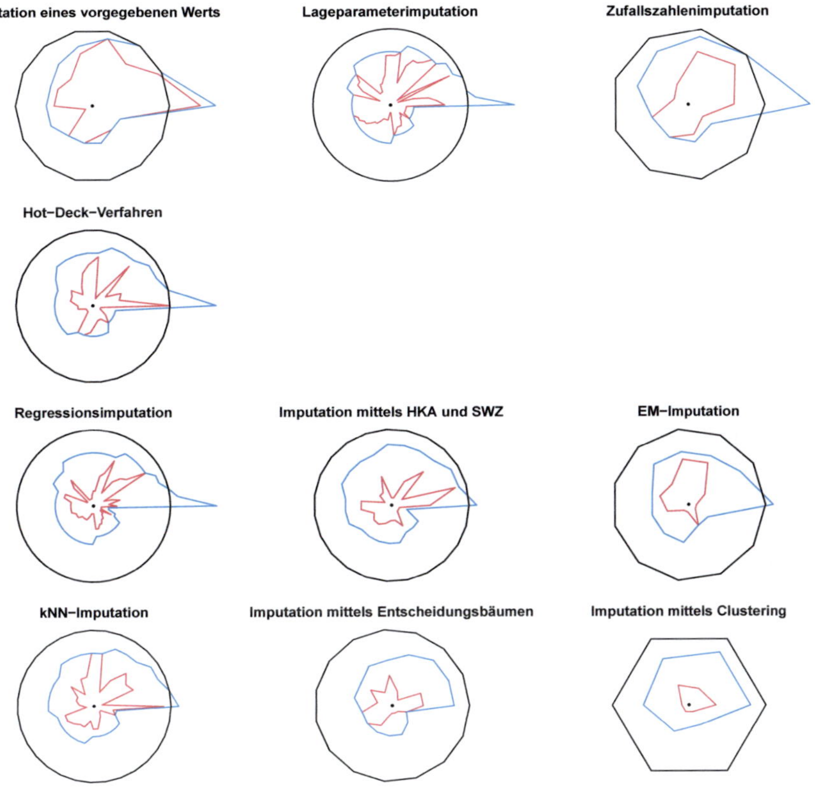

Abbildung 5.12: Ergebnisse der Verfahrensgruppen

Ergebnisse der Imputation einer Zufallszahl sind nicht so schlecht wie die der Imputation eines vorgegebenen Werts, aber auch diese Verfahren gehören häufig nicht zu den besten Verfahren in den Studien.

Bei den Hot-Deck-Verfahren ergibt sich ein ähnlich „zackiges" rotes Polygon wie bei den Lageparameterimputationsverfahren. Das heißt, sie gehören in einigen Studien zu den besten, aber auch in manchen Studien eher zu den schlechten Verfahren. Insgesamt schneiden die Hot-Deck-Verfahren aber besser ab als die einfachen Imputationsverfahren.

In der dritten Zeile der Abbildung 5.12 sind die Ergebnisse der multivariaten Imputationsverfahrensgruppen dargestellt. Die Regressionsimputationsverfahren bieten ein leicht besseres Bild als die Hot-Deck-Verfahren. Im Vergleich zu diesen beiden haben die Imputationsverfahren, die auf einer Hauptkomponentenanalyse oder einer Singulärwertzerlegung beruhen, in den Studien tendenziell noch einmal leicht besser abgeschnitten. Bei den EM-Imputationsverfahren zeigt sich kein eindeutiges Bild. In einigen Studien schneiden diese Verfahren sehr gut ab, in anderen gehören sie jedoch zu den schlechtesten Verfahren.

Die Ergebnisse der Imputationsverfahrensgruppen, die auf Verfahren des maschinellen Lernens beruhen, sind in der letzten Zeile der Abbildung 5.12 dargestellt. Die kNN-Imputationsverfahren besitzen ein ähnlich zackiges rotes Polygon wie die Hot-Deck- und die Regressionsimputationsverfahren. Sie sind jedoch etwas schlechter als diese beiden Gruppen. Die Imputationsverfahren, die auf Entscheidungsbäumen basieren, schneiden mit Ausnahme weniger Studien meist gut ab. Die auf Clustering basierenden Imputationsverfahren liefern die vielversprechendsten Ergebnisse über alle Gruppen. Jedoch liegen zu dieser Gruppe bisher nur wenige Studien vor.

Neben der Abbildung 5.12 gibt die Tabelle 5.7 weitere Kennzahlen für die Verfahrensgruppen basierend auf den untersuchten Studien an. Zu jeder Kennzahl ist zusätzlich in Klammern der Rang der Verfahrensgruppe bei der jeweiligen Kennzahl angegeben. Sowohl bei den Kennzahlen als auch bei den Rängen sind geringere Werte besser. Das beste Verfahren hat also bei der jeweiligen Kennzahl den kleinsten Wert und daher auch den Rang 1. Die Spalte $\frac{A_{rot}}{A_{blau}}$ enthält das Verhältnis zwischen dem Flächeninhalt des roten und des blauen Polygons der Abbildung 5.12 für jede Verfahrensgruppe. Dieses Verhältnis misst in gewisser Weise den Rang einer Verfahrensgruppe im Vergleich zu der Anzahl an Verfahren in den Studien, wie er durch die Abbildung 5.12 dargestellt wird. Dieses mittlere Verhältnis zwischen dem Rang und der Anzahl an Verfahren in den Studien ist in der Spalte $\frac{\text{Rang}}{\#\text{Verfahren}}$ auch direkt angegeben. Die Tabelle 5.7 zeigt, dass sich die beiden Kennzahlen in ihren absoluten Werten für die einzelnen Gruppen zum Teil deutlich unterscheiden. Jedoch stimmen die Rangfolgen der Verfahrensgruppen bei beiden Kennzahlen gut überein (sechs Verfahrensgruppen haben denselben Rang und die maximale absolute Rangdifferenz beträgt zwei). Der durch die Abbildung 5.12 vermittelte optische Eindruck der Verfahrensgruppen wird also durch die Kennzahl $\frac{\text{Rang}}{\#\text{Verfahren}}$ gestützt.

Eine weitere Möglichkeit, die Verfahrensgruppen zu bewerten, ist zu überprüfen, wie viel Prozent der Verfahren in einer Studie besser waren als das beste Verfahren aus der jeweiligen Gruppe. Der Mittelwert über alle Studien, in denen ein Verfahren aus der jeweiligen Verfahrensgruppe eingeflossen ist, ist in der Spalte „besser“ in der Tabelle 5.7 angegeben. Auch die Rangfolge dieser Kennzahl stimmt gut mit den Rangfolgen der anderen beiden Kennzahlen überein.

Verfahrensgruppe	$\frac{A_{rot}}{A_{blau}}$	$\frac{\text{Rang}}{\#\text{Verfahren}}$	besser	Score
Imp. eines vorg. Werts	0,709 (10)	0,834 (10)	0,674 (10)	0,805 (10)
Lageparameterimputation	0,411 (9)	0,661 (8)	0,472 (8)	0,583 (8)
Zufallszahlenimputation	0,386 (8)	0,671 (9)	0,516 (9)	0,618 (9)
Hot-Deck-Verfahren	0,244 (5)	0,533 (5)	0,337 (6)	0,421 (5)
Regressionsimputation	0,193 (3)	0,453 (3)	0,258 (2)	0,318 (2)
Imp. mittels HKA und SWZ	0,192 (2)	0,447 (2)	0,268 (3)	0,319 (3)
EM-Imputation	0,273 (6)	0,523 (4)	0,331 (5)	0,413 (4)
kNN-Imputation	0,301 (7)	0,568 (7)	0,384 (7)	0,473 (7)
Imp. mittels E.-Bäumen	0,237 (4)	0,540 (6)	0,317 (4)	0,424 (6)
Imp. mittels Clustering	0,111 (1)	0,321 (1)	0,131 (1)	0,151 (1)

Tabelle 5.7: Kennzahlen der Verfahrensgruppen

Ein Nachteil aller bisher dargestellten Kennzahlen ist, dass sie nicht auf den Bereich [0; 1] normiert sind.[57] Deshalb ist die Interpretation der einzelnen Werte schwierig. Um dieses Problem zu lösen, wird noch ein Score-Wert eingeführt. Dieser wird definiert als

$$\frac{1}{\text{Anz. relevanter Studien}} \sum_{\text{relevante Studien}} \frac{\text{Rang in Studie} - 1}{\text{Anz. Verfahren in Studie} - 1}, \tag{5.1}$$

wobei mit relevanten Studien solche gemeint sind, bei denen mindestens ein Verfahren aus der jeweiligen Verfahrensgruppe mit eingeflossen ist. Dieser Score nimmt den Wert 0 an, wenn in jeder relevanten Studie ein Verfahren aus der Vergleichsgruppe zu den besten Verfahren gehört, und 1, wenn die Verfahren jeweils das schlechteste Verfahren in den Studien sind. Auch bei dieser Kennzahl stimmen die Rangfolgen gut mit den Rangfolgen der anderen Kriterien in der Tabelle 5.7 überein. Größere Abstände in den Score-Werten sind jeweils zwischen der besten Verfahrensgruppe (Imputation mittels Clustering) und deren Nachfolgern sowie der schlechtesten Verfahrensgruppe (Imputation eines vorgegebenen Werts) und deren Vorgängern zu erkennen. Ferner bilden die Regressionsimputationsverfahren und die Imputation mittels Hauptkomponentenanalyse und Singulärwertzerlegung sowie die EM-Imputationsverfahren, die Hot-Deck-Verfahren und die Imputation mittels Entscheidungsbäumen jeweils ein Cluster mit ähnlichen Werten.

57 Der Rang des besten Verfahrens in einer Studie ist 1. Daher ist $\frac{\text{Rang}}{\#\text{Verfahren}}$ sowie A_{rot} stets größer als Null und damit auch $\frac{A_{rot}}{A_{blau}}$. Die Kennzahl „besser" ist stets kleiner als Eins, da nie alle Verfahren besser sein können als das betrachtete Verfahren (ein Verfahren kann nie besser sein als es selbst).

Ein Blick auf die Ränge in der Tabelle 5.7 zeigt, dass die Verfahrensgruppen bei allen Kennzahlen sehr ähnlich abschneiden. Die größte absolute Rangdifferenz zwischen zwei Kennzahlen ist zwei, welche auch nur für zwei Verfahrensgruppen auftritt. Dies spiegelt sich auch in den paarweisen Rangkorrelationskoeffizienten zwischen den Kriterien wider, welcher mindestens 0,93 beträgt. Ferner sind die Gruppen der jeweils besten und schlechtesten drei Verfahrensgruppen über alle Kriterien identisch. Die besten drei Verfahrensgruppen sind die Imputation mittels Clustering, die Imputation mittels Hauptkomponentenanalyse und Singulärwertzerlegung sowie die Regressionsimputation. Die drei Verfahrensgruppen der einfachen Imputationsverfahren sind stets die drei schlechtesten. Außerdem ist stets die Imputation mittels Clustering die beste und die Imputation eines vorgegebenen Werts die schlechteste Verfahrensgruppe.

Die bisher berechneten Kennzahlen (mit Ausnahme des Flächenverhältnisses) in der Tabelle 5.7 stellen alle ungewichtete Mittelwerte dar. In diesen ungewichteten Mittelwerten wird nicht berücksichtigt, dass z. B. eine Studie mit 10 Verfahren meist mehr Informationen birgt als eine Studie, die nur zwei Verfahren miteinander vergleicht. Um diesem Umstand Rechnung zu tragen, werden die Kennzahlen noch einmal als gewichtete Mittelwerte berechnet. Als Gewichtungsfaktor wird die Anzahl an Verfahren in der jeweiligen Studie verwendet. Das Ergebnis zeigt die Tabelle 5.8.

Verfahrensgruppe	$\frac{\text{Rang}}{\#\text{Verfahren}}$	besser	Score
Imp. eines vorg. Werts	0,832 (10)	0,693 (10)	0,805 (10)
Lageparameterimputation	0,636 (9)	0,469 (8)	0,566 (9)
Zufallszahlenimputation	0,616 (8)	0,486 (9)	0,566 (8)
Hot-Deck-Verfahren	0,514 (6)	0,347 (6)	0,417 (6)
Regressionsimputation	0,428 (2)	0,258 (2)	0,312 (2)
Imp. mittels HKA und SWZ	0,442 (3)	0,284 (3)	0,335 (3)
EM-Imputation	0,485 (4)	0,318 (5)	0,387 (5)
kNN-Imputation	0,559 (7)	0,394 (7)	0,472 (7)
Imp. mittels E.-Bäumen	0,494 (5)	0,301 (4)	0,383 (4)
Imp. mittels Clustering	0,333 (1)	0,167 (1)	0,192 (1)

Tabelle 5.8: Gewichtete Kennzahlen der Verfahrensgruppen

Durch die Gewichtung verringern sich die Unterschiede zwischen den Rangfolgen der Bewertungskriterien noch weiter. Die maximale Rangdifferenz zwischen den Kriterien in der Tabelle 5.8 ist nur noch eins und der minimale Rangkorrelationskoeffizient zwischen den Kennzahlen beträgt 0,98. Die Rangfolgen aller drei gewichteten Kennzahlen sind also fast identisch.

Um eine bessere Übersicht über die Bewertungsreihenfolgen bei den verschiedenen Kennzahlen zu erhalten, sind die Rangfolgen der Verfahrensgruppen für alle Kennzahlen aus den Tabellen 5.7 und 5.8 in der Abbildung 5.13 noch einmal visualisiert. Die Abbildung 5.13 zeigt, dass sich die Reihenfolge der Verfahrensgruppen zwischen den Tabellen 5.7 und 5.8 kaum unterscheiden. Die Gruppe der drei besten und schlechtesten Verfahrensgruppen ist bei allen Kennzahlen identisch. Ferner ist bei allen Kennzahlen die Imputation mittels Clustering die beste und die Imputation eines vorgegebenen Werts die schlechteste Verfahrensgruppe. Insgesamt stimmen die Interpretationen der grafischen Darstellungen der Abbildung 5.12 gut mit den berechneten Kriterien in den Tabellen 5.7 und 5.8 überein. Dies zeigt, dass die Ergebnisse der Verfahrensgruppen relativ unabhängig von der konkreten Wahl des Bewertungskriteriums sind. Stets schneiden die einfachen Imputationsverfahren am schlechtesten ab und die besten drei Verfahrensgruppen sind die Regressionsimputation, die Imputation mittels Hauptkomponentenanalyse und Singulärwertzerlegung sowie die Imputation mittels Clustering.

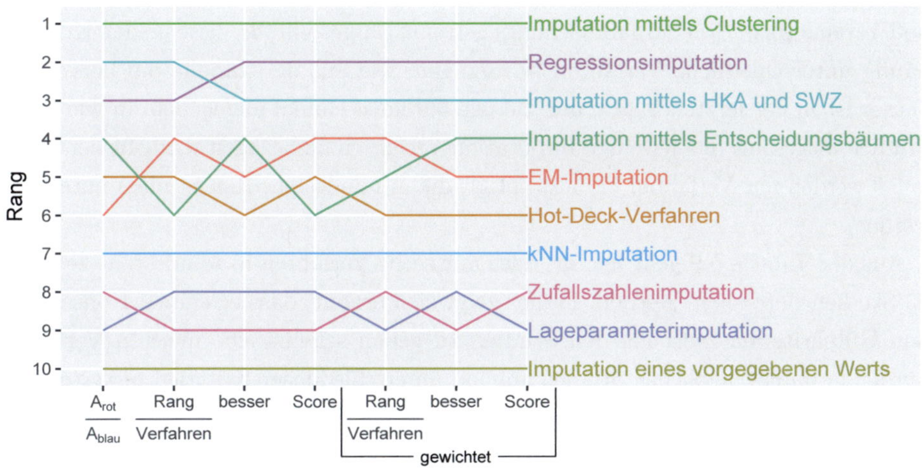

Abbildung 5.13: Ränge der Verfahrensgruppen

5.4.2 Einzelbetrachtung der Imputationsverfahren

In der Abbildung 5.12 ist ersichtlich, dass bei einigen Verfahrensgruppen, wie z. B. den Hot-Deck-Verfahren, eine große Streuung bei der Bewertung zwischen den Studien existiert. Diese Streuung kann unter anderem dadurch hervorgerufen werden, dass die Verfahren innerhalb einer Verfahrensgruppe teilweise sehr heterogen sind. So enthält die Gruppe der Hot-Deck-Verfahren z. B. so unterschiedliche Verfahren wie ein einfaches Random Hot-Deck und Nearest-Neighbor Hot-Decks. Um die Heterogenität der im vorherigen Abschnitt betrachteten Verfahrensgruppen zu reduzieren, werden in diesem Abschnitt noch einzelne Imputationsverfahren[58] betrachtet. Diese Betrachtung einzelner Verfahren ist auch unter praktischen Gesichtspunkten sinnvoll, da sich der Nutzer bei einer tatsächlichen Imputation für ein konkretes Verfahren und nicht für eine Verfahrensgruppe entscheiden muss.

Da die Gütekriterien in manchen Fällen einen starken Einfluss auf die Beurteilung der Imputationsverfahren haben (vgl. Abschnitt 5.3.5), ist in der Tabelle 5.9 für jedes Imputationsverfahren angegeben, in wie vielen Studien es mit einem Kriterium der jeweiligen Aggregationsstufe bewertet wird und zusätzlich in wie viel Prozent dieser Studien das Verfahren zu den besten Verfahren gehört. Dieser prozentuale Wert wird in Klammern hinter der Anzahl angegeben, wenn mindestens eine Studie diese Kombination aus Verfahren und Gütekriterium untersucht. Für die Aggregationsstufe „univariate Verteilung“ werden die Bewertungen anhand der Kriterien Erwartungswert und Varianz (bzw. Standardabweichung) getrennt dargestellt, da diese beiden Kriterien häufig unterschiedliche Verfahren bevorzugen, wie aus der Tabelle 5.9 hervorgeht. Ferner ist in der letzten Spalte der Tabelle 5.9 noch einmal angegeben, in wie vielen Studien insgesamt das jeweilige Imputationsverfahren einbezogen wird. In der Tabelle 5.9 werden nur Verfahren berücksichtigt, die in mindestens fünf Studien untersucht werden.

Aus der Tabelle 5.9 geht hervor, dass nur sechs Verfahren in mindestens zehn der 95 Studien untersucht werden. Ferner zeigt sich erneut, dass es keinen Konsens bei den Gütekriterien zwischen den Studien zu geben scheint. Die meisten Verfahren werden in unterschiedlichen Studien anhand unterschiedlicher Kriterien bewertet. Aus diesem Grund liegen für die meisten Verfahren bei den einzelnen Kriteriengruppen noch einmal deutlich weniger Studien vor als insgesamt Studien für die einzelnen Verfahren existieren. Deshalb sind insbesondere für die einzelnen Gütekriterien die Prozentzahlen, wie häufig ein Verfahren zu den besten zählt, nur relativ schwer interpretierbar. Es lassen sich selten hohe Prozentzahlen, die gleichzeitig durch eine ausreichende Anzahl an Studien gestützt werden, ausmachen. Insgesamt folgt aus den Beobachtungsumfängen in der Tabelle 5.9, dass für die meisten Verfahren eine

[58] Der Begriff „einzelne Verfahren“ wird in diesem Abschnitt etwas weiter ausgelegt. So handelt es sich bei einem Teil der „Einzelverfahren“ in diesem Abschnitt immer noch um eine kleine Gruppe an Verfahren. Diese Aggregation ist jedoch sinnvoll, da bei einer zu kleinen Einteilung der Verfahren es fast kein Verfahren geben würde, das in mehr als einer Studie untersucht wird.

Verfahren	Einzelwerte	Erwartungswert	Varianz/Standardabweichung	multivariate Verteilung	Modell	Prognose	gesamt
Mittelwertimputation (Merkmal)	14 (7 %)	7 (14 %)	10 (10 %)	15 (0 %)	19 (16 %)	10 (0 %)	47 (9 %)
Mittelwertimputation (Objekt)	4 (0 %)	0	0	3 (33 %)	1 (0 %)	2 (0 %)	6 (17 %)
Mittelwertimputation (Skala)	0	1 (100 %)	1 (100 %)	3 (33 %)	3 (33 %)	0	5 (20 %)
Modusimputation	2 (100 %)	0	0	1 (0 %)	3 (33 %)	1 (100 %)	7 (43 %)
Imputation einer Null	4 (0 %)	0	0	1 (0 %)	2 (0 %)	2 (0 %)	7 (0 %)
Best/Worst Case Imputation	1 (0 %)	0	0	5 (0 %)	1 (0 %)	0	5 (0 %)
einfaches Random Hot-Deck	3 (0 %)	3 (0 %)	4 (25 %)	4 (0 %)	1 (0 %)	0	7 (14 %)
Nearest-Neighbor Hot-Deck	7 (29 %)	5 (0 %)	5 (40 %)	12 (17 %)	7 (29 %)	4 (50 %)	21 (29 %)
det. lineare Regressionsimputation	9 (33 %)	2 (0 %)	4 (0 %)	12 (17 %)	10 (30 %)	4 (50 %)	25 (24 %)
stoch. lineare Regressionsimputation	1 (0 %)	2 (50 %)	3 (0 %)	6 (50 %)	7 (14 %)	0	11 (36 %)
adaptive Regressionsimputation	5 (40 %)	0	0	1 (0 %)	1 (100 %)	2 (50 %)	5 (60 %)
lokale Regressionsimputation (Kim)	8 (25 %)	0	0	1 (0 %)	1 (0 %)	4 (25 %)	8 (38 %)
Imputation mittels BHKA	10 (20 %)	0	0	2 (50 %)	2 (100 %)	6 (33 %)	11 (36 %)
det. EM-Imputation	6 (33 %)	1 (0 %)	2 (0 %)	5 (20 %)	1 (100 %)	0	8 (38 %)
kNN-Imputation (Troyanskaya)	9 (0 %)	1 (0 %)	1 (0 %)	1 (100 %)	3 (33 %)	4 (25 %)	9 (11 %)
kNN-Imputation (impute)	6 (0 %)	0	1 (100 %)	1 (0 %)	0	2 (0 %)	6 (17 %)
missForest	10 (30 %)	0	0	1 (100 %)	0	3 (33 %)	10 (30 %)

Tabelle 5.9: Anzahl Studien (und Anteil bestes Verfahren) je Gütekriterium und Imputationsverfahren

getrennte Betrachtung nach Gütekriterien nicht sinnvoll wäre, da in vielen Fällen nur sehr wenige Studien dazu vorliegen würden. Daher werden im Folgenden die Ergebnisse der Verfahren aggregiert über alle Gütekriterien dargestellt.

Zur Visualisierung der Ergebnisse der Einzelverfahren in den Studien werden auch in diesem Abschnitt Sterndiagramme verwendet. Die Konstruktion und Interpretation der Sterndiagramme geschieht analog zu den Diagrammen in der Abbildung 5.12. Die Sterndiagramme für alle Imputationsverfahren, die in mindestens fünf unterschiedlichen Studien untersucht werden, sind in der Abbildung 5.14 zu finden.

In den ersten beiden Zeilen der Abbildung 5.14 sind die Ergebnisse der einfachen Imputationsverfahren dargestellt. Die drei Formen der Mittelwertimputation und die Modusimputation zeigen kein einheitliches Bild über alle Studien. Sie sind in einigen Studien die schlechtesten Verfahren, in anderen jedoch relativ gut. Die beiden Verfahren, die alle fehlenden Werte entweder durch eine Null oder durch einen Best oder Worst Case Wert ersetzen, gehören in den Studien fast immer zu den schlechtesten Verfahren bzw. sind häufig das schlechteste Verfahren überhaupt.

Die Hot-Deck-Verfahren sind in der dritten Zeile der Abbildung 5.14 dargestellt. In den beiden Sterndiagrammen zeigt sich die schon zu Beginn des Abschnitts angesprochene große Diskrepanz zwischen einem einfachen Random Hot-Deck und einem Nearest-Neighbor Hot-Deck. Das einfache Random Hot-Deck gehört in den meisten Studien, die es untersuchen, zu den schlechtesten Verfahren. Im Vergleich zu diesem schneidet das Nearest-Neighbor Hot-Deck deutlich besser ab.

In den nächsten beiden Zeilen der Abbildung 5.14 sind die Ergebnisse der multivariaten Imputationsverfahren dargestellt. Die Ergebnisse der vier Formen der Regressionsimputation sind nicht einheitlich. Auf der einen Seite sind die deterministische lineare Regressionsimputation und die lokale Regressionsimputation nach Kim et al. (2005) eher im Mittelfeld der Verfahren anzuordnen. Auf der anderen Seite zählen die stochastische lineare Regressionsimputation und insbesondere die adaptive Regressionsimputation zu den Verfahren, die in den Studien häufig sehr gut abschneiden. Bei der Imputation mittels bayesscher Hauptkomponentenanalyse (BHKA) ergibt sich ein sehr widersprüchliches Bild. Sie schneidet in den meisten Studien gut ab, ist jedoch auch einmal das schlechteste und einmal das zweitschlechteste Verfahren. Ähnlich sehen die Resultate der deterministischen EM-Imputation aus.

Die Ergebnisse der drei Imputationsverfahren, die auf Methoden des maschinellen Lernens beruhen, sind in der letzten Zeile der Abbildung 5.14 dargestellt. Die beiden kNN-Imputationsverfahren liefern eher durchwachsene Ergebnisse, wobei die Ergebnisse der Imputation mittels des R-Pakets impute besser sind als die Imputation

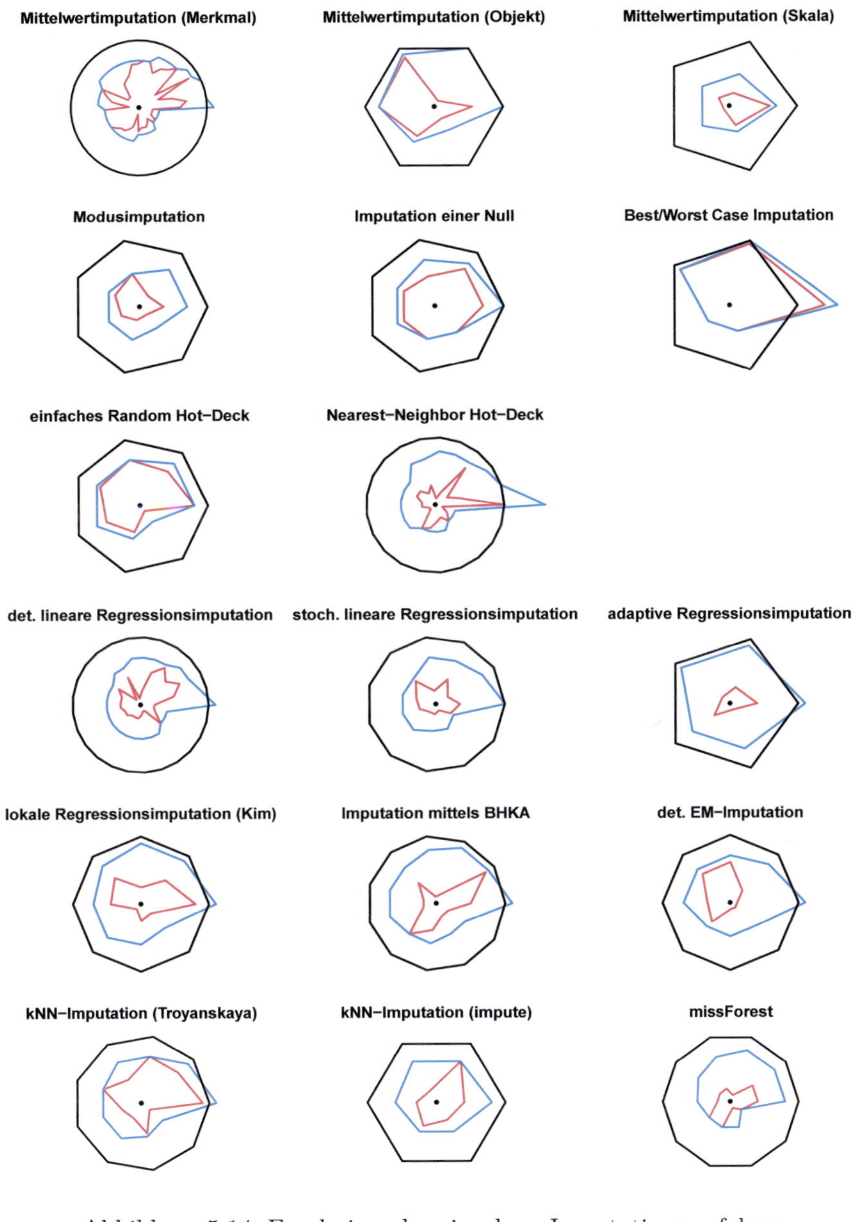

Abbildung 5.14: Ergebnisse der einzelnen Imputationsverfahren

nach Troyanskaya et al. (2001). Die Ergebnisse von missForest gehören in den meisten Studien zu den besten Verfahren, gleichzeitig ist missForest jedoch in drei Studien mit nur wenigen Vergleichsverfahren auch das schlechteste Imputationsverfahren.

Zusätzlich zu den Sterndiagrammen werden dieselben Kennzahlen für die Imputationsverfahren wie für die Verfahrensgruppen berechnet. In der Tabelle 5.10 sind die Ergebnisse der ungewichteten Kennzahlen und in der Tabelle 5.11 die Ergebnisse der gewichteten Kennzahlen wiedergegeben. Die Berechnung der Werte geschieht analog zu denen der Tabellen 5.7 und 5.8. Die für die Kennzahlen resultierenden Rangfolgen sind in der Abbildung 5.15 visualisiert. Die zwei besten Verfahren lassen sich mithilfe der Abbildung 5.15 leicht identifizieren. Die adaptive Regressionsimputation belegt bei allen Kennzahlen den besten Rang und die stochastische lineare Regressionsimputation mit Ausnahme von $\frac{A_{rot}}{A_{blau}}$ stets den zweiten Rang. Ferner besitzt die adaptive Regressionsimputation bei vielen Kennzahlen in den Tabellen 5.10 und 5.11 einen deutlichen Abstand zu den restlichen Verfahren.

Verfahren	$\frac{A_{rot}}{A_{blau}}$	$\frac{\text{Rang}}{\#\text{Verfahren}}$	besser	Score
MWI (Merkmal)	0,493 (13)	0,724 (14)	0,534 (13)	0,661 (14)
MWI (Objekt)	0,382 (12)	0,655 (12)	0,512 (12)	0,595 (12)
MWI (Skala)	0,293 (9)	0,521 (8)	0,323 (5)	0,400 (7)
Modusimputation	0,306 (10)	0,566 (10)	0,375 (10)	0,464 (10)
Imputation einer Null	0,668 (15)	0,841 (16)	0,683 (16)	0,815 (16)
Best/Worst Case Imputation	0,892 (17)	0,965 (17)	0,810 (17)	0,962 (17)
einfaches Random Hot-Deck	0,729 (16)	0,809 (15)	0,635 (15)	0,743 (15)
NNHD	0,191 (2)	0,503 (6)	0,306 (3)	0,389 (4)
det. lineare Reg.-Imp.	0,273 (8)	0,512 (7)	0,331 (7)	0,405 (8)
stoch. lineare Reg.-Imp.	0,192 (3)	0,474 (2)	0,279 (2)	0,353 (2)
adaptive Reg.-Imp.	0,068 (1)	0,276 (1)	0,156 (1)	0,177 (1)
lokale Reg.-Imp. (Kim)	0,246 (6)	0,481 (4)	0,345 (9)	0,395 (6)
Imputation mittels BHKA	0,220 (5)	0,482 (5)	0,336 (8)	0,394 (5)
det. EM-Imputation	0,247 (7)	0,477 (3)	0,322 (4)	0,381 (3)
kNN-Imputation (Troy.)	0,527 (14)	0,707 (13)	0,547 (14)	0,644 (13)
kNN-Imputation (impute)	0,347 (11)	0,614 (11)	0,451 (11)	0,541 (11)
missForest	0,205 (4)	0,539 (9)	0,326 (6)	0,447 (9)

Tabelle 5.10: Kennzahlen der einzelnen Verfahren

Nach diesen zwei besten Verfahren folgt eine Gruppe von mehreren Verfahren, deren Bewertungsreihenfolge je nach Kriterium variiert. Zu dieser Gruppe gehören das Nearest-Neighbor Hot-Deck (NNHD), missForest, die Imputation mittels bayesscher Hauptkomponentenanalyse, die lokale Regressionsimputation, die deterministische

Verfahren	$\frac{\text{Rang}}{\#\text{Verfahren}}$	besser	Score
MWI (Merkmal)	0,704 (13)	0,537 (13)	0,647 (13)
MWI (Objekt)	0,638 (12)	0,511 (12)	0,587 (12)
MWI (Skala)	0,538 (9)	0,346 (8)	0,423 (9)
Modusimputation	0,553 (10)	0,368 (9)	0,454 (10)
Imputation einer Null	0,819 (15)	0,670 (15)	0,792 (15)
Best/Worst Case Imputation	0,942 (17)	0,826 (17)	0,937 (17)
einfaches Random Hot-Deck	0,856 (16)	0,700 (16)	0,816 (16)
NNHD	0,473 (5)	0,309 (4)	0,372 (5)
det. lineare Reg.-Imp.	0,503 (8)	0,334 (6)	0,403 (7)
stoch. lineare Reg.-Imp.	0,444 (2)	0,270 (2)	0,331 (2)
adaptive Reg.-Imp.	0,279 (1)	0,163 (1)	0,183 (1)
lokale Reg.-Imp. (Kim)	0,500 (7)	0,371 (10)	0,422 (8)
Imputation mittels BHKA	0,475 (6)	0,338 (7)	0,392 (6)
det. EM-Imputation	0,455 (3)	0,309 (5)	0,365 (3)
kNN-Imputation (Troy.)	0,730 (14)	0,582 (14)	0,677 (14)
kNN-Imputation (impute)	0,605 (11)	0,447 (11)	0,533 (11)
missForest	0,464 (4)	0,286 (3)	0,366 (4)

Tabelle 5.11: Gewichtete Kennzahlen der einzelnen Verfahren

EM-Imputation, die deterministische lineare Regressionsimputation sowie die Mittelwertimputation innerhalb einer Skala. Die Unterschiede zwischen diesen Verfahren sind in den Tabellen 5.10 und 5.11 meist nur gering. Insbesondere bei den Kennzahlen in der Tabelle 5.10 variieren die Ränge der Verfahren innerhalb dieser Gruppe stark (besonders auffällig z. B. bei missForest oder der deterministischen EM-Imputation). Jedoch können sich bei Berücksichtigung der Anzahl an Vergleichsverfahren die deterministische EM-Imputation, missForest und das Nearest-Neighbor Hot-Deck aus dieser Gruppe leicht herauslösen, wie die Ränge in der Abbildung 5.15 zeigen. Sie sind in allen gewichteten Kennzahlen besser als die anderen Verfahren aus dieser Gruppe. Der Abstand dieser Dreiergruppe zum nächstschlechteren Verfahren ist in der Tabelle 5.11 aber auch bei den gewichteten Kennzahlen häufig nur gering.

Die Modusimputation kann in vielen Kennzahlen in den Tabellen 5.10 und 5.11 fast zu dem schlechtesten Verfahren der vorherigen Gruppe aufschließen. Sie weist bei der gewichteten Kennzahl „besser“ sogar einen kleineren Wert als die Mittelwertimputation innerhalb einer Skala auf, die zur vorherigen Gruppe gehört. Die restlichen Verfahren sind in allen Kennzahlen schlechter als die bisher genannten.

Bei den restlichen Verfahren existieren mit der merkmalsweisen Mittelwertimputation und der kNN-Imputation nach Troyanskaya et al. (2001) sowie der Imputation

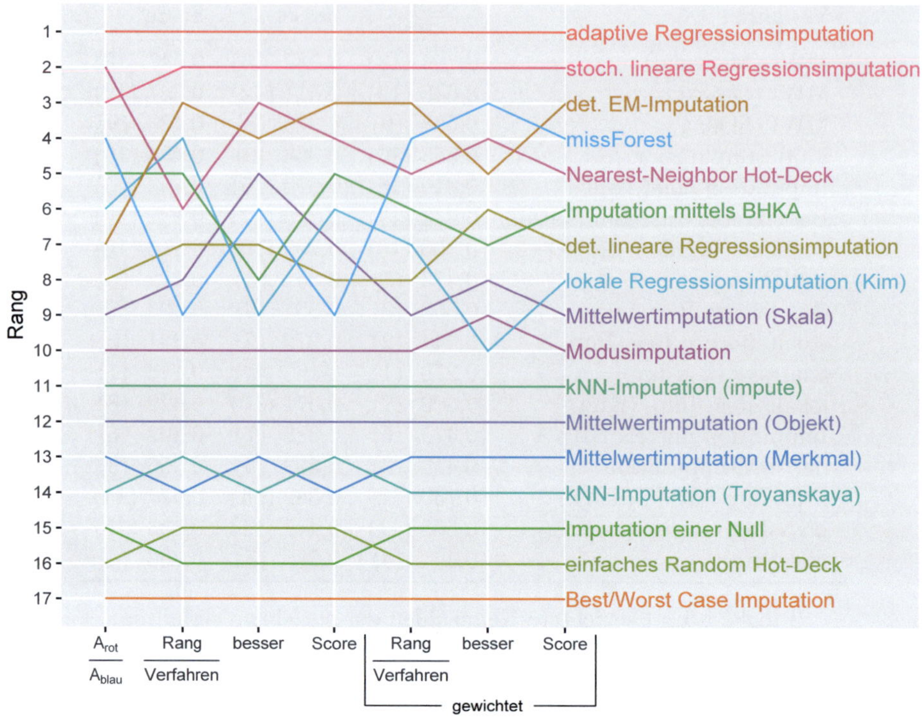

Abbildung 5.15: Ränge der Verfahren

einer Null und dem einfachen Random Hot-Deck noch zwei Zweiergruppen an Verfahren, innerhalb derer jeweils die Ränge bei den Kennzahlen mehrmals getauscht werden. Die restlichen drei Verfahren kNN-Imputation mittels impute, objektweise Mittelwertimputation und die Imputation eines Best oder Worst Case Werts halten ihren Rang über alle gewichteten und ungewichteten Kennzahlen hinweg konstant. Die Imputation eines Best oder Worst Cases ist bei allen Kennzahlen mit deutlichem Abstand das schlechteste Verfahren gefolgt von dem einfachen Random Hot-Deck und der Imputation einer Null. Nach diesen Verfahren folgen die kNN-Imputation nach Troyanskaya et al. (2001), die merkmalsweise und objektweise Mittelwertimputation und die kNN-Imputation mittels impute.

In der Simulationsstudie im Kapitel 6 wird sich zeigen, dass unterschiedliche Gütekriterien zu unterschiedlichen Einschätzungen der Verfahrensgüte führen können. Daher wäre es theoretisch wünschenswert, die bisherigen Auswertungen aufgegliedert nach unterschiedlichen Gütekriterien zu wiederholen. Jedoch zeigen bereits die

Abbildung 5.11 und die Tabelle 5.9, dass für die meisten Gütekriterien nicht genügend Beobachtungen vorliegen würden, um eine sinnvolle Auswertung durchführen zu können.

Die Kennzahlen in den Tabellen 5.10 und 5.11 unterstützen den Eindruck, den die Abbildung 5.14 vermittelt. Insgesamt schneiden die einfachen Imputationsverfahren, das einfache Random Hot-Deck sowie die kNN-Imputationsverfahren in den Studien, in denen sie miteinbezogen werden, meist schlecht ab. Das mit Abstand schlechteste Verfahren ist dabei die Imputation eines Best oder Worst Case Werts. Auf der anderen Seite sprechen die Ergebnisse dafür, dass die adaptive Regressionsimputation das beste Verfahren ist gefolgt von der stochastischen linearen Regressionsimputation.

5.4.3 Paarvergleich der Imputationsverfahren

Die vorherigen Abschnitte vermitteln bereits einen Überblick über die Ergebnisse der Verfahren in den untersuchten Studien. Jedoch wird bei den bisherigen Betrachtungen nicht erfasst, welche Verfahren in den Studien miteinander verglichen werden. Es ist jedoch möglich, dass die Auswahl der Verfahren in einer Studie ihre Platzierung beeinflusst. So kann z. B. ein gutes Verfahren, welches nur mit anderen guten Verfahren verglichen wird, schlechter erscheinen als ein mittelmäßiges Verfahren, dass nur mit schlechten Verfahren verglichen wird. Um diesen Effekt der Vergleichsverfahren stärker zu berücksichtigen, werden in diesem Abschnitt die Verfahren paarweise miteinander verglichen.

Für diesen Paarvergleich wird zunächst für jedes Verfahren erfasst, in wie vielen Studien es mit den anderen Verfahren verglichen wird. Zusätzlich wird für jedes Paar an Verfahren festgehalten, wie häufig das eine Verfahren mindestens so gut wie das andere ist. Aus diesen beiden Werten wird anschließend der Anteil an Studien berechnet, in denen das eine Verfahren mindestens so gut ist wie das jeweilige Vergleichsverfahren. Die Ergebnisse dieser Untersuchung sind in der Tabelle 5.12 dargestellt. Die Prozentzahlen in der Tabelle 5.12 geben an, wie häufig das Verfahren in der Zeile genauso gut oder besser als das Verfahren in der Spalte ist. Zusätzlich ist in Klammern unter der Prozentzahl die Anzahl an Studien angegeben, in denen beide Verfahren miteinander verglichen werden. Falls zwei Verfahren in keiner der 95 Studien direkt miteinander verglichen werden, wird dies in der Tabelle durch den Eintrag „-“ kenntlich gemacht.

Um die Ergebnisse in der Tabelle 5.12 schneller erfassen zu können, werden Zellen, bei denen das Verfahren in der Zeile in mehr als der Hälfte der Vergleiche mindestens genauso gut wie das Verfahren in der Spalte ist, grün hervorgehoben. Umgekehrt werden die Zellen rot eingefärbt, wenn das Verfahren in der Zeile häufiger schlechter als das Verfahren in der Spalte ist. Falls das Verfahren in der Zeile in genau der Hälfte der Studien mindestens genauso gut ist wie das Verfahren in der Spalte, dann wird die Zelle leicht grau schattiert. Wenn keine der untersuchten Studien beide Verfahren direkt miteinander vergleicht, bleibt die Zelle weiß. Ferner sind zur besseren Orientierung die Zellen auf der Hauptdiagonalen dunkelgrau schattiert.

Die Intensität der Farben in der Tabelle 5.12 zeigt an, ob ein 95 %-Konfidenzintervall[59] den Wert 50 % überdeckt oder nicht. Falls der Wert nicht überdeckt wird, dann werden die Farben intensiver dargestellt. Genau dann, wenn die Farben intensiver sind, würde auch ein Test mit dem Hypothesenpaar H_0: „das Verfahren in der Zeile ist in der Hälfte der Fälle mindestens genauso gut wie das Verfahren in der Spalte" gegen H_A: „das Verfahren in der Zeile ist nicht in der Hälfte der Fälle mindestens genauso gut wie das Verfahren in der Spalte" zu einer Ablehnung von H_0 führen. Die intensiv rot gefärbten Zellen können folglich so interpretiert werden, dass das Verfahren in der Zeile signifikant ($\alpha = 5$ %) schlechter als das Verfahren in der Spalte ist. Umgekehrt bedeutet eine intensive Grünfärbung, dass das Verfahren in der Zeile signifikant mindestens genauso gut wie das Verfahren in der Spalte ist.

Zwei Verfahren lassen sich mithilfe der Tabelle 5.12 direkt miteinander vergleichen, sofern beide Verfahren mindestens in einer Studie gleichzeitig betrachtet werden. Falls Verfahren A mit Verfahren B verglichen werden soll, gibt die Tabelle 5.12 drei Arten von Auskünften. Zum einen zeigt die Zelle mit Zeile A und Spalte B, in wie viel Prozent der direkten Vergleiche Verfahren A mindestens genauso gut wie Verfahren B ist. Zum anderen gibt 100 % minus der Prozentzahl in der Zelle mit Zeile B und Spalte A an, in wie viel Prozent der Studien das Verfahren A zu besseren Ergebnissen als das Verfahren B geführt hat. Als drittes gibt die Summe der Prozentzahlen beider Zellen minus 100 % an, in wie vielen Studien beide Verfahren gleich gut sind. Bei den Interpretationen ist zu beachten, dass die Ergebnisse verlässlicher sind, in je mehr Studien beide Verfahren miteinander verglichen werden.

Diese drei Kennzahlen sollen beispielhaft am Vergleich einer Nearest-Neighbor Hot-Deck Imputation mit der merkmalsweisen Mittelwertimputation verdeutlicht werden. Die 100 % in der Zelle mit Zeile NNHD und Spalte MWIM bedeuten, dass

[59] Für die Berechnung der Konfidenzintervalle werden in der Tabelle 5.12 Wilson-Intervalle verwendet (vgl. Wilson, 1927, S. 209). Diese zeigen bei kleinen Stichprobenumfängen – wie sie insbesondere hier vorliegen – deutlich bessere Resultate, als das klassische Wald-Intervall, welches auf der Normalverteilungsapproximation mittels zentralem Grenzwertsatz beruht (vgl. Agresti und Coull, 1998, S. 119–125; Newcombe, 1998, S. 857–870; Brown et al., 2001, S. 101–115). Ihre Verwendung wird daher unter anderem von Agresti und Coull (1998, S. 125), Newcombe (1998, S. 857) und Brown et al. (2001, S. 115) empfohlen.

	MWIM	MWIO	MWIS	ModI	NULL	BWC	eRHD	NNHD	dlR	slR	aR	lokR	BHKA	dEMI	kNNT	kNNi	missF
MWIM	100% (47)	60% (5)	25% (4)	50% (2)	75% (4)	100% (1)	33% (3)	17% (6)	29% (17)	11% (9)	33% (3)	40% (5)	29% (7)	0% (4)	25% (4)	25% (4)	0% (3)
MWIO	80% (5)	100% (6)	-	-	100% (2)	100% (1)	-	0% (1)	0% (2)	-	0% (1)	0% (1)	0% (1)	-	0% (1)	-	-
MWIS	75% (4)	-	100% (5)	-	-	-	-	100% (2)	67% (3)	0% (1)	-	-	-	-	-	-	-
ModI	100% (2)	-	-	100% (7)	-	-	100% (1)	33% (3)	-	-	-	-	-	-	-	-	-
NULL	50% (4)	50% (2)	-	-	100% (7)	-	-	-	-	-	-	0% (1)	0% (1)	-	0% (1)	0% (3)	0% (2)
BWC	0% (1)	0% (1)	-	-	-	100% (5)	-	0% (3)	0% (1)	-	-	-	-	-	-	-	-
eRHD	100% (3)	-	-	0% (1)	-	-	100% (7)	0% (4)	0% (1)	0% (1)	-	-	-	-	-	-	0% (1)
NNHD	100% (6)	100% (1)	0% (2)	100% (3)	-	100% (3)	100% (4)	100% (21)	25% (4)	100% (1)	-	-	-	100% (1)	0% (1)	-	0% (1)
dlR	76% (17)	100% (2)	33% (3)	-	-	100% (1)	100% (1)	100% (4)	100% (25)	40% (5)	33% (3)	100% (3)	80% (5)	50% (4)	100% (4)	100% (1)	-
slR	89% (9)	-	100% (1)	-	-	-	100% (1)	100% (1)	80% (5)	100% (11)	-	-	-	-	-	-	-
aR	67% (3)	100% (1)	-	-	-	-	-	-	67% (3)	-	100% (5)	75% (4)	100% (4)	50% (2)	100% (3)	100% (1)	-
lokR	80% (5)	100% (1)	-	-	100% (1)	-	-	-	67% (3)	-	50% (4)	100% (8)	43% (7)	0% (1)	100% (3)	33% (3)	0% (1)
BHKA	86% (7)	100% (1)	-	-	100% (1)	-	-	-	40% (5)	-	25% (4)	71% (7)	100% (11)	0% (1)	60% (5)	100% (3)	100% (1)
dEMI	100% (4)	-	-	-	-	-	-	0% (1)	50% (4)	-	50% (2)	100% (1)	100% (1)	100% (8)	100% (2)	100% (1)	100% (1)
kNNT	75% (4)	100% (1)	-	-	100% (1)	-	-	100% (1)	0% (4)	-	0% (3)	0% (3)	40% (5)	0% (2)	100% (9)	-	-
kNNi	75% (4)	-	-	-	100% (3)	-	-	-	100% (1)	-	0% (1)	67% (3)	33% (3)	0% (1)	-	100% (6)	33% (3)
missF	100% (3)	-	-	-	100% (2)	-	100% (1)	100% (1)	-	-	-	100% (1)	100% (1)	0% (1)	-	100% (3)	100% (10)

Die Abkürzungen in der Tabelle bedeuten: Mittelwertimputation (merkmalsweise) (MWIM), Mittelwertimputation (objektweise) (MWIO), Mittelwertimputation (skalenweise) (MWIS), Modusimputation (ModI), Imputation einer Null (NULL), Imputation eines Best oder Worst Case Werts (BWC), einfaches Random Hot-Deck (eRHD), Nearest-Neighbor Hot-Deck (NNHD), deterministische lineare Regressionsimputation (dlR), stochastische lineare Regressionsimputation (slR), adaptive Regressionsimputation (aR), lokale Regressionsimputation (lokR), Imputation mittels bayesscher Hauptkomponentenanalyse (BHKA), deterministische EM-Imputation (dEMI), kNN-Imputation nach Troyanskaya et al. (2001) (kNNT), kNN-Imputation mittels R-Paket impute (kNNi) und missForest (missF)

Tabelle 5.12: Paarvergleich der Imputationsverfahren

das Nearest-Neighbor Hot-Deck in allen Studien mindestens genauso gut ist wie die merkmalsweise Mittelwertimputation. Die 17 % in der Zelle mit Zeile MWIM und Spalte NNHD bedeuten, dass in 83 % der direkten Vergleiche das Nearest-Neighbor Hot-Deck besser als die merkmalsweise Mittelwertimputation ist. Außerdem ergibt sich aus beiden Zellen zusammen, dass die beiden Verfahren in 17 % der Studien zu etwa gleich guten Ergebnissen führen. Diese Beurteilung beruht auf 6 Studien und zeigt relativ deutlich, dass ein Nearest-Neighbor Hot-Deck einer merkmalsweisen Mittelwertimputation vorzuziehen ist.

Neben dem direkten Vergleich zweier Verfahren erlaubt die Tabelle 5.12 auch die Beurteilung einzelner Verfahren. Hierzu kann für ein Verfahren dessen Zeile und Spalte in der Tabelle 5.12 verwendet werden. Die Interpretation der numerischen Einträge erfolgt analog zum Vergleich zweier Verfahren. Die Einfärbung der Tabellenzellen erlaubt darüber hinaus auch eine „optische“ Einschätzung eines Verfahrens. Je grüner die Zeile eines Verfahrens ist und je röter die Spalte, desto besser ist das Verfahren. Umgekehrt ist ein Verfahren schlechter, je röter die Zeilen und je grüner die Spalten sind.

Die Reihenfolge der Verfahren in der Tabelle 5.12 entspricht der Reihenfolge in der Abbildung 5.14 und den Tabellen 5.10 und 5.11. Die ersten sechs Verfahren in der Tabelle stammen aus der Gruppe der einfachen Imputationsverfahren. Diese einfachen Imputationsverfahren (mit Ausnahme der Mittelwertimputation innerhalb einer Skala) und das einfache Random Hot-Deck bilden eine Gruppe an Verfahren, die den restlichen Verfahren meist unterlegen sind. Dies lässt sich dadurch erkennen, dass alle Felder in den zugehörigen Zeilen nach der Spalte eRHD entweder rot oder weiß sind. Die Verfahren aus dieser Gruppe sind also, wenn sie mit einem anderen Verfahren verglichen werden, in über der Hälfte der Vergleiche schlechter als jedes Verfahren, das nicht zu dieser Gruppe gehört. Aus der Gruppe der einfachen Imputationsverfahren ragt die Mittelwertimputation innerhalb einer Skala etwas heraus, da sie zu leicht besseren Ergebnissen als die anderen einfachen Imputationsverfahren führt. Jedoch existieren für dieses Verfahren für viele Paarvergleiche keine Studien.

Das Nearest-Neighbor Hot-Deck liefert kein eindeutiges Bild. Es scheint besser als ein Teil der Verfahren zu sein, ist aber anderen wiederum unterlegen. Jedoch liegen für fünf Vergleiche keine Daten und für weitere fünf nur ein direkter Vergleich vor. Daher ist eine genaue Einschätzung schwierig. Die deterministische lineare Regressionsimputation bietet ein leicht besseres Bild als das Nearest-Neighbor Hot-Deck. Außerdem liegen für deren Paarvergleiche meist etwas mehr Studien vor.

Die stochastische lineare Regressionsimputation und die adaptive Regressionsimputation sind auch in der Tabelle 5.12 als beste Verfahren zu identifizieren. Sie sind in allen Paarvergleichen in mindestens der Hälfte der Studien genauso gut oder besser wie das jeweilige Verfahren, mit denen sie verglichen werden. Ferner sind sie in vielen Fällen den Vergleichsverfahren sogar überlegen. Jedoch weisen die Paarvergleiche beider Verfahren auch einige Lücken auf. Insbesondere werden die beiden Verfahren von keiner der 95 Studien direkt miteinander verglichen.

Die drei weiteren multivariaten Verfahren, die lokale Regressionsimputation, die Imputation mittels bayesscher Hauptkomponentenanalyse und die deterministische EM-Imputation, weisen ähnliche Muster auf. Die lokale Regressionsimputation und die Imputation mittels bayesscher Hauptkomponentenanalyse scheinen dabei etwas schlechter als die deterministische EM-Imputation zu sein. Jedoch basieren auch bei diesen drei Verfahren viele Paarvergleiche nur auf wenigen Studien oder fehlen vollständig.

Die beiden auf kNN beruhenden Imputationsverfahren sind in den Paarvergleichen meist nur besser als die einfachen Imputationsverfahren, wie die beiden zugehörigen Spalten kNNT und kNNi in der Tabelle 5.12 zeigen. Die einzige Ausnahme hiervon ist der Paarvergleich von kNNi mit der lokalen Regressionsimputation, bei dem kNNi in zwei der drei Studien besser ist als die lokale Regressionsimputation. Das letzte Verfahren in der Tabelle, missForest, ist in allen Paarvergleichen, für die Daten existieren, mindestens genauso gut wie das Vergleichsverfahren. Die einzige Ausnahme hiervon stellt der Vergleich mit der deterministischen EM-Imputation dar. Jedoch ist auch hierbei anzumerken, dass viele Vergleiche nur auf einer Studie beruhen und missForest in keiner Studie mit der adaptiven Regressionsimputation oder der stochastischen linearen Regressionsimputation verglichen wird.

Insgesamt unterstützt die Tabelle 5.12 die bereits in Abschnitt 5.4.2 getroffenen Aussagen. Jedoch erlaubt sie die zusätzliche Möglichkeit zwei Verfahren direkt miteinander zu vergleichen. Hierbei zeigt sich, dass viele Vergleiche nur auf wenigen Studien beruhen oder von keiner der 95 untersuchten Studien durchgeführt werden. Dies trifft insbesondere auf den direkten Vergleich der Verfahren adaptive Regressionsimputation, stochastische lineare Regressionsimputation und missForest zu, die in allen Betrachtungen zu den besten Verfahren gehören.

5.5 Zusammenfassung und Forschungslücken

Insgesamt zeigen die Ergebnisse dieses Kapitels, dass die Studiendesigns zum Vergleich der Imputationsverfahren relativ heterogen sind. Dies erschwert auf der einen Seite den direkten Vergleich einzelner Studien miteinander. Auf der anderen Seite stellt dies die Vergleiche der Imputationsverfahren in Abschnitt 5.4 auf eine breite Basis. Insbesondere bei Verfahren, die in vielen Studien untersucht werden, verringert diese breite Basis die Wahrscheinlichkeit, dass das Abschneiden eines Verfahrens alleine durch das Simulationsdesign zu erklären ist.

Bei der Bewertung der Verfahrensgruppen in Abschnitt 5.4.1 zeigen sich deutliche Unterschiede zwischen den Gruppen. Die Gruppen, die bei den Betrachtungen zu den besten Ergebnissen führen, sind die Imputationsverfahren, die auf Clustering basieren, gefolgt von den Regressionsimputationsverfahren und den Verfahren, die zur Imputation eine Hauptkomponentenanalyse oder eine Singulärwertzerlegung verwenden. Die drei schlechtesten Gruppen sind Verfahren, die einen vorgegebenen Wert, einen Lageparameter oder eine Zufallszahl imputieren. All diese Verfahren gehören zu den einfachen Imputationsverfahren. Die Ergebnisse der restlichen Verfahrensgruppen befinden sich im Mittelfeld zwischen diesen besten und schlechtesten Verfahrensgruppen.

Wenn anstelle der Verfahrensgruppen einzelne Imputationsverfahren betrachtet werden, zeigen sich bei Einbezug aller Ergebnisse aus den Abschnitten 5.4.2 und 5.4.3 zwei beste Verfahren, eine Gruppe von weiteren guten Verfahren und eine klare Gruppe an schlechtesten Verfahren. Das beste Verfahren in den untersuchten Studien ist die adaptive Regressionsimputation gefolgt von der stochastischen linearen Regressionsimputation. Hinter diesen beiden Verfahren können sich missForest und die deterministische EM-Imputation sowie mit einigen Abstrichen bei den Paarvergleichen das Nearest-Neighbor Hot-Deck einordnen. Die Gruppe der schlechtesten Verfahren wird gebildet durch alle einfachen Imputationsverfahren (mit Ausnahme der Mittelwertimputation innerhalb einer Skala) sowie dem einfachen Random Hot-Deck.

Die Betrachtungen in den Abschnitten 5.2 und 5.3 sowie das eingehende Studium der gefundenen Studien deuten auf mehrere Punkte hin, die in zukünftigen Simulationen und deren Dokumentation verbessert werden könnten. Zunächst wäre es wünschenswert, dass die Simulationen auf genug Wiederholungen basieren, um verlässliche Ergebnisse zu erhalten. Darüber hinaus erscheint die zusätzliche Angabe eines Reliabilitätsmaßes wie dem Monte Carlo Standardfehler sinnvoll, damit auch direkt aus einer Veröffentlichung die Reliabilität einer Studie beurteilt werden kann. Insgesamt wäre es sinnvoll, wenn das Design der Simulationen von den Autoren zum einen besser dokumentiert und zum anderen auch begründet werden würde. Dies würde die Einordnung und Beurteilung der Studien sowie die Interpretation der Ergebnisse durch nicht an der Durchführung beteiligte Personen erheblich erleichtern.

Die gefundenen Resultate in Abschnitt 5.4 deuten auf diverse Forschungslücken hin. Zunächst ist die Mehrzahl der in den Studien untersuchten Verfahren ausschließlich für quantitative Daten geeignet. Simulationen, die auf qualitativen oder gemischtskalierten Datenmatrizen basieren, sind hingegen eher selten. Ferner konnte kein Verfahren, das zur besten Verfahrensgruppe der Imputation mittels Clustering in Abschnitt 5.4.1 gehört, in den Abschnitten 5.4.2 und 5.4.3 miteinbezogen werden, da keines dieser Verfahren in genug Studien untersucht wird. Aus diesem Grund ist es schwer abschätzbar, ob Verfahren aus dieser Gruppe anderen Imputationsverfahren wirklich überlegen sind oder ob das gute Abschneiden der Verfahrensgruppe durch den zu Beginn des Abschnitts 5.4 angesprochen Effekt, dass Verfahren in den Studien ihrer „Erschaffer“ zu den besten gehören, hervorgerufen wird.

Dass insgesamt noch große Lücken im direkten Vergleich verschiedener Imputationsverfahren bestehen, zeigen die vielen weißen Flecken in der Tabelle 5.12. Die Ergebnisse bei einem Teil dieser Lücken, wie die Vergleiche von einfachen Imputationsverfahren mit fortschrittlicheren Verfahren, sind vermutlich vorhersehbar. Aber in anderen Teilen sind weitere Untersuchungen für den weiteren Erkenntnisgewinn unvermeidbar. So werden insbesondere die fünf besten Verfahren (adaptive Regressionsimputation, stochastische lineare Regressionsimputation, deterministische EM-Imputation, missForest und Nearest-Neighbor Hot-Deck) in der Tabelle 5.12 meist in keiner oder nur in ein oder zwei Studien direkt miteinander verglichen. Da diese Verfahren von allen untersuchten Verfahren das größte Potenzial für ein gutes Imputationsergebnis aufweisen, erscheinen weitere Studien zu diesen Verfahren besonders wichtig.

6 Simulationsstudie: Vergleich der besten Verfahren

Um einen Teil der im Kapitel 5 gefundenen Lücken beim Vergleich von Imputationsverfahren zu schließen, wird im Folgenden eine Simulationsstudie durchgeführt. In dieser Simulationsstudie werden die fünf besten gefundenen Einzelverfahren (adaptive Regressionsimputation, stochastische lineare Regressionsimputation, deterministische Regressionsimputation, missForest und Nearest-Neighbor Hot-Deck) zusammen mit vier weiteren Verfahren direkt miteinander verglichen, da direkte Vergleiche dieser fünf besten Einzelverfahren in keiner bzw. nur sehr wenigen der untersuchten Studien durchgeführt wurden.[60] Der Aufbau der Simulationsstudie wird in Abschnitt 6.1 beschrieben. Weitere Details zur Implementierung und der verwendeten Software sind im Anhang E.2 zu finden. Bevor die Studienergebnisse in Abschnitt 6.3 dargestellt werden, wird zunächst in Abschnitt 6.2 auf die Aufbereitung der Simulationsdaten und die Verlässlichkeit der Ergebnisse eingegangen. Abschließend werden die Ergebnisse in Abschnitt 6.4 zusammengefasst und interpretiert.

6.1 Design der Simulationsstudie

In diesem Abschnitt wird das Design der Simulationsstudie dargestellt. Hierbei wird zunächst auf die Erzeugung der Datenmatrizen eingegangen. Anschließend werden die verwendeten Ausfallmechanismen und Imputationsverfahren angegeben. Zum Abschluss werden die Gütekriterien erläutert. Der Studie liegt ein vollständiger Versuchsplan zugrunde. Das bedeutet, dass alle Faktorstufenkombinationen der untersuchten Einflussfaktoren simuliert werden. Die Durchführung der Simulationsstudie erfolgt mittels der Statistikprogrammiersprache R (R Core Team, 2020) in der Version

[60] Ein Vorgänger dieser Simulationsstudie wurde als Arbeitspapier veröffentlicht (vgl. Rockel, 2018). Die Struktur des Kapitels ähnelt dem Arbeitspapier und einige Ausführungen sind identisch. Es wurden jedoch an vielen Stellen (Verfahrensauswahl, Datenmatrizen, Generierung der fehlenden Werte, Gütekriterien, Auswertung der Ergebnisse) Verbesserungen und Erweiterungen vorgenommen.

4.0.2. Alle verwendeten Pakete und deren Versionsnummern sind im Anhang E.2.5 aufgeführt.

6.1.1 Datenmatrizen

Im Rahmen dieser Simulationsstudie wird ausschließlich auf simulierte Datenmatrizen zurückgegriffen, wodurch alle Eigenschaften der Datenmatrizen direkt beeinflusst werden können. Ferner wird die Verwendung von simulierten Datenmatrizen von dem Großteil der im Kapitel 5 untersuchten Studien gewählt. Wie aus den untersuchten Studien des Kapitels 5 hervorgeht, haben insbesondere die Anzahl an Objekten und Merkmalen sowie die Stärke des Zusammenhangs zwischen den Merkmalen Einfluss auf die Imputationsverfahren. Daher werden in der Simulationsstudie Datenmatrizen mit $n = 100$ und $n = 500$ Objekten sowie $m = 6$ und $m = 30$ Merkmalen erzeugt, wodurch der Spreizungsfaktor[61] für beide Faktoren identisch ist. Die verwendeten Dimensionen liegen im Mittelfeld der untersuchten Datenmatrizen von anderen Simulationsstudien (vgl. Abschnitt 5.3.1). Sie stellen also im Bezug zu den untersuchten Studien keine extremen Szenarien dar, die eventuell zu einem verzerrten Bild der Verfahrensgüte führen könnten. Für die Anzahl an Merkmalen werden gerade Zahlen verwendet. Dadurch kann genau die Hälfte an Merkmalen mit fehlenden Werten versehen werden, wodurch der Anteil fehlender Werte bezogen auf die gesamte Datenmatrix nicht von der Anzahl an Merkmalen abhängt. Ferner werden drei unterschiedlich starke Korrelationen im Rahmen der Datenerzeugung verwendet. Die Korrelationsstufen $\rho = 0{,}1; 0{,}4; 0{,}7$ repräsentieren die Fälle, dass ein sehr schwacher, ein mittlerer und ein starker Zusammenhang zwischen den Merkmalen vorliegt. Bei den simulierten Datenmatrizen ist die theoretische Korrelation zwischen allen Merkmalen gleich hoch.

Zur Erzeugung der Datenmatrizen wird eine multivariate Normalverteilung mit einem Erwartungswertvektor $\mu = 0$ verwendet. Ferner wird die Varianz in allen Merkmalen auf Eins gesetzt. Die Kovarianz zwischen zwei Merkmalen entspricht daher der

[61] Der Spreizungsfaktor beträgt in beiden Fällen 5, da $n = 5 \cdot 100 = 500$ und $m = 5 \cdot 6 = 30$ sind.

Korrelation ρ. Hierdurch ergibt sich in Abhängigkeit von der gewählten Korrelation ρ die folgende Kovarianzmatrix, die den simulierten Datenmatrizen zugrunde liegt:

$$\Sigma^{orig} = \left(\sigma_{kl}^{orig}\right)_{m \times m} = \begin{pmatrix} 1 & \rho & \rho & \dots & \rho \\ \rho & 1 & \rho & \dots & \rho \\ \vdots & & \ddots & & \vdots \\ \rho & \dots & \rho & 1 & \rho \\ \rho & \dots & \rho & \rho & 1 \end{pmatrix} \tag{6.1}$$

Die Simulation der Datenmatrizen in R geschieht mithilfe des Pakets mvtnorm (Genz et al., 2020), welches auf dem Buch von Genz und Bretz (2009) basiert.

6.1.2 Erzeugung fehlender Werte

Zur Erzeugung der fehlenden Werte werden sowohl ein MCAR- als auch zwei MAR-Ausfallmechanismen verwendet. Hierdurch können unterschiedlich starke Ausfallsituationen simuliert werden. Für jeden Ausfallmechanismus wird ein multivariates Ausfallmuster erzeugt, indem in allen Merkmalen mit einem geraden Index (2, 4, ...) Werte gelöscht werden. Hierdurch werden, unabhängig davon, ob $m = 6$ oder $m = 30$ ist, stets in der Hälfte der m Merkmale fehlende Werte erzeugt. Ferner wird der Anteil fehlender Werte p in den Variablen, die vom Ausfall betroffen sind, von 10 % bis 50 % in zehn Prozentpunkteschritten variiert.

Als schwächste Ausfallform wird ein MCAR-Ausfallmechanismus simuliert. Für diesen MCAR-Ausfallmechanismus werden in jeder Variable, in der Werte fehlen sollen, zufällig Werte gelöscht. Die Anzahl der gelöschten Werte in einem Merkmal mit fehlenden Werten ist dabei stets $n \cdot p$, mit $p = 0{,}1; 0{,}2; \dots; 0{,}5$. Dieser MCAR-Ausfallmechanismus entspricht dem im Beispiel 2.2 des Abschnitts 2.4.1 beschriebenen Mechanismus.

Um die Auswirkungen einer Verstärkung des Ausfallmechanismus zu untersuchen, werden zusätzlich zwei unterschiedlich starke Formen eines MAR-Ausfallmechanismus simuliert. Für den MAR-Ausfallmechanismus wird zunächst für jedes Merkmal, in dem Werte fehlen sollen, ein anderes Merkmal ausgewählt, das den Ausfall steuert. In der Simulation wird zur Steuerung des Ausfalls in einem Merkmal stets das vorhergehende Merkmal verwendet. Das erste Merkmal steuert also den Ausfall im zweiten, das dritte Merkmal den Ausfall im vierten usw. Für die Merkmale mit zu löschenden Werten $k+1,\ k = 1, 3, \dots, m-1$, wird zunächst der Median a_k^{med} im ausfallsteuerenden Merkmal k berechnet. Anschließend werden die Objekte anhand dieses Medians in zwei Gruppen mit unterschiedlich hohen Ausfallwahrscheinlichkeiten eingeteilt. Das Verhältnis dieser beiden Ausfallwahrscheinlichkeiten beträgt dabei 1 : 2 (für die schwächere Form des MAR-Ausfallmechanismus) bzw. 1 : 4 (für die stärkere Form des MAR-Ausfallmechanismus). Daher werden diese beiden Ausfallmechanismen im Folgenden auch als MAR1:2 bzw. MAR1:4 bezeichnet.

Für eine exakte Definition des MAR-Ausfallmechanismus sei $I_{k,<med} = \{i \in \{1,\ldots,n\} \mid a_{ik} < a_k^{med}\}$ die Indexmenge der Objekte, deren Wert im ausfallsteuerenden Merkmal k, $k = 1, 3, \ldots, m-1$, kleiner als der Median ist. Dazu analog ist $I_{k,\geq med} = \{i \in \{1,\ldots,n\} \mid a_{ik} \geq a_k^{med}\}$ die Indexmenge der Objekte, deren Wert im Merkmal k größer oder gleich dem Median ist. Für diese beiden Gruppen an Objekten werden nun Ausfallwahrscheinlichkeiten $p_{k,<med}$ und $p_{k,\geq med}$ so bestimmt, dass das Verhältnis $p_{<med} : p_{\geq med}$ möglichst nahe bei 1:2 (MAR1:2) bzw. 1:4 (MAR1:4) liegt. Die exakte Bestimmung von $p_{k,<med}$ und $p_{k,\geq med}$ geschieht so, dass die Werte $|I_{k,<med}| \cdot p_{k,<med}$ und $|I_{k,\geq med}| \cdot p_{k,\geq med}$ (welche der Anzahl fehlender Werte in der jeweiligen Gruppe entsprechen) stets ganzzahlig sind. Ferner werden $p_{<med}$ und $p_{\geq med}$ so gewählt, dass die Gesamtanzahl an fehlenden Werten in einem Merkmal beim MAR- und MCAR-Ausfallmechanismus gleich ist, also:

$$|I_{k,<med}| \cdot p_{k,<med} + |I_{k,\geq med}| \cdot p_{k,\geq med} = n \cdot p. \tag{6.2}$$

Zum anderen soll das Verhältnis $p_{k,<med} : p_{k,\geq med}$ möglichst gleich 1:2 (MAR1:2) bzw. 1:4 (MAR1:4) sein. Falls eine Gleichheit aufgrund der vorher gegeben Restriktionen nicht möglich ist, werden $p_{<med}$ und $p_{\geq med}$ so gewählt, dass die absolute Differenz zwischen $p_{<med} : p_{\geq med}$ und 1:2 bzw. 1:4 möglichst klein ist. Der Ausfallmechanismus führt also in jedem Fall zur selben Anzahl fehlender Werte im Merkmal $k+1$ wie der MCAR-Ausfallmechanismus, es können jedoch aufgrund der Restriktionen (leichte) Abweichungen vom Verhältnis 1:2 bzw. 1:4 auftreten.

Anhand der Ausfallwahrscheinlichkeiten $p_{k,<med}$ und $p_{k,\geq med}$ werden im Merkmal $k+1$ Werte gelöscht. Dazu werden von den Objekten, die zur ersten Gruppe $I_{k,<med}$ gehören, genau $|I_{k,<med}| \cdot p_{k,<med}$ Werte im Merkmal $k+1$ gelöscht. Analog werden von den Objekten der zweiten Gruppe $I_{k,\geq med}$ exakt $|I_{k,\geq med}| \cdot p_{k,\geq med}$ Werte im Merkmal $k+1$ gelöscht. Eine schematische Darstellung des MAR-Ausfallmechanismus für $k = 1$ befindet sich in der Abbildung 6.1. Das Merkmal 1 steuert in der Abbildung den Ausfall im Merkmal 2. Zur Vereinfachung der Darstellung wird für die Abbildung 6.1 davon ausgegangen, dass alle Objekte, deren Werte im Merkmal 1 kleiner als der Median des Merkmals 1 sind, sich in der oberen Hälfte der Datenmatrix befinden.

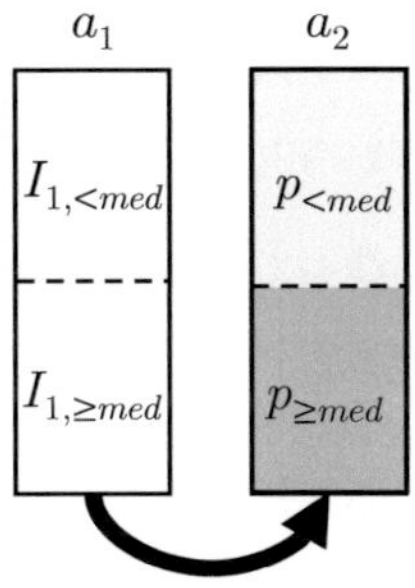

Abbildung 6.1: Schematische Darstellung des MAR-Ausfallmechanismus

Daher besitzt jeder der Werte im Merkmal 2 in der oberen Hälfte der Datenmatrix eine Wahrscheinlichkeit von $p_{1,<med}$ zu fehlen. Die Wahrscheinlichkeit, dass ein Objekt aus der unteren Hälfte der Datenmatrix im Merkmal 2 einen fehlenden Wert aufweist, beträgt entsprechend $p_{1,\geq med}$. Da $p_{1,\geq med}$ sowohl bei MAR1:2 als auch bei MAR1:4 größer ist als $p_{1,<med}$, fehlen im unteren Teil des Merkmals 2 mehr Werte als im oberen Teil. Dies wird in der Abbildung durch eine dunklere Färbung des unteren Teils des Merkmals 2 angedeutet. Das ausfallsteuerende Merkmal 1 hingegen bleibt vollständig und ist daher in weiß dargestellt.

Die Abweichung des Verhältnis $p_{k,<med} : p_{k,\geq med}$ von 1:1 kann als Maß für die Stärke des simulierten MAR-Ausfallmechanismus interpretiert werden. Je weiter das Verhältnis von 1:1 entfernt ist, desto stärker beeinflusst das Merkmal k den Ausfall im Merkmal $k+1$ ($k = 1, 3, \ldots, m-1$). Der MAR1:2-Ausfallmechanismus ist also in gewisser Weise „halb“ so stark wie der MAR1:4-Ausfallmechanismus. Ferner kann der simulierte MCAR-Ausfallmechanismus auch als eine Art MAR1:1-Ausfallmechanismus interpretiert werden.[62] Deshalb können der MAR1:2- und der MAR1:4-Ausfallmechanismus auch als eine Verstärkung des MCAR-Ausfallmechanismus interpretiert werden. Im Folgenden wird daher der MAR1:4-Ausfallmechanismus auch als stärkster und der MCAR-Ausfallmechanismus als schwächster Ausfallmechanismus bezeichnet. Alle Ausfallmechanismen werden mithilfe des Paketes missMethods (Rockel, 2020) simuliert.

6.1.3 Imputationsverfahren

In der Studie werden die folgenden neun Imputationsverfahren verglichen:

[62] Es wird hier nur von einer Art MAR1:1-Ausfallmechanismus gesprochen, da der verwendete MCAR-Ausfallmechanismus das Verhältnis nur im Mittel erfüllt, aber bei einzelnen Simulationsläufen das Verhältnis von 1:1 abweichen kann.

- adaptive Regressionsimputation (aR)
- stochastische lineare Regressionsimputation (slR)
- deterministische EM-Imputation (dEMI)
- missForest (missF)
- Nearest-Neighbor Hot-Deck (NNHD)
- stochastische EM-Imputation (sEMI)
- deterministische lineare Regressionsimputation (dlR)
- einfaches Random Hot-Deck (eRHD)
- Mittelwertimputation innerhalb eines Merkmals (MWIM)

Die ersten fünf Verfahren sind die fünf besten Einzelverfahren des Kapitels 5 und daher Teil der Studie. Die weiteren vier Verfahren werden aus verschiedenen Gründen hinzugefügt. Die stochastische EM-Imputation wird mit einbezogen, um feststellen zu können, ob der Übergang bei der EM-Imputation von einem deterministischen zu einem stochastischen Verfahren, ähnlich wie bei der linearen Regressionsimputation, zu einer Verbesserung führt (im Kapitel 5 schneidet die stochastische lineare Regressionsimputation besser ab als die deterministische lineare Regressionsimputation). Die deterministische lineare Regressionsimputation und die Mittelwertimputation innerhalb eines Merkmals werden als Vergleichsverfahren verwendet, da diese in vielen Studien miteinbezogen werden (vgl. Abschnitt 5.3.3). Ferner bildet die deterministische lineare Regressionsimputation den deterministischen Gegenpart zur stochastischen linearen Regressionsimputation analog zu den beiden EM-Imputationsverfahren. Um auch der Mittelwertimputation ein stochastisches Gegenstück entgegenzusetzen, wird das einfache Random Hot-Deck miteinbezogen. Diese beiden Verfahren können als eine der einfachsten Formen einer deterministischen bzw. stochastischen Imputation angesehen werden.

Von den neun Imputationsverfahren in der Simulationsstudie sind die drei Verfahren einfaches Random Hot-Deck, stochastische lineare Regressionsimputation und stochastische EM-Imputation stochastisch und die restlichen sechs deterministisch.[63] Insbesondere die Unterschiede zwischen den drei stochastischen Imputationsverfahren

[63] Hierbei ist deterministisch im weiteren Sinne gemeint, da einige der Verfahren wie z. B. missForest eine stochastische Komponente bei der Bestimmung der Imputationsmodelle besitzen (vgl. Abschnitt 3.2).

und den drei dazu passenden Gegenparts (Mittelwertimputation, deterministische lineare Regressionsimputation und deterministische EM-Imputation) werden in den Ergebnissen immer wieder deutlich werden. Die in der Simulation für die Imputationsverfahren verwendeten Pakete und Funktionen sind im Anhang E.2.3 dokumentiert.

6.1.4 Gütekriterien

Um die Güte der Imputationsverfahren zu untersuchen, wird von jeder in Abschnitt 5.3.4 beschriebenen Aggregationsstufe mindestens ein Kriterium verwendet. Hierdurch ermöglicht die Simulation einen umfassenden Überblick über verschiedene Aspekte einer Datenanalyse. Ferner hebt sie sich dadurch von den untersuchten Studien ab, da keine der Studien alle Aggregationsstufen gleichzeitig betrachtet. Auf der Stufe der Imputationswerte wird die Güte der Verfahren anhand des RMSE zwischen den Werten der Originalmatrix und der imputierten Matrix ermittelt. Auf Ebene der univariaten Verteilung werden die Verfahren sowohl anhand ihrer Schätzgüte der Erwartungswerte als auch der Varianzen beurteilt. Die Auswirkungen auf die multivariate Verteilung wird anhand der geschätzten Kovarianzen untersucht. Auf der Modellebene und für die Prognose wird jeweils ein lineares Regressionsmodell eingesetzt. Diese Auswahl der Kriterien ist für die simulierten Datenmatrizen eine relativ natürliche Wahl. Zum einen werden die Verfahren anhand der Schätzgüte aller vorgegeben Simulationsparameter beurteilt. Zum anderen stellt die lineare Regression vermutlich eines der bekanntesten Verfahren zur Modellierung quantitativer Daten dar. Ferner stimmen die simulierten Daten exakt mit den Annahmen der linearen Regression überein. Des Weiteren sind diese Kriterien die auf der jeweiligen Aggregationsstufe am häufigsten genutzten Kriterien in den untersuchten Simulationsstudien. Die einzige Ausnahme hiervon ist das Kriterium für die Prognosewerte, bei dem sich kein Verfahren als Favorit etablieren konnte (vgl. Abschnitt 5.3.4).

Die Abweichungen zwischen den wahren Werten bzw. Parametern und den imputierten Werten bzw. nach der Imputation geschätzten Parametern wird bei allen Kriterien mithilfe des RMSE berechnet. Die Verwendung des RMSE ist eine Möglichkeit, um gleichzeitig die Verzerrung und die Variabilität einer Parameterschätzung beurteilen zu können (vgl. van Buuren, 2018, S. 52). Für die Abweichungen zwischen der vervollständigten Datenmatrix $A^{verv} = (a_{ik}^{verv})_{n \times m}$ und der Datenmatrix mit den Originalwerten $A^{orig} = \left(a_{ik}^{orig}\right)_{n \times m}$ berechnet sich der RMSE mittels

$$\sqrt{\frac{1}{n \cdot m} \sum_{i=1}^{n} \sum_{k=1}^{m} \left(a_{ik}^{verv} - a_{ik}^{orig}\right)^2}. \tag{6.3}$$

Anhand dieser Kennzahl wird die Genauigkeit der Imputationswerte beurteilt.

Zur Bewertung der Schätzgüte des Erwartungswertes wird der RMSE zwischen dem wahren Erwartungswertvektor $\mu^{orig} = \left(\mu_1^{orig}, \ldots, \mu_m^{orig}\right)^T$ und dem anhand der vervollständigten Datenmatrix geschätzten Erwartungswertvektor $\hat{\mu}^{verv} = (\hat{\mu}_1^{verv}, \ldots, \hat{\mu}_m^{verv})^T$ berechnet:

$$\sqrt{\frac{1}{m} \sum_{k=1}^{m} \left(\hat{\mu}_k^{verv} - \mu_k^{orig}\right)^2} \tag{6.4}$$

Bei dem gewählten Simulationsdesign entspricht μ^{orig} entweder dem 6-dimensionalen Nullvektor (bei 6 Merkmalen) oder dem 30-dimensionalen Nullvektor (bei 30 Merkmalen). Der Erwartungswert $\hat{\mu}_k^{verv}$ im Merkmal k wird anhand des Mittelwerts der vervollständigten Datenmatrix A^{verv} im Merkmal k geschätzt.

Analog wird für die Beurteilung der Varianzschätzung der RMSE zwischen den wahren Varianzen $\sigma_{11}^{orig}, \ldots, \sigma_{mm}^{orig}$ und den anhand der vervollständigten Datenmatrix geschätzten Varianzen $s_{11}^{verv}, \ldots, s_{mm}^{verv}$ berechnet:

$$\sqrt{\frac{1}{m} \sum_{k=1}^{m} \left(s_{kk}^{verv} - \sigma_{kk}^{orig}\right)^2} \tag{6.5}$$

Da die Varianz in der Simulation für alle Merkmale mit Eins vorgegeben ist, ist $\sigma_{kk}^{orig} = 1$ für alle $k \in \{1, \ldots, m\}$. Die empirische Varianz s_{kk}^{verv} wird anhand von allen Werten der vervollständigten Datenmatrix A^{verv} im Merkmal k geschätzt.

Die Abweichung zwischen der wahren Kovarianz und der geschätzten Kovarianz wird mittels

$$\sqrt{\frac{2}{m \cdot (m-1)} \sum_{k=1}^{m} \sum_{k<l} \left(s_{kl}^{verv} - \sigma_{kl}^{orig}\right)^2} \tag{6.6}$$

berechnet. Dabei entspricht die wahre Kovarianz σ_{kl}^{orig} zwischen den Merkmalen k und l der aktuellen Faktorstufe der Korrelation $\rho = 0{,}1$; $0{,}4$ oder $0{,}7$ in der Simulation, da alle Merkmale eine Varianz von Eins aufweisen (vgl. Formel (6.1)). Die geschätzte Kovarianz s_{kl}^{verv} zwischen zwei Merkmalen k und l wird mithilfe der R-Funktion `cov()` anhand der vervollständigten Datenmatrix A^{verv} berechnet.

Die Güte des geschätzten linearen Regressionsmodells wird mithilfe des RMSE zwischen den wahren Regressionskoeffizienten $\beta_0^{orig}, \beta_2^{orig}, \ldots, \beta_m^{orig}$ und den anhand der vervollständigten Datenmatrix geschätzten Regressionskoeffizienten $\hat{\beta}_0^{verv}, \hat{\beta}_2^{verv}, \ldots, \hat{\beta}_m^{verv}$ bewertet:

$$\sqrt{\frac{1}{m}\left(\left(\hat{\beta}_0^{verv} - \beta_0^{orig}\right)^2 + \sum_{k=2}^{m}\left(\hat{\beta}_k^{verv} - \beta_k^{orig}\right)^2\right)} \tag{6.7}$$

Da alle Merkmale in den simulierten Datenmatrizen in gewisser Weise „gleich" sind, wird stets das erste Merkmal der Datenmatrix als abhängige Variable und die restlichen Merkmale als unabhängige Variablen verwendet.[64] Die wahren Regressionskoeffizienten werden gemäß dem Vorgehen von Johnson und Wichern (2007, S. 402) bestimmt.

Zur Bewertung der Imputationsverfahren anhand von Prognosewerten wird bei der Erzeugung der Datenmatrizen eine zusätzliche Variable $y = (y_1, \ldots, y_n)$ mittels

$$y_i = \sum_{k=1}^{m} a_{ik} + \varepsilon_i \tag{6.8}$$

generiert, wobei der zufällige Fehler ε_i aus einer Normalverteilung mit einem Erwartungswert von Null und einer Varianz von $m(1 + (m-1)\rho)$ gezogen wird. Die Varianz des zufälligen Fehlers entspricht damit der theoretischen Varianz von $\sum_{k=1}^{m} a_{ik}$, wenn diese Summe als Zufallsvariable aufgefasst wird. Durch diese Wahl der Varianz von ε_i ist immer die Hälfte der Varianz von y_i anhand der Daten, unabhängig von den anderen Faktoren der Simulationsstudie, erklärbar (vgl. Abschnitt E.1 im Anhang).

Um eine Prognosesituation zu simulieren, wird die Datenmatrix (A^{verv}, y) bestehend aus der vervollständigten Datenmatrix A^{verv} und dem Vektor y in ein Trainings- und ein Testset geteilt. Für das Trainingsset werden die y-Werte als bekannt angesehen und das lineare Regressionsmodell wird anhand dieses Teils der Datenmatrix geschätzt. Anschließend werden mithilfe dieses geschätzten Regressionsmodells die y-Werte für die Objekte aus dem Testset prognostiziert. Diese prognostizierten y-Werte werden dann mit den wahren y-Werten mittels RMSE verglichen. Die Einführung einer zusätzlichen Variable y (anstatt der Verwendung eines Merkmals aus der Datenmatrix) und die Aufteilung der Datenmatrix geschieht, um eine reale Prognosesituation zu simulieren. In einer solchen sind die Werte der abhängigen Variable nur für einen Teil der Objekte bekannt und sollen für die restlichen Objekte prognostiziert werden. Im Normalfall ist also ein Teil der abhängigen Variable unbeobachtet. Um das Verhältnis der Anzahl der Objekte zwischen Trainings- und Testset über alle Faktorstufen konstant

[64] Daher „fehlt" bei den Koeffizienten β_1^{orig} und $\hat{\beta}_1^{verv}$.

halten zu können und gleichzeitig die Datenmatrix nicht komplett neu imputieren zu müssen, wird die zusätzliche Variable y eingeführt. Diese Variable wird zusammen mit der vollständigen Datenmatrix erzeugt und steht keinem Imputationsverfahren zur Verfügung. Über alle Faktorstufen werden stets 70 % der Objekte zum Schätzen der Modelle und 30 % der Objekte zur Berechnung des RMSE verwendet.[65]

6.1.5 Ablaufplan

Für die Simulation wird jede Faktorstufenkombination 10.000-mal simuliert. Die Anzahl an Wiederholungen ist relativ hoch im Vergleich zu den gefundenen Studien – nur eine Studie im vorherigen Kapitel verwendet eine höhere Anzahl an Wiederholungen (vgl. Abschnitt 5.2). Durch diese hohe Anzahl an Wiederholungen soll die Reliabilität der Ergebnisse gesichert werden. Auf den Aspekt der Reliabilität wird vor der Aus-

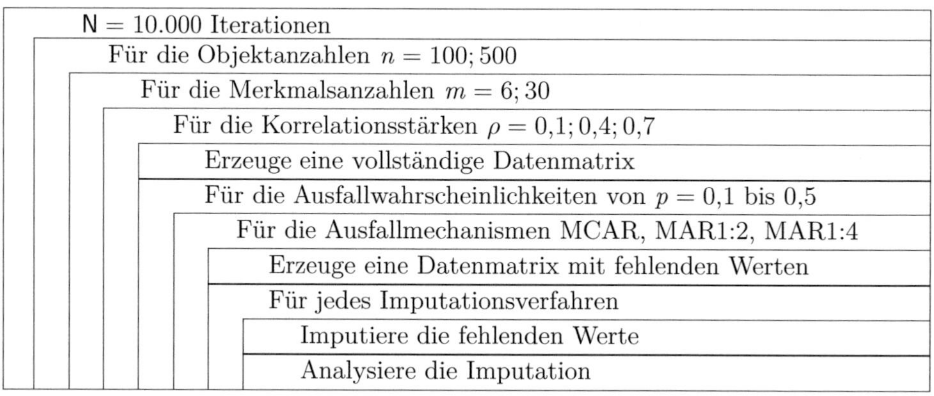

Abbildung 6.2: Ablaufplan der Simulationsstudie

[65] Falls der Vektor y (oder Teile davon) den Imputationsverfahren zur Verfügung gestellt würde, könnten sich die Ergebnisse ändern. Jedoch würde eine Einbeziehung von y ins Imputationsmodell fast zu einer Verdopplung der Rechenzeit der Simulation führen, da alle Datenmatrizen zweimal (einmal mit y für die Bewertung anhand der Prognosewerte und einmal ohne y für alle anderen Kriterien) imputiert werden müssten. Um diese doppelte Imputation zu vermeiden, könnte ein Merkmal aus der Datenmatrix A als abhängige Variable verwendet werden. Bei der Verwendung eines vollständigen Merkmals aus A würden eigentlich unbekannte Werte (die prognostiziert werden sollen) bei der Imputation verwendet werden, was unrealistisch ist. Wenn stattdessen ein unvollständiges Merkmal als abhängige Variable fungieren würde, könnten alle gelöschten Werte als zu prognostizieren eingestuft werden. Jedoch würde dies dazu führen, dass die Anzahl an Objekten, die zur Schätzung des Regressionsmodells verwendet wird, vom Anteil fehlender Werte abhängt. Hierdurch wäre der Effekt, dass der Umfang des Trainingssets die Prognosegüte der Modelle beeinflusst, nicht mehr vom Effekt der reinen Änderung des Anteils fehlender Werte zu trennen. Aus diesen Gründen wird sowohl die Verwendung eines Merkmals aus der Datenmatrix als abhängige Variable, als auch die Integration von y in die Imputationsmodelle in der Simulation nicht weiter betrachtet.

wertung der Ergebnisse noch einmal in Abschnitt 6.2 genauer eingegangen. Die im Folgenden dargestellten Ergebnisse sind jeweils Mittelwerte über diese $\mathsf{N} = 10.000$ Wiederholungen. Eine Übersicht über das Design der Simulationsstudie ist in der Abbildung 6.2 zu finden.

6.2 Datenaufbereitung und Verlässlichkeit der Ergebnisse

Die Aufbereitung der Simulationsdaten geschieht in R (R Core Team, 2020) in der Version 4.0.2 zumeist mittels Funktionen aus dem Tidyverse (Wickham et al., 2019). Insgesamt wurden bei der Simulation über alle Faktorstufen hinweg 97.200.000 Datenpunkte generiert. Bei der Datenaufbereitung fielen anhand der Logdateien bei ca. 0,24 % der Datenpunkte Probleme auf. Diese Probleme können fast ausschließlich auf die beiden EM-Imputationsverfahren bei den Datenmatrizen mit $n = 100$ Objekten und $m = 30$ Merkmalen zurückgeführt werden.[66] Es traten dabei zwei unterschiedliche Effekte auf. Zum einen konvergierte der EM-Algorithmus in manchen Fällen nicht und zum anderen erzeugte die deterministische EM-Imputation teilweise eine so starke lineare Abhängigkeit zwischen den Merkmalen, dass eine eindeutige Schätzung der Regressionskoeffizienten nicht möglich war.

Die Konvergenzprobleme treten mit einer Ausnahme ausschließlich bei den Datenmatrizen mit $n = 100$ Objekten und $m = 30$ Merkmalen auf. Für diese Datenmatrizen ist der Anteil an Wiederholungen, bei denen Konvergenzprobleme aufgetreten sind, eingeteilt nach Ausfallmechanismus und Korrelation in der Abbildung 6.3a dargestellt. Die Abszissenachse in der Abbildung 6.3a beginnt erst bei einem Anteil von 20 % fehlender Werte, da bei weniger fehlenden Werten keine Konvergenzprobleme aufgetreten sind. Besonders häufig treten Konvergenzprobleme bei vielen fehlenden Werten und beim MAR1:4-Ausfallmechanismus auf. Im schlechtesten Fall konvergiert der EM-Algorithmus in mehr als 14 % der Wiederholungen nicht.

Falls der EM-Algorithmus nicht konvergiert, gibt er in vielen Fällen trotzdem Parameterschätzwerte zurück. Anhand dieser kann theoretisch eine Imputation durchgeführt werden. Die resultierenden RMSE-Werte aus diesen Imputationen sind in der

[66] Zusätzlich zur EM-Imputation versagte auch die adaptive Regressionsimputation bei drei unvollständigen Datenmatrizen. Da dies jedoch nur 18 der 97.200.000 Datenpunkte – also weniger als $2 \cdot 10^{-5}$ % der Datenpunkte – betrifft, wurde dieser Umstand nicht weiter untersucht und diese Datenpunkte eliminiert. Alle anderen Imputationsverfahren liefen über die gesamte Simulation ohne Fehler.

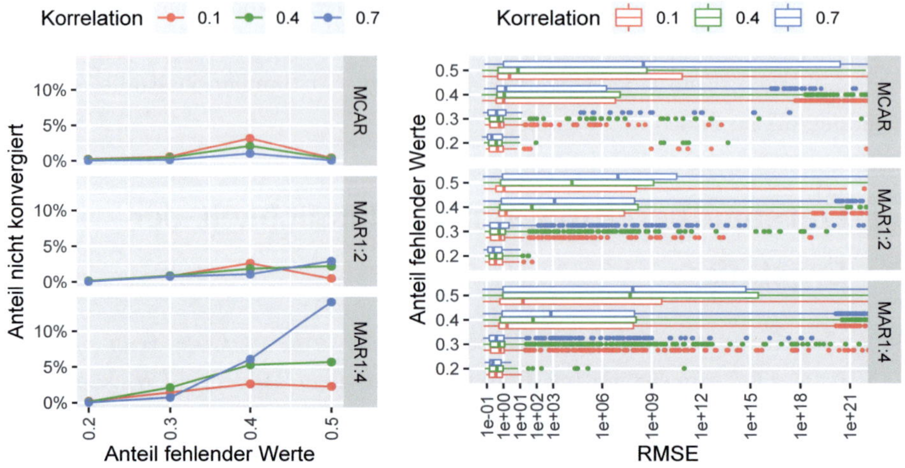

(a) Anteil nicht konvergiert

(b) RMSE-Werte

Abbildung 6.3: Konvergenzprobleme des EM-Algorithmus

Abbildung 6.3b als Box-Plots dargestellt. Die Abszissenachse der Abbildung 6.3b ist logarithmisch skaliert, um die Größenordnung der RMSE-Werte besser zu verdeutlichen. Ferner werden in der Abbildung 6.3b nur RMSE-Werte bis zu einer Größenordnung von 10^{22} dargestellt, um die durch die Box-Plots dargestellten Quantile besser erkennen zu können. Hierdurch werden ein Teil der Whiskers bei manchen Box-Plots abgeschnitten und viele Ausreißer nicht dargestellt (einige Ausreißer sind größer als 10^{150}). Im Vergleich zu den restlichen RMSE-Werten, die in über 99,8 % der Fälle kleiner als 1,7 bzw. in 99,99 % der Fälle kleiner als 12 sind, stellen viele der in der Abbildung 6.3b erfassten RMSE-Werte extreme Ausreißer dar. Die Ergebnisse der beiden EM-Imputationsverfahren wären bei Einbeziehung dieser extremen Werte in keiner der folgenden Auswertungsabbildungen bei den Datenmatrizen mit $n = 100$ Objekten und $m = 30$ Merkmalen darstellbar. Aus diesem Grund werden für die weitere Betrachtung alle Werte der beiden EM-Imputationsverfahren eliminiert, falls der EM-Algorithmus nicht konvergiert ist.

Zusätzlich zu den Konvergenzproblemen des EM-Algorithmus erzeugt die deterministische EM-Imputation in wenigen Fällen eine so starke lineare Abhängigkeit in der vervollständigten Datenmatrix, dass die Schätzung der linearen Regressionskoeffizienten nicht mehr eindeutig möglich ist. Dieses Problem tritt ausschließlich bei den Datenmatrizen mit $n = 100$ Objekten und $m = 30$ Merkmalen auf und auch bei diesen Datenmatrizen nur in weniger als 1 % der Simulationsläufe. Falls dieses Problem auftritt, ist die Berechnung der Gütekriterien für die Schätzgüte der Regressionskoeffizienten bzw. der Prognosewerte nicht möglich. Daher werden diese imputierten Datenmatrizen bei diesen Gütekriterien außen vor gelassen.

Um die Verlässlichkeit der Ergebnisse der Simulationsstudie beurteilen zu können, werden im Folgenden die Monte Carlo Standardfehler $\hat{\sigma}_{MC}$ für die einzelnen Imputationsverfahren untersucht. Allgemein gilt, je kleiner die Monte Carlo Standardfehler sind, desto verlässlicher sind die Ergebnisse in der Simulationsstudie. Gleichzeitig deuten große Monte Carlo Standardfehler bei einzelnen Verfahren in bestimmten Situation darauf hin, dass diese Verfahren nicht zuverlässig sind. Dies ist insbesondere dann der Fall, wenn die Monte Carlo Standardfehler der anderen Verfahren im Vergleich deutlich kleiner sind. Details zur Berechnung der Monte Carlo Standardfehler sind im Anhang E.3 zu finden.

In der Abbildung 6.4 sind die Monte Carlo Standardfehler $\hat{\sigma}_{MC}$ für die einzelnen Imputationsverfahren aufgeteilt nach den Faktorstufen der Simulation dargestellt. In der Abbildung fehlen die beiden EM-Imputationsverfahren für die Datenmatrizen mit 100 Objekten und 30 Merkmalen, da diese – selbst wenn der EM-Algorithmus konvergiert – teilweise zu extremen Werten neigen, wodurch die Größenordnung der Monte Carlo Standardfehler der anderen Verfahren nicht mehr erkennbar ist. Aus demselben Grund sind auch die Monte Carlo Standardfehler für die deterministische Regressionsimputation bei diesen Datenmatrizen für die Schätzgüte der Regressionskoeffizienten nicht dargestellt.[67] Wie groß die Monte Carlo Standardfehler dieser ausgeschlossenen Verfahren ist, wird beim Vergleich der Abbildung 6.4 mit der Abbildung E.1 im Anhang deutlich, bei der die Monte Carlo Standardfehler für alle Verfahren dargestellt sind. Aus der Abbildung 6.4 geht hervor, dass die Monte Carlo Standardfehler bei den ersten fünf Gütekriterien normalerweise kleiner als 0,001 sind. Außerdem zeigt die Abbildung 6.4, dass die Monte Carlo Standardfehler tendenziell mit einer zunehmenden Anzahl an Merkmalen und Objekten sinken sowie bei einer Zunahme des Anteils fehlender Werte steigen.

In den folgenden Abschnitten 6.3.1 bis 6.3.6 werden in den Abbildungen 6.5 bis 6.16 die Ergebnisse der Verfahren getrennt nach Kriterien und Anzahl der Objekte n dargestellt. Für jede dieser Abbildungen ist in der Tabelle 6.1 der maximale Monte Carlo

[67] Aus den folgenden Abbildungen bzw. den Tabellen im Anhang E.5 geht hervor, dass diese großen Monte Carlo Standardfehler mit sehr schlechten RMSE-Werten einhergehen. Die Verfahren sind also für diese Datenmatrizen bzw. diese Kombination aus Datenmatrix und Gütekriterien nicht empfehlenswert.

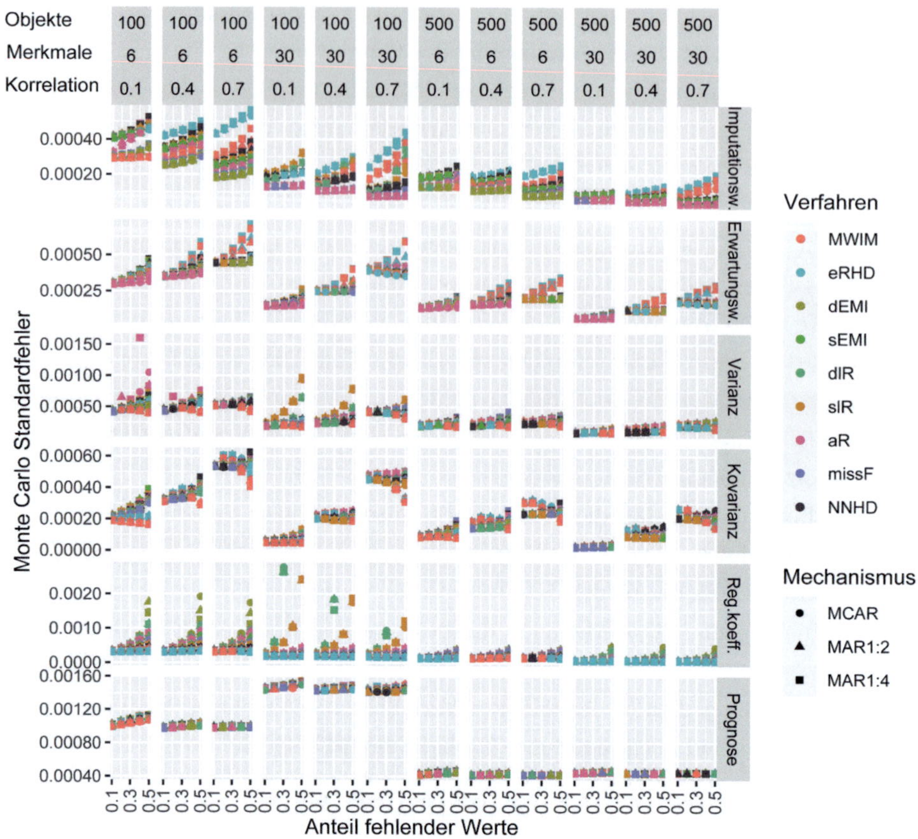

Abbildung 6.4: Monte Carlo Standardfehler

Standardfehler $\hat{\sigma}_{MC,max}$ über alle Faktorstufenkombinationen angegeben.[68] Ferner ist für jede Abbildung in der Spalte *SP* die dargestellte Spannweite der Ordinatenachse erfasst, die der Differenz zwischen dem größten und dem kleinsten darstellbaren Wert in der jeweiligen Abbildung entspricht. Hierdurch können die Monte Carlo Standardfehler in Relation zu den dargestellten Ergebnissen gesetzt werden. Das Verhältnis zwischen maximalen Monte Carlo Standardfehler und der dargestellten Spannweite beträgt in allen Abbildungen weniger als 0,013. Da die Monte Carlo Standardfehler

[68] Wie in der Abbildung 6.4 bleiben die beiden EM-Imputationsverfahren für die Datenmatrizen mit $n = 100$ Objekten und $m = 30$ Merkmalen sowie die deterministische Imputation bei dem Gütekriterium Regressionskoeffizienten für die Datenmatrizen mit $n = 100$ Objekten und $m = 30$ Merkmalen wieder unberücksichtigt.

also deutlich kleiner als die dargestellten Bereiche sind, erscheinen die Ergebnisse der Simulationsstudie auf den ersten Blick verlässlich zu sein.

Abbildung	Kriterium	n	$\hat{\sigma}_{MC,max}$	SP	$2 \cdot \hat{\sigma}_{MC,max} \cdot z_{0.975}$
6.5	Imputationswerte	100	0,00057	0,813	0,00222
6.6	Imputationswerte	500	0,00025	0,680	0,00100
6.7	Erwartungswert	100	0,00071	0,082	0,00279
6.8	Erwartungswert	500	0,00035	0,028	0,00136
6.9	Varianz	100	0,00160	0,248	0,00628
6.10	Varianz	500	0,00042	0,307	0,00166
6.11	Kovarianz	100	0,00062	0,122	0,00244
6.12	Kovarianz	500	0,00032	0,062	0,00127
6.13	Regressionskoeff.	100	0,00280	0,229	0,01096
6.14	Regressionskoeff.	500	0,00048	0,099	0,00187
6.15	Prognose	100	0,00154	0,348	0,00606
6.16	Prognose	500	0,00047	0,106	0,00184

Tabelle 6.1: Übersicht: Monte Carlo Standardfehler

Um die Variabilität in den Ergebnissen und damit auch die Verlässlichkeit exakter zu quantifizieren, könnten alle in den Abbildungen 6.5 bis 6.16 dargestellten Mittelwerte um Konfidenzintervalle ergänzt werden. Hierzu können Konfidenzintervalle für eine beliebig verteilte Grundgesamtheit der Form

$$\left[\overline{\text{RMSE}} - \hat{\sigma}_{MC} \cdot z_{1-\frac{\alpha}{2}}; \overline{\text{RMSE}} + \hat{\sigma}_{MC} \cdot z_{1-\frac{\alpha}{2}}\right] \tag{6.9}$$

für den erwarteten RMSE verwendet werden, wobei $\overline{\text{RMSE}}$ der mittlere RMSE über alle N Wiederholungen, $\hat{\sigma}_{MC}$ der zugehörige Monte Carlo Standardfehler und $z_{1-\frac{\alpha}{2}}$ das $\left(1-\frac{\alpha}{2}\right)$-Fraktil der Standardnormalverteilung sind (vgl. Bamberg et al., 2017, S. 153–154).[69] Die Länge eines solchen Konfidenzintervalls beträgt $2 \cdot \hat{\sigma}_{MC} \cdot z_{1-\frac{\alpha}{2}}$. Die maximale Länge aller Konfidenzintervalle bei einem Konfidenzniveau von 95 % für jede der Abbildungen 6.5 bis 6.16 ist in der Tabelle 6.1 in der Spalte $2 \cdot \hat{\sigma}_{MC,max} \cdot z_{0.975}$ erfasst. Beim Vergleich der Werte aus der Spalte $2 \cdot \hat{\sigma}_{MC,max} \cdot z_{0.975}$ mit der dargestellten Spannweite SP zeigt sich, dass die Konfidenzintervalle in den Abbildungen sehr unterschiedlich lang wären. Das optisch längste Konfidenzintervall würde in der Abbildung 6.8 eingezeichnet werden. Jedoch würde selbst dieses weniger als 5 % der dargestellten Spannweite in der Abbildung ausmachen. Bei einem Druck auf A4-Papier wären dieses „längste" Konfidenzintervalle ca. 2,7 mm lang. Da die meisten Monte

[69] Der Divisor $\sqrt{\mathsf{N}}$ aus der üblichen Darstellung des Konfidenzintervalls ist bereits im Monte Carlo Standardfehler $\hat{\sigma}_{MC}$ enthalten (vgl. Formel (E.3) im Anhang E.3).

Carlo Standardfehler deutlich kleiner sind als der jeweils maximale angegebenen Wert in der Tabelle 6.1 (vgl. Abbildung 6.4), wären die meisten Konfidenzintervalle in den Abbildungen 6.5 bis 6.16 deutlich kürzer. Sie wären damit normalerweise nicht druckbar bzw. im Druck nicht erkennbar. Aus diesem Grund wird von einer Darstellung der Konfidenzintervalle in den Abbildungen 6.5 bis 6.16 abgesehen. Auch wenn die Konfidenzintervalle in den Abbildungen 6.5 bis 6.16 nicht dargestellt sind, folgt aus dieser Betrachtung, dass die dargestellten Ergebnisse der einzelnen Verfahren als verlässlich eingestuft werden können, da die Positionen der einzelnen Punkte in den Abbildungen als gesichert gelten können.

Neben den Ergebnissen der einzelnen Verfahren können auch die Unterschiede zwischen zwei Verfahren induktiv untersucht werden. Hierzu kann zur Überprüfung der Hypothese „zwei Verfahren führen zu unterschiedlichen Ergebnissen“ auf einer festgelegten Faktorstufenkombination ein Differenzentest verwendet werden, da die Ergebnisse zweier Verfahren auf einer Faktorstufenkombination aufgrund des Simulationsdesigns eine verbundene Stichprobe darstellen (vgl. Bamberg et al., 2017, S. 175–176). Im Anhang E.4 wird gezeigt, dass die Ablehnung der Nullhypothese (beide Verfahren führen zu demselben Ergebnis) zu Gunsten der Alternative „die Ergebnisse beider Verfahren sind unterschiedlich“ bei einem Konfidenzniveau von $1 - \alpha$ ab einer Differenz von $2 \cdot z_{1-\frac{\alpha}{2}} \cdot \hat{\sigma}_{MC,max}$ zwischen den Ergebnissen zweier Verfahren gesichert ist. Wenn also die Punkte zweier Verfahren in den Abbildungen 6.5 bis 6.16 mindestens $2 \cdot z_{0,975} \cdot \hat{\sigma}_{MC,max}$ weit auseinanderliegen, dann würde ein zweiseitiger Differenzentest zum Konfidenzniveau 95 % die Ergebnisse der Verfahren als unterschiedlich einstufen. Da diese Differenz gerade der maximalen Länge eines Konfidenzintervalls entspricht, stellt dies eine weitere Interpretationsmöglichkeit der Spalte $2 \cdot z_{0,975} \cdot \hat{\sigma}_{MC,max}$ der Tabelle 6.1 dar. Die Diskussionen zur Interpretation und Darstellbarkeit der Länge der Konfidenzintervalle ist also auf die Differenzen übertragbar. Aus diesen Betrachtungen folgt, dass die Unterschiede zwischen zwei Verfahren, wenn sie in einer der Abbildung 6.5 bis 6.16 deutlich „optisch getrennte“ Ergebnisse liefern, auch durch einen statistischen Test als signifikant eingestuft werden. Insgesamt können also die Ergebnisse der Simulation und die darauf aufbauenden Folgerungen in fast allen Fällen als statistisch gesichert angesehen werden.

6.3 Ergebnisse der Simulationsstudie

Im Folgenden werden die Ergebnisse der Imputationsverfahren gegliedert nach den Gütekriterien dargestellt. Für jedes Gütekriterium wird zunächst auf die Ergebnisse der Verfahren bei $n = 100$ Objekten und anschließend auf die Ergebnisse bei $n = 500$ Objekten eingegangen. Danach werden generelle Tendenzen aufgezeigt, die für ein Kriterium über alle Datenmatrizen hinweg existieren.

6.3.1 Genauigkeit der Imputationswerte

Die Simulationsresultate zur Beurteilung der Genauigkeit der Imputationswerte sind in den Abbildungen 6.5 und 6.6 dargestellt. Die Abbildung 6.5 enthält die Ergebnisse für die Datenmatrizen mit $n = 100$ Objekten und die Abbildung 6.6 die Ergebnisse für die Datenmatrizen mit $n = 500$ Objekten. Die Abbildungen 6.5 und 6.6 sind unterteilt in die verschiedenen Kombinationen aus Datenmatrixstruktur und Ausfallmechanismus. In den ersten drei Spalten der Abbildung sind die Ergebnisse der Datenmatrizen mit $m = 6$ Merkmalen und in den letzten drei Spalten die Ergebnisse der Datenmatrizen mit $m = 30$ Merkmalen dargestellt. Ferner enthalten die erste und die vierte Spalte die Ergebnisse der Datenmatrizen mit einer Korrelation von $\rho = 0{,}1$, die zweite und fünfte Spalte die Ergebnisse der Datenmatrizen mit einer Korrelation von $\rho = 0{,}4$ und die dritte und sechste Spalte für eine Korrelation von $\rho = 0{,}7$. In den Zeilen sind die Abbildungen 6.5 und 6.6 in die drei in Abschnitt 6.1 beschriebenen Ausfallmechanismen MCAR, MAR1:2 und MAR1:4 unterteilt.

Für jede Kombination aus Datenmatrixstruktur und Ausfallmechanismus wird auf der Abszissenachse der Anteil fehlender Werte sowie auf der Ordinatenachse der RMSE zwischen den Originalwerten und den imputierten Werten dargestellt. Je höher der RMSE ist, desto größer ist die Abweichung zwischen den Originalwerten und den imputierten Werten. Ein genaues Imputationsverfahren erzielt also kleinere RMSE-Werte als ein ungenaues Verfahren. Das genauste Verfahren ist folglich das Verfahren mit dem geringsten RMSE bei einer gegebenen Faktorstufenkombination. Unter einer Faktorstufenkombination wird in diesem Zusammenhang die Kombination einer Datenmatrixstruktur (bestehend aus einer festgelegten Anzahl an Objekten und Merkmalen sowie Korrelation) mit einem Ausfallmechanismus und einem fixen Anteil fehlender Werte verstanden. Alle in den Abbildungen 6.5 und 6.6 dargestellten RMSE-Werte sind im Anhang in der Tabelle E.1 zu finden.

In den Abbildungen 6.5 und 6.6 werden die Imputationsverfahren auf unterschiedliche Weise optisch gruppiert. Zunächst werden die Ergebnisse der Zweiergruppen bestehend aus der Mittelwertimputation und dem einfachen Random Hot-Deck, den beiden linearen Regressionsimputationsverfahren sowie den beiden EM-Imputationsverfahren jeweils durch dasselbe Symbol dargestellt. Um die Unterschiede

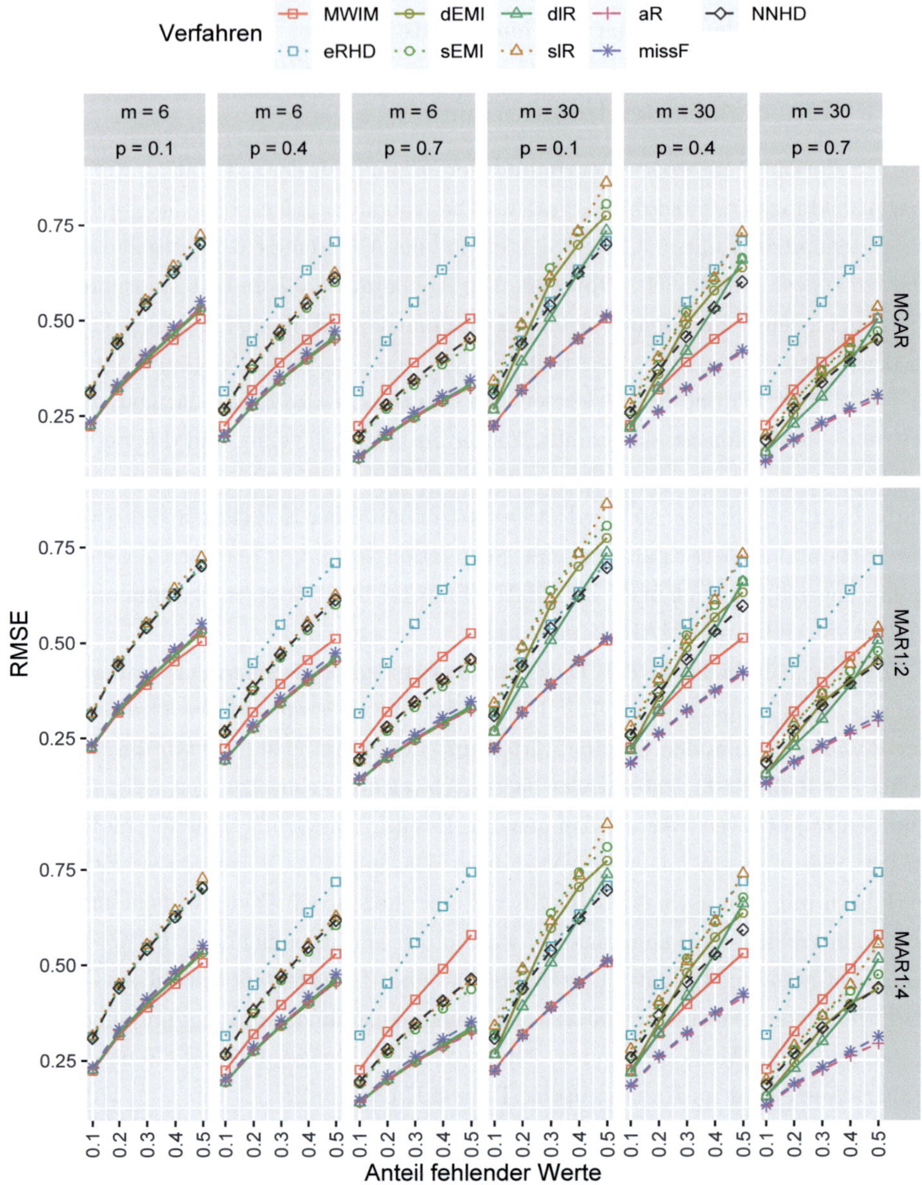

Abbildung 6.5: RMSE zwischen Originalwerten und imputierten Werten (Datenmatrizen mit $n = 100$ Objekten)

zwischen den stochastischen und den deterministischen Gruppenmitgliedern zu verdeutlichen, werden die Ergebnisse der drei deterministischen Verfahren mit einer durchgezogenen Linie und die Ergebnisse der stochastischen Verfahren durch gepunktete Linie dargestellt. Zur besseren Abgrenzung werden für die Ergebnisse der restlichen drei Verfahren adaptive Regressionsimputation, missForest und Nearest-Neighbor Hot-Deck gestrichelte Linien verwendet.

Datenmatrizen mit 100 Objekten

Bei den Datenmatrizen mit wenigen Objekten ($n = 100$), dargestellt in der Abbildung 6.5, gehören die adaptive Regressionsimputation und missForest bei allen Faktorstufenkombinationen zu den besten Verfahren.[70] Hierbei sind die Ergebnisse der adaptiven Regressionsimputation normalerweise etwas besser als die von missForest (vgl. Tabelle E.1). Inwieweit andere Verfahren zur Gruppe der besten Verfahren gehören, ist abhängig von den Stufen der anderen Faktoren. Bei den Datenmatrizen mit $m = 30$ Merkmalen und mittlerer oder hoher Korrelation bilden die adaptive Regressionsimputation und missForest alleine die Gruppe der besten Verfahren. Bei den Datenmatrizen mit $m = 6$ Merkmalen gehören auch die deterministische lineare Regressionsimputation und die deterministische EM-Imputation zu der Gruppe der besten Verfahren. Diese beiden Verfahren schneiden bei den Datenmatrizen mit $m = 30$ Merkmalen jedoch meist deutlich schlechter als die adaptive Regressionsimputation und missForest ab. Bei einer geringen Korrelation ($\rho = 0{,}1$) gehört auch die Mittelwertimputation zur Gruppe der besten Verfahren. Jedoch verschlechtern sich die Ergebnisse der Mittelwertimputation mit zunehmender Korrelation relativ zu den Ergebnissen der anderen Verfahren. Dadurch liegt sie bei einer Korrelation von $\rho = 0{,}4$ eher im Mittelfeld der Verfahren und ist bei einer hohen Korrelation normalerweise das zweitschlechteste Verfahren.

Die drei stochastischen Verfahren (einfaches Random Hot-Deck, stochastische EM-Imputation und stochastische lineare Regressionsimputation) führen bei allen Faktorstufen zu vergleichsweise ungenauen Imputationswerten. Dabei sind sie stets ungenauer als ihre deterministischen Gegenparte. Über alle Datenmatrizen mit $n = 100$ Objekten hinweg betrachtet, zählt das einfache Random Hot-Deck meist zu den ungenausten Imputationsverfahren. Jedoch sind bei niedriger Korrelation oder bei mittlerer Korrelation

[70] Adjektive wie z. B. „wenig“, „viel“, „klein“ und „groß“ sind im Folgenden stets bezogen auf die simulierten Faktorstufen zu verstehen. Wenn also beispielsweise von Datenmatrizen mit vielen Objekten gesprochen wird, sind damit die Datenmatrizen mit $n = 500$ Objekten gemeint. Dies bedeutet jedoch nicht, dass 500 Objekte im Allgemeinen viel sind.

und vielen Merkmalen die anderen beiden stochastischen Imputationsverfahren ähnlich schlecht bzw. bei vielen Merkmalen ($m = 30$) und niedriger Korrelation ($\rho = 0{,}1$) sogar schlechter. Bei wenigen Merkmalen ($m = 6$) verhält sich das Nearest-Neighbor Hot-Deck sehr ähnlich wie die stochastische EM-Imputation und die stochastische Regressionsimputation. Bei vielen Merkmalen ($m = 30$) führt das Nearest-Neighbor Hot-Deck jedoch zu besseren Ergebnissen als die stochastischen Verfahren und ist stellenweise sogar besser als deren deterministische Gegenparte.

Datenmatrizen mit 500 Objekten

Wie bei den Datenmatrizen mit $n = 100$ Objekten ist die adaptive Regressionsimputation bei $n = 500$ Objekten (Abbildung 6.6) stets in der Gruppe der besten Verfahren. Auch missForest gehört bei den größten Datenmatrizen ($n = 500$ Objekte und $m = 30$ Merkmale) weiterhin zur Gruppe der besten Verfahren. Bei den Datenmatrizen mit $n = 500$ Objekten und $m = 6$ Merkmalen liefert missForest jedoch leicht ungenauere Imputationswerte als die Verfahren aus der Gruppe der Besten. Dies wird insbesondere bei einem höheren Anteil fehlender Werte deutlich. Anstatt missForest gehören bei den Datenmatrizen mit $n = 500$ Objekten stets die deterministischen Varianten der linearen Regressionsimputation und der EM-Imputation zur Gruppe der besten Verfahren. Bei einer niedrigen Korrelation ($\rho = 0{,}1$) führt erneut auch die Mittelwertimputation mit zu den genausten Imputationswerten. Sonst liegt die Mittelwertimputation jedoch eher im Mittelfeld ($\rho = 0{,}4$) oder ist das zweitschlechteste Verfahren ($\rho = 0{,}7$).

Die stochastischen Imputationsverfahren sind bei den Datenmatrizen mit $n = 500$ Objekten ebenfalls stets ungenauer als ihre deterministischen Gegenparte. Dabei zählt das einfache Random Hot-Deck erneut zu den ungenausten Verfahren. Es ist bei mittlerer und hoher Korrelation sogar das mit Abstand ungenauste Verfahren. Das Nearest-Neighbor Hot-Deck führt wieder zu sehr ähnlichen Ergebnissen wie die stochastische lineare Regressionsimputation und die stochastische EM-Imputation. Nur bei hohen Korrelationen, $m = 30$ Merkmalen und vielen fehlenden Werten können sich diese beiden stochastischen Verfahren etwas vom Nearest-Neighbor Hot-Deck absetzen.

Generelle Tendenzen

Aus den Abbildungen 6.5 und 6.6 geht hervor, dass alle Verfahren mit zunehmenden Anteil fehlender Werte ungenauer werden. Dieser Effekt ist bei den schlechten Verfahren meist stärker ausgeprägt als bei den guten. Umgekehrt werden die Verfahren

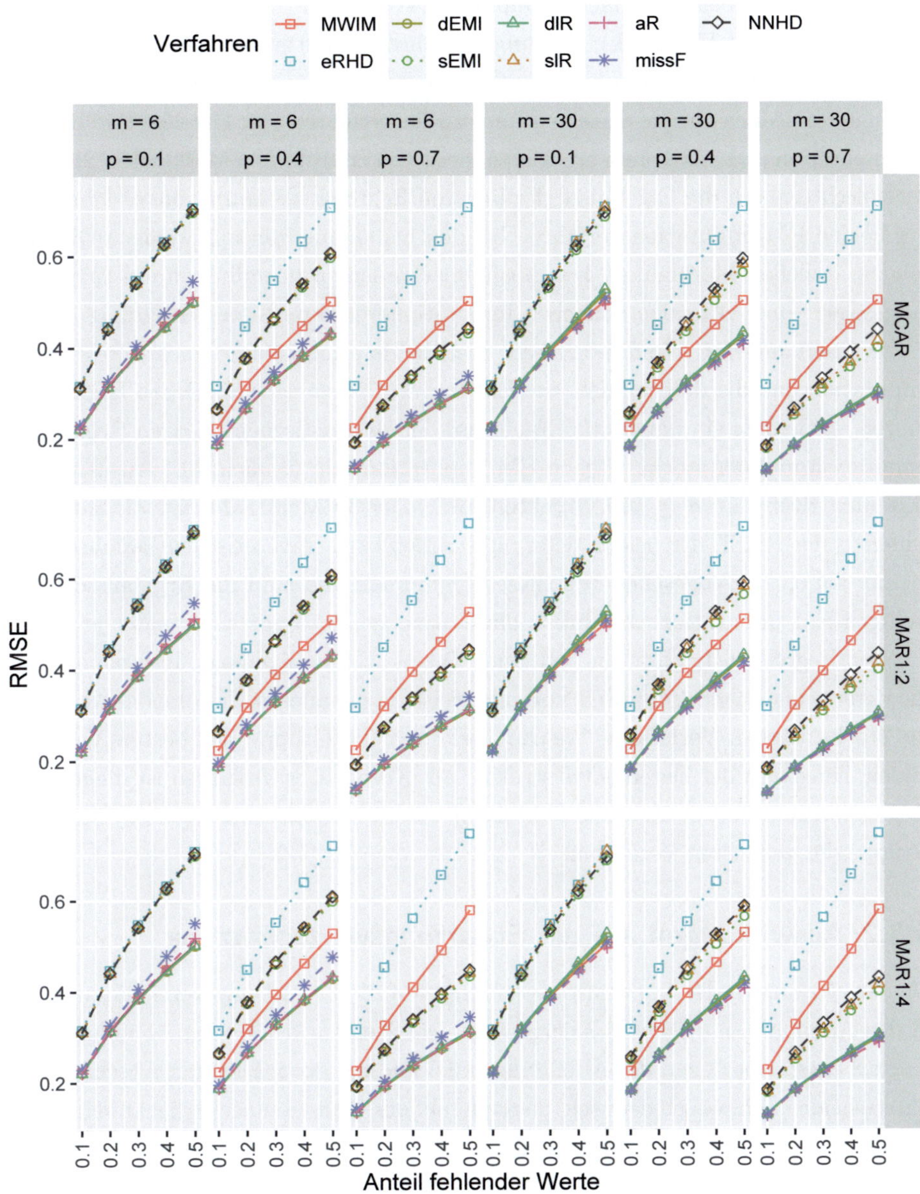

Abbildung 6.6: RMSE zwischen Originalwerten und imputierten Werten (Datenmatrizen mit $n = 500$ Objekten)

mit steigender Anzahl an Objekten und höherer Korrelation besser. Hiervon ausgenommen sind die beiden einfachen Imputationsverfahren (Mittelwertimputation und einfaches Random Hot-Deck), die aufgrund ihrer Struktur von einer Erhöhung der Korrelation nicht profitieren können. Eine Vergrößerung der Merkmalsanzahl wirkt sich unterschiedlich auf die einzelnen Imputationsverfahren aus. Die adaptive Regressionsimputation und missForest profitieren meist von zusätzlichen Merkmalen. Hingegen verschlechtern sich die Ergebnisse der linearen Regressionsimputationsverfahren und der beiden EM-Imputationsverfahren bei den Datenmatrizen mit wenigen Objekten mit zusätzlichen Merkmalen. Die Ausfallmechanismen beeinflussen die Ergebnisse (abgesehen von den beiden einfachen Imputationsverfahren) nur geringfügig.

Die Abbildungen 6.5 und 6.6 zeigen, dass die deterministische lineare Regressionsimputation und die deterministische EM-Imputation zu sehr ähnlichen Ergebnissen führen. Außerdem sind auch die Ergebnisse der stochastischen linearen Regressionsimputation und der stochastischen EM-Imputation sehr ähnlich. Mit Ausnahme der Datenmatrizen mit $n = 100$ Objekten und $m = 30$ Merkmalen ist die maximale Differenz der RMSE der beiden deterministischen bzw. stochastischen Verfahren stets kleiner als 0,025. Abgesehen von diesen Datenmatrizen sind die Ergebnisse des jeweiligen EM-Imputationsverfahrens mindestens genauso gut wie die der jeweiligen linearen Regressionsimputation (vgl. auch Tabelle E.1 im Anhang). Insgesamt führen die deterministischen Verfahren normalerweise zu genaueren Imputationswerten als die stochastischen Verfahren. Welche Verfahren die Gruppe der besten Verfahren bilden, hängt von der Datenmatrixstruktur ab. Als einziges Verfahren ist die adaptive Regressionsimputation über alle Faktorstufenkombinationen hinweg stets Teil dieser Gruppe der genausten Verfahren.

6.3.2 Auswirkungen auf die Erwartungswertschätzung

Die Auswirkungen der Imputationsverfahren auf die Erwartungswertschätzung sind in den Abbildungen 6.7 und 6.8 dargestellt. Die Struktur der beiden Abbildungen 6.7 und 6.8 entspricht denen der Abbildungen 6.5 und 6.6 des vorherigen Abschnitts. Sie unterscheiden sich jedoch dadurch, dass nun auf der Ordinatenachse die Abweichungen zwischen den wahren und den geschätzten Erwartungswerten nach der Anwendung des jeweiligen Imputationsverfahrens abgetragen sind. Um die Ergebnisse der guten Verfahren besser darstellen zu können, wird in den Abbildungen 6.7 und 6.8 der dargestellte Bereich der Ordinatenachse beschränkt. Hierdurch ist ein Teil der Ergebnisse der beiden einfachen Verfahren Mittelwertimputation und einfaches Random

Hot-Deck für höhere Anteile fehlender Werte nicht mehr darstellbar. Die Ergebnisse dieser beiden Verfahren sind in diesen Fällen schlechter als der maximale Wert der Ordinatenachse und damit im Vergleich zu allen anderen Verfahren deutlich schlechter. Die RMSE-Werte für alle Verfahren bei allen Faktorstufenkombinationen (auch die nicht dargestellten) sind in der Tabelle E.2 im Anhang angegeben.

Datenmatrizen mit 100 Objekten

Das beste Verfahren bei den Datenmatrizen mit $n = 100$ Objekten (Abbildung 6.7) ist bei allen Faktorstufenkombinationen die adaptive Regressionsimputation. Alle anderen Verfahren sind stets schlechter als die adaptive Regressionsimputation, wobei die Unterschiede zwischen der adaptiven Regressionsimputation und den restlichen Verfahren mit steigendem Anteil fehlender Werte zunehmen. Neben der adaptiven Regressionsimputation existiert meist noch eine Gruppe der „zweitbesten" Verfahren. Zu dieser Gruppe gehört normalerweise missForest, welches bei $m = 30$ Merkmalen und mittlerer oder hoher Korrelation das alleinige zweitbeste Verfahren ist. Außerdem sind bei den Datenmatrizen mit $m = 6$ Merkmalen noch die deterministische lineare Regressionsimputation und die deterministische EM-Imputation Teil dieser Gruppe. Jedoch haben diese Verfahren erneut bei den Datenmatrizen mit $m = 30$ Merkmalen Probleme, sodass sich ihre Ergebnisse insbesondere bei höherem Anteil fehlender Werte im Vergleich zu den Ergebnissen der anderen Verfahren verschlechtern. Bei niedriger Korrelation ($\rho = 0{,}1$) befindet sich auch die Mittelwertimputation in der Gruppe der zweitbesten Verfahren. Jedoch verschlechtern sich ihre Ergebnisse bei höherer Korrelation relativ zu den anderen Verfahren, was insbesondere bei den beiden MAR-Ausfallmechanismen deutlich wird.

Die stochastischen Verfahren sind auch bei der Erwartungswertschätzung in der Abbildung 6.7 meist ihren deterministischen Gegenparts unterlegen. Bei mittlerer und hoher Korrelation ist erneut das einfache Random Hot-Deck eines der schlechtesten Verfahren oder das (alleinige) schlechteste Verfahren. Bei geringer Korrelation und $m = 30$ Merkmalen bilden die stochastische lineare Regressionsimputation und die beiden EM-Imputationsverfahren die Gruppe der schlechtesten Verfahren. Bei geringer Korrelation und $m = 6$ Merkmalen ist das Nearest-Neighbor Hot-Deck neben den stochastischen Verfahren eines der schlechtesten Verfahren, wobei es bei höherem Anteil fehlender Werte sogar das schlechteste Verfahren ist. Bei den Datenmatrizen mit $m = 6$ Merkmalen ist das Nearest-Neighbor Hot-Deck außerdem nie besser als die anderen Verfahren mit Ausnahme der beiden einfachen (Mittelwertimputation, einfaches Random Hot-Deck). Jedoch verbessert es sich bei den Datenmatrizen mit

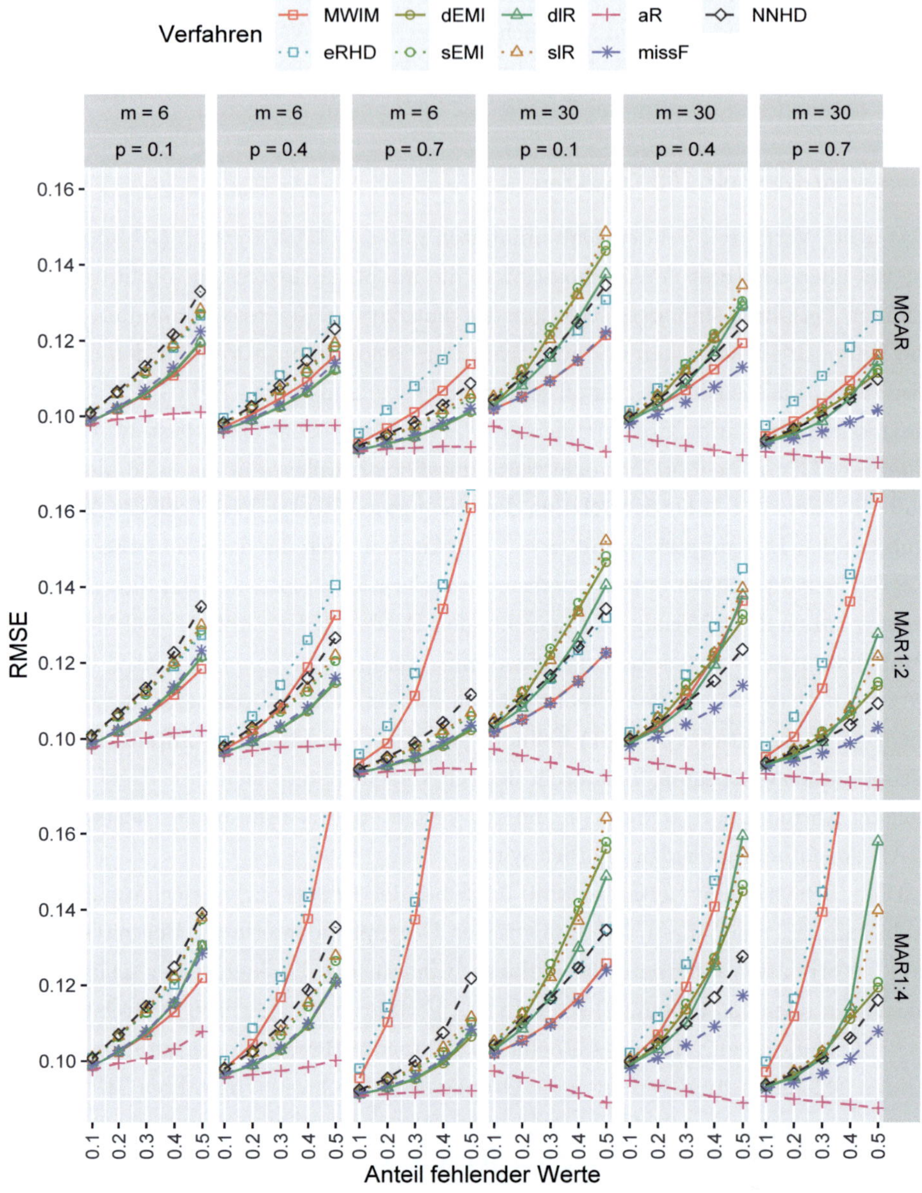

Abbildung 6.7: RMSE zwischen wahren und geschätzten Erwartungswerten (Datenmatrizen mit $n = 100$ Objekten)

$m = 30$ Merkmalen relativ zu den linearen Regressions- und EM-Imputationsverfahren, wodurch es häufig besser als diese ist.

Datenmatrizen mit 500 Objekten

Auch bei den Datenmatrizen mit $n = 500$ Objekten, dargestellt in der Abbildung 6.8, ist die adaptive Regressionsimputation das beste Verfahren, wobei sich erneut die Unterschiede zu den anderen Verfahren mit steigendem Anteil fehlender Werte tendenziell vergrößern. Die einzige Ausnahme hiervon ist in der unteren linken Facette zu erkennen. Genauso wie bei den Datenmatrizen mit $n = 100$ Objekten existiert bei den Datenmatrizen mit $n = 500$ Objekten eine Gruppe der „zweitbesten" Verfahren. Sie besteht meist aus einer Teilmenge der drei Verfahren missForest, deterministische EM-Imputation und deterministische lineare Regressionsimputation. Bei wenigen fehlenden Werten ist normalerweise kein großer Unterschied zwischen diesen drei Verfahren zu erkennen. Wenn der Anteil fehlender Werte sich erhöht, sind jedoch die beiden deterministischen Verfahren missForest bei $m = 6$ Merkmalen überlegen. Hingegen ist missForest bei $m = 30$ Merkmalen und niedriger oder mittlerer Korrelation bei den beiden MAR-Ausfallmechanismen den beiden deterministischen Verfahren leicht überlegen. Bei geringer Korrelation ($\rho = 0{,}1$) in Kombination mit dem simulierten MCAR-Ausfallmechanismus ist die Mittelwertimputation wieder Teil dieser Gruppe der zweitbesten Verfahren. Jedoch verschlechtern sich deren Ergebnisse mit zunehmender Korrelation. Diese Verschlechterung ist bei den beiden MAR-Ausfallmechanismen sehr deutlich ausgeprägt. Bei diesen schätzt die Mittelwertimputation zusammen mit dem einfachen Random Hot-Deck die Erwartungswerte mit Abstand am schlechtesten.

Die stochastischen Verfahren sind bei $n = 500$ Objekten stets schlechter als ihre deterministischen Gegenparts. Hierbei ist das einfache Random Hot-Deck meist das schlechteste der drei stochastischen Imputationsverfahren. Die Resultate des Nearest-Neighbor Hot-Decks liegen bei mittlerer und hoher Korrelation häufig zwischen dem einfachen Random Hot-Deck und den anderen beiden stochastischen Verfahren. Fast immer ist das Nearest-Neighbor Hot-Deck eines der drei schlechtesten Verfahren.

Generelle Tendenzen

Wie schon bei der Genauigkeit der Imputationswerte wirkt sich die Erhöhung des Anteils fehlender Werte negativ auf die Ergebnisse der Verfahren aus. Nur die adaptive Regressionsimputation ist von diesem Effekt oft nicht betroffen. Im Gegensatz zu der Genauigkeit der Imputationswerte besitzt der Ausfallmechanismus zum Teil

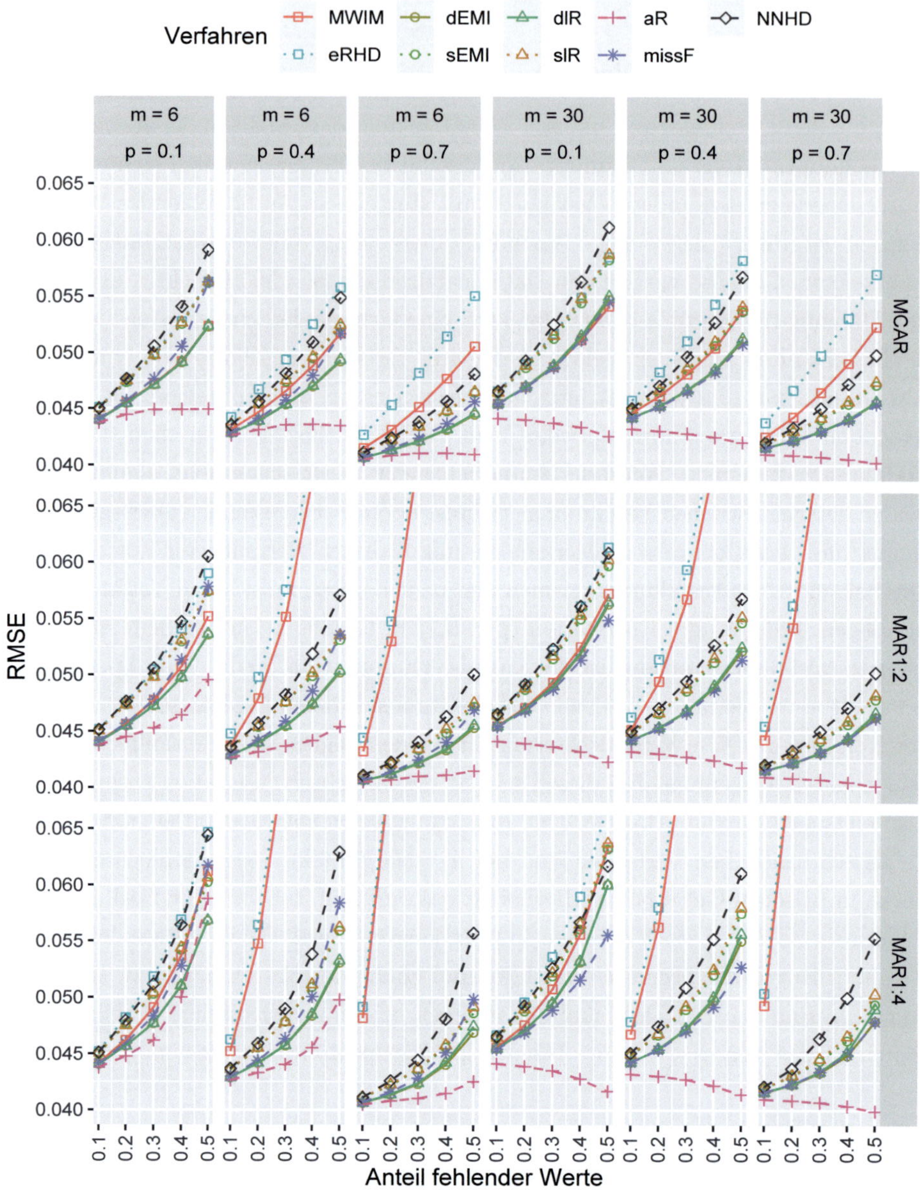

Abbildung 6.8: RMSE zwischen wahren und geschätzten Erwartungswerten (Datenmatrizen mit $n = 500$ Objekten)

erheblichen Einfluss auf die Schätzgüte des Erwartungswertes. So werden die meisten Verfahren sowohl beim Übergang von MCAR zu MAR1:2 als auch von MAR1:2 zu MAR1:4 schlechter. Ferner existieren zum Teil erhebliche Wechselwirkungen zwischen dem Ausfallmechanismus, dem Anteil fehlender Werte, der Korrelation und den Imputationsverfahren. Am stärksten sind diese Effekte erneut bei den beiden einfachen Imputationsverfahren ausgeprägt, deren Ergebnisse mit einer Verstärkung bzw. Erhöhung der Faktoren deutlich schlechter werden. Aber auch die meisten anderen Imputationsverfahren sind von der Verschlechterung betroffen. Auf der anderen Seite geht mit einer (alleinigen) Erhöhung der Korrelation und der Objektanzahl eine Verbesserung der Erwartungswertschätzung einher. Die Auswirkung einer Änderung der Merkmalsanzahl ist erneut nicht eindeutig. Während die adaptive Regressionsimputation wieder von mehr Merkmalen profitiert, treten bei den linearen Regressions- und den EM-Imputationsverfahren erneut Schwierigkeiten beim Übergang von $m = 6$ zu $m = 30$ Merkmalen bei den Datenmatrizen mit $n = 100$ Objekten auf.

Ebenfalls wie bei der Genauigkeit der Imputationswerte sind bei der Erwartungswertschätzung die Ergebnisse der deterministischen EM- und linearen Regressionsimputation sowie die Ergebnisse der stochastischen EM- und linearen Regressionsimputation sehr ähnlich. Die Differenz zwischen den Ergebnissen beträgt mit Ausnahme der Datenmatrizen mit $n = 100$ und $m = 30$ maximal 0,003. Auch bei der Schätzung der Erwartungswerte führen die deterministischen Verfahren meist zu besseren Ergebnissen als die stochastischen Verfahren. Das beste Verfahren bei diesem Teil der Simulation ist die adaptive Regressionsimputation, welche vor allem bei höheren Anteilen fehlender Werte häufig deutlich besser als alle andere Verfahren ist.

6.3.3 Auswirkungen auf die Varianzschätzung

Die Auswirkungen der Imputationsverfahren auf die Varianzschätzung sind in den Abbildungen 6.9 und 6.10 dargestellt. Der Aufbau der Abbildungen 6.9 und 6.10 entspricht den vorherigen Abbildungen, nur dass dieses Mal die Abweichungen zwischen den wahren und den geschätzten Varianzen auf der Ordinatenachse abgetragen sind. Ferner wird – wie im vorherigen Abschnitt 6.3.2 – nur ein Ausschnitt der Ordinatenachse dargestellt, um die Ergebnisse der guten Verfahren besser darstellen zu können. Die Ergebnisse aller Verfahren sind in der Tabelle E.3 im Anhang erfasst.

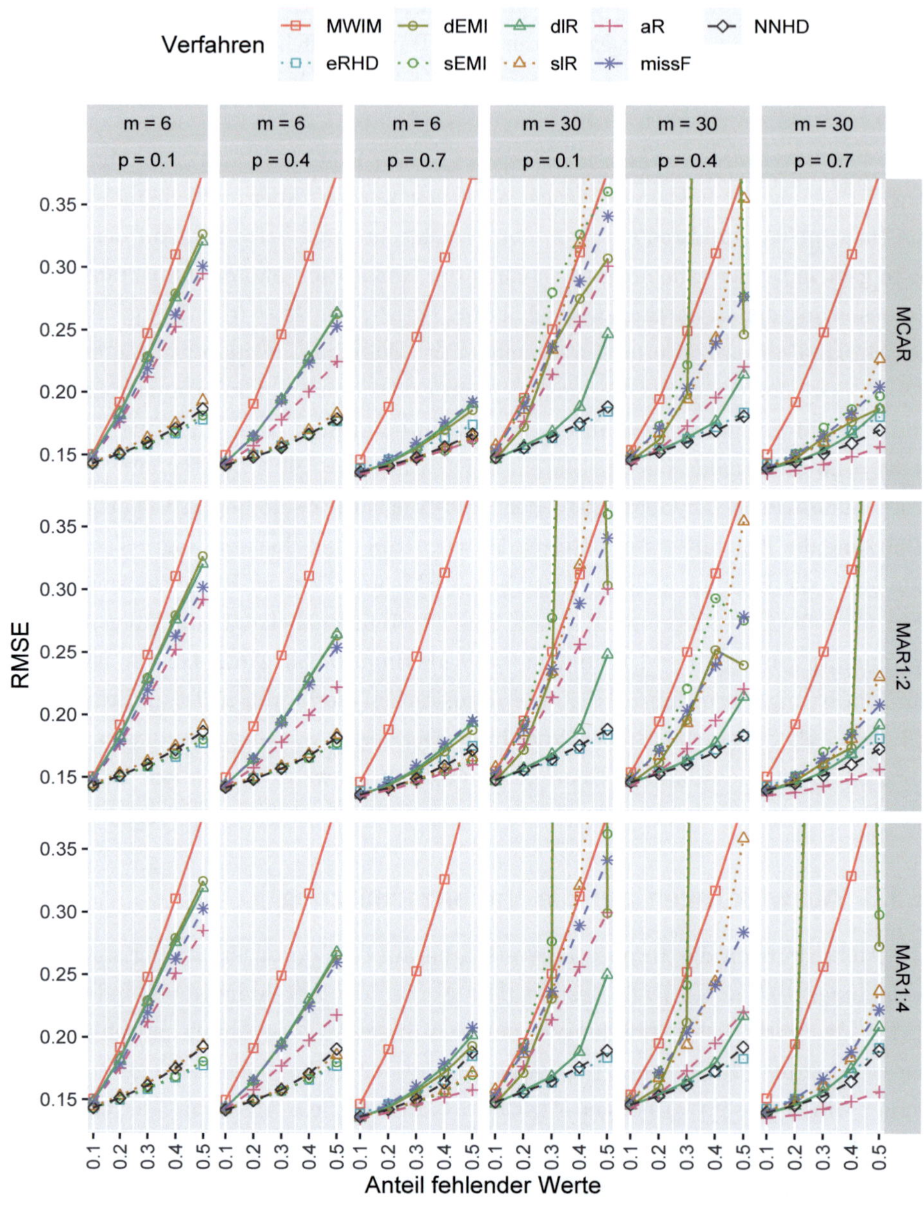

Abbildung 6.9: RMSE zwischen wahren und geschätzten Varianzen (Datenmatrizen mit $n = 100$ Objekten)

Datenmatrizen mit 100 Objekten

Bei den kleinsten Datenmatrizen ($n = 100$ Objekte und $m = 6$ Merkmale), dargestellt im linken Teil der Abbildung 6.9, bilden das Nearest-Neighbor Hot-Deck und die drei stochastischen Imputationsverfahren meist die Gruppe der besten Verfahren. Bei einer hohen Korrelation ($\rho = 0{,}7$) ist außerdem die adaptive Regressionsimputation Teil dieser Gruppe. Bei den beiden geringeren Korrelationsstufen ist die adaptive Regressionsimputation normalerweise das fünftbeste Verfahren nach den vier vorher genannten. Bei fast allen Datenmatrizen mit $n = 100$ Objekten und $m = 6$ Merkmalen führt die Mittelwertimputation zur schlechtesten Schätzung der Varianz. Auch die deterministischen Varianten der EM-Imputation und der linearen Regressionsimputation sowie missForest führen häufig zu deutlich schlechteren Schätzungen als die stochastischen Verfahren.

Im rechten Teil der Abbildung 6.9 – bei den Datenmatrizen mit $n = 100$ Objekten und $m = 30$ Merkmalen – zählen das Nearest-Neighbor Hot-Deck und das einfache Random Hot-Deck in der Regel weiterhin zu den besten Verfahren. Nur bei einer hohen Korrelation ($\rho = 0{,}7$) ist die adaptive Regressionsimputation diesen beiden Verfahren überlegen. Sie führt sonst jedoch zu einer schlechteren Varianzschätzung als diese beiden Verfahren. Aus der Imputation des Mittelwerts resultieren auch bei den Datenmatrizen mit $m = 30$ Merkmalen Varianzschätzungen mit einem hohen RMSE. Jedoch verhalten sich auch die stochastische lineare Regressionsimputation und die beiden EM-Imputationsverfahren stellenweise sehr erratisch. So führen sie bei einigen Konstellationen zu RMSE-Werten größer als 1 (vgl. Tabelle E.3), was im Vergleich zu den RMSE-Werten der restlichen Verfahren extrem hohe Werte sind. Die deterministische lineare Regressionsimputation scheint von diesem Effekt nicht betroffen zu sein und führt bei niedriger und mittlerer Korrelation häufig mit zur besten Schätzung der Varianz. Die Ergebnisse von missForest sind meistens im schlechten Mittelfeld der Verfahren angesiedelt.

Datenmatrizen mit 500 Objekten

In der Abbildung 6.10, in der die Auswirkungen auf die Varianzschätzung bei den Datenmatrizen mit $n = 500$ Objekten dargestellt sind, ist häufig eine Vierergruppe an besten Verfahren bestehend aus dem Nearest-Neighbor Hot-Deck und den drei stochastischen Verfahren zu erkennen. Ferner ist die Mittelwertimputation meist das schlechteste Verfahren. Bei den Datenmatrizen mit $m = 6$ Merkmalen sind die adaptive Regressionsimputation und missForest häufig etwas besser als die deterministische

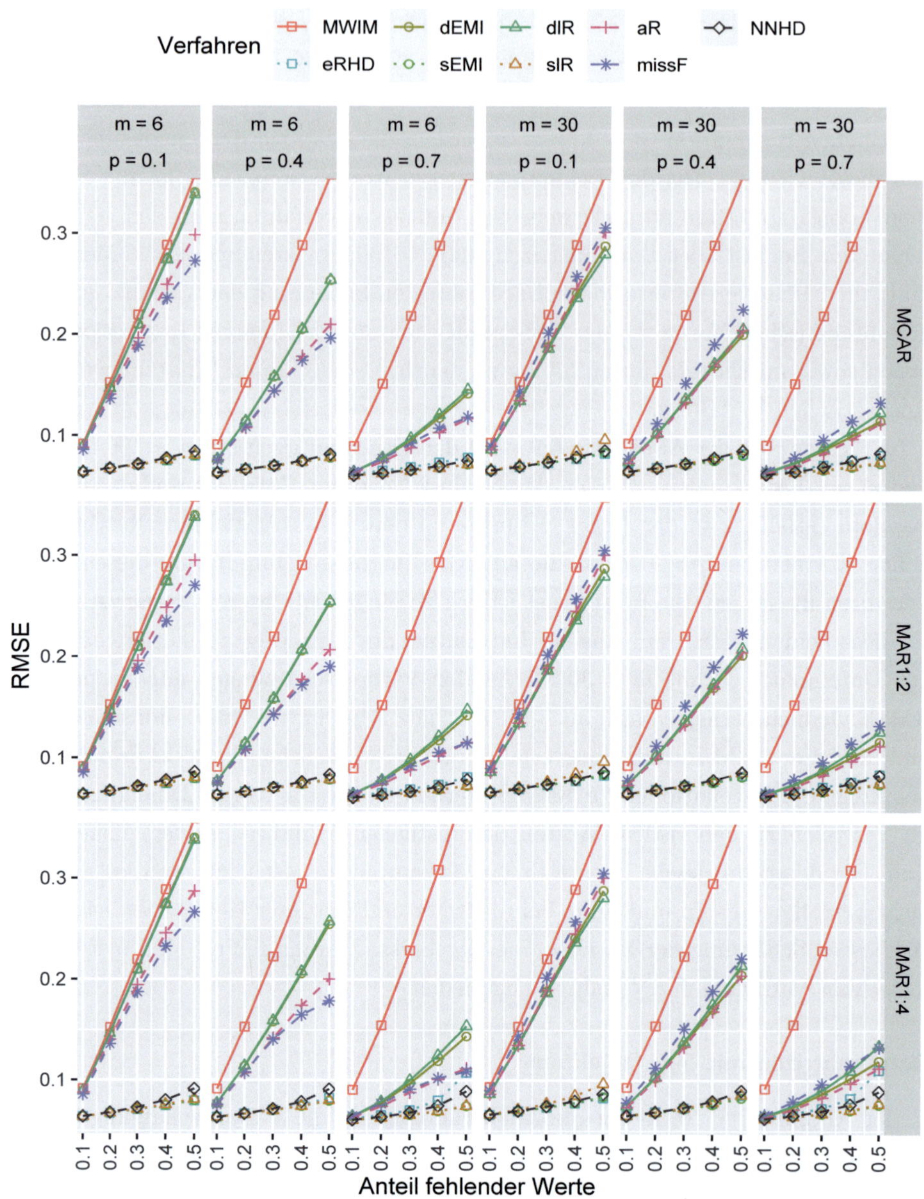

Abbildung 6.10: RMSE zwischen wahren und geschätzten Varianzen (Datenmatrizen mit $n = 500$ Objekten)

EM-Imputation und die deterministische lineare Regressionsimputation. Hingegen bilden diese vier Verfahren bei den Datenmatrizen mit $m = 30$ Merkmalen eher eine Gruppe an Verfahren mit ähnlichen Ergebnissen, wobei missForest häufig etwas schlechter als die restlichen Verfahren dieser Gruppe ist. Insgesamt sind diese vier Verfahren in allen Fällen (zum Teil deutlich) schlechter als die vier besten Verfahren.

Generelle Tendenzen

Wie auch bei den beiden vorherigen Gütekriterien werden die Ergebnisse der Verfahren bei der Varianzschätzung mit zunehmendem Anteil fehlender Werte schlechter. Hingegen verschlechtern sich die Ergebnisse bei einer Verstärkung des Ausfallmechanismus nur geringfügig. Ferner verbessern sich die Verfahren erneut bei mehr Objekten in der Datenmatrix. Bei der Merkmalsanzahl treten die aus den vorherigen Abschnitten bekannten Phänomene auf, jedoch sind die Probleme insbesondere der EM-Imputation bei $n = 100$ Objekten und $m = 30$ Merkmalen dieses Mal sehr stark ausgeprägt. Von einer Erhöhung der Korrelation profitieren missForest, die adaptive Regressionsimputation und die deterministischen Varianten der linearen Regressionsimputation und der EM-Imputation besonders stark. Der Effekt auf die Ergebnisse der stochastischen Verfahren und des Nearest-Neighbor Hot-Decks ist deutlich schwächer.

Auch bei der Schätzung der Varianz sind die Ergebnisse der deterministischen bzw. stochastischen linearen Regressions- und EM-Imputationsverfahren mit Ausnahme der Datenmatrizen mit $n = 100$ Objekten und $m = 30$ Merkmalen wieder sehr ähnlich (stets kleiner als 0,015, siehe auch Tabelle E.3 im Anhang). Im Gegensatz zu den vorherigen Kriterien führen die stochastischen Verfahren in der Regel zu einer besseren Schätzung der Varianz als ihre deterministischen Gegenparte. Zusammen mit den drei stochastischen Verfahren ist das Nearest-Neighbor Hot-Deck meist eines der besten Verfahren.

6.3.4 Auswirkungen auf die Kovarianzschätzung

Die Auswirkungen der Imputationsverfahren auf die Kovarianzschätzung sind in den Abbildungen 6.11 und 6.12 dargestellt. Der Aufbau der Abbildungen ist analog zu den sechs vorherigen Abbildungen mit der Ausnahme, dass dieses Mal auf der Ordinatenachse die Abweichungen zwischen den wahren und den geschätzten Kovarianzen aufgetragen sind. Die zu den Abbildungen 6.11 und 6.12 gehörenden Werte befinden sich im Anhang in der Tabelle E.4.

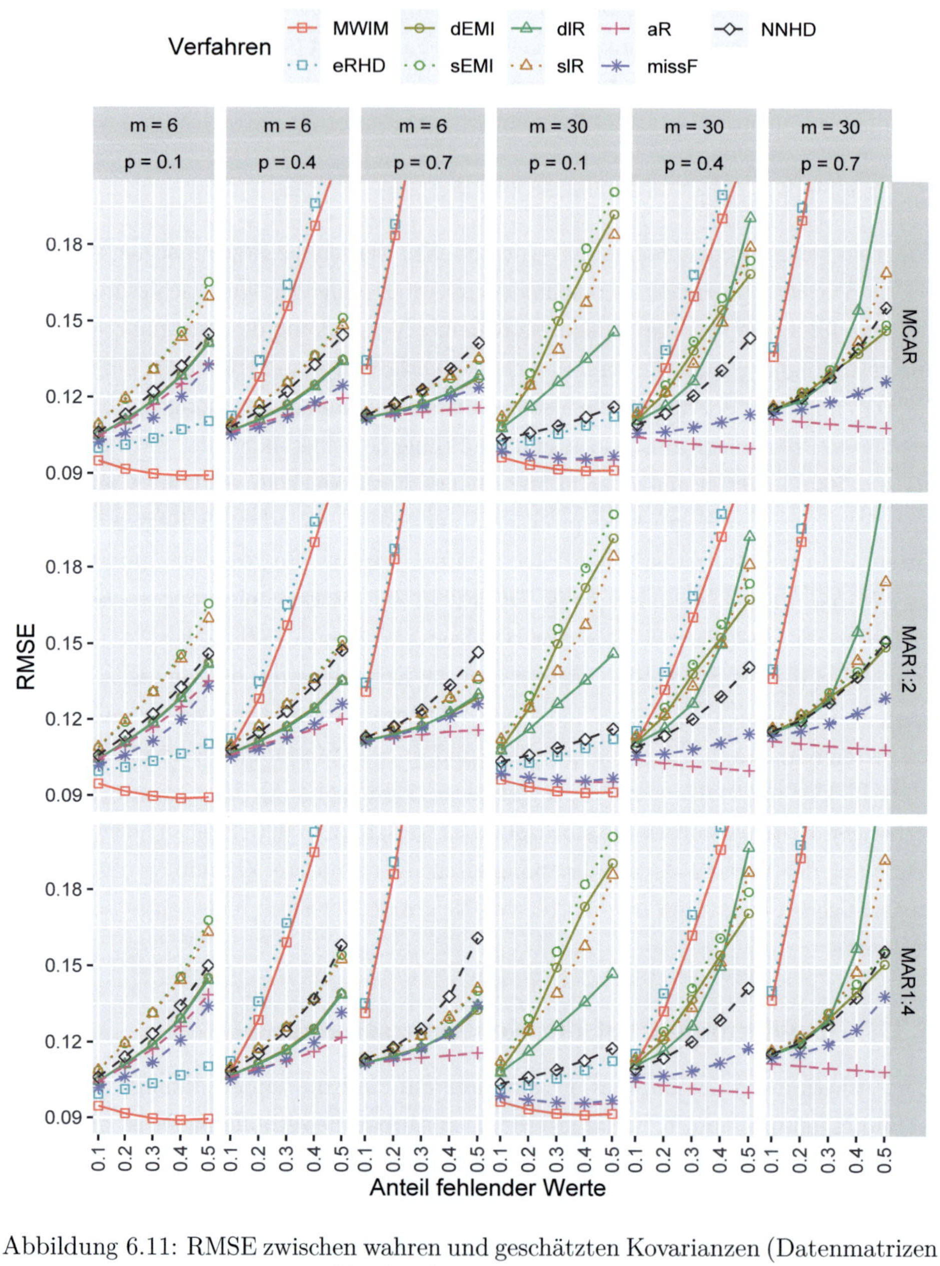

Abbildung 6.11: RMSE zwischen wahren und geschätzten Kovarianzen (Datenmatrizen mit $n = 100$ Objekten)

Datenmatrizen mit 100 Objekten

Die Reihenfolge der besten Verfahren hängt bei den Datenmatrizen mit $n = 100$ Objekten (Abbildung 6.11) relativ stark von der Korrelation ab. Bei einer niedrigen Korrelation ($\rho = 0{,}1$) ist die Mittelwertimputation das beste Verfahren und auch die auf dem einfachen Random Hot-Deck basierenden Schätzungen der Kovarianz sind vergleichsweise gut. Jedoch führen diese beiden Verfahren bei mittlerer und hoher Korrelation zu den mit Abstand schlechtesten Ergebnissen, die häufig sogar außerhalb des dargestellten Bereichs der Abbildung 6.11 liegen (die nicht dargestellten Werte können der Tabelle E.4 im Anhang entnommen werden). Bei diesen Korrelationsstufen ist meist die adaptive Regressionsimputation gefolgt von missForest das beste Verfahren. Diese beiden Verfahren führen auch bei der niedrigen Korrelationsstufe insbesondere bei $m = 30$ Merkmalen zu relativ guten Ergebnissen.

Die deterministischen Varianten der linearen Regressions- und EM-Imputation sind meist besser als ihre stochastischen Gegenparte (mit Ausnahme der linearen Regressionsimputation bei $m = 30$ Merkmalen und vielen fehlenden Werten). Bei den Datenmatrizen mit $m = 6$ Merkmalen sind diese beiden deterministischen Verfahren meist leicht schlechter als missForest und besser als das Nearest-Neighbor Hot-Deck. Bei einer höheren Merkmalsanzahl ($m = 30$) verschlechtern sich die linearen Regressions- und EM-Imputationsverfahren jedoch relativ zum Nearest-Neighbor Hot-Deck, wodurch dieses häufig besser oder zumindest gleich gut wie diese vier ist.

Datenmatrizen mit 500 Objekten

Die Simulationsergebnisse für die Datenmatrizen mit $n = 500$ Objekten sind in der Abbildung 6.12 dargestellt. Auch bei diesen Datenmatrizen ist die adaptive Regressionsimputation mit Ausnahme der Datenmatrizen mit $m = 6$ Merkmalen und einer Korrelation von $\rho = 0{,}1$ eines der besten Verfahren. Erneut sind auch die Mittelwertimputation und das einfache Random Hot-Deck bei mittlerer und hoher Korrelation die mit Abstand schlechtesten Verfahren. Die deterministische lineare Regressionsimputation und die deterministische EM-Imputation sowie missForest führen meist zu relativ guten Schätzungen, wobei missForest bei den Datenmatrizen mit $m = 30$ Merkmalen häufig besser als die beiden anderen Verfahren ist. Die stochastischen Verfahren sind bei den Datenmatrizen mit $n = 500$ Objekten stets schlechter als ihre deterministischen Gegenparts. Das Nearest-Neighbor Hot-Deck ist, abgesehen von den Datenmatrizen mit $m = 30$ Merkmalen und geringer Korrelation, meist eines der schlechtesten Verfahren.

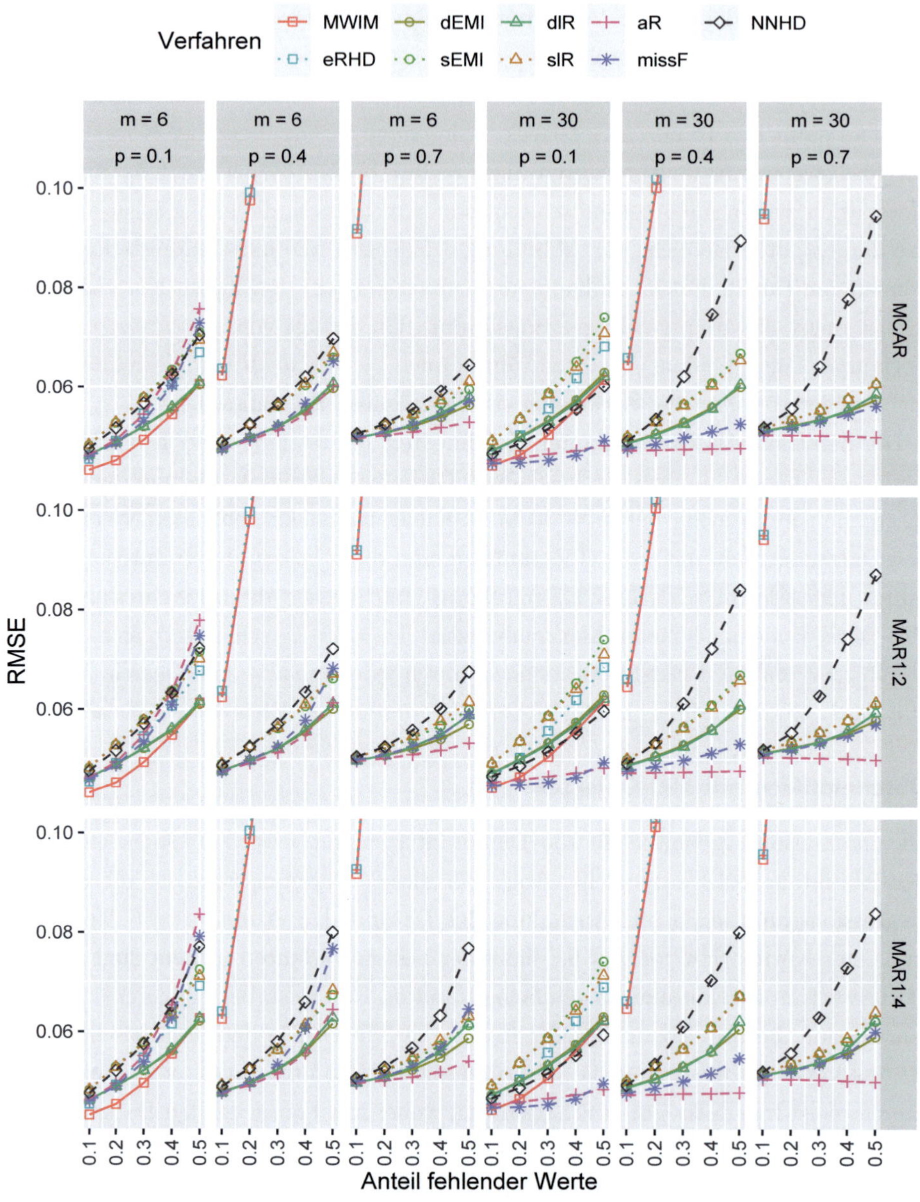

Abbildung 6.12: RMSE zwischen wahren und geschätzten Kovarianzen (Datenmatrizen mit $n = 500$ Objekten)

Generelle Tendenzen

Analog zu den vorherigen Gütekriterien verschlechtern sich die Verfahren tendenziell mit einem steigenden Anteil fehlender Werte und verbessern sich bei mehr Objekten. Der Einfluss des Ausfallmechanismus auf die Ergebnisse ist wieder relativ gering und die Auswirkungen einer Variation der Merkmalsanzahl nicht eindeutig. So profitieren missForest und die adaptive Regressionsimputation tendenziell von mehr Merkmalen, während andere Verfahren sich je nach Objektanzahl verbessern oder verschlechtern. Auf die Schätzgüte der Kovarianz hat der Faktor Korrelation zum Teil erhebliche Auswirkungen. Diese können insbesondere an den beiden einfachen Imputationsverfahren gut beobachtet werden. Gleichzeitig wirkt die Korrelation häufig vor allem durch Wechselwirkungen mit den Imputationsverfahren, dem Ausfallmechanismus und dem Anteil fehlender Werte, wodurch eine generelle Aussage über ihre Wirkung aus den Abbildungen 6.11 und 6.12 nicht ableitbar ist.

Die Unterschiede zwischen den deterministischen bzw. den stochastischen Formen der EM- und linearen Regressionsimputation sind auch bei der Schätzung der Kovarianzen nur marginal. Sie betragen stets weniger als 0,006 (mit der üblichen Ausnahme der Datenmatrizen mit $n = 100$ Objekten und $m = 30$ Merkmalen). Bei diesem Kriterium sind die deterministischen Verfahren wieder tendenziell den stochastischen überlegen. Eines der besten Verfahren ist erneut die adaptive Regressionsimputation, die nur bei einer geringen Korrelation nicht zur Gruppe der besten Verfahren gehört.

6.3.5 Auswirkungen auf die Regressionskoeffizientenschätzung

Die Auswirkungen der Imputationsverfahren auf die Schätzung der Regressionskoeffizienten sind in den Abbildungen 6.13 und 6.14 dargestellt. Der generelle Aufbau der beiden Abbildungen 6.13 und 6.14 entspricht dem Aufbau der vorherigen Abbildungen 6.5 bis 6.12. Nun wird jedoch in den beiden Abbildungen auf der Ordinatenachse der mittlere RMSE zwischen den wahren Regressionskoeffizienten und den anhand der imputierten Datenmatrizen geschätzten Regressionskoeffizienten abgetragen. Die RMSE-Werte, die aufgrund der Beschränkung der Ordinatenachse nicht dargestellt sind, befinden sich in der Tabelle E.5 im Anhang, die auch alle anderen RMSE-Werte enthält.

Datenmatrizen mit 100 Objekten

Die besten Schätzwerte für die Datenmatrizen mit $n = 100$ Objekten (Abbildung 6.13) liefert das einfache Random Hot-Deck. Die einzige Ausnahme hiervon stellen die

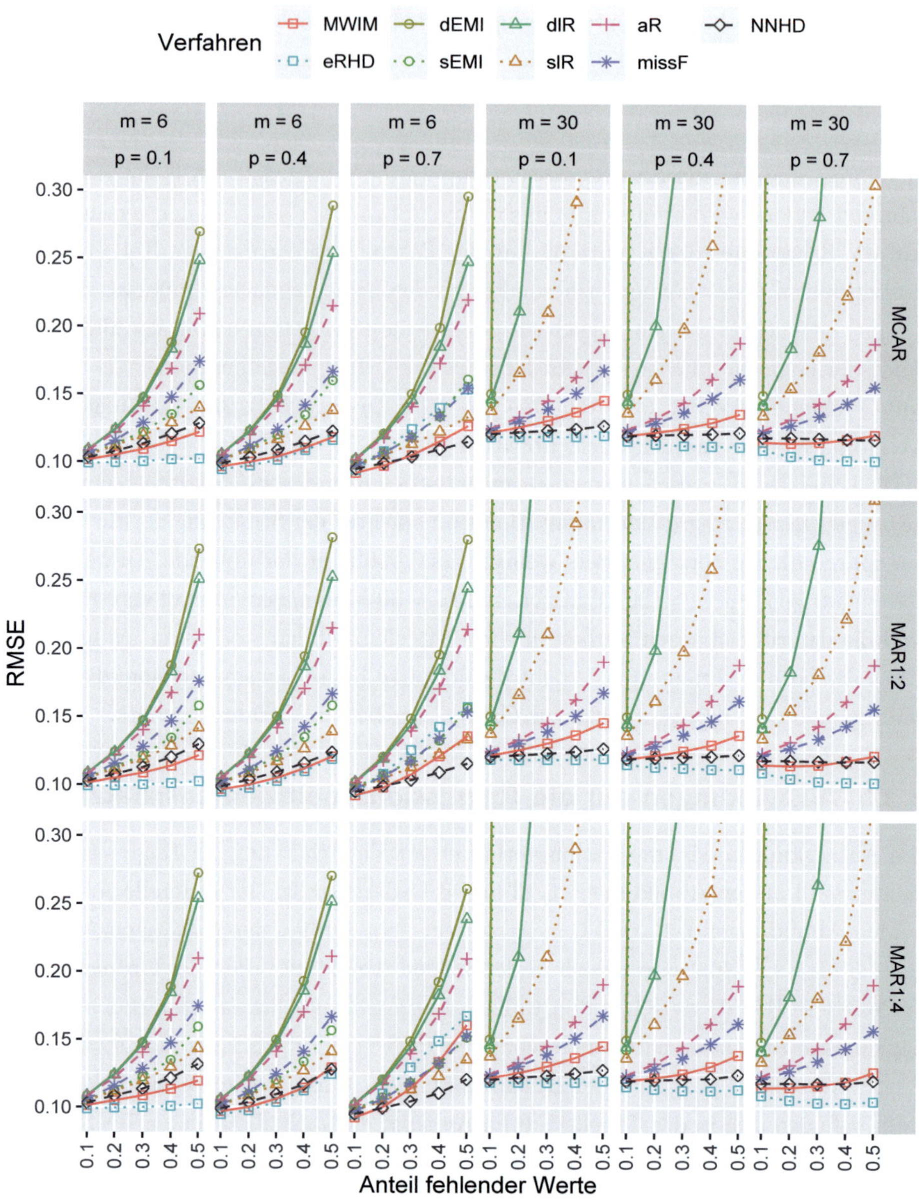

Abbildung 6.13: RMSE zwischen wahren und geschätzten Regressionskoeffizienten (Datenmatrizen mit $n = 100$ Objekten)

Datenmatrizen mit $m = 6$ Merkmalen und einer hohen Korrelation ($\rho = 0{,}7$) dar. Bei diesen führen das Nearest-Neighbor Hot-Deck und die Mittelwertimputation zu den besten Ergebnissen. Diese beiden Verfahren liegen bei den anderen Datenmatrizen meist auf den Plätzen zwei und drei, direkt hinter dem einfachen Random Hot-Deck. Die schlechtesten Verfahren in der Abbildung 6.13 sind die deterministische EM-Imputation und die deterministische lineare Regressionsimputation. Bei den Datenmatrizen mit $m = 30$ Merkmalen sind auch die stochastischen Varianten dieser beiden Imputationsverfahren sehr schlecht, während diese bei den Datenmatrizen mit $m = 6$ Merkmalen deutlich besser als die deterministischen Versionen sind. Die adaptive Regressionsimputation und missForest liegen bei den Datenmatrizen mit $m = 6$ Merkmalen zwischen den deterministischen und stochastischen Varianten der linearen Regressions- und EM-Imputation. Für die Datenmatrizen mit $m = 30$ Merkmalen führen missForest und die adaptive Regressionsimputation jedoch zu besseren Ergebnissen als diese vier. Dabei sind die auf missForest basierenden Schätzwerte stets besser als die auf der adaptiven Regressionsimputation basierenden.

Datenmatrizen mit 500 Objekten

Auch bei den Datenmatrizen mit $n = 500$ Objekten (Abbildung 6.14) gehört das einfache Random Hot-Deck bei $m = 30$ Merkmalen sowie bei $m = 6$ Merkmalen und niedriger Korrelation zu den besten Verfahren. Allerdings erzielt es bei den Datenmatrizen mit $m = 6$ Merkmalen und mittlerer bzw. hoher Korrelation zum Teil deutlich schlechtere Ergebnisse als die Vergleichsverfahren. Die Mittelwertimputation verhält sich ähnlich wie das einfache Random Hot-Deck. Sie ist jedoch mit Ausnahme der Datenmatrizen mit $m = 6$ Merkmalen und mittlerer oder hoher Korrelation meist etwas schlechter als das einfache Random Hot-Deck. Das Nearest-Neighbor Hot-Deck ist normalerweise eines der drei besten Verfahren und kann diese Position auch über alle Datenmatrizen halten. Bei den Matrizen mit $m = 6$ Merkmalen führen die stochastische lineare Regressionsimputation und die stochastische EM-Imputation zu ähnlich guten Schätzwerten wie das Nearest-Neighbor Hot-Deck. Bei den Datenmatrizen mit $m = 30$ Merkmalen sind diese beiden Verfahren jedoch schlechter als das Nearest-Neighbor Hot-Deck. Die deterministischen Varianten der linearen Regressions- und EM-Imputation führen auch bei den Datenmatrizen mit $n = 500$ Objekten zu schlechten Schätzungen der Regressionskoeffizienten. Die auf der adaptiven Regressionsimputation basierenden Schätzungen sind meist (etwas) besser als die der beiden deterministischen Verfahren, zählen jedoch insgesamt auch eher zu den schlechten. Das Verfahren missForest liegt bei den Datenmatrizen mit $m = 6$

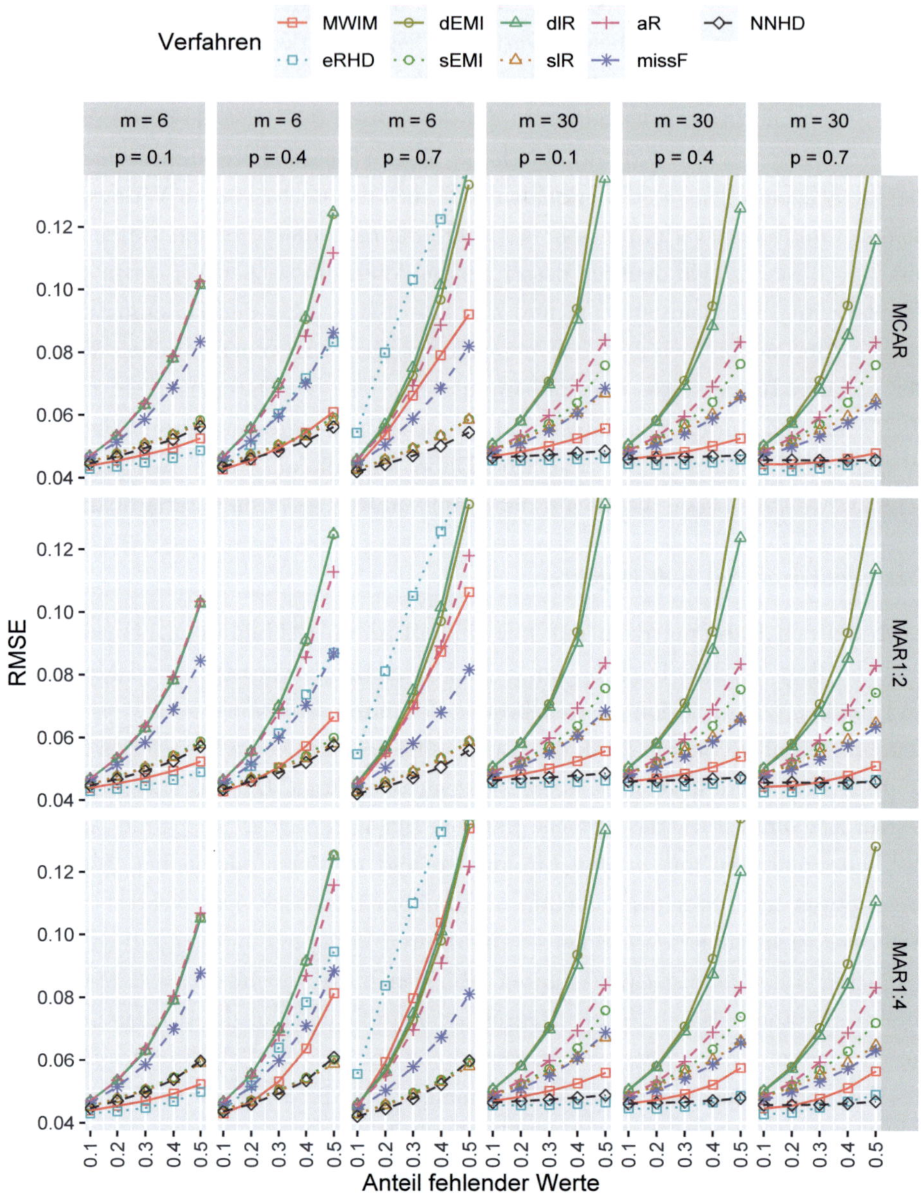

Abbildung 6.14: RMSE zwischen wahren und geschätzten Regressionskoeffizienten (Datenmatrizen mit $n = 500$ Objekten)

Merkmalen zwischen der adaptiven Regressionsimputation und der stochastischen EM-Imputation. Durch eine Erhöhung der Merkmalsanzahl auf $m = 30$ Merkmale verbessert sich missForest relativ zu den anderen Verfahren und erzielt ähnliche Ergebnisse wie die stochastische lineare Regressionsimputation.

Generelle Tendenzen

Ähnlich wie bei den vorherigen Gütekriterien profitieren die Imputationsverfahren bei der Schätzung der Regressionskoeffizienten von einer größeren Anzahl an Objekten und verschlechtern sich mit steigendem Anteil fehlender Werte. Der Ausfallmechanismus hat erneut nur wenig Einfluss auf die Verfahren. Die Erhöhung der Merkmalsanzahl ist für die linearen Regressions- und EM-Imputationsverfahren stets problematisch, während andere Verfahren wie die adaptive Regressionsimputation davon profitieren. Ob und wie die Korrelation die Ergebnisse beeinflusst, ist abhängig von den anderen Faktoren und nicht einmal für einzelne Imputationsverfahren eindeutig. So verbessert sich z. B. die deterministische lineare Regressionsimputation bei den Datenmatrizen mit $m = 6$ Merkmalen und $n = 100$ Objekten tendenziell mit steigender Korrelation, während sie sich bei derselben Merkmalsanzahl und $n = 500$ Objekten deutlich verschlechtert.

Im Gegensatz zu den bisherigen Gütekriterien sind bei der Schätzgüte der Regressionskoeffizienten Unterschiede zwischen der deterministischen linearen Regressions- und deterministischen EM-Imputation bzw. der stochastischen linearen Regressions- und der stochastischen EM-Imputation zu erkennen. Normalerweise ist die jeweilige Variante der linearen Regressionsimputation der zugehörigen EM-Imputationsvariante überlegen. Die Unterschiede fallen stellenweise nur klein aus, sind aber insbesondere bei den Datenmatrizen mit $n = 100$ Objekten gut zu erkennen. Insgesamt schneiden bei diesem Kriterium die stochastischen Verfahren normalerweise besser als ihre deterministischen Gegenparte ab. Dabei ist häufig das einfache Random Hot-Deck das beste Verfahren, das jedoch bei den Datenmatrizen mit wenig Merkmalen teilweise zu (sehr) schlechten Ergebnissen führt. Im Gegensatz dazu liefert das Nearest-Neighbor Hot-Deck über alle Faktorstufenkombinationen relativ verlässlich gute Schätzwerte.

6.3.6 Auswirkungen auf die Prognosewerte

Die Auswirkungen der Imputationsverfahren auf die Prognose mithilfe einer linearen Regression sind in den Abbildungen 6.15 und 6.16 dargestellt. Die Struktur der beiden Abbildungen 6.15 und 6.16 entspricht der Struktur der Abbildungen in den

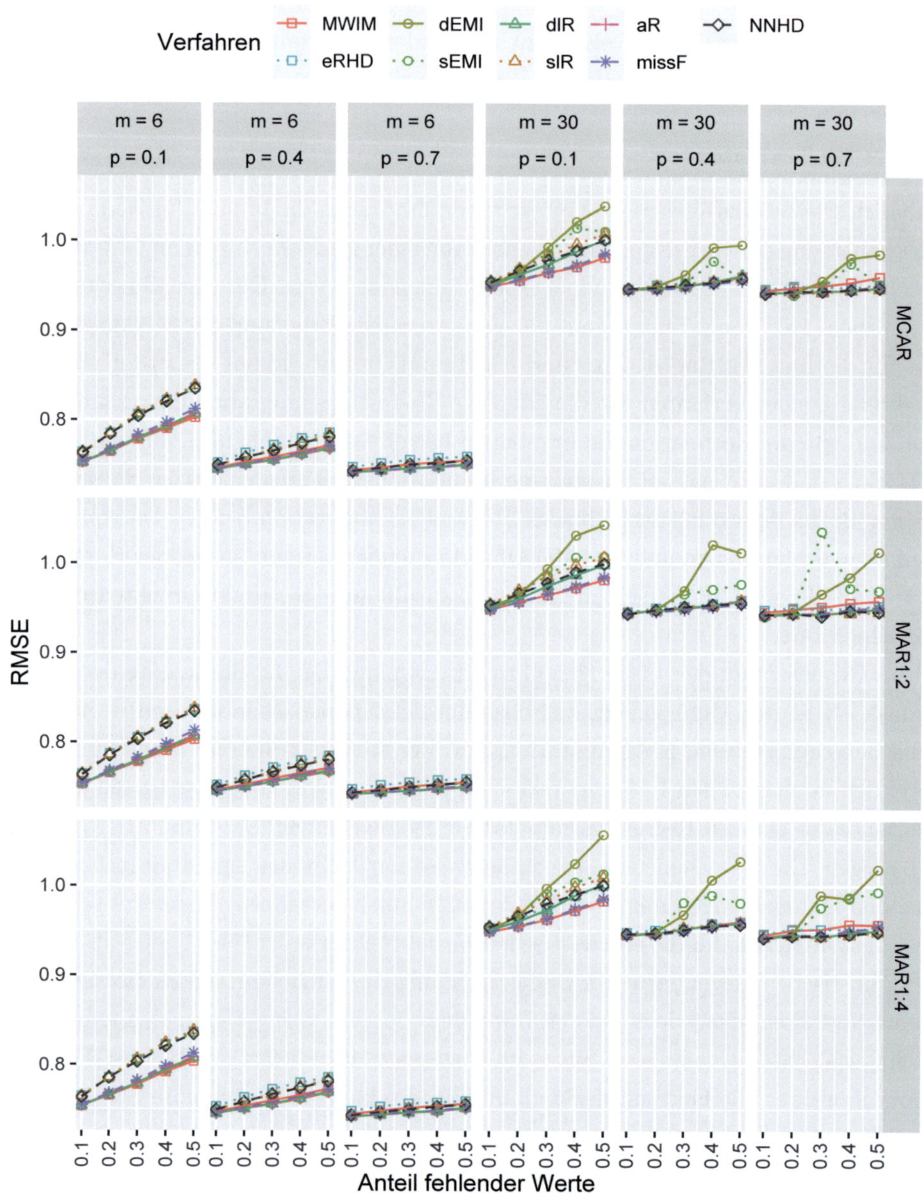

Abbildung 6.15: RMSE zwischen wahren und prognostizieren Werten (Datenmatrizen mit $n = 100$ Objekten)

vorherigen Abschnitten. Nun werden jedoch auf der Ordinatenachse die Abweichungen zwischen den wahren und den prognostizierten Werten nach der Anwendung des jeweiligen Imputationsverfahrens abgetragen. Die Werte für alle Verfahren bei allen Faktorstufenkombinationen sind in der Tabelle E.6 im Anhang angegeben.

Datenmatrizen mit 100 Objekten

Bei den Datenmatrizen mit $n = 100$ Objekten, dargestellt in der Abbildung 6.15, existiert bei $m = 6$ Merkmalen und niedriger oder mittlerer Korrelation eine Zweiteilung der Verfahren. Die Gruppe bestehend aus den drei stochastischen Verfahren und dem Nearest-Neighbor Hot-Deck führen zu schlechteren Ergebnissen als die Gruppe der übrigen Verfahren. Aus dieser Gruppe der besten Verfahren löst sich missForest bei $m = 6$ Merkmalen etwas heraus, da es leicht schlechter als die übrigen Verfahren dieser Gruppe ist. Bei den Datenmatrizen mit $m = 6$ Merkmalen und hoher Korrelation sind kaum Unterschiede zwischen den Verfahren in der Abbildung 6.15 erkennbar. Zusätzlich zu der Abbildung 6.15 zeigen die Werte in der Tabelle E.6, dass das einfache Random Hot-Deck bei mittlerer und hoher Korrelation etwas schlechter als die restlichen Verfahren ist.

Bei den Datenmatrizen mit $m = 30$ Merkmalen sind die prognostizierten Werte für alle Verfahren deutlich schlechter als bei den Datenmatrizen mit $m = 6$ Merkmalen. Dies liegt jedoch weniger an den Imputationsverfahren als vielmehr an der Tatsache, dass die lineare Regression selbst bei vollständigen Datenmatrizen bei $n = 100$ Objekten und $m = 30$ Merkmalen die Werte deutlich schlechter prognostizieren kann. Aus den Ergebnissen bei den Datenmatrizen mit $m = 30$ Merkmalen stechen die besonders schlechten Resultate der EM-Imputationsverfahren hervor. Von diesen extremen Werten abgesehen ist bei niedriger Korrelation wieder eine Zweiteilung der Verfahren zu erkennen, wobei dieses Mal missForest, die adaptive Regressionsimputation und die Mittelwertimputation die Gruppe der besten Verfahren bilden. Bei mittlerer und hoher Korrelation sind mit Ausnahme der EM-Imputationsverfahren kaum Unterschiede zwischen den Verfahren erkennbar. Bei hoher Korrelation sind die beiden einfachen Imputationsverfahren etwas schlechter als die restlichen Verfahren (mit Ausnahme der EM-Imputationsverfahren).

Datenmatrizen mit 500 Objekten

Auch in der Abbildung 6.16, in der die Ergebnisse der Datenmatrizen mit $n = 500$ Objekten dargestellt sind, ist bei niedriger Korrelation wieder eine Zweiteilung der Ver-

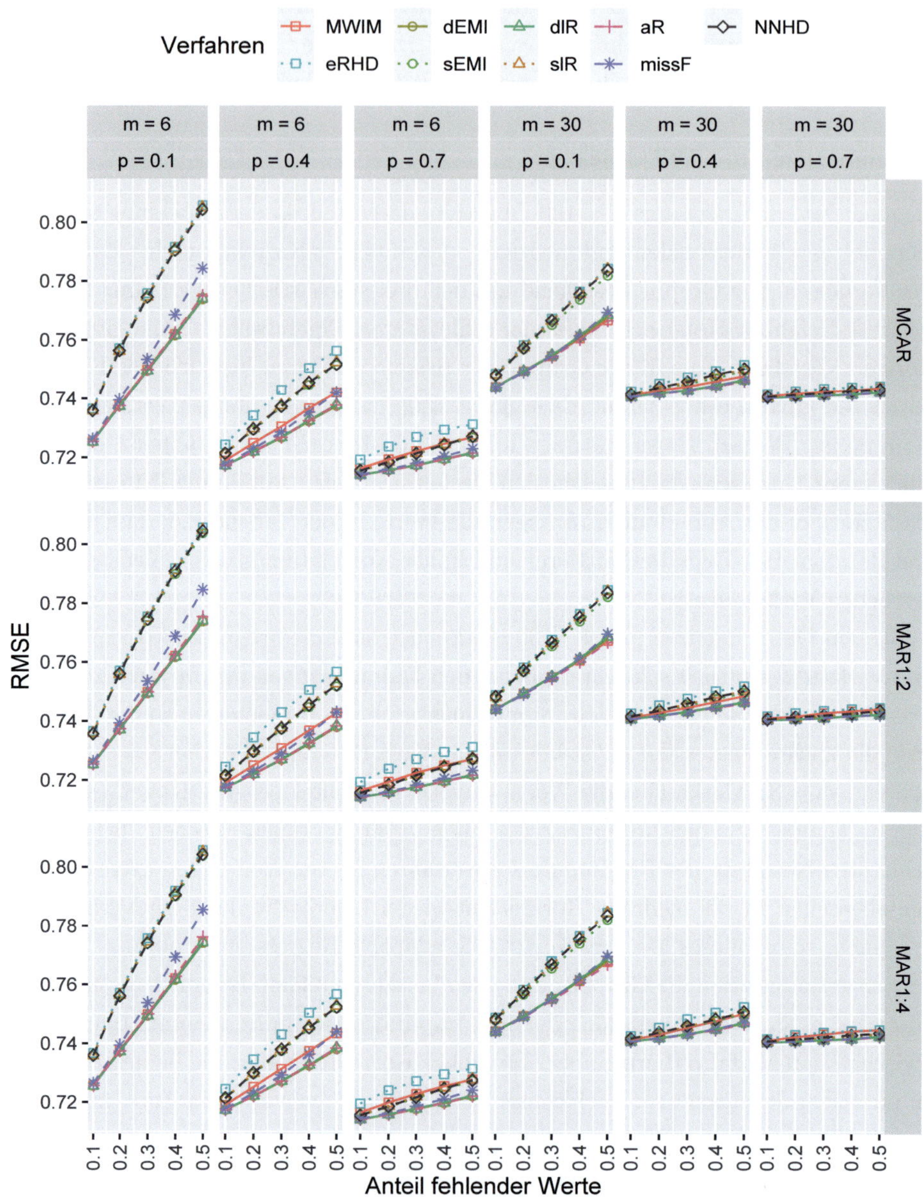

Abbildung 6.16: RMSE zwischen wahren und prognostizieren Werten (Datenmatrizen mit $n = 500$ Objekten)

fahren zu erkennen. Hierbei sind die Gruppen identisch zu denen der Abbildung 6.15. Wie auch bei den Datenmatrizen mit $n = 100$ Objekten ist missForest bei den Datenmatrizen mit $n = 500$ Objekten und $m = 6$ Merkmalen etwas schlechter als die Gruppe der besten Verfahren. Bei mittlerer und hoher Korrelation ist das einfache Random Hot-Deck etwas schlechter als die übrigen Verfahren. Ihm folgen meist die beiden anderen stochastischen Verfahren und das Nearest-Neighbor Hot-Deck. Die besten Verfahren sind die adaptive und die deterministische lineare Regressionsimputation sowie die deterministische EM-Imputation. Bei den Datenmatrizen mit $m = 30$ Merkmalen ist missForest ähnlich gut wie diese beiden Verfahren. Bei den Datenmatrizen mit $m = 6$ Merkmalen ist missForest jedoch etwas schlechter als diese beiden Verfahren. Die Mittelwertimputation ist normalerweise (etwas) schlechter als die besten Verfahren.

Generelle Tendenzen

Wie bei fast allen bisherigen Kriterien werden die Ergebnisse der Verfahren mit zunehmendem Anteil fehlender Werte schlechter. Jedoch schwächt sich dieser Effekt mit zunehmender Korrelation ab. Eine Steigerung der Objektanzahl und der Korrelation hat einen positiven Einfluss auf die prognostizierten Werte, während eine Erhöhung der Merkmalsanzahl sich meist negativ auswirkt. Die simulierten Ausfallmechanismen beeinflussen die Ergebnisse fast nicht.

Erneut sind die Ergebnisse der deterministischen bzw. stochastischen Formen der linearen Regressions- und EM-Imputation mit Ausnahme der Datenmatrizen mit $n = 100$ Objekten und $m = 30$ Merkmalen sehr ähnlich. Ferner sind mit Ausnahme dieser Datenmatrizen die deterministischen Verfahren stets ihren stochastischen Gegenparts überlegen. Über alle Faktorstufen hinweg betrachtet, sind die deterministische lineare und die adaptive Regressionsimputation die besten Verfahren bei diesem Kriterium.

6.4 Zusammenfassung und Interpretation

In diesem Abschnitt werden die Ergebnisse der Simulationsstudie zusammengefasst, interpretiert und praktische Implikationen aus ihnen abgeleitet. Zunächst werden die Ergebnisse der einzelnen Imputationsverfahren aggregiert über die verschiedenen Gütekriterien betrachtet. Anschließend wird der Einfluss untersucht, den die Gütekriterien auf die Bewertung der Imputationsverfahren haben. Ferner werden die Auswirkungen dargestellt, welche die in der Simulationsstudie variierten Faktoren auf die Güte der Imputationsverfahren haben. Daraufhin werden die Simulationsstudie kritisch gewürdigt und Limitationen aufgezeigt. Zum Abschluss des Kapitels werden praktische Implikationen aus den Simulationsergebnissen abgeleitet.

6.4.1 Ergebnisse der einzelnen Imputationsverfahren

Die in Abschnitt 6.3 präsentierten Ergebnisse der Imputationsverfahren werden in der Abbildung 6.17 zusammengefasst. Für diese Abbildung werden für jede Kombination aus Datenmatrixstruktur (Objektanzahl, Merkmalsanzahl, Korrelation), Ausfall (Anteil fehlender Werte, Ausfallmechanismus) und Gütekriterium die Verfahren mit Rängen versehen. Das beste Verfahren auf einer solchen Faktorstufenkombination (das mit dem geringsten RMSE-Wert) erhält dabei den Rang 1 und das schlechteste den Rang 9. Diese Ränge werden anschließend für jedes Verfahren über die beiden Faktoren Anteil fehlender Werte und Ausfallmechanismus gemittelt, da diese beiden Faktoren nur wenig Einfluss auf die Ränge besitzen. Anschließend wird der so berechnete mittlere Rang der Verfahren in der Abbildung 6.17 dargestellt. Ein Punkt in der Abbildung 6.17 fasst also 15 Punkte (fünf Faktorstufen Anteil fehlender Werte kombiniert mit drei Faktorstufen Ausfallmechanismen) der Abbildungen 6.5 bis 6.16 zusammen. Hierdurch werden die Ergebnisse eines Verfahrens in einer Facetten-Spalte der Abbildungen 6.5 bis 6.16 durch einen Punkt in der Abbildung 6.17 repräsentiert.

Aus der Abbildung 6.17 geht noch einmal deutlich hervor, dass es kein universell bestes Verfahren gibt. Vielmehr hängt das beste Verfahren und die Reihenfolge der Verfahren von der Datenmatrixstruktur und dem Gütekriterium ab. Die Korrelation beeinflusst dabei den Rang der einfachen Imputationsverfahren besonders stark. Bei einer niedrigen Korrelation von $\rho = 0{,}1$ ist bei fast allen Kriterien und Datenmatrixdimensionen mindestens eins der beiden einfachen Imputationsverfahren unter den drei besten Verfahren und in über 50 % der Fälle ist eines der beiden sogar das beste Verfahren. Jedoch verlieren die einfachen Verfahren mit steigender Korrelation normalerweise diese guten Plätze und werden deutlich schlechter. Dies ist z. B. sehr gut bei der Mittelwertimputation (rote durchgezogene Linie) beim Kriterium Imputationswerte zu erkennen. Diese starke Abhängigkeit der Rangfolge von der Korrelation ist bei genauerer Analyse nicht verwunderlich. Bei einer sehr niedrigen Korrelation existieren fast keinerlei Zusammenhänge in den Daten, die von den anderen Imputationsverfahren genutzt werden könnten. Je mehr Informationen zur Imputation jedoch in der Datenmatrix vorhanden sind und je besser die Verfahren diese Informationen nutzen können, desto besser schneiden sie im Vergleich zu den einfachen Verfahren

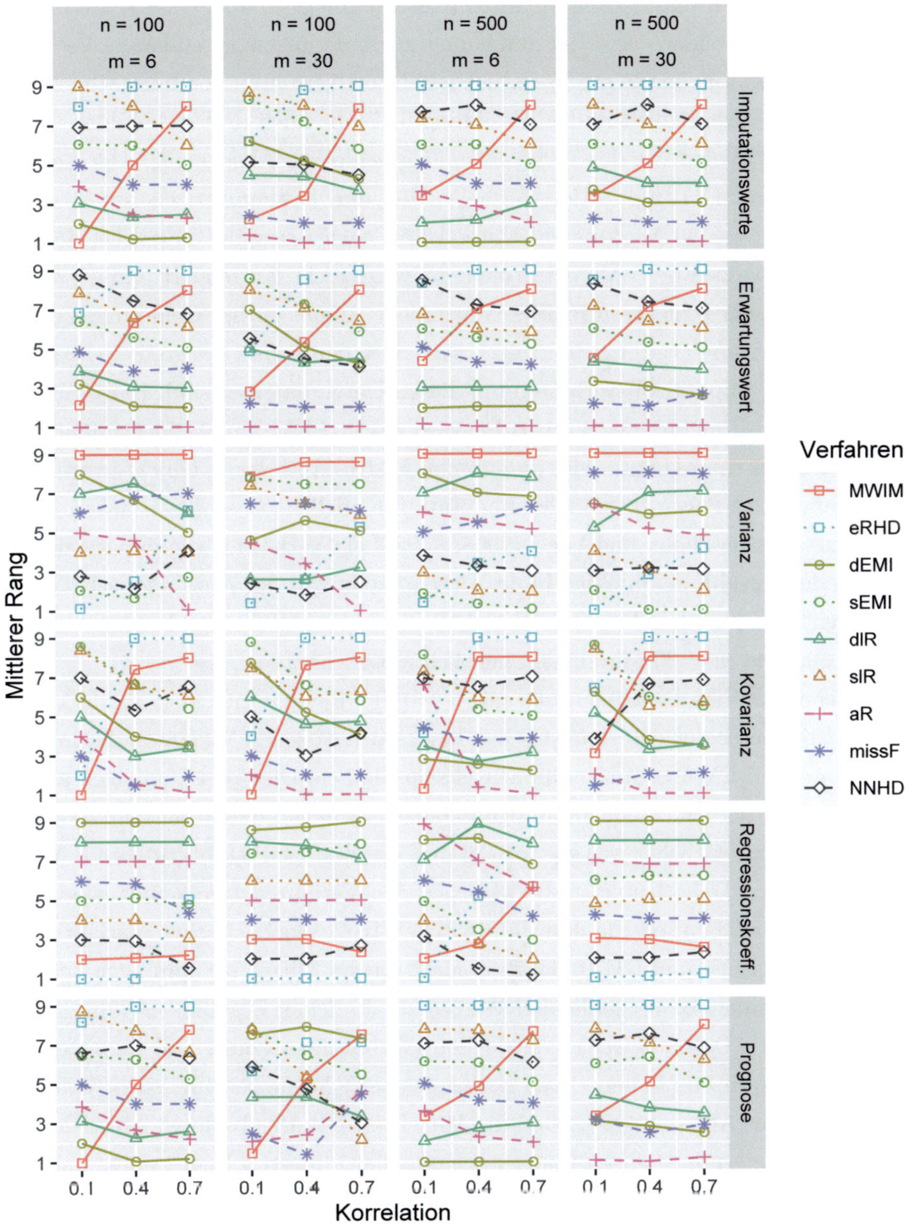

Abbildung 6.17: Mittlere Ränge der Verfahren

ab. Im Vergleich zu den beiden einfachen Imputationsverfahren verhalten sich die Ränge der restlichen Imputationsverfahren relativ stabil gegenüber einer Änderung der Korrelation, insbesondere wenn der durch die Rangänderungen der einfachen Verfahren induzierte Effekt aus den Ergebnissen der restlichen Verfahren herausgerechnet wird.

Eine weitere Auffälligkeit in der Abbildung 6.17, die auch in den Abbildungen 6.5 bis 6.16 deutlich wird, ist das verhältnismäßig schlechte Abschneiden der linearen Regressions- und EM-Imputationsverfahren bei den Datenmatrizen mit $n = 100$ Objekten und $m = 30$ Merkmalen. Unter Berücksichtigung der Tatsache, dass bei diesen Datenmatrizen der EM-Algorithmus teilweise nicht konvergiert und die daraus resultierenden sehr schlechten RMSE-Werte nicht einmal in die Abbildungen 6.5 bis 6.16 eingeflossen sind (vgl. Abschnitt 6.2), wird noch deutlicher, wie groß die Probleme der beiden EM-Imputationsverfahren bei diesen Datenmatrizen sind. Ein Grund für das schlechte Abschneiden der linearen Regressions- und EM-Imputationsverfahren bei diesen Datenmatrizen könnte sein, dass in den Matrizen zu wenig Objekte vorhanden sind, um die vielen Parametern in den Imputationsmodellen gut schätzen zu können. So empfehlen z. B. Bankhofer und Vogel (2008, S. 228) ein Verhältnis von mindestens 20:1 zwischen der Anzahl an Objekten in der Datenmatrix und der Anzahl zu schätzender Parameter für ein lineares Regressionsmodell. Dieses Verhältnis wird bei den Matrizen mit $n = 100$ und $m = 30$ Merkmalen deutlich unterschritten.

Abgesehen von den Datenmatrizen mit $n = 100$ Objekten und $m = 30$ Merkmalen sind die Ergebnisse der deterministischen bzw. stochastischen Varianten der linearen Regressions- und EM-Imputation im Mittel sehr ähnlich. Dies geht zum einen aus der Abbildung 6.17 hervor, in der die Rangdifferenzen zwischen diesen Verfahren oft sehr klein sind. Noch deutlicher ist es jedoch in den Abbildungen 6.5 bis 6.16 zu sehen, in denen häufig fast keine Unterschiede zwischen den Verfahren zu erkennen sind.

Um zu untersuchen, ob die deterministischen bzw. stochastischen Varianten der linearen Regressions- und EM-Imputation nicht nur im Mittel, sondern auch bei jeder einzelnen Datenmatrix mit fehlenden Werten zu ähnlichen Ergebnissen führen, wird zunächst für jede Datenmatrix mit fehlenden Werten die absolute Differenz zwischen den beiden deterministischen (bzw. stochastischen) Verfahren für jedes Kriterium bestimmt. In der Abbildung 6.18 sind die Mittelwerte dieser absoluten Abweichungen zwischen der deterministischen (bzw. stochastischen) linearen Regressions- und EM-Imputation dargestellt, wobei die absoluten Abweichungen über alle Wiederholungen, Anteil fehlender Werte, Ausfallmechanismen und Korrelationsstufen gemittelt sind. In der Abbildung 6.18 werden die Ergebnisse getrennt nach Kriterien (Abszissenachse), Dimension der Datenmatrizen (Farbe und Punkttyp) sowie deterministischen (durchgezogene Linien) und stochastischen Verfahren (gestrichelte Linien) dargestellt. Die Ordinatenachse der Abbildung 6.18 ist logarithmisch skaliert, um die Größenordnungen besser darstellen zu können.

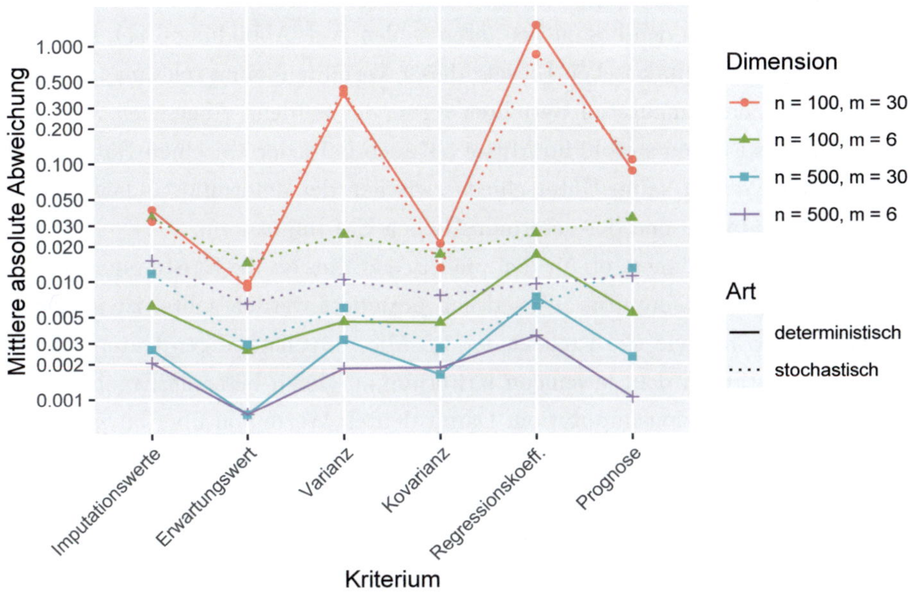

Abbildung 6.18: Mittlere absolute Abweichung zwischen der deterministischen (bzw. stochastischen) Variante der linearen Regressions- und der EM-Imputation

Zunächst zeigt die Abbildung 6.18 erneut, dass bei den Datenmatrizen mit $n = 100$ Objekten und $m = 30$ Merkmalen (rote Linien) meist die größten Unterschiede zwischen den Verfahren existieren. Mit Ausnahme der Datenmatrizen mit $n = 100$ Objekten und $m = 30$ Merkmalen sind die Unterschiede zwischen den deterministischen Verfahren (durchgezogene Linien) normalerweise deutlich kleiner als zwischen den stochastischen Verfahren (gepunktete Linien). Bei nicht Berücksichtigung dieser Datenmatrizen sind die Unterschiede zwischen den deterministischen Verfahren (bis auf in einem Fall) mindestens um den Faktor 1,5 kleiner und in über der Hälfte der Fälle sogar mindestens um den Faktor 4 kleiner als die Unterschiede zwischen den stochastischen Verfahren. Unter Berücksichtigung der Bereiche, in denen die RMSE-Werte normalerweise liegen, existieren die größten Unterschiede zwischen den beiden deterministischen Verfahren normalerweise bei der Schätzung der Regressionskoeffizienten. Gleichzeitig sind die beiden deterministischen Verfahren bei diesem

Kriterium meist die schlechtesten Verfahren (vgl. Abbildung 6.17). Insgesamt existieren zwischen der deterministischen linearen Regressions- und EM-Imputation also nur nennenswerte Unterschiede bei den Datenmatrizen mit $n = 100$ Objekten und $m = 30$ Merkmalen und der Schätzung der Regressionskoeffizienten. Da sie in beiden Fällen normalerweise nicht zu den besten Verfahren zählen (vgl. Abbildung 6.17), sind diese Unterschiede für den praktischen Einsatz dieser Verfahren kaum relevant (in beiden Fällen sollten andere Imputationsverfahren verwendet werden). Abgesehen von diesen beiden Fällen existieren sowohl im Mittel als auch bei jeder einzelnen Datenmatrix mit fehlenden Werten kaum Unterschiede zwischen der deterministischen linearen Regressionsimputation und der deterministischen EM-Imputation.

Um beurteilen zu können, ob für den praktischen Einsatz die EM-Imputation oder die lineare Regressionsimputation eventuell präferiert werden sollte, ist in der Tabelle 6.2 erfasst, bei wie viel Prozent der 1,8 Mio. unvollständigen Datenmatrizen die EM-Imputation in dem jeweiligen Kriterium zu einem besseren Ergebnis führt als die lineare Regressionsimputation. Damit deuten Werte von über 50 % auf eine Überlegenheit der EM-Imputation hin, während kleinere Werte als 50 % auf ein Überlegenheit der Regressionsimputation hindeutet. Je stärker die Abweichung von 50 % ist, desto deutlicher ist dieser Effekt ausgeprägt. Aus der Tabelle 6.2 geht hervor, dass die deterministische EM-Imputation etwas häufiger genauere Imputationswerte als die deterministische lineare Regressionsimputation liefert, dafür aber die Regressionskoeffizienten etwas schlechter schätzt. In den restlichen Kriterien ist kein klarer Trend zu erkennen.

Kriterium	deterministisch	stochastisch
Imputationswerte	65 %	70 %
Erwartungswert	50 %	52 %
Varianz	51 %	53 %
Kovarianz	45 %	47 %
Regressionskoeffizienten	38 %	36 %
Prognose	51 %	51 %

Tabelle 6.2: EM-Imputation besser als lineare Regressionsimputation

Bei der stochastischen linearen Regressionsimputation und der stochastischen EM-Imputation sind auch die Ergebnisse im Mittel sehr ähnlich. Jedoch deutet die Abbildung 6.18 darauf hin, dass sich die einzelnen imputierten Datenmatrizen bei den beiden stochastischen Verfahren stärker als bei den deterministischen Verfahren unterscheiden. Aus den Werten in der Tabelle 6.2 folgt, dass keines der beiden stochastischen

Verfahren dem anderen grundsätzlich überlegen ist. Die größeren Abweichungen bei den stochastischen Verfahren sind also eher auf deren Zufallskomponente als auf eine generelle Überlegenheit eines der beiden Verfahren zurückzuführen.

Insgesamt sind die geringen Unterschiede zwischen der deterministischen (bzw. stochastischen) linearen Regressionsimputation und der EM-Imputation nicht verwunderlich. Die Parallelen zwischen der linearen Regressionsimputation und der EM-Imputation wurden bereits in Abschnitt 4.3.3 dargestellt. Jedoch zeigen insbesondere die Konvergenzprobleme des EM-Algorithmus bei den Datenmatrizen mit $n = 100$ Objekten und $m = 30$ Merkmalen, dass trotz der theoretischen Ähnlichkeit in der Praxis durchaus Unterschiede zwischen diesen beiden Verfahrenstypen bestehen können. Abgesehen von diesen Datenmatrizen sind die Unterschiede zwischen der jeweiligen Variante der linearen Regressionsimputation und der EM-Imputation jedoch so gering, dass bei der praktischen Auswahl meist anhand der Verfügbarkeit der Imputationsverfahren in der favorisierten Software entschieden werden kann.

Die beiden Verfahren adaptive Regressionsimputation und missForest weisen in der Abbildung 6.17 häufig ähnliche Ränge auf. Bei den Imputationswerten, der Schätzung der Erwartungswerte und der Kovarianzen sowie stellenweise bei den Prognosewerten führen diese beiden Verfahren zu guten Ergebnissen. Dabei ist die adaptive Regressionsimputation meist etwas besser als missForest. Das Nearest-Neighbor Hot-Deck verhält sich relativ konträr zu diesen beiden Verfahren. Seine Stärken liegen eher im Bereich der Varianz- und Regressionskoeffizientenschätzung, während es bei den anderen vier Kriterien oft mittelmäßig bis schlecht abschneidet.

Eine noch stärkere Aggregation der Ergebnisse (die ausschließlich auf die Imputationsverfahren und die verwendeten Gütekriterien ausgerichtet ist) als in der Abbildung 6.17 erfolgt in der Abbildung 6.19. In der Abbildung 6.19 ist der mittlere Rang der Verfahren bei den Kriterien aggregiert über alle sonstigen Faktorstufen der Simulation dargestellt. Ferner ist in der Abbildung 6.19 unter dem Punk „gesamt“ auch der mittlere Rang der Verfahren über alle Faktorstufen inklusive Gütekriterien zu sehen. Diese Abbildung enthält also das Abschneiden der Verfahren in stark aggregierter Form. Auf der einen Seite werden durch diese Aggregation die meisten durch die Datenmatrixstruktur induzierten Effekte verdeckt. Auf der anderen Seite kann auf diese Weise relativ einfach erkannt werden, wie gut die Verfahren bei den einzelnen Kriterien und über die gesamte Simulationsstudie abschneiden.

Die Abbildung 6.19 verdeutlicht noch einmal das gute Abschneiden der adaptiven Regressionsimputation in vier der sechs untersuchten Gütekriterien. Hierdurch erhält die adaptive Regressionsimputation auch insgesamt über alle Kriterien hinweg den

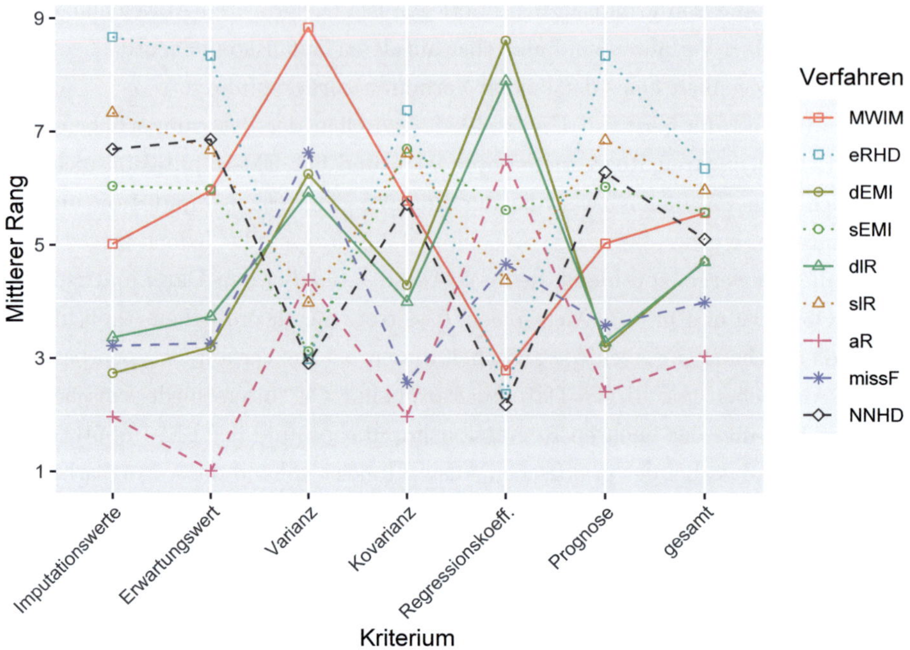

Abbildung 6.19: Ränge der Verfahren (aggregiert)

niedrigsten Rang aller Verfahren. Gleichzeitig geht aus der Abbildung 6.19 hervor, dass bei vielen Kriterien kein klar bestes Verfahren existiert, da der durchschnittliche Rang des besten Verfahrens meist zwei oder größer ist. Das bedeutet, dass auch das in der Abbildung 6.19 beste Verfahren für ein Gütekriterium in vielen Fällen nicht zum besten Ergebnis führt, da neben dem Kriterium auch die Struktur der Datenmatrix die Ergebnisse beeinflusst. Dies unterstreicht noch einmal, dass keines der untersuchten Imputationsverfahren über alle Faktorstufen und Gütekriterien hinweg stets zu den besten Verfahren zählt. Bei der praktischen Auswahl eines Imputationsverfahrens, auf die in Abschnitt 6.4.6 noch einmal genauer eingegangen wird, sind also fast immer eine Kombination aus Gütekriterium und Struktur der Daten zu beachten.

6.4.2 Einfluss der Gütekriterien

Die Abbildungen 6.17 und 6.19 zeigen, dass zwischen den einzelnen Gütekriterien teilweise erhebliche Unterschiede bei den Rangfolgen der Verfahren existieren. Dies wird insbesondere beim Vergleich der deterministischen und stochastischen Verfahren deutlich. Während die deterministischen Verfahren bei den Kriterien Imputationswerte, Erwartungswerte, Kovarianzen und Prognosewerte den stochastischen überlegen sind, dominieren die stochastischen bei den Schätzungen der Varianzen und der Regressionskoeffizienten die deterministischen Verfahren. Das Nearest-Neighbor Hot-Deck nimmt dabei eine Sonderposition ein. Es ist eigentlich ein deterministisches Verfahren, verhält sich hinsichtlich der erzielten Resultate aber in vielen Fällen eher wie ein stochastisches Verfahren.

Neben dem Aspekt, dass Kriterien unterschiedliche Arten von Imputationsverfahren bevorzugen, stellt sich die Frage, inwiefern die Ergebnisse der Verfahren von einem Gütekriterium auf ein anderes Gütekriterium übertragbar sind. In der Abbildung 6.17

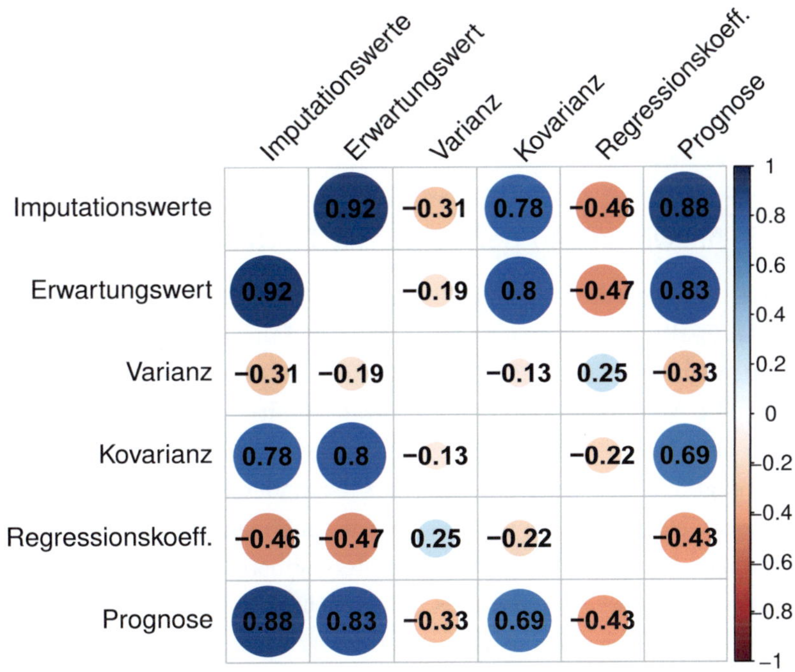

Abbildung 6.20: Korrelation zwischen den Gütekriterien

gibt es einige Kriterien wie z. B. Genauigkeit der Imputationswerte und Auswirkungen auf die Erwartungswertschätzung, bei denen sich die Rangfolgen der Verfahren ähneln. Hingegen unterscheiden sich die Rangfolgen bei anderen Kriterien deutlich. Um diese Beobachtung zu quantifizieren, sind in der Abbildung 6.20 die Korrelationen der Rangfolgen zwischen den Gütekriterien dargestellt.[71]

Aus der Abbildung 6.20 geht hervor, dass die vier Kriterien (Imputationswerte, Erwartungswerte, Kovarianzen und Prognosewerte), bei denen die deterministischen Verfahren tendenziell besser abschneiden als die stochastischen, auch eine relativ hohe positive Korrelation untereinander aufweisen. Hingegen ist bei den anderen beiden Kriterien (Varianz, Regressionskoeffizienten) keine starke Korrelation zu einem anderen Kriterium zu erkennen. Die Resultate der Imputationsverfahren bei diesen beiden Kriterien lassen sich also nur schwer anhand der anderen Kriterien abschätzen. Ferner existieren in der Abbildung 6.20 auch negative Korrelationen. Dies verdeutlicht nochmals, dass Verfahren, die bei einem Kriterium gut abschneiden, bei anderen Gütekriterien auch deutlich schlechtere Ergebnisse erzielen können. Die Abbildung 6.20 deutet darauf hin, dass der Schluss von einem Gütekriterium auf ein anders häufig nicht ohne zusätzliche Informationen (z. B. wie sich die Gütekriterien zueinander verhalten) möglich ist.

6.4.3 Auswirkungen der variierten Faktoren

Die Auswirkungen der variierten Simulationsparameter sind in der Tabelle 6.3 getrennt nach Gütekriterien zusammengefasst. Aus der Tabelle 6.3 geht hervor, dass bei allen Kriterien mit einer höheren Objektanzahl tendenziell eine Verbesserung der Ergebnisse einhergeht. Von der größeren Objektanzahl profitieren meist alle Verfahren, jedoch ist der Effekt bei den einfachen Imputationsverfahren normalerweise nicht so stark ausgeprägt wie bei den restlichen. Auf der anderen Seite verschlechtern sich die Ergebnisse aller Verfahren mit steigendem Anteil fehlender Werte (von vereinzelten Ausnahmen abgesehen). Diese Verschlechterung betrifft die guten Verfahren in einem Kriterium meist weniger stark als die schlechten Verfahren. Daher vergrößern sich die Unterschiede zwischen den Imputationsverfahren normalerweise mit steigendem Anteil fehlender Werte.

Neben diesen beiden sehr eindeutigen Einflüssen führt eine Verstärkung des Ausfallmechanismus (also ein Übergang von MCAR zu MAR1:2 oder MAR1:4 bzw. von

[71] Als Daten für die Abbildung 6.20 werden nicht die gemittelten Ränge, die in der Abbildung 6.17 dargestellt sind, verwendet, sondern die ursprünglichen Ränge ohne Mittelung über den Ausfallmechanismus und den Anteil fehlender Werte.

	Imputationswerte	Erwartungswert	Varianz	Kovarianz	Regressionskoeff.	Prognose
Objektanzahl	$\nearrow$	$\nearrow$	$\nearrow$	$\nearrow$	$\nearrow$	$\nearrow$
Merkmalsanzahl	va	va	va	va	va	$\swarrow$
Korrelation	$\nearrow$	$\nearrow$	$\nearrow$	WW	WW	$\nearrow$
Anteil fehlender Werte	$\swarrow$	$\swarrow$	$\swarrow$	$\swarrow$	$\swarrow$	$\swarrow$
Ausfallmechanismus	($\swarrow$)	$\swarrow$	($\swarrow$)	($\swarrow$)	($\swarrow$)	–

Auswirkung einer Erhöhung/Verstärkung des Faktors:
$\nearrow$: Verbesserung der Imputationsergebnisse
$\swarrow$: Verschlechterung der Imputationsergebnisse
-: keine Auswirkungen
va: Auswirkung ist stark verfahrensabhängig
WW: Faktor wirkt vor allem durch Wechselwirkungen
( ): Effekt ist nur schwach ausgeprägt

Tabelle 6.3: Auswirkungen der variierten Faktoren

MAR1:2 zu MAR1:4) meist zu einer Verschlechterung der Ergebnisse. Dieser Effekt ist jedoch bei den meisten Kriterien wenig ausgeprägt und bei den Prognosewerten nicht nachweisbar. Die Auswirkungen einer Erhöhung der Merkmalsanzahl ist häufig abhängig vom betrachteten Imputationsverfahren und zusätzlich von der Objektanzahl. Wenn nur wenige Objekte vorliegen, verschlechtern sich die linearen Regressions- und EM-Imputationsverfahren oft mit zusätzlichen Merkmalen. Hingegen profitiert die adaptive Regressionsimputation bei den meisten Gütekriterien unabhängig von der Objektanzahl vom Übergang von $m = 6$ zu $m = 30$ Merkmalen. Es lässt sich für diesen Faktor daher keine allgemeingültige Aussage ableiten.

Alle Verfahren mit Ausnahme der Mittelwertimputation und des Random Hot-Decks profitieren meist von einer Erhöhung der Korrelation zwischen den Merkmalen. Die Mittelwertimputation und das Random Hot-Deck profitieren davon nicht, da sie als univariate Verfahren die Zusammenhänge zwischen den Merkmalen nicht in die Berechnung der Imputationswerte miteinbeziehen. Der positive Effekt durch die Erhöhung der Korrelation wird jedoch teilweise durch die Wechselwirkungen zwischen dem Ausfallmechanismus und der Korrelation verdeckt. Die Wechselwirkungen mit dem Ausfallmechanismus können durch die Definition der Ausfallmechanismen erklärt werden. Je höher die Korrelation zwischen den Merkmalen ist, desto wahrscheinlicher werden höhere Werte im Merkmal mit fehlenden Werten gelöscht, wodurch der MAR1:2- bzw. MAR1:4-Ausfallmechanismus mit zunehmender Korrelation verstärkt wird. Aus diesem Grund können in den Simulationsergebnissen die Einzeleffekte des Faktors Korrelation eigentlich nur beim MCAR-Ausfallmechanismus direkt beobachtet werden. Insgesamt sind die Auswirkungen der variierten Simulationsparameter zumindest in der Tendenz bei allen Gütekriterien ähnlich. Eine Verstärkung bzw. Erhöhung des Ausfallmechanismus und des Anteils fehlender Werte bewirkt eine Verschlechterung der Imputationsergebnisse, während eine Erhöhung der Objektanzahl und der Korrelation zu einer Verbesserung der Ergebnisse führt.

6.4.4 Vergleich mit existierenden Simulationsstudien

In diesem Abschnitt werden die Ergebnisse der Simulation mit den Erkenntnissen existierender Simulationsstudien verglichen. Da die Simulationsstudie insbesondere mit dem Ziel entwickelt wurde, „weiße Flecken" bei den Paarvergleichen der Imputationsverfahren (Tabelle 5.12) zu füllen, ist der direkte Vergleich mit einzelnen Simulationen schwierig, da keine der 95 Studien im Kapitel 5 eine vergleichbare Verfahrenszusammenstellung wie die vorliegende Simulationsstudie aufweist. Aus diesem Grund werden die über alle 95 Studien aggregierten Ergebnisse der Abschnitte 5.4.2 und 5.4.3 mit den Ergebnissen dieser Simulation verglichen. Zusätzlich zu den Ergebnissen der Imputationsverfahren werden auch die Auswirkungen der in der Simulation variierten Faktoren mit den Auswirkungen bei anderen Simulationen verglichen.

Das gute Abschneiden der adaptiven Regressionsimputation in der Simulation unterstützt die bereits im vorherigen Kapitel 5 gefundenen Erkenntnisse. Insbesondere das gute Abschneiden bei der Genauigkeit der Imputationswerte und insgesamt wird auch durch die fünf im Kapitel 5 gefundenen Simulationsstudien unterstützt. Ähnliches gilt für das relativ gute Abschneiden von missForest in der Simulation, welches auch durch die Ergebnisse anderer Simulationsstudien plausibel erscheint. Dass die deterministische Regressions- und EM-Imputation bei der Genauigkeit der Imputationswerte eher zu den besseren Verfahren gehören, ist im Einklang mit den Ergebnissen in der Tabelle 5.9. Auch die eher schlechten Ergebnisse der beiden einfachen Imputationsverfahren stimmen gut mit den bisherigen Erkenntnissen in der Literatur überein.

Die auf den ersten Blick größte Überraschung in der Simulation ist das verhältnismäßig schlechte Abschneiden der stochastischen linearen Regressionsimputation. Diese hat insbesondere bei der Einzelbetrachtung der Verfahren in Abschnitt 5.4.2 sehr gut abgeschnitten. Ein Erklärungsansatz für diese Diskrepanz bietet die Tabelle 5.12. Aus dieser geht hervor, dass die stochastische lineare Regressionsimputation mit vielen guten Verfahren (insbesondere adaptive Regressionsimputation, missForest, deterministische EM-Imputation) in den untersuchten Studien überhaupt nicht verglichen wurde. Das gute Abschneiden der stochastischen linearen Regressionsimputation in anderen Studien kann also unter anderem darauf zurückgeführt werden, dass sie vermutlich mit eher schlechten Verfahren verglichen wurde. Ähnliches gilt wahrscheinlich auch für das Nearest-Neighbor Hot-Deck.

Die in der Simulation gefundenen Auswirkungen der Faktoren stimmen gut mit den Erkenntnissen der untersuchten Simulationen überein. Der Faktor, der sowohl in dieser Studie als auch in der Literatur die eindeutigste Auswirkung auf die Imputationsergebnisse hat, ist der Anteil fehlender Werte. Auch die Verbesserung der Imputationsergebnisse bei einer höheren Anzahl an Objekten ist in der Literatur gut dokumentiert. Ferner hat der Faktor Ausfallmechanismus auch in dieser Simulation ähnliche Auswirkungen wie in anderen Simulationen. Außerdem zeigt die Simulation, dass die Anzahl der Merkmale und die Stärke der Korrelation je nach weiteren Randbedingungen unterschiedliche Auswirkungen auf die Verfahren haben können. Dies erklärt vermutlich das nicht eindeutige Bild dieser beiden Faktoren in den untersuchten Studien. Insgesamt stimmen die Resultate dieser Simulation gut mit denen existierender Simulationen überein, insofern diese vergleichbar sind.

6.4.5 Kritische Würdigung und Limitationen

In diesem Abschnitt wird die Simulationsstudie kritisch gewürdigt und Limitationen der vorliegenden Simulation aufgezeigt. Wie bei allen Simulationen stellt sich auch bei dieser zunächst die Frage nach der Reliabilität der gefundenen Ergebnisse. Außerdem wird auf das gewählte Simulationsdesign und die Generalisierbarkeit der Ergebnisse eingegangen.

Die Betrachtungen in Abschnitt 6.2 zeigen, dass fast alle der gefundenen Ergebnisse reliabel sind. Die Monte Carlo Standardfehler der meisten Verfahren sind im Vergleich zu den erhaltenen RMSE-Werten und den in den Abbildungen 6.5 bis 6.16 dargestellten Bereichen hinreichend klein. Als Ausnahme hiervon sind insbesondere die hohen Monte Carlo Standardfehler der EM-Imputationsverfahren bei den Datenmatrizen mit $n = 100$ Objekten und $m = 30$ Merkmalen sowie der linearen Regressionsimputationsverfahren bei dem Gütekriterium Regressionskoeffizienten bei denselben Datenmatrizen zu nennen. Diese hohen Standardfehler könnten theoretisch durch eine Erhöhung der Wiederholungsanzahl kompensiert werden. Jedoch wäre eine Erhöhung der Wiederholungsanzahl um den Faktor 100 oder mehr notwendig, um bei den EM-Imputationsverfahren Monte Carlo Standardfehler in ähnlichen Dimensionen wie bei den restlichen Verfahren mit 10.000 Wiederholungen erwarten zu können. Dies würde jedoch auch die benötigte Rechenkapazität verhundertfachen. Angesichts der Tatsache, dass hohe Monte Carlo Standardfehler in den Auswertungen normalerweise von hohen RMSE-Werten begleitet werden (die Verfahren auf den entsprechenden Faktorstufen also meist zu den schlechtesten Verfahren gehören), erscheint dieser zusätzliche Ressourceneinsatz nicht gerechtfertigt. Darüber hinaus sind Verfahren, die eine solch starke Variabilität in ihren Ergebnissen aufweisen, für den praktischen Einsatz eher ungeeignet, da das Erzielen eines guten Imputationsergebnisses zu stark zufallsabhängig ist. Aus diesen Gründen wurde auf eine Erhöhung der Wiederholungsanzahl, die bereits deutlich höher gewählt war als bei den meisten vergleichbaren Simulationsstudien (vgl. Abschnitt 5.2), verzichtet.

Eine Alternative zu den in den Abbildungen 6.5 bis 6.16 verwendeten mittleren RMSE-Werten wäre die Aggregation der einzelnen Wiederholungen mithilfe von Median-RMSE-Werten. Hierdurch würden vor allem die auffälligen Ausreißer der linearen Regressions- und EM-Imputationsverfahren bei den Datenmatrizen mit $n = 100$ Objekten und $m = 30$ Merkmalen bei den Kriterien Varianz, Regressionskoeffizienten und Prognosewerte niedriger ausfallen, da diese meist auf einigen extremen Werten basieren. Jedoch würden dadurch auch die Probleme, die bei der Verwendung dieser vier Verfahren auftreten können, stärker verdeckt werden.

In der Tabelle 6.4 sind die Korrelationen zwischen den mittleren RMSE-Werten der Abbildungen 6.5 bis 6.16 und den zugehörigen Median-RMSE-Werten unterteilt nach Kriterien und Dimension der Datenmatrix angegeben.[72] Abgesehen von den oben angesprochenen Gütekriterien bei den Datenmatrizen mit $n = 100$ Objekten und $m = 30$ Merkmalen ist kein Korrelationskoeffizient kleiner als 0,98. Außerdem können die drei niedrigen Korrelationen bei den Datenmatrizen mit $n = 100$ Objekten und $m = 30$ Merkmalen vollständig auf durch die linearen Regressions- und EM-Imputationsverfahren induzierten Ausreißer zurückgeführt werden. Ohne diese vier Verfahren betragen auch bei den Datenmatrizen mit $n = 100$ Objekten und $m = 30$ Merkmalen die Korrelationen für alle Kriterien mindestens 0,98. Insgesamt würden sich die Strukturen der Abbildungen 6.5 bis 6.16 (und damit auch die daraus abgeleiteten

[72] Die Korrelationskoeffizienten in der Tabelle 6.4 sind auf 3 Nachkommastellen gerundet. Hierdurch werden Korrelationskoeffizienten, die mindestens den Wert 0,9995 aufweisen, in der Tabelle 6.4 als 1,000 dargestellt. Die Korrelationen betragen jedoch meist nicht exakt 1.

Aussagen) bei der Verwendung von Medianen anstatt von Mittelwerten nicht wesentlich ändern. Da die Verwendung von Mittelwerten in den untersuchten Studien deutlich verbreiteter ist und für diese einfach Monte Carlo Standardfehler berechnet werden können (vgl. Morris et al., 2019, S. 2086), basieren die Abbildungen 6.5 bis 6.16 auf Mittelwerten.

Objekte	Merkmale	Imputationswerte	Erwartungswert	Varianz	Kovarianz	Regressionskoeff.	Prognose
100	6	1,000	0,985	0,999	0,996	0,998	1,000
100	30	1,000	0,980	0,235	0,995	0,877	0,921
500	6	1,000	0,998	1,000	0,999	1,000	1,000
500	30	1,000	0,996	1,000	0,999	1,000	1,000

Tabelle 6.4: Korrelation zwischen mittleren RMSE-Werten und Median-RMSE-Werten

Eine Möglichkeit, weitere Erkenntnisse über das Verhalten von Imputationsverfahren zu gewinnen, bestünde in der Einbeziehung zusätzlicher Imputationsverfahren, anderer Faktoren (insbesondere anderer Datenmatrixtypen) und allgemein in der noch stärkeren Variation der Simulationsparameter. Die Einbeziehung von zusätzlichen Faktoren oder eine Erhöhung der Anzahl an Faktorstufen würde entweder zu einer noch umfangreicheren Präsentation der Ergebnisse beim selben Detailgrad führen oder eine stärkere Aggregation der Ergebnisse erforderlich machen. Auf der einen Seite erscheint eine deutliche Ausweitung der Ergebnispräsentation nicht wünschenswert, da der zusätzliche Erkenntnisgewinn im Vergleich zur zusätzlichen Präsentationslänge vermutlich nicht verhältnismäßig wäre. Auf der anderen Seite würde eine stärkere Aggregation der Ergebnisse dazu führen, dass ein Teil der gefundenen Effekte und insbesondere Wechselwirkungen zwischen verschiedenen Faktoren nicht mehr erkennbar wären. Daher erscheint auch dieser Weg nicht zielführend, weshalb die Faktoren nur im vorliegenden Umfang variiert werden. Außerdem zeigt die Tabelle 5.5, dass in dieser Simulation deutlich mehr Faktoren als in anderen Simulationen variiert werden, wodurch ein deutlich umfassenderes Bild über das Verhalten der Imputationsverfahren gewonnen werden kann.

Anstatt einer bloßen Erhöhung der Anzahl an Faktorstufen oder variierten Faktoren wäre auch eine Änderung der variierten Faktoren bzw. Anzahl an Faktorstufen denkbar. Für die Auswahl der variierten Faktoren und deren Stufen werden in Abschnitt 6.1 Begründungen gegeben und diese sollen hier nicht wiederholt werden. Jedoch wird noch einmal auf die ausschließliche Verwendung von simulierten Datenmatrizen eingegangen, da dieser Punkt vermutlich einer der kritischsten beim Simulationsdesign ist. Die grundsätzliche Entscheidung für die Verwendung simulierter Datenmatrizen anstatt realer Datenmatrizen bringt diverse Vor- und Nachteile mit sich. So können durch die Simulation der Datenmatrizen alle Faktoren der Daten direkt beeinflusst werden, wodurch insbesondere das Zusammenspiel von Haupteffekten einzelner Faktoren und Wechselwirkungen zwischen verschiedenen Faktoren transparent untersucht werden kann. Bei der Verwendung realer Datenmatrizen ist durch die gezielte Auswahl eine ähnliche Steuerung der Kombination aus Anzahl an Objekten und Merkmalen möglich. Jedoch ist es nahezu unmöglich, gleichzeitig ähnliche Zusammenhänge zwischen den Merkmalen über verschiedene Datenmatrizen hinweg sicherzustellen. Wie die Simulationsergebnisse zeigen, kann die Korrelationsstruktur jedoch erheblichen Einfluss auf die Resultate der Imputationsverfahren besitzen. Auf der anderen Seite besitzen reale Datenmatrizen den (vermeintlichen) Vorteil, dass sie „real" sind. Sie können also theoretisch genau so in der datenanalytischen Realität vorkommen. Dieser Punkt garantiert jedoch nicht automatisch eine bessere Generalisierbarkeit der Ergebnisse, da auch bei einer realen Datenmatrix die vorliegenden Strukturen eher typisch für diese spezielle Datenmatrix als repräsentativ für eine große Klasse an Datenmatrizen sein kann. Durch die Wahl einer bekannten und verbreiteten Verteilung, wie der multivariaten Normalverteilung, können eventuell sogar besser generalisierbare Ergebnisse erzielt werden, wie bei der Verwendung einer realen Datenmatrix mit unbekannter Verteilung. Auf jeden Fall ist hierdurch die Entstehung und die Art der Datenmatrizen transparenter, wodurch eine Beurteilung, wie gut die Ergebnisse für eine konkrete Situation übertragbar sind, leichter als bei der Verwendung realer Datenmatrizen ist. Neben diesen Gründen deuten die Ergebnisse des Abschnitts 5.3.1 darauf hin, dass die Verwendung simulierter Datenmatrizen von der Mehrheit der Studien präferiert wird (vgl. auch Morris et al., 2019, S. 2079). Auf Basis dieser Gründe und unterstützt durch die empirischen Belege werden in dieser Simulation ausschließlich simulierte Datenmatrizen verwendet.

In Bezug auf die Datenmatrizen ist noch anzumerken, dass die simulierten Matrizen durch die Wahl einer multivariaten Normalverteilung exakt den Voraussetzungen der linearen Regressions- und EM-Imputationsverfahren entsprechen. Diese Verfahren könnten bei starken Abweichungen von den Voraussetzungen (z. B. stark nicht lineare Zusammenhänge zwischen den Merkmalen) im Vergleich zu den anderen untersuchten Verfahren eventuell deutlich schlechter als in dieser Simulation abschneiden. Insbesondere missForest könnte sich aufgrund seiner flexibleren Struktur relativ zu diesen Verfahren bei solchen Datenmatrizen verbessern. Die Auswirkungen einer Abweichung von den Voraussetzungen der Imputationsverfahren hängen jedoch von der exakten Beschaffenheit der Datenmatrix ab und sind nicht ohne Weiteres quantifizierbar.

Insgesamt erscheinen die Resultate der Simulationsstudie reliabel. Des Weiteren können die Ergebnisse der Simulation vermutlich gut auf Situationen mit ähnlichen Datenmatrizen übertragen werden. Falls jedoch erhebliche Abweichungen in der Struktur der Datenmatrix zu den hier simulierten auftreten, sollten die Erkenntnisse dieser Simulation nur mit Vorsicht angewendet werden. Dies ist insbesondere der Fall, falls erheblich mehr Objekte und/oder Merkmale in der Datenmatrix vorkommen. Jedoch sollten in sonstigen Fällen die Ergebnisse der Simulation eine gute Richtschnur bieten. Insbesondere können sie in diesen Fällen für die Auswahl eines geeigneten Imputationsverfahrens herangezogen werden, worauf im folgenden Abschnitt noch einmal genauer eingegangen wird.

6.4.6 Praktische Implikationen

Neben den bisher abgeleiteten Aussagen kann die Abbildung 6.17 auch zur praktischen Auswahl eines Imputationsverfahrens verwendet werden, falls eine Datenmatrix mit ähnlichen Strukturen wie eine der simulierten Datenmatrizen vorliegt. Dazu kann bei bekannter Struktur der Datenmatrix und Analyseziel das jeweils beste Imputationsverfahren oder eine Auswahl der besten Imputationsverfahren direkt aus der Abbildung 6.17 ermittelt werden. Eine weitere Entscheidungshilfe ist in der Abbildung 6.21 dargestellt. In ihr ist ein Entscheidungsbaum zu finden, der auf der Implementierung des CART-Algorithmus im rpart-Paket (Therneau und Atkinson, 2019) basiert. Dem Algorithmus werden als Zielvariable das beste Verfahren und als erklärende Variablen die Simulationsfaktoren übergeben. Im Vorfeld wird dazu für jede simulierte Faktorstufenkombination für jedes Gütekriterium das beste Verfahren ermittelt. Als bestes Verfahren wird dabei für eine Faktorstufenkombination und ein Gütekriterium das Verfahren ausgewählt, dass über alle Wiederholungen im Mittel den geringsten RMSE-Wert aufweist.

Der Entscheidungsbaum in der Abbildung 6.21 fasst viele der bisher beschriebenen Erkenntnisse zusammen. Zunächst macht er noch einmal deutlich, dass die Auswahl eines geeigneten Imputationsverfahrens entscheidend vom Gütekriterium abhängt. Gleichzeitig gibt es Gruppe an Gütekriterien, bei denen eher stochastische Verfahren zu den besten Ergebnissen führen (linker Teil des Baums), während bei anderen Güte-

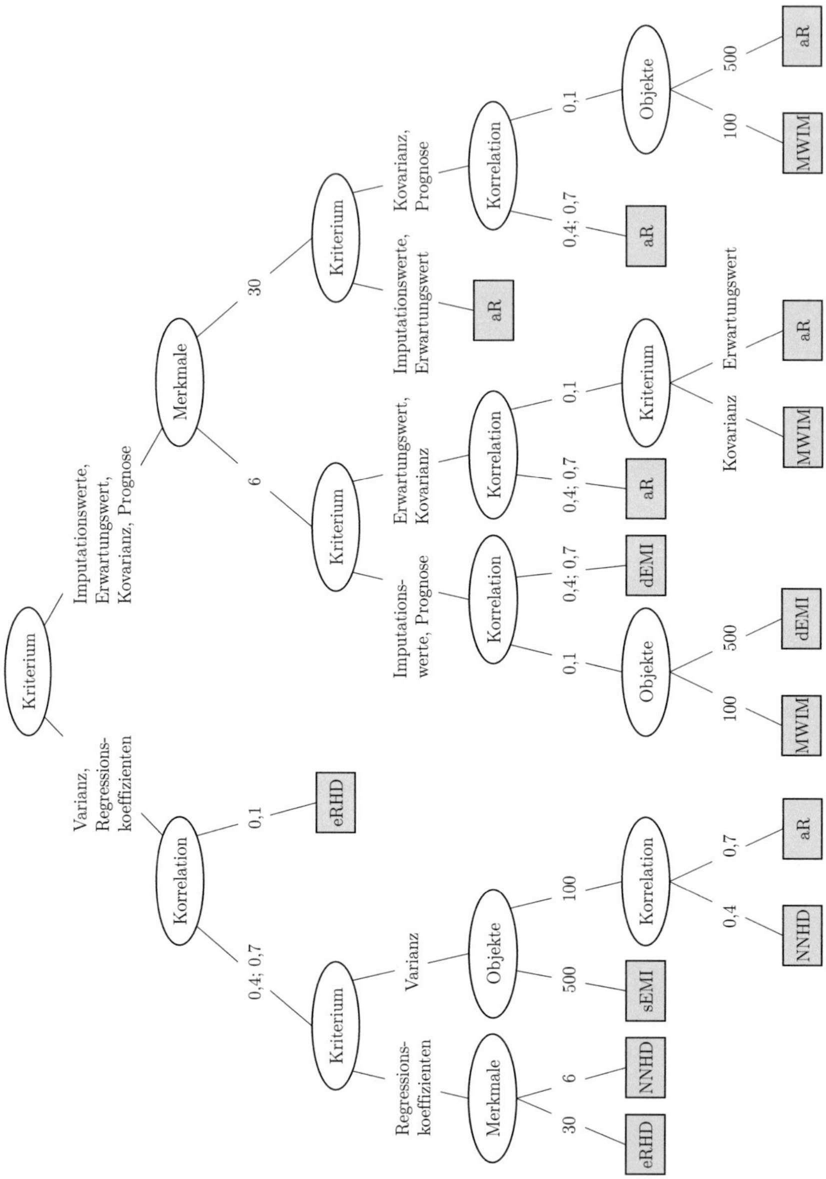

Abbildung 6.21: Entscheidungsbaum zur Bestimmung des besten Imputationsverfahrens

kriterien die deterministischen Verfahren meist besser abschneiden (rechter Teil des Baums). Außerdem ist bei sehr geringer Korrelation häufig eines der beiden einfachen Imputationsverfahren das beste Verfahren. Ferner zeigt die Vielzahl an Verzweigungen und unterschiedlichen Verfahrensentscheidungen, dass es in der Simulation kein Verfahren gibt, welches in allen Situationen zum besten Ergebnis führt.

Zusammenfassend können aus den Ergebnissen der Simulation folgende praktische Implikationen abgeleitet werden:

- Mit zunehmenden Anteil fehlender Werte verschlechtern sich die Imputationsergebnisse. Daher sollte ein möglichst geringer Anteil fehlender Werte angestrebt werden, da sich mit den Imputationsergebnissen auch die Analyseergebnisse verschlechtern.

- Mehr Objekte verbessern die Imputationsergebnisse. Daher sollte bei der Datenerhebung auf eine möglichst hohe Anzahl an Objekten (im Rahmen von anderen vorliegenden Restriktionen) geachtet werden.

- Bei sehr niedriger Korrelation zwischen den Merkmalen ist es schwer, gute Imputationsergebnisse zu erzielen. Daher sollte bei der Planung der Datenerhebung immer auf das Hinzufügen geeigneter Merkmale mit hoher Korrelation geachtet werden, falls fehlende Werte auftreten können. Gleichzeitig sollte die Anzahl an Merkmalen nicht unnötig erhöht werden, da ein schlichtes mehr an Merkmalen nicht automatisch zu besseren Imputationsergebnissen führt.

- EM-Imputationsverfahren können bei Datenmatrizen mit wenigen Objekten und vielen Merkmalen problematisch sein und ihre Ergebnisse sollten bei solchen Datenmatrizen mit Vorsicht behandelt werden.

- Die Beurteilung eines Verfahrens kann unter anderem vom betrachteten Gütekriterium abhängen. Der Schluss von einem Gütekriterium auf ein anderes ist ohne zusätzliche Informationen nicht ohne Weiteres möglich. Daher sollten zum einen Verfahren in Simulationen mit mehreren unterschiedlichen Kriterien bewertet werden. Zum anderen sollten bei der Verfahrensauswahl in der Praxis nur Studien berücksichtigt werden, die entweder dasselbe oder ein sehr ähnliches Gütekriterium verwenden, wie die Aspekte, die im Rahmen der Datenanalyse untersucht werden sollen.

- Es gibt nicht das universell beste Imputationsverfahren. Vielmehr sollte in Abhängigkeit von der Fragestellung bzw. dem Analyseziel und der Datenmatrix stets ein geeignetes Imputationsverfahren ausgewählt werden.

7 Zusammenfassung und Ausblick

Das Ziel dieser Arbeit war es, die Güte von Imputationsverfahren für unvollständige Datenmatrizen zu untersuchen. Bevor dies geschah, wurde zunächst im Kapitel 2 unter anderem darauf eingegangen, ob unvollständige Datenmatrizen überhaupt ein in der Realität existierendes Phänomen sind. Dabei zeigte sich, dass in vielen empirischen Untersuchungen fehlende Werte auftreten und daher eine Beschäftigung mit MD-Verfahren meist ein Gebot der Notwendigkeit ist. Im Kapitel 3 wurde dann ein Überblick über die verschiedenen MD-Verfahren gegeben und einzelne Verfahren auch detaillierter vorgestellt, da einige Imputationsverfahren auch auf anderen MD-Verfahrenstypen beruhen. Anschließend stellte das Kapitel 4 verschiedene in der Literatur zu findende Imputationsverfahren vor. Diese auf den ersten Blick sehr unterschiedlich wirkenden Verfahren wurden zum Abschluss des Kapitels in einen abstrakteren Kontext gesetzt. Hierdurch konnte gezeigt werden, dass die Imputationsverfahren bei aller Unterschiedlichkeit ebenfalls starke Gemeinsamkeiten auch über Verfahrensgruppen hinweg besitzen.

Nach diesen Vorarbeiten wurde im Kapitel 5 eine umfassende Literaturrecherche durchgeführt, um Simulationsstudien zu finden, die Imputationsverfahren vergleichen. Um die Güte von Imputationsverfahren und -verfahrensgruppen anhand dieser Studien bewerten zu können, mussten Anforderungen zur Sicherstellung einer gewissen Mindestqualität der Studien festgelegt werden. Durch die Selektion der gefunden Literaturquellen anhand dieser Anforderungen resultierten am Ende 95 auswertbare Quellen. Um ein besseres Verständnis für Simulationsstudien zum Vergleich von Imputationsverfahren zu schaffen, wurden zunächst der Aufbau von solchen Simulationen und der Rahmen untersucht, in welchem einzelne Simulationsparameter variiert werden. Anschließend wurden als Erstes die aus dem Kapitel 4 bekannten Verfahrensgruppen bewertet und daraufhin die Güte einzelner Imputationsverfahren anhand der gefundenen Quellen untersucht. Bei dieser Bewertung zeigte sich unter anderem, dass für viele der gut bewerteten Imputationsverfahren bisher nur wenige bis gar keine direkten Vergleiche existieren. Daher wurde anschließend im Kapitel 6 eine eigene umfangreiche Simulationsstudie durchgeführt, die diese anhand der Literatur identifizierten vielversprechenden Imputationsverfahren direkt miteinander vergleicht. Im Rahmen dieser Studie konnten diverse Erkenntnisse gewonnen werden, die im Folgenden auch mit den Resultaten des Kapitels 5 verknüpft werden.

Ein die Kapitel 5 und 6 übergreifender Punkt ist die Frage nach der Verlässlichkeit der mittels Simulation gewonnenen Erkenntnisse. Um diese Verlässlichkeit bei Simulationen zu bewerten, empfehlen unter anderem Flegal et al. (2008, S. 259) und Morris et al. (2019, S. 2081) die Angabe von Monte Carlo Standardfehlern. Die Betrachtungen zu den Monte Carlo Standardfehlern in Abschnitt 6.2 zeigen, dass $\mathsf{N} = 10.000$ Wiederholungen für die im Kapitel 6 durchgeführte Simulationsstudie ausreichend sind. Die Variabilität (gemessen durch den Monte Carlo Standardfehler) verhält sich etwa proportional zu $\frac{1}{\sqrt{\mathsf{N}}}$. Wenn also dieselbe Simulation mit $\mathsf{N} = 100$ oder sogar nur mit $\mathsf{N} = 10$ Wiederholungen durchgeführt worden wäre, wären die Monte Carlo Standardfehler ca. 10- bzw. 32-Mal höher gewesen. Diese Größenordnung an Monte Carlo Standardfehlern hätte in manchen Fällen eine Ableitung von reliablen Aussagen nicht mehr ermöglicht. Vor diesem Hintergrund erscheint die Verlässlichkeit von Ergebnissen aus Simulationen mit nur wenigen Wiederholungen fragwürdig, wenn keine zusätzlichen Informationen zur Stabilität der Ergebnisse angegeben sind. Dies bedeutet auf der einen Seite für „Konsumenten“ von Simulationsstudien, dass sie sich vor der Verwertung der Ergebnisse zunächst die Anzahl an Wiederholungen (oder noch besser geeignete Reliabilitätsmaße, wenn diese angegeben sind) anschauen sollten, um entscheiden zu können, ob die Ergebnisse und die aus diesen gezogenen Schlüsse überhaupt reliabel sein können. Die Wichtigkeit dieses Punktes wird durch die verbreitete Kombination aus wenigen Wiederholungen und dem gleichzeitigen Fehlen einer Reliabilitätsbetrachtung bei vielen Veröffentlichungen zu Simulationen unterstrichen (vgl. Abschnitt 5.2). Auf der anderen Seite sollten Autoren bei der Veröffentlichung von Simulationsergebnissen darauf achten, dass sie zum einen eine ausreichende Anzahl an Wiederholungen in der Simulation verwenden und zum anderen geeignete Reliabilitätsmaße (siehe z. B. Morris et al., 2019, S. 2086) angeben.

Basierend auf den Erkenntnissen der Kapitel 5 und insbesondere 6 zeigt sich, dass kein universell bestes Verfahren existiert. Falls nur eine sehr geringe Korrelation in den Datenmatrizen vorhanden ist, dann schneidet fast immer eines der einfachen Imputationsverfahren am besten ab (vgl. auch Bankhofer, 1995, S. 188). Erst mit zunehmender Korrelation geraten die einfachen Imputationsverfahren ins Hintertreffen. Welches Imputationsverfahren im praktischen Einsatz „das richtige“ ist, hängt jedoch von mehr Faktoren als der Korrelation ab. Ein weiterer entscheidender Punkt ist das eigentliche Analyseziel, da die Imputationsverfahren bei verschiedenen Gütekriterien (respektive Analysezielen) unterschiedlich gut abschneiden. Eine Entscheidungshilfe zur Auswahl eines Imputationsverfahrens bei bekanntem Analyseziel stellt der Entscheidungsbaum in der Abbildung 6.21 dar, welcher auch die vorliegende Struktur der Datenmatrix mitberücksichtigt.

Zum Ende des Kapitels 6 wurden noch praktische Implikationen zur Planung einer Datenerhebung unter MD-Gesichtspunkten und Auswahl eines geeigneten Imputationsverfahrens basierend auf den Ergebnissen der Simulationsstudie abgeleitet. Diese Empfehlungen werden im Folgenden um weitere Erkenntnisse aus der Literaturrecherche ergänzt und zusammengefasst:

- Oberstes Ziel beim Umgang mit fehlenden Werten sollte deren Vermeidung sein, da im Normalfall alle Analyseergebnisse unabhängig von dem konkret angewendeten MD-Verfahren mit zunehmendem Anteil fehlender Werte ungenauer werden.
- Bei der Datenerhebung sollte eine möglichst hohe Anzahl an Objekten (im Rahmen von anderen vorliegenden Restriktionen) angestrebt werden.
- Falls fehlende Werte in manchen Merkmalen unvermeidbar sind, sollten Merkmale mit einer möglichst hohen Korrelation zu diesen Merkmalen in die Erhebung eingeschlossen werden, damit gute Hilfsvariablen für eine Imputation verfügbar sind. Gleichzeitig sollte die Erfassung unnötiger Merkmale vermieden werden.
- Bei Datenmatrizen, die gleichzeitig viele Merkmale und wenige Objekte besitzen, ist bei der Auswahl eines Imputationsverfahrens besondere Vorsicht geboten.
- Neben der Struktur der Datenmatrix ist das eigentliche Analyseziel entscheidend für die Auswahl eines Imputationsverfahrens.

Neben den gewonnenen Erkenntnissen ist es auch wichtig zu erwähnen, welche Aspekte im Rahmen dieser Arbeit nicht mitbetrachtet wurden. Hierbei sind zum einen Imputationsverfahren zu nennen, die auf spezielle Daten ausgerichtet sind. Insbesondere im Bereich longitudinaler Daten existiert eine Vielzahl an speziellen Verfahren, die für diese Daten eventuell besser als die hier untersuchten Methoden sind (vgl. z. B. Schwab, 1991, S. 90–151; Engels und Diehr, 2003; Daniels und Hogan, 2008). Ferner wurden keine Verfahren betrachtet, die eine explizite Berücksichtigung von MNAR-Daten erlauben (ein Einstieg in solche Verfahren ist z. B. bei Little und Rubin (2020, S. 351–403) zu finden). Außerdem wurde das bekannte Problem, dass Imputationsverfahren in der Regel zu einer Unterschätzung von Standardfehlern bei

Parameterschätzungen führen, nicht vertieft (vgl. z. B. Dempster und Rubin, 1983, S. 8; Schafer und Graham, 2002, S. 161; Enders, 2010, S. 42). Jedoch existieren in der Literatur auch mehrere Ansätze, um dieses Problem zu lösen (vgl. z. B. Little und Rubin, 2020, S. 85–101).

Neben diesen bewusst gewählten Einschränkungen zeigten sich im Rahmen der Arbeit auch mehrere Forschungslücken. Zum einen erscheint ein weiterer Vergleich der im Kapitel 5 gefundenen besten Verfahren lohnenswert. Auch die unabhängige Untersuchung von Imputationsverfahren, die auf Clusteranalyse-Verfahren basieren, erscheint ein erstrebenswerter Forschungsweg zu sein, um herauszufinden, ob diese Verfahrensgruppe wirklich so vielversprechend ist, wie die Ergebnisse in Abschnitt 5.4.1 suggerieren, oder ob die guten Ergebnisse in diesem Abschnitt eher auf einem Publikation-Bias beruhen. Ein weiterer Punkt, der in den aktuellen Studien häufig nicht betrachtet wird, ist die Imputation qualitativer oder gemischt-skalierter Datenmatrizen. Da solche Datenmatrizen in der Realität auch verbreitet sind, erscheint weitere Forschung zur Imputation solcher Matrizen lohnenswert. Auch wenn diese Arbeit weitere Erkenntnisse zu Imputationsverfahren und deren Güteuntersuchung insbesondere mittels Simulation generieren konnte, so existieren doch noch verschiedene Themengebiete für weitere Forschung im Bereich der Imputationsverfahren.

Anhang

A Alternative Definitionen der Ausfallmechanismen

Neben den Definitionen der Ausfallmechanismen in den Abschnitten 2.4.1 bis 2.4.3 existieren in der Literatur auch andere, abweichende Definitionen. Diese Abweichungen führen immer wieder zu Konfusionen (vgl. Seaman et al., 2013, S. 257). Um diese zu vermeiden, werden im Folgenden andere in der Literatur verwendete Definitionen gegeben und die Beziehungen dieser Definitionen zu denen des Abschnitts 2.4 aufgezeigt.

Um die Beziehungen zwischen den unterschiedlichen Definitionen deutlicher zu machen, wird zusätzliche Notation eingeführt. $A^{obs} = o(A, V)$ enthält die beobachteten Werte der Datenmatrix A. Die Schreibweise $o(A, V)$ verdeutlicht, dass A^{obs} sowohl von A als auch von der MD-Indikatormatrix V abhängt. Analog enthält A^{mis} die unbeobachteten Werte von A (vgl. Seaman et al., 2013, S. 258). Bei A^{obs} und A^{mis} handelt es sich in der Regel nicht mehr um Matrizen (vgl. Bankhofer, 1995, S. 6). Für die Differenzierung zwischen den verschiedenen Definitionen der Ausfallmechanismen ist neben der Unterscheidung zwischen beobachteten und unbeobachteten Werten auch der Unterschied zwischen den Zufallsvariablen A, A^{obs}, A^{mis}, V und ihren Realisierungen $\acute{a}$, $\acute{a}^{obs}$, $\acute{a}^{mis}$, $\acute{v}$ von besonderer Bedeutung (vgl. Seaman et al., 2013, S. 258).

Im Folgenden werden zu den in Abschnitt 2.4 gegebenen Definitionen äquivalente Definitionen der Ausfallmechanismen eingeführt, die einen Vergleich mit alternativen Definitionen erleichtern. Eine zur Gleichung (2.7) übereinstimmende Definition von MAR ist

$$\begin{aligned} f(V = v \mid A = a, \phi) &= f(V = v \mid A = a^*, \phi) \\ &\forall \phi, v, a, a^* \text{ mit } o(a, v) = o(a^*, v). \end{aligned} \tag{A.1}$$

Die Bedingung $\forall v, a, a^*$ mit $o(a, v) = o(a^*, v)$ macht noch einmal deutlich, dass die Gleichheit für alle möglichen Kombinationen aus MD-Indikatormatrix und beobachteten Werte gelten muss (vgl. Seaman et al., 2013, S. 258–259).

Die ursprüngliche Definition des MAR-Ausfallmechanismus von Rubin (1976, S. 582) ist weniger restriktiv als die Forderungen der Gleichung (2.7) bzw. Gleichung (A.1). Rubin (1976, S. 582) bezeichnet die Daten als MAR, wenn

$$f(V = \acute{v} \mid A = a, \phi) = f(V = \acute{v} \mid A = \acute{a}, \phi) \qquad \forall \phi, a \text{ mit } o(a, \acute{v}) = o(\acute{a}, \acute{v}) \tag{A.2}$$

gilt. Die Gleichheit muss in der Gleichung (A.2) nur für das realisierte Ausfallmuster $\acute{v}$ und die realisierten beobachteten Werte $\acute{a}$ gelten (vgl. Rubin, 1976, S. 582; Seaman et al., 2013, S. 258). Im Gegensatz dazu wird die Gleichheit in der Gleichung (A.1) für alle möglichen Kombinationen aus realisierbaren Ausfallmustern und beobachteten Werten gefordert. Die Forderungen der Gleichung (A.2) sind also weniger restriktiv als die Definition des Abschnitts 2.4.2. Die Gleichung (A.2) ist bei Vorliegen eines MAR-Ausfallmechanismus im Sinne der Definition des Abschnitts 2.4.2 immer erfüllt (vgl. Seaman et al., 2013, S. 259).

Da in der Gleichung (A.2) die Gleichheit nur für das realisierte Ausfallmuster und die realisierten beobachteten Werte gelten muss, wird dieser Ausfallmechanismus von Seaman et al. (2013, S. 258) auch als realised MAR bezeichnet. Im Gegenzug wird der in Abschnitt 2.4.2 definierte Ausfallmechanismus auch als everywhere MAR (vgl. Seaman et al., 2013, S. 258), always MAR (vgl. Rubin, 1976, S. 584) oder missing always at random (vgl. Mealli und Rubin, 2015, S. 997; Little und Rubin, 2020, S. 136) bezeichnet. Falls der Unterschied zwischen beiden Definitionen entscheidend ist, werden in Anlehnung an Seaman et al. (2013, S. 258) die Begriffe realised MAR und everywhere MAR verwendet.

Für den MCAR-Ausfallmechanismus existiert ebenfalls eine zur Gleichung (2.3) äquivalente Definition, die beim Vergleich mit alternativen Definitionen hilfreich ist:

$$f(V = v \mid A = a, \phi) = f(V = v \mid A = a^*, \phi) \qquad \forall \phi, v, a, a^*. \tag{A.3}$$

Diese Gleichung verdeutlicht nochmals, dass die Wahrscheinlichkeit für die Realisierung einer bestimmten MD-Indikatormatrix v konstant für alle möglichen Ausprägungen der Datenmatrix A ist. Dies gilt für alle möglichen MD-Indikatormatrizen (vgl. Seaman et al., 2013, S. 259).

Auch für MCAR existiert eine weniger restriktive Definition:

$$f(V = \acute{v} \mid A = a, \phi) = f(V = \acute{v} \mid A = a^*, \phi) \qquad \forall \phi, a, a^*. \tag{A.4}$$

Bei dieser Definition muss die Gleichheit nur für die realisierte Indikatormatrix $\tilde{v}$ und nicht für alle möglichen Indikatormatrizen gelten. Die Gleichung (A.4) ist ebenfalls weniger restriktiv als die Definition in Abschnitt 2.4.1. Entsprechend gilt die Gleichung (A.4) immer, falls die Forderungen der Definition des Abschnitts 2.4.1 erfüllt sind. Analog zur obigen Unterscheidung der beiden Definitionen von MAR wird der durch die Gleichung (A.4) definierte Ausfallmechanismus auch als realised MCAR bezeichnet (vgl. Seaman et al., 2013, S. 259). Entsprechend heißt der Ausfallmechanismus des Abschnitts 2.4.1 everywhere MCAR (vgl. Seaman et al., 2013, S. 259) oder auch missing always completely at random (vgl. Mealli und Rubin, 2015, S. 997; Little und Rubin, 2020, S. 14). Im Folgenden wird sich auch bei der Bezeichnung dieser beiden Ausfallmechanismen an der Benennung von Seaman et al. (2013, S. 259) orientiert.

Little und Rubin (2020, S. 13–14, 136) definieren in der 3. Auflage von „Statistical Analysis with Missing Data“ alle vier Formen der Ausfallmechanismen (unter zusätzlich vereinfachenden Annahmen). Dabei bezeichnen sie realised MCAR und realised MAR jeweils verkürzt als MCAR bzw. MAR. In der 2. Auflage von „Statistical Analysis with Missing Data“ definieren Little und Rubin (2002, S. 12) hingegen nur everywhere MCAR und everywhere MAR und bezeichnen diese als MCAR bzw. MAR. Auch wenn die Bezeichnungen MCAR und MAR und die in Abschnitt 2.4 definierten Ausfallmechanismen also in beiden Auflagen existieren, so muss doch stets genau darauf geachtet werden, hinter welcher Bezeichnung sich welcher Ausfallmechanismus bei Little und Rubin (2002, S. 12) und Little und Rubin (2020, S. 13–14, 136) verbirgt.

Auch für MNAR existieren Definitionen, denen dieselben Überlegungen wie bei MCAR und MAR zugrunde liegen (vgl. Mealli und Rubin, 2015, S. 998). Da der Fokus dieser Arbeit jedoch nicht auf MD-Verfahren für MNAR-Daten liegt, wird hier auf detaillierte Auseinandersetzung mit diesen Definitionen verzichtet. Vielmehr werden in der Abbildung A.1 die Beziehungen zwischen den vier MCAR- und MAR-Ausfallmechanismen grafisch dargestellt. Die Abbildung A.1 zeigt, dass sowohl aus everywhere MCAR everywhere MAR folgt, als auch aus realised MCAR realised MAR folgt. Ferner impliziert die jeweilige everywhere Version auch die zugehörige realised Version. Hingegen folgt aus realised MCAR bzw. MAR nicht zwingend everywhere MCAR bzw. MAR. Aus der Abbildung A.1 ist ersichtlich, dass everywhere MCAR die stärksten Anforderungen an die Daten stellt, da alle anderen drei Ausfallmechanismen bei Vorliegen von everywhere MCAR automatisch auch vorliegen. Im Gegensatz dazu stellt realised MAR die schwächsten Forderungen an die Daten (vgl. Seaman et al., 2013, S. 259).

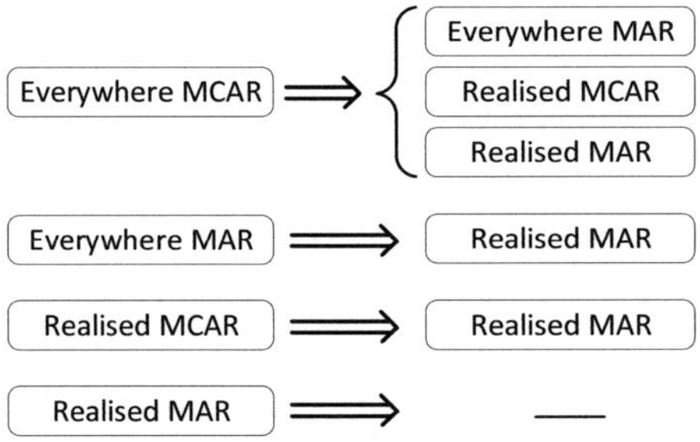

Abbildung A.1: Beziehungen zwischen den verschiedenen Ausfallmechanismen

B Stichprobe aus ACS PUMS 2015

Zur Demonstration verschiedener Ausfallmechanismen und MD-Verfahren wird auf eine Stichprobe aus der American Community Survey (ACS) zurückgegriffen. Die ACS ist eine jährlich durchgeführte Befragung amerikanischer Bürger durch das US Census Bureau. Die Ergebnisse dieser Befragung werden in anonymisierter Form jährlich als 1-Year Public Use Microdata Sample (PUMS) veröffentlicht (vgl. U.S. Census Bureau, 2009, S. 3). Im Rahmen dieser Arbeit wird eine Stichprobe von 200 Personen über 14 Jahren (für jüngere Personen sind keine Einkommensdaten angegeben, weshalb diese bei der Ziehung der Stichprobe ausgeschlossen wurden) aus der Datenmatrix des Jahres 2015 (U.S. Census Bureau, 2016) verwendet. Von diesen 200 Personen werden nur die Merkmale Einkommen (Code des Originalmerkmals: „PINCP“) und Alter (Code des Originalmerkmals: „AGEP“) betrachtet. In der Abbildung B.1 befindet sich ein Streudiagramm der Stichprobe. In der Tabelle B.1 sind die Werte aller 200 Objekte

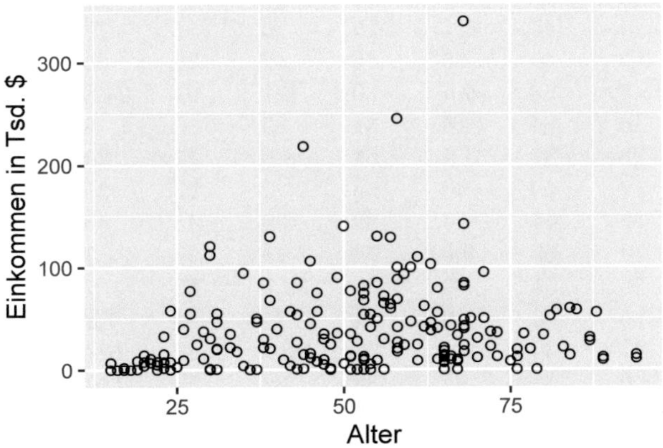

Abbildung B.1: Stichprobe aus ACS PUMS 2015

dieser Stichprobe angegeben, wobei die Einkommenswerte in Tausend US-Dollar, gerundet auf die erste Nachkommastelle, dargestellt sind. Um die Auswirkungen verschiedener MD-Verfahren in den Kapiteln 3 und 4 grafisch zu veranschaulichen,

Alter	Eink.	Alter	Eink.	Alter	Eink.	Alter	Eink.	Alter	Eink.
52	0	65	0	44	*15*	33	22	20	4
16	0	47	*5,1*	56	*30*	17	0	23	*33*
23	*1,7*	58	245	65	12,6	53	*0*	48	*0*
53	68	46	75	72	37	21	7	54	0
68	48,8	23	7,7	68	82	67	10,1	55	*85*
87	28	58	88	44	0,98	49	35,7	61	110
34	18	67	8,1	43	53,8	62	*62,2*	68	*42,6*
49	90	15	0	37	0,3	58	*41,7*	78	*20,2*
54	54	31	*55*	22	8	67	33,7	17	0
41	10	68	*84,5*	88	55,7	57	129	45	12
20	7,8	15	0	28	25	51	*13*	94	14,4
60	100	64	*56*	64	80	70	11,9	25	3
68	340	35	*4*	84	59,8	31	0,48	33	35
65	*7*	17	*2,3*	63	38,4	68	*24*	55	50,1
65	18,6	73	36,3	81	52,5	66	*13,2*	72	*23*
18	*0*	63	45,9	44	218	53	54	47	*10*
76	19,8	66	*43,2*	31	20,8	84	*14,2*	57	64,1
43	27	64	10,2	37	50	26	40	62	42
50	6	68	*142*	16	*0*	42	57	26	9,6
75	8,3	38	29,9	55	*130*	27	*77*	71	50,3
94	10,7	29	37,5	80	33,9	73	*13*	71	95
35	94,4	48	25	48	1,2	20	14,4	46	*8*
65	21,6	19	8,9	58	27	47	*35*	68	18
42	4	45	106	16	0	51	77	19	0,5
89	9,5	43	85	26	*40*	56	65	30	0
51	13,7	53	*10,6*	39	21	61	24,8	22	0
45	16	54	5,5	31	20	65	8	58	100
52	28	87	31,3	61	8,9	47	30	55	9,3
37	*47*	40	40	56	0	77	35	79	*0*
24	58	46	*57*	39	130	45	45	68	40,3
76	*0*	53	9,6	58	21	59	24,3	54	41,8
27	55	51	0	30	30,7	22	*5*	50	6
23	15,5	36	0	51	35	24	7,8	69	50,3
31	47	30	1	53	*74,6*	63	*103*	58	18
22	0	38	85	38	22	50	*140*	30	120,5
65	14,5	82	58	15	7,1	59	93,3	53	13
16	0	85	58,2	76	12,6	60	*47,2*	58	69,0
89	*12*	29	11,2	53	*82*	56	*72*	30	112
21	11	24	0	43	0,5	57	60	64	*40,8*
70	31	66	*10,2*	67	*0*	83	22	39	68

Tabelle B.1: Stichprobe aus ACS PUMS 2015

werden 50 Einkommenswerte mithilfe des im Beispiel 2.3 beschriebenen MCAR-Ausfallmechanismus aus der Stichprobe gelöscht. Die gelöschten Werte sind in der Tabelle B.1 kursiv dargestellt.

Das mittlere Einkommen bzw. Alter in der vollständigen Stichprobe beträgt 37,2 Tausend US-Dollar bzw. 50,1 Jahre bei einer Standardabweichung von 44,2 Tausend US-Dollar bzw. 19,6 Jahren. Das Median-Einkommen liegt mit 23,5 Tausend US-Dollar deutlich unter dem Mittelwert, während das Median-Alter mit 52,5 Jahren leicht über dem Mittelwert liegt. Die Korrelation zwischen beiden Merkmalen beträgt 0,1754. Diese Kennzahlen sind noch einmal in der Tabelle B.2 zusammengefasst.

	Einkommen	Alter
Mittelwert	37,2	50,1
Median	23,5	52,5
Standardabweichung	44,2	19,6
Korrelation	0,1754	

Tabelle B.2: Stichprobe aus ACS PUMS 2015: Kennzahlen

Neben der grafischen Veranschaulichung wird die Stichprobe auch im Rahmen einer kleinen Simulation zur Illustration der Auswirkungen der MD-Verfahren verwendet. Die Simulation und die Ausfallmechanismen verwenden dabei als Ausgangsbasis die vollständige Stichprobe. Im Rahmen der Simulation löscht der verwendete MCAR-Ausfallmechanismus 50 Einkommenswerte zufällig, wie im Beispiel 2.3 beschrieben. Der benutzte MAR-Ausfallmechanismus löscht zufällig 40 Einkommenswerte bei den 100 ältesten Personen und weitere 10 Einkommenswerte bei den 100 jüngsten Personen in der Stichprobe, wie im Beispiel 2.6 dargestellt. Der MNAR-Ausfallmechanismus löscht zufällig 40 Einkommenswerte bei den 100 Personen mit dem höchsten Einkommen und 10 Einkommenswerte bei den 100 Personen mit dem niedrigsten Einkommen, wie im Beispiel 2.8 beschrieben. Im Rahmen der Simulation wird jeder Ausfallmechanismus 1.000-mal angewandt. Anschließend werden diese unvollständigen Datenmatrizen mit dem jeweils untersuchten MD-Verfahren behandelt. Hierbei werden die unvollständigen Datenmatrizen nur einmal erzeugt und gespeichert, sodass alle MD-Verfahren dieselben unvollständigen Datenmatrizen erhalten. Anschließend werden die in der Tabelle B.2 gegebenen Parameter geschätzt. Zum Schluss wird der Mittelwert der geschätzten Parameter über alle 1.000 Simulationsläufe aufgeschlüsselt nach Ausfallmechanismen wiedergegeben. Die für die Durchführung der MD-Verfahren verwendeten R-Pakete sind in der Tabelle B.3 angegeben.

Verfahren	Quelle
Analyse der vollständigen Objekte	Base R (R Core Team, 2020)
Analyse der verfügbaren Objekte	Base R (R Core Team, 2020)
EM-Parameterschätzung	norm (Novo und Schafer, 2013)
Imputation eines Extremwerts	missMethods (Rockel, 2020)
Mittelwertimputation	missMethods (Rockel, 2020)
Medianimputation	missMethods (Rockel, 2020)
Zufallszahlenimputation	selbst geschrieben
Imputation des Verhältnisschätzers	selbst geschrieben
Einfaches Random Hot-Deck	missMethods (Rockel, 2020)
Hot-Deck innerhalb von Imp.-Klassen	missMethods (Rockel, 2020)
Nearest-Neighbour Hot-Deck	selbst geschrieben
Det. Regressionsimputation	selbst geschrieben
Stoch. Regressionsimputation	selbst geschrieben
Lokale Regressionsimputation	selbst geschrieben
Imputation mittels SWZ	pcaMethods (Stacklies et al., 2007)
Imputation mittels reg. SWZ	missMDA (Josse und Husson, 2016)
Imputation mittels bayesscher HKA	pcaMethods (Stacklies et al., 2007)
EM-Imputation	missMethods (Rockel, 2020)
Imputation mittels kNN	selbst geschrieben
missForest	missRanger (Mayer, 2021)
GMCimpute	selbst geschrieben

Tabelle B.3: Quellen zu den verwendeten MD-Verfahren

C Lösbarkeit des Optimierungsproblems (4.15) - (4.19)

Im Folgenden wird gezeigt, dass das Optimierungsproblem (4.15) - (4.19) genau dann eine Lösung besitzt, wenn für alle Empfängerobjekte $j \in \mathit{Empf}$ mindestens ein potenzieller Spender existiert, also $|SP_j| \geq 1$ ist. Zunächst besitzt das Problem offensichtlich keine Lösung, falls für ein $j \in \mathit{Empf}$ kein Spender existiert, da in diesem Fall eine Nebenbedingung der Form $0 = 1$ für das Objekt j aus der Nebenbedingung (4.17) resultiert. Um umgekehrt zu zeigen, dass das Problem eine Lösung besitzt, wenn für jedes Empfängerobjekt $j \in \mathit{Empf}$ ein potenzieller Spender existiert, also $|SP_j| \geq 1$ ist, wird im Folgenden anhand dieser Voraussetzungen eine zulässige Lösung konstruiert:

Für jedes $j \in \mathit{Empf}$ wird $\mathfrak{x}_{ij} = 1$ für ein $i \in SP_j$ und $\mathfrak{x}_{i'j} = 0$, für alle $i' \in SP_j$, mit $i' \neq i$, gesetzt. Durch $|SP_j| \geq 1$ ist die Existenz eines solchen $i \in SP_j$ stets gewährleistet. Da eine Variable $\mathfrak{x}_{ij}$ nur in einer Gleichung (4.17) vorkommt, erfüllt die so erhaltene Lösung alle Nebenbedingungen (4.17). Falls eine Indikatorvariable $\mathfrak{x}_{ij}$ in keiner Nebenbedingung (4.17) vorkommt, wird diese Null gesetzt. Hierdurch sind die Werte für alle $\mathfrak{x}_{ij}$ festgelegt und es gilt stets $\mathfrak{x}_{ij} \in \{0{,}1\}$, womit die Nebenbedingungen (4.19) erfüllt sind. Außerdem sind genau $|\mathit{Empf}|$ $\mathfrak{x}_{ij} = 1$ und die restlichen $\mathfrak{x}_{ij} = 0$, weshalb die Nebenbedingung (4.18) erfüllt ist. Ferner gilt für alle $\mathfrak{x}_{ij}$ stets $\mathfrak{x}_{ij} \leq 1$, wodurch alle Summen in den Nebenbedingungen (4.16) stets kleiner-gleich n sind. Durch Setzen von $dl = n$ werden also auch die Nebenbedingungen (4.16) eingehalten. Da alle Nebenbedingungen erfüllt sind, ist die so konstruierte Lösung zulässig.

D Details und Erläuterungen zum Kapitel 5

Im Folgenden werden weitere Details und Erläuterungen zu einzelnen Punkten des Kapitels 5 gegeben. Die Reihenfolge der Ausführungen orientiert sich an der Struktur des Kapitels 5.

Rückwärtssuche

Bei der Rückwärtssuche werden zunächst alle Quellen aufgenommen, die im Hauptteil eines Artikels im Bereich der Vergleiche von MD-Verfahren erwähnt werden. Zusätzlich wird das Literaturverzeichnis der Artikel nach weiteren Quellen mit Simulationsstudien durchsucht. Alle so identifizierten Quellen werden im Rahmen der Rückwärtssuche erfasst.

Stichwortsuche

Die Stichwortsuche im Web of Science wurde am 27.06.2019 mit dem Suchstring „imputation AND (simulation OR evaluation OR comparison)“ in der Web of Science Core Collection Datenbank durchgeführt. Als zulässiger Suchbereich wurde dabei „Topic“ ausgewählt, was unter anderem die Bereiche Titel, Abstrakt und Schlüsselwörter einer Quelle umfasst. Diese Suche im Web of Science lieferte insgesamt 3.424 Treffer. Am 05.11.2019 wurde mit demselben Suchstring die Datenbank Business Source Premier von EBSCO durchsucht. Als Suchbereich wurde „alles“ ausgewählt. Diese Suche lieferte 729 Treffer.

Aggregation

Die gefundenen Treffer bei der Stichwortsuche aus beiden Datenbanken wurden mittels Digital Object Identifier (DOI) zusammengeführt. Es wurden dabei die von den Datenbanken bereitgestellten DOIs verwendet. Treffer, die in einer Datenbank keine DOI besaßen, wurden zunächst nicht gematcht. Dies geschah unabhängig davon, ob die DOI nur nicht durch die Datenbank bereitgestellt wurde oder keine DOI für eine Quelle vergeben war. Aufgrund der sehr heterogenen Eintragungen in den beiden Datenbanken (z. B. werden Journals in beiden Datenbanken zum Teil unterschiedlich benannt, Sonderzeichen anders erfasst, Vornamen teilweise abgekürzt und teilweise ausgeschrieben usw.) wurden keine weiteren automatisierten Aggregationsschritte unternommen. Einträge, die nicht mittels DOI gematcht werden konnten, wurden zunächst als nur einmal vorkommend eingestuft.

Die Aggregation der bei der Rückwärtssuche gefundenen Quellen geschah manuell. Auch die Aggregation der gefundenen Quellen, die alle Kriterien erfüllen, geschah manuell. Eine Automatisierung wäre aufgrund des Fehlens eines geeigneten Primärschlüssels zu fehleranfällig gewesen. Ferner war auch das automatisierte Matching mittels einer Kombination aus Autorennamen, Zeitschrift, Jahr, Auflage, Heftnummer und Seitenanzahl nicht möglich, da die Einträge aus den einzelnen Datenquellen zu heterogen waren.

Beide Vorgehensweisen in einer Quelle (Abschnitt 5.2)

Falls in einer Quelle beide Vorgehensweisen (vgl. Abschnitt 5.2) verwendet werden (z. B. Bello, 1993b, S. 861–874; Austin und Escobar, 2005, S. 823–833), wird die Quelle nicht ausgeschlossen. Jedoch wird für die weitere Auswertung nur der Teil der Quelle, der auf vollständigen Datenmatrizen basiert, berücksichtigt.

Erfasste Merkmale der Quellen

Für alle 240 auf vollständigen Datenmatrizen beruhenden Quellen (vgl. Abbildung 5.1) werden die üblichen bibliographischen Angaben (Autoren, Titel, Untertitel, Jahr, Dokumententyp, Zeitschrift, DOI, Band, Nummer, Seiten von - bis), ein von Citavi generierter BibTeX-Key (eindeutiges Identifizierungsmerkmal der Quellen) sowie die Anzahl an Wiederholungen erfasst. Ferner existiert für jede der in die Rückwärtssuche einbezogene Quelle und für die beiden Datenbanken ein Merkmal, in dem erfasst wird, ob die Studie dort zitiert wird bzw. in der Datenbanksuche gefunden wurde. Für alle Studien, die weniger als 100 Wiederholungen aufweisen, werden keine weiteren Daten erfasst. Für die verbleibenden 95 Quellen werden die folgenden Merkmale, unterteilt in sieben Kategorien, erfasst:

- **Datenmatrizen**: Kombination aus Anzahl Merkmale und Objekte für alle untersuchten Datenmatrizen, getrennt nach den drei Typen von Datenmatrizen (vgl. Abschnitt 5.3.1) real, Resampling und simuliert. Ferner wird für reale Datenmatrizen erfasst, ob es sich dabei um Microarray-Datenmatrizen handelt und für simulierte Datenmatrizen die verwendete Verteilung und Korrelationsstruktur. Außerdem wird erfasst, ob bei dem Faktor Datenmatrizen ein voll- oder teilfaktorielles Design vorliegt.

- **Erzeugung fehlender Werte**: Uni- und multivariate Ausfallmuster, Anteil fehlender Werte

- **MD-Verfahren**: Verwendete Imputationsverfahren und andere verwendete MD-Verfahren
- **Gütekriterien**: Verwendete Gütekriterien auf einer bis zu vier Ebenen tiefen Hierarchie (z. B. für Modelle: Oberkategorie, Verfahren, Verfahrensparameter, Fehlermaß)
- **Auswirkungen der Faktoren**: Für die Faktoren Anzahl der Objekte, Anzahl Merkmale, Korrelationsstärke, Ausfallmechanismus, Anteil fehlender Werte und Gütekriterien wird jeweils in einem Merkmal erfasst, ob die Faktoren in der Studie variiert werden und wenn ja, welche Auswirkungen diese Variation auf die Ergebnisse der MD-Verfahren hat.
- **Rangfolge der Verfahren**: Rangfolge der Verfahren
- **sonstiges**: Freitext zu den Quellen (Bemerkungen bzw. Anmerkungen)

Anzahl an Wiederholungen

Alle 240 untersuchten Quellen sind in der Tabelle D.1 gegliedert nach der Anzahl an Wiederholungen angegeben. Die Anzahl an Wiederholungen wird, sofern sie angegeben ist, direkt aus dem Text der Quelle entnommen. Falls die Anzahl an Wiederholungen nicht direkt angegeben ist, wird versucht sie anhand anderer Hinweise im Text abzuleiten (für Informationen, die dafür genutzt werden können vgl. z. B. die Angaben bei Gleason und Staelin, 1975, S. 240). Wenn die Anzahl an Wiederholungen weder angegeben wird, noch aus anderen Angaben abgeleitet werden kann, wird die Anzahl an Wiederholungen als unbekannt eingestuft. Falls für verschiedene Teile einer Simulation unterschiedliche Anzahlen an Wiederholungen verwendet werden (vgl. z. B. Hentges und Dunsmore, 1998, S. 744, 750), wird die kleinste der angegebenen Anzahlen an Wiederholungen erfasst, um die weitere Auswertung nicht durch teilweise unreliable Simulationsergebnisse zu verzerren.

Falls in einer Veröffentlichung sowohl eine Simulation mit Wiederholungen als auch eine Demonstration anhand einer oder mehrerer realer Beispieldatenmatrizen ohne Wiederholungen durchgeführt wird (vgl. z. B. Qin et al., 2009, S. 2797–2803), wird als Anzahl an Wiederholungen der Wert aus der Simulation verwendet. Die Ergebnisse der Realdatendemonstration werden bei der Erfassung der Daten für die weitere Auswertung ausgeschlossen. Hierdurch soll verhindert werden, dass Ergebnisse einer reliablen Studie nur nicht erfasst werden, weil in derselben Veröffentlichung auch die Auswirkungen der MD-Verfahren beispielhaft an einer Datenmatrix erläutert werden.

Falls in einer Studie Kreuzvalidierung verwendet wird, wird als Anzahl an Wiederholungen die Anzahl an Folds verwendet (vgl. z. B. Batista und Monard, 2003, S. 525). Bei einer mehrfachen Anwendung von Kreuzvalidierung wird die Anzahl Wiederholungen als Produkt aus der Anzahl an Folds und der Anzahl an Wiederholungen der Kreuzvalidierung berechnet (vgl. z. B. Xia et al., 2017, S. 55). Falls in einer Studie nur einmal Werte gelöscht werden und anschließend anhand derselben unvollständigen Datenmatrix mehrfach Imputationsverfahren angewendet werden, dann zählte dies nur als eine Wiederholung, da die Stochastizität beim Löschen der Werte nicht durch die Wiederholungen erfasst wird (vgl. z. B. Niloofar und Ganjali, 2014, S. 511).

Wiederholungen	Quellen
?	Sehgal et al. (2005), Johansson und Häkkinen (2006), Yoon et al. (2007), Sehgal et al. (2008), Zhang et al. (2008b), Hruschka et al. (2009), Sehgal et al. (2009), Wang et al. (2009), Albrecht et al. (2010), Devi Priya et al. (2011), Di Nuovo (2011), Subasi et al. (2011), Devi Priya und Kuppuswami (2014), Tian et al. (2014), Devi Priya und Kuppuswami (2015), Bhushan und Pandey (2016), Datta et al. (2016), Paniagua et al. (2017), Pati und Das (2017), Waal et al. (2017), Wei et al. (2018), Jadhav et al. (2019), Liu (2019), Singh und Suman (2019)
1	Gleason und Staelin (1975), Gilley und Leone (1991), Hegamin-Younger und Forsyth (1998), Raaijmakers (1999), Troyanskaya et al. (2001), Huang und Zhu (2002), Musil et al. (2002), Scheffer (2002), de Brevern et al. (2004), Hippel (2004), Kim et al. (2004), Nguyen et al. (2004), Acock (2005), Feten et al. (2005), Kim et al. (2005), Sentas und Angelis (2006), Wang et al. (2006), Farhangfar et al. (2007), Hruschka et al. (2007), Farhangfar et al. (2008), Zhang et al. (2011), Zhu et al. (2011), Devi Priya und Kuppuswami (2012), Aydilek und Arslan (2013), Niloofar und Ganjali (2014), Wong et al. (2014), Armitage et al. (2015), de Souto et al. (2015), Di Guida et al. (2016), Franczak et al. (2016), Kiasari et al. (2017), Paul et al. (2017), Wang et al. (2017), Liu et al. (2018), Zhao et al. (2018)
2	Timm (1970), Ding und Ross (2012)
3	Ritz und Edén (2008), Somasundaram und Nedunchezhian (2011)

Wieder-holungen	Quellen
5	Brás und Menezes (2006), Brás und Menezes (2007), van Hulse und Khoshgoftaar (2008), Twala (2009), Ryder et al. (2011), Cheng et al. (2012), Zhu et al. (2012), Duma et al. (2013), Mikhchi et al. (2016)
7	Downey und King (1998)
10	Beale und Little (1975), Kim und Curry (1977), Batista und Monard (2003), Oba et al. (2003), Cai et al. (2006), Tuikkala et al. (2006), Saar-Tsechansky und Provost (2007), Khoshgoftaar und van Hulse (2008), Zhang (2008), Jerez et al. (2010), Luengo et al. (2010), Wohlrab und Fürnkranz (2011), Doquire und Verleysen (2012), Luengo et al. (2012a), Luengo et al. (2012b), Nanni et al. (2012), Nishanth et al. (2012), Liu et al. (2013), Rahman und Islam (2013), Rutkoski et al. (2013), Li und Parker (2014), Rahman und Islam (2014), Gautam und Ravi (2015), Nishanth und Ravi (2016), Rahman und Islam (2016), Wang et al. (2016), Ghorbani und Desmarais (2017), Beaulieu-Jones et al. (2018)
13	Islam et al. (2019)
15	Gan et al. (2006), Liu et al. (2010), Silva-Ramírez et al. (2011)
20	Bello (1994), Brock et al. (2008), Paramasivam et al. (2009), García-Laencina et al. (2010), Ghannad-Rezaie et al. (2010), Pan et al. (2011), Liao et al. (2014), Pan et al. (2015), Xiao et al. (2016), Saha et al. (2017), Sefidian und Daneshpour (2019)
25	Friedland et al. (2006)
30	Raymond und Roberts (1987), Hu et al. (2006), Jörnsten et al. (2007), Kim et al. (2007), Tuikkala et al. (2008), Li et al. (2010), García-Laencina et al. (2013), Kang (2013), Silva und Hruschka (2013), Zhang et al. (2015), Lazar et al. (2016), Zhang und Aytug (2016), Huang et al. (2017)
50	Chan et al. (1976), Lee und Chiu (1990), Bello (1993a), Hedderley und Wakeling (1995), Roth und Switzer (1995), Zhou et al. (2003), Bernaards und Sijtsma (2005), Scheel et al. (2005), Yu et al. (2011), Schwender (2012), Stekhoven und Bühlmann (2012), Tang et al. (2014), Silva-Ramírez et al. (2015), Liu und Gopalakrishnan (2017), Jin et al. (2018)

Wiederholungen	Quellen
100	Chan und Dunn (1972), Bello (1993b), Graham et al. (1996), Hentges und Dunsmore (1998), Roth et al. (1999), Gold und Bentler (2000), Huisman (2000), Toutenburg und Nittner (2002), Navarro Pastor (2003), Olinsky et al. (2003), Bø et al. (2004), Ouyang et al. (2004), Austin und Escobar (2005), Verboven et al. (2007), Xiang et al. (2008), Zhang und Walker (2008), Branden und Verboven (2009), Conversano und Siciliano (2009), Di Zio und Guarnera (2009), Namkung et al. (2009), Celton et al. (2010), Oh et al. (2011), Peyre et al. (2011), Templ et al. (2016), Chen et al. (2018), Cetin-Berber et al. (2019), Husson et al. (2019)
110	Chiu et al. (2013)
130	Laaksonen (2003)
150	Sun et al. (2009), Garciarena und Santana (2017), Jenghara et al. (2018)
200	Jörnsten et al. (2005), Wang und Feng (2010), Johansson und Karlsson (2013), Audigier et al. (2016), Faisal und Tutz (2017)
250	Gibbons und Hosmer (1991), Eirola et al. (2013), Xia et al. (2017), Do et al. (2018)
300	Schmid et al. (2001)
500	Mcdonald et al. (2000), Strike et al. (2001), Idris und Robertson (2009), Miecznikowski et al. (2010), Eekhout et al. (2014), Beretta und Santaniello (2016), Brandariz et al. (2016), Zhang et al. (2019), Mozharovskyi et al. (2020)

Wieder- holungen	Quellen
1.000	Kromrey und Hines (1994), Shen und Lai (2001), Schafer und Graham (2002), Nittner (2004), Hawthorne und Elliott (2005), Jönsson und Wohlin (2006), Ambler et al. (2007), Di Zio et al. (2007), Qin et al. (2007), Wong et al. (2007), Muñoz und Rueda (2009), Qin et al. (2009), Robitzsch und Rupp (2009), Andridge und Little (2010), Hron et al. (2010), Carpita und Manisera (2011), Ferrari et al. (2011), Hardouin et al. (2011), Chauvet und Haziza (2012), Chen et al. (2012), Ning und Cheng (2012), Borgoni und Berrington (2013), Josse et al. (2013), Rao et al. (2013), Waljee et al. (2013), Cevallos Valdiviezo und van Aelst (2015), Béland et al. (2016), Cugnata und Salini (2017), McNeish (2017), Solaro et al. (2017), Taylor et al. (2017), Béland et al. (2018), Coffman et al. (2018), Jiang et al. (2018), Kock (2018), Solaro et al. (2018)
2.500	Paul et al. (2008)
5.000	Fay (1996), Ding und Simonoff (2010), Kumar et al. (2019)
10.000	Mahmoud et al. (2014), Razak et al. (2014), Chowdhry et al. (2016)
100.000	Madbuly et al. (2013)

Tabelle D.1: Anzahl an Wiederholungen in den Quellen

E Details zur Simulationsstudie

E.1 Varianzzerlegung der abhängigen Variable

Um die Varianz der abhängigen Variable y, mit $y_i = \sum_{k=1}^{m} a_{ik} + \varepsilon_i$, bestimmen zu können, wird zunächst die Varianz der Summe $\sum_{k=1}^{m} a_{ik}$ (aufgefasst als Summe von Zufallsvariablen) benötigt. Ganz allgemein gilt für Zufallsvariablen $X_1, \ldots, X_m$ (vgl. z. B. Fahrmeir et al., 2016, S. 329):

$$\operatorname{Var}\left(\sum_{i=1}^{m} X_i\right) = \sum_{i=1}^{m} \operatorname{Var}(X_i) + 2\sum_{j<i} \operatorname{Cov}(X_i, X_j) \tag{E.1}$$

Unter den zusätzlichen Annahmen, dass die Zufallsvariablen alle eine Varianz von Eins besitzen, also $\operatorname{Var}(X_1) = \cdots = \operatorname{Var}(X_m) = 1$, und identische Kovarianzen aufweisen, $\operatorname{Cov}(X_i, X_j) = \rho$ (für $i \neq j$), lässt sich die Gleichung (E.1) vereinfachen zu

$$\begin{aligned}\operatorname{Var}\left(\sum_{i=1}^{m} X_i\right) &= \sum_{i=1}^{m} \operatorname{Var}(X_i) + 2\sum_{j<i} \operatorname{Cov}(X_i, X_j)\\ &= \sum_{i=1}^{m} 1 + 2\sum_{j<i} \rho\\ &= m + 2\rho \sum_{j<i} 1\\ &= m + 2\rho \sum_{i=1}^{m-1} i\\ &= m + 2\rho \frac{m(m-1)}{2}\\ &= m + m(m-1)\rho\\ &= m(1 + (m-1)\rho).\end{aligned} \tag{E.2}$$

Da die Summe $\sum_{k=1}^{m} a_{ik}$ (aufgefasst als Summe von Zufallsvariablen) die zusätzlichen Annahmen alle erfüllt, ist die Varianz dieser Summe $m(1 + (m-1)\rho)$. Außerdem wird in der Simulation die für y_i benötigte Störgröße ε_i aus einer von der Datenmatrix A unabhängigen Normalverteilung mit der Varianz $m(1 + (m-1)\rho)$ gezogen. Daher besitzt die abhängige Variable $y_i = \sum_{k=1}^{m} a_{ik} + \varepsilon_i$ (aufgefasst als Zufallsvariable) die Varianz $2m(1 + (m-1)\rho)$. Diese Überlegungen zeigen, dass die Hälfte der Varianz von y_i aus dem anhand der Daten erklärbaren Teil $\sum_{k=1}^{m} a_{ik}$ und die andere Hälfte aus der Störgröße ε_i stammt.

E.2 Verwendete Software für die Simulationsstudie

Die Simulationsstudie wurde in R (R Core Team, 2020) in der Version 4.0.2 durchgeführt und mithilfe von RStudio (RStudio Team, 2020) in der Version 1.3 entwickelt. Die verwendeten R-Pakete und ihre Versionen sind in der Session Info zu der Simulationsstudie in Abschnitt E.2.5 zu finden. Alle verwendeten Pakete stammen vom Comprehensive R Archive Network (CRAN). Die verwendeten Versionen und die zugehörigen Quellcodes sind also frei verfügbar und können jederzeit bezogen werden. Als Zufallszahlengenerator wird „L'Ecuyer-CMRG" gewählt, um die Simulation parallel auf 4 Rechenkernen ausführen zu können. Als Startseed wird 20181028 verwendet. Basierend auf der Idee von Morris et al. (2019, S. 2089) wird für jede Wiederholung ein neuer Stream an Zufallszahlen verwendet.

E.2.1 Datenerzeugung

Zur Erzeugung der vollständigen Datenmatrizen wird die Funktion `rmvnorm()` aus dem Paket mvtnorm (Genz et al., 2020), welches auf dem Buch von Genz und Bretz (2009) basiert, verwendet. Hierbei werden die Anzahl an Objekten, der Erwartungswertvektor und eine Kovarianzmatrix entsprechend der jeweiligen Simulationsparameter an die Funktion übergeben. Alle anderen Funktionsparameter von `rmvnorm()` werden auf den Standardwerten belassen.

E.2.2 Erzeugung fehlender Werte

Alle drei verwendeten Ausfallmechanismen werden mithilfe von Funktionen aus dem Paket missMethods (Rockel, 2020) generiert. Der MCAR-Ausfallmechanismus wird durch die Funktion `delete_MCAR()` simuliert. Als Argumente werden die vollständige Datenmatrix, der Anteil fehlender Werte und die Spalten, in denen fehlende Werte erzeugt werden sollen, übergeben. Die MAR-Ausfallmechanismen werden mithilfe der Funktion `delete_MAR_1_to_x()` simuliert. Zusätzlich zu den Argumenten, die an `delete_MCAR()` übergeben werden, werden noch die Spalten, die den Ausfall steuern, und `x = 2` (für MAR1:2) bzw. `x = 4` (für MAR1:4) übergeben.

E.2.3 Imputationsverfahren

Für die Mittelwertimputation, das einfache Random Hot-Deck, die adaptive Regressionsimputation und die beiden EM-Imputationsverfahren werden aus dem Paket missMethods (Rockel, 2020) die Funktionen `impute_mean()`, `impute_sRDH()`, `impute_LS_adaptive()` und `impute_EM()`[73] verwendet. An alle Funktionen wird die unvollständige Datenmatrix übergeben. Ferner werden bei `impute_LS_adaptive()` die Informationen zu r_{max} abgeschaltet, da diese Option bei den Datenmatrizen mit wenigen Merkmalen zu unnötig vielen (erwarteten) Meldungen bzw. Log-Einträgen führen würde. Im Gegenzug werden die zusätzlichen Informationen für `impute_LS_array()` bei `impute_LS_adaptive()` mitprotokolliert, um eventuelle Probleme bei der Imputation sehen zu können. Die Logdateien zeigen jedoch mit Ausnahme der im Haupttext angesprochenen Probleme keine weiteren Auffälligkeiten. Bei der Funktion `impute_EM()` wird das Argument `stochastic` entsprechend der gewünschten Form der EM-Imputation gewählt. Die restlichen Argumente der Funktionen werden auf ihren Standardeinstellungen belassen.

Die deterministische und die stochastische Regressionsimputation wird mittels des R-Pakets mice (van Buuren und Groothuis-Oudshoorn, 2011) durchgeführt. Dazu wird die Funktion `mice()` (zusammen mit `complete()`) verwendet. Es wird `norm.predict` als Methode für die deterministische Regressionsimputation und `norm.nob` für die stochastische Regressionsimputation verwendet.[74] In beiden Fällen wird die Anzahl an Iterationen (`maxit`) auf Eins gesetzt (vgl. van Buuren, 2018, S. 13–15). Die Ridge-Penalty für die Parameterbestimmung bei der multiplen linearen Regression wird auf 0 gesetzt, sodass eine multiple Regression ohne Regularisierung durchgeführt wird. Zur Sicherheit wird die Funktion `mice()` in einen `tryCatch()`-Block eingebettet. Falls `mice()` mit den obigen Einstellungen keine imputierte Datenmatrix zurückliefert, wird das Argument `ridge` ausgehend von 10^{-5} jeweils um den Faktor 10 bis maximal 10^{20} erhöht. In diesem Fall würde ein Eintrag in die Logdatei vorgenommen. Bei der Simulation stellte sich das Vorgehen jedoch als nicht notwendige Vorsichtsmaßnahme heraus, da in keinem Fall die Ridge-Penalty erhöht wurde.

[73] Die EM-Parameterschätzung wird bei dieser Funktion mithilfe des Pakets norm (Novo und Schafer, 2013), welches auf dem Buch von Schafer (1997) basiert, durchgeführt. Anschließend werden für die deterministische EM-Imputation die Imputationswerte anhand der Gleichung (3.15) berechnet, wobei für μ und Σ die Parameterschätzungen von norm verwendet werden. Für die stochastische EM-Imputation wird, wie in Abschnitt 4.3.3 beschrieben, noch ein normalverteilter Fehler zu den Werten addiert.

[74] Da mice zur ersten Imputation ein einfaches Random Hot-Deck verwendet (vgl. van Buuren, 2018, S. 120), handelt es sich bei der deterministischen Regressionsimputation um ein deterministisches Verfahren im weiteren Sinne (vgl. Abschnitt 3.2).

Für missForest wird die gleichnamige Funktion aus dem R-Paket missForest (Stekhoven, 2013) verwendet. Diese Implementierung wird von einem der Autoren der ursprünglichen Veröffentlichung zu missForest (Stekhoven und Bühlmann, 2012) bereitgestellt. Alle Einstellungen der Funktion `missForest()` werden auf den Standardwerten belassen. Vom Output der Funktion wird nur die vervollständigte Datenmatrix verwendet.

Für das Nearest-Neighbour Hot-Deck wird die Funktion `kNN()` aus dem R-Paket VIM (Kowarik und Templ, 2016) verwendet. Die Funktion wird mit den Standardeinstellungen mit Ausnahme des Parameters `k`, der auf `k = 1` gesetzt wird, aufgerufen. Durch die Wahl von `k = 1` wird eine Nearest-Neighbor Hot-Deck-Imputation erzielt, da nur der nächste Nachbar als Spender für einen fehlenden Wert verwendet wird. Zur Distanzberechnung verwendet die Funktion eine gewichtete Manhattan-Distanz, wobei der Gewichtungsfaktor der Inversen der Spannweite im jeweiligen Merkmal entspricht (vgl. Kowarik und Templ, 2016, S. 7).

E.2.4 Analyse der imputierten Datenmatrizen

Die imputierten Datenmatrizen werden mithilfe von Funktionen aus dem Paket missMethods (Rockel, 2020) analysiert. Die imputierten Werte werden mittels der Funktion `evaluate_imputed_values()` mit den Originalwerten der vollständigen Datenmatrix verglichen. Die Funktion gibt standardmäßig den RMSE zwischen diesen Werten aus. Ihr werden nur die imputierte und die vollständige Datenmatrix übergeben. Die anderen Kriterien werden mittels der Funktionen `evaluate_imputation_parameters()` bzw. `evaluate_parameters()` berechnet, welche die imputierte Datenmatrix bzw. die anhand der vervollständigen Datenmatrix geschätzten Parameter und die jeweiligen Simulationsparameter als Übergabewerte erhalten.

E.2.5 Informationen zur R Session

Im Folgenden wird die Ausgaben von dem Befehl `sessionInfo()` für die Simulationsstudie wiedergegeben. Hierdurch kann unter anderem für alle Pakete, die während der Simulation eingesetzt wurden, die Version ermittelt werden.

R version 4.0.2 (2020-06-22), `x86_64-w64-mingw32`
Running under: `Windows 10 x64 (build 17134)`
Matrix products: default

Random number generation:
RNG: `L'Ecuyer-CMRG`

Normal: `Inversion`
Sample: `Rejection`

Locale:
`LC_COLLATE=German_Germany.1252`, `LC_CTYPE=German_Germany.1252`, `LC_MONETARY=German_Germany.1252`, `LC_NUMERIC=C`, `LC_TIME=German_Germany.1252`

Attached base packages:
base, datasets, graphics, grDevices, grid, methods, parallel, stats, utils

Other attached packages:
colorspace 1.4-1, foreach 1.5.0, iterators 1.0.12, itertools 0.1-3, log4r 0.3.2, mice 3.10.0, missForest 1.4, missMethods 0.2.0, mvtnorm 1.1-1, randomForest 4.6-14, testthat 2.3.2, VIM 6.0.0

Loaded via a namespace (and not attached):
abind 1.4-5, backports 1.1.8, boot 1.3-25, broom 0.7.0, car 3.0-8, carData 3.0-4, cellranger 1.1.0, class 7.3-17, codetools 0.2-16, compiler 4.0.2, crayon 1.3.4, curl 4.3, data.table 1.13.0, DEoptimR 1.0-8, dplyr 1.0.0, e1071 1.7-3, ellipsis 0.3.1, forcats 0.5.0, foreign 0.8-80, generics 0.0.2, glue 1.4.1, haven 2.3.1, hms 0.5.3, laeken 0.5.1, lattice 0.20-41, lifecycle 0.2.0, lmtest 0.9-37, magrittr 1.5, MASS 7.3-51.6, Matrix 1.2-18, nnet 7.3-14, norm 1.0-9.5, openxlsx 4.1.5, pillar 1.4.6, pkgconfig 2.0.3, purrr 0.3.4, R6 2.4.1, ranger 0.12.1, Rcpp 1.0.5, readxl 1.3.1, rio 0.5.16, rlang 0.4.7, robustbase 0.93-6, sp 1.4-2, stringi 1.4.6, tibble 3.0.3, tidyr 1.1.0, tidyselect 1.1.0, tools 4.0.2, vcd 1.4-7, vctrs 0.3.2, zip 2.0.4, zoo 1.8-8

E.3 Monte Carlo Standardfehler

Die Monte Carlo Standardfehler werden in Anlehnung an Morris et al. (2019, S. 2086) für ein Verfahren bei einem Gütekriterium bei einer festgelegten Faktorstufenkombination mittels

$$\sqrt{\frac{1}{\mathsf{N}(\mathsf{N}-1)}\sum_{i=1}^{\mathsf{N}}\left(\mathrm{RMSE}_i-\overline{\mathrm{RMSE}}\right)^2} \tag{E.3}$$

berechnet. In der Formel (E.3) sind N die Anzahl an Wiederholungen, RMSE_i der RMSE eines Verfahrens für ein Gütekriterium bei einer Faktorstufenkombination in der Wiederholung i und $\overline{\mathrm{RMSE}}$ der Mittelwert dieser RMSEs über alle N Wiederholungen. Im Normalfall ist $\mathsf{N} = 10.000$. Falls jedoch Wiederholungen (z. B. aufgrund der Nichtkonvergenz des EM-Algorithmus) für ein Imputationsverfahren nicht in die Berechnung des mittleren RMSE einfließen, werden diese Wiederholungen auch bei der Berechnung des Monte Carlo Standardfehlers nicht berücksichtigt. In diesen Fällen verringert sich N um die Anzahl an nicht eingeflossenen Wiederholungen.

Die resultierenden Monte Carlo Standardfehler für alle Verfahren bei allen Datenmatrizen sind in der Abbildung E.1 dargestellt. Die Unterschiede in der Datenbasis der Abbildung E.1 im Vergleich zur Abbildung 6.4 sind, dass für die Abbildung E.1 auch die beiden EM-Imputationsverfahren bei den Datenmatrizen mit $n = 100$ Objekten und $m = 30$ Merkmalen sowie die deterministische Regressionsimputation bei dem Kriterium Regressionskoeffizienten (für $n = 100$ und $m = 30$) enthalten sind. Im Gegensatz zur Abbildung 6.4 sind also keinerlei Monte Carlo Standardfehler aus der Abbildung E.1 eliminiert worden. Die relativ großen Monte Carlo Standardfehler der aus der Abbildung 6.4 bei den Datenmatrizen mit $n = 100$ Objekten und $m = 30$ Merkmalen eliminierten Verfahren sind deutlich zu erkennen.

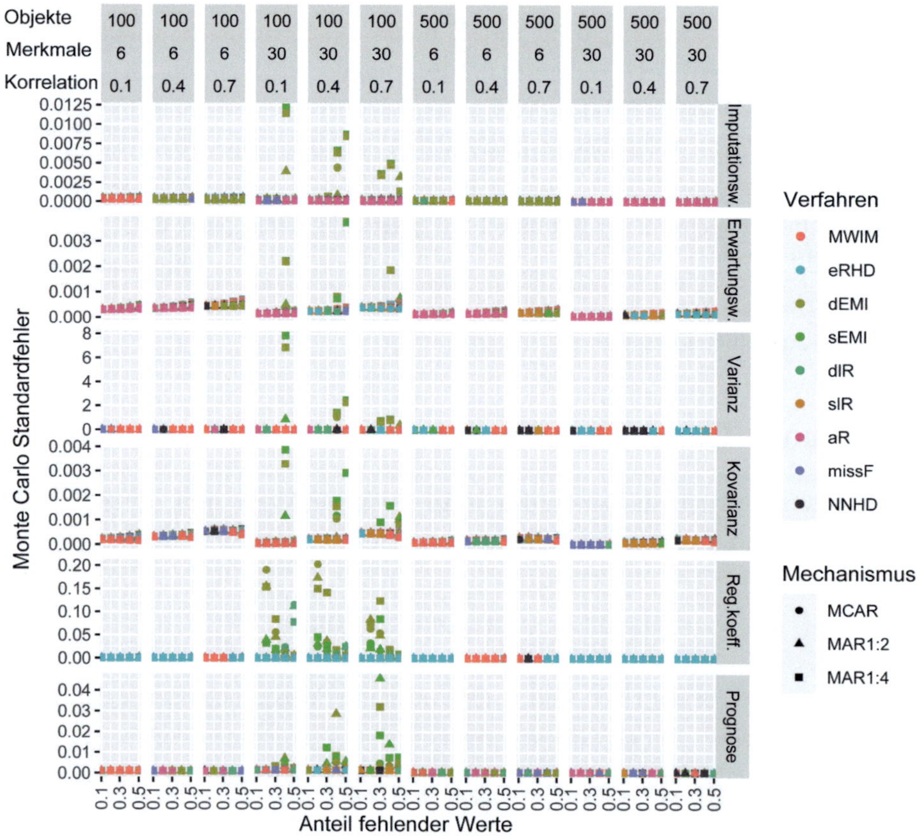

Abbildung E.1: Monte Carlo Standardfehler

E.4 Ablehnung beim Differenzentest

Im Folgenden wird gezeigt, dass ein zweiseitiger Differenzentest zum Konfidenzniveau $1-\alpha$ bei einer Ergebnisdifferenz zweier Verfahren von mindestens $2\cdot\hat{\sigma}_{MC,max}\cdot z_{1-\frac{\alpha}{2}}$ sicher zu einer Ablehnung der Nullhypothese (beide Verfahren führen zum selben Ergebnis) führt. Dazu wird zunächst die Varianz der Testgröße abgeschätzt. Anschließend wird mit dieser Varianzabschätzung die Testgröße abgeschätzt und diese abgeschätzte Testgröße wird in Relation zum Ablehnungsbereich gesetzt. Die sichere Ablehnung folgt dann direkt aus einer einfachen Umformung dieser Abschätzung.

Die Varianz $\tilde{s}^2_{X-Y}$ der Differenz zweier Merkmale X und Y kann mithilfe der Einzelvarianzen $\tilde{s}^2_X$, $\tilde{s}^2_Y$ und der Kovarianz $\tilde{s}_{X,Y}$ zwischen den Merkmalen berechnet werden (analog zur Summe von Zufallsvariablen, vgl. Fahrmeir et al., 2016, S. 329):

$$\tilde{s}^2_{X-Y} = \tilde{s}^2_X + \tilde{s}^2_Y - 2\tilde{s}_{X,Y} \tag{E.4}$$

Mithilfe der Dreiecksungleichung kann die Varianz zunächst durch

$$\tilde{s}^2_{X-Y} = \left|\tilde{s}^2_X + \tilde{s}^2_Y - 2\tilde{s}_{X,Y}\right| \leq \tilde{s}^2_X + \tilde{s}^2_Y + 2\left|\tilde{s}_{X,Y}\right| \tag{E.5}$$

abgeschätzt werden. Ferner kann der Betrag der Kovarianz $\tilde{s}_{X,Y}$ durch das Produkt der Standardabweichungen $\tilde{s}_X$ und $\tilde{s}_Y$ abgeschätzt werden

$$\left|\tilde{s}_{X,Y}\right| \leq \tilde{s}_X\tilde{s}_Y, \tag{E.6}$$

da der Betrag des Korrelationskoeffizienten $\frac{\tilde{s}_{X,Y}}{\tilde{s}_X\tilde{s}_Y}$ stets kleiner gleich 1 ist (vgl. Fahrmeir et al., 2016, S. 126–128). Eine Kombination der beiden Abschätzungen (E.5) und (E.6) führt zu

$$\tilde{s}^2_{X-Y} \leq \tilde{s}^2_X + \tilde{s}^2_Y + 2\tilde{s}_X\tilde{s}_Y. \tag{E.7}$$

Diese Gleichung kann unter der Annahme, dass die Standardabweichung in beiden Merkmalen durch eine feste obere Grenze $\tilde{s}_{max}$ beschränkt ist (also $\tilde{s}_X \leq \tilde{s}_{max}$ und $\tilde{s}_Y \leq \tilde{s}_{max}$), zu

$$\tilde{s}^2_{X-Y} \leq \tilde{s}^2_{max} + \tilde{s}^2_{max} + 2\tilde{s}^2_{max} = 4\tilde{s}^2_{max} \tag{E.8}$$

vereinfacht werden.

Hiermit folgt für den Betrag der Testgröße T des Differenzentests (basierend auf einem approximativen Gaußtest), der die Differenz der Erwartungswerte zweier Merkmale X und Y überprüft (vgl. Bamberg et al., 2017, S. 175–176):

$$|T| = \left| \frac{\bar{x} - \bar{y}}{\sqrt{\tilde{s}^2_{X-Y}}} \sqrt{n} \right| \geq \frac{|\bar{x} - \bar{y}|}{\sqrt{4\tilde{s}^2_{max}}} \sqrt{n} = \frac{|\bar{x} - \bar{y}|}{2\frac{1}{\sqrt{n}}\tilde{s}_{max}} \tag{E.9}$$

Indem die Größe $\frac{1}{\sqrt{n}}\tilde{s}_{max}$ durch den maximalen Monte Carlo Standardfehler $\hat{\sigma}_{MC,max}$ ersetzt wird, ergibt sich folgende Abschätzung für den Betrag der Testgröße:

$$|T| \geq \frac{|\bar{x} - \bar{y}|}{2\hat{\sigma}_{MC,max}} \tag{E.10}$$

Der zweiseitige Differenzentest (basierend auf dem approximativen Gaußtest) kommt genau dann zu einer Ablehnung, wenn $|T| \geq z_{1-\frac{\alpha}{2}}$ gilt (vgl. Bamberg et al., 2017, S. 175–176). Zusammen mit der Abschätzung des Betrags der Testgröße folgt eine sichere Ablehnung bei

$$|T| \geq \frac{|\bar{x} - \bar{y}|}{2\hat{\sigma}_{MC,max}} \geq z_{1-\frac{\alpha}{2}}, \tag{E.11}$$

was sich zu

$$|\bar{x} - \bar{y}| \geq 2\hat{\sigma}_{MC,max} z_{1-\frac{\alpha}{2}} \tag{E.12}$$

umformen lässt. Mithilfe der Gleichung (E.12) lässt sich bei gegebenen Konfidenzniveau und maximalen Monte Carlo Standardfehler die Differenz berechnen, die sicher zu einer Ablehnung der Nullhypothese führt. Falls also die mittleren RMSE-Werte zweier Verfahren mindestens $2 \cdot \hat{\sigma}_{MC,max} \cdot z_{1-\frac{\alpha}{2}}$ auseinanderliegen, führt ein zweiseitiger Differenzentest sicher zu einer Ablehnung.

E.5 Tabellen zu den Simulationsergebnissen

Im Folgenden werden die Ergebnisse der Simulation aus dem Kapitel 6 in Form von Tabellen wiedergegeben. Die Tabellen sind entsprechend der Abbildungsreihenfolge im Kapitel 6 geordnet. Die Werte in den Tabellen sind auf drei Nachkommastellen gerundet. Für die Abbildungen in Abschnitt 6.3 und die Auswertungen in Abschnitt 6.4 werden die „exakten“ Ergebnisse verwendet, die normalerweise eine größere Genauigkeit als drei Nachkommastellen besitzen. Hierdurch ist es insbesondere möglich, dass die in Abschnitt 6.4 berechneten Ränge der Verfahren leicht von den Rängen abweichen, die bei Verwendung der gerundeten Werte resultieren würden.

E.5.1 Genauigkeit der Imputationswerte

n	Ausfall	m	ρ	p	MWIM	eRHD	dEMI	sEMI	dlR	slR	aR	missF	NNHD
100	MCAR	6	0,1	0,1	0,223	0,313	0,226	0,308	0,226	0,314	0,230	0,232	0,310
100	MCAR	6	0,1	0,2	0,317	0,445	0,322	0,439	0,323	0,448	0,329	0,332	0,440
100	MCAR	6	0,1	0,3	0,389	0,546	0,397	0,538	0,399	0,552	0,408	0,411	0,540
100	MCAR	6	0,1	0,4	0,450	0,631	0,464	0,623	0,468	0,641	0,475	0,482	0,625
100	MCAR	6	0,1	0,5	0,504	0,705	0,527	0,699	0,533	0,723	0,533	0,550	0,700
100	MCAR	6	0,4	0,1	0,223	0,314	0,192	0,262	0,192	0,268	0,195	0,199	0,266
100	MCAR	6	0,4	0,2	0,317	0,445	0,274	0,373	0,276	0,383	0,280	0,285	0,380
100	MCAR	6	0,4	0,3	0,389	0,547	0,340	0,459	0,342	0,473	0,346	0,354	0,468
100	MCAR	6	0,4	0,4	0,450	0,631	0,397	0,532	0,401	0,552	0,401	0,414	0,544
100	MCAR	6	0,4	0,5	0,504	0,706	0,452	0,600	0,458	0,623	0,449	0,472	0,611
100	MCAR	6	0,7	0,1	0,223	0,314	0,137	0,188	0,138	0,193	0,140	0,145	0,195
100	MCAR	6	0,7	0,2	0,317	0,446	0,197	0,268	0,199	0,277	0,201	0,207	0,278
100	MCAR	6	0,7	0,3	0,389	0,547	0,244	0,330	0,248	0,342	0,248	0,258	0,344
100	MCAR	6	0,7	0,4	0,450	0,632	0,286	0,384	0,290	0,400	0,288	0,302	0,401
100	MCAR	6	0,7	0,5	0,504	0,705	0,326	0,432	0,331	0,453	0,322	0,342	0,453
100	MCAR	30	0,1	0,1	0,225	0,315	0,268	0,319	0,266	0,340	0,222	0,223	0,309
100	MCAR	30	0,1	0,2	0,318	0,447	0,436	0,487	0,391	0,489	0,316	0,316	0,438
100	MCAR	30	0,1	0,3	0,390	0,547	0,598	0,636	0,506	0,613	0,389	0,389	0,538
100	MCAR	30	0,1	0,4	0,451	0,632	0,697	0,730	0,622	0,732	0,452	0,452	0,623
100	MCAR	30	0,1	0,5	0,505	0,707	0,775	0,805	0,734	0,861	0,508	0,511	0,697
100	MCAR	30	0,4	0,1	0,225	0,316	0,219	0,261	0,217	0,279	0,181	0,184	0,257
100	MCAR	30	0,4	0,2	0,318	0,447	0,357	0,399	0,321	0,402	0,258	0,261	0,369
100	MCAR	30	0,4	0,3	0,389	0,547	0,489	0,520	0,419	0,507	0,317	0,321	0,456
100	MCAR	30	0,4	0,4	0,450	0,632	0,577	0,604	0,532	0,610	0,369	0,373	0,532
100	MCAR	30	0,4	0,5	0,505	0,707	0,637	0,662	0,658	0,729	0,415	0,421	0,600
100	MCAR	30	0,7	0,1	0,224	0,315	0,155	0,185	0,154	0,198	0,128	0,132	0,185
100	MCAR	30	0,7	0,2	0,317	0,446	0,252	0,282	0,228	0,287	0,182	0,187	0,268
100	MCAR	30	0,7	0,3	0,389	0,546	0,347	0,369	0,298	0,363	0,225	0,231	0,336
100	MCAR	30	0,7	0,4	0,450	0,631	0,406	0,425	0,387	0,439	0,261	0,268	0,396
100	MCAR	30	0,7	0,5	0,504	0,705	0,452	0,470	0,502	0,534	0,294	0,303	0,449
100	MAR1:2	6	0,1	0,1	0,224	0,314	0,226	0,309	0,226	0,315	0,231	0,233	0,309
100	MAR1:2	6	0,1	0,2	0,317	0,445	0,322	0,439	0,323	0,448	0,329	0,332	0,440

n	Ausfall	m	ρ	p	MWIM	eRHD	dEMI	sEMI	dlR	slR	aR	missF	NNHD
100	MAR1:2	6	0,1	0,3	0,389	0,546	0,398	0,539	0,400	0,551	0,409	0,411	0,540
100	MAR1:2	6	0,1	0,4	0,451	0,631	0,465	0,623	0,469	0,642	0,477	0,483	0,625
100	MAR1:2	6	0,1	0,5	0,505	0,706	0,529	0,699	0,535	0,723	0,536	0,550	0,701
100	MAR1:2	6	0,4	0,1	0,223	0,314	0,192	0,262	0,192	0,268	0,195	0,199	0,266
100	MAR1:2	6	0,4	0,2	0,318	0,446	0,275	0,374	0,276	0,383	0,280	0,285	0,380
100	MAR1:2	6	0,4	0,3	0,391	0,547	0,340	0,460	0,343	0,473	0,346	0,354	0,468
100	MAR1:2	6	0,4	0,4	0,454	0,633	0,397	0,533	0,402	0,552	0,402	0,415	0,544
100	MAR1:2	6	0,4	0,5	0,511	0,709	0,452	0,600	0,459	0,624	0,451	0,473	0,613
100	MAR1:2	6	0,7	0,1	0,224	0,314	0,137	0,188	0,139	0,193	0,140	0,145	0,194
100	MAR1:2	6	0,7	0,2	0,318	0,445	0,197	0,268	0,200	0,277	0,201	0,208	0,278
100	MAR1:2	6	0,7	0,3	0,394	0,549	0,244	0,330	0,247	0,343	0,247	0,258	0,344
100	MAR1:2	6	0,7	0,4	0,463	0,638	0,286	0,385	0,291	0,401	0,287	0,303	0,402
100	MAR1:2	6	0,7	0,5	0,525	0,715	0,326	0,433	0,332	0,454	0,322	0,344	0,456
100	MAR1:2	30	0,1	0,1	0,224	0,316	0,268	0,318	0,265	0,340	0,222	0,223	0,308
100	MAR1:2	30	0,1	0,2	0,318	0,447	0,436	0,486	0,391	0,489	0,316	0,316	0,437
100	MAR1:2	30	0,1	0,3	0,390	0,547	0,597	0,636	0,506	0,614	0,389	0,389	0,538
100	MAR1:2	30	0,1	0,4	0,451	0,632	0,699	0,734	0,622	0,732	0,452	0,453	0,622
100	MAR1:2	30	0,1	0,5	0,505	0,707	0,773	0,805	0,735	0,862	0,508	0,511	0,696
100	MAR1:2	30	0,4	0,1	0,225	0,316	0,219	0,261	0,217	0,279	0,181	0,184	0,256
100	MAR1:2	30	0,4	0,2	0,318	0,447	0,356	0,398	0,321	0,403	0,258	0,261	0,368
100	MAR1:2	30	0,4	0,3	0,391	0,548	0,486	0,519	0,419	0,507	0,317	0,322	0,455
100	MAR1:2	30	0,4	0,4	0,454	0,634	0,566	0,598	0,531	0,611	0,369	0,374	0,529
100	MAR1:2	30	0,4	0,5	0,511	0,710	0,631	0,661	0,658	0,731	0,415	0,421	0,596
100	MAR1:2	30	0,7	0,1	0,224	0,315	0,155	0,184	0,154	0,198	0,128	0,132	0,185
100	MAR1:2	30	0,7	0,2	0,318	0,447	0,250	0,281	0,228	0,287	0,182	0,187	0,268
100	MAR1:2	30	0,7	0,3	0,394	0,549	0,342	0,367	0,299	0,364	0,225	0,231	0,335
100	MAR1:2	30	0,7	0,4	0,462	0,638	0,398	0,423	0,386	0,442	0,261	0,269	0,392
100	MAR1:2	30	0,7	0,5	0,524	0,715	0,452	0,476	0,506	0,538	0,294	0,305	0,443
100	MAR1:4	6	0,1	0,1	0,223	0,313	0,226	0,308	0,226	0,314	0,230	0,232	0,309
100	MAR1:4	6	0,1	0,2	0,317	0,445	0,322	0,438	0,323	0,449	0,330	0,332	0,440
100	MAR1:4	6	0,1	0,3	0,390	0,546	0,399	0,540	0,401	0,553	0,409	0,412	0,540
100	MAR1:4	6	0,1	0,4	0,451	0,631	0,466	0,624	0,469	0,643	0,478	0,483	0,626
100	MAR1:4	6	0,1	0,5	0,506	0,707	0,533	0,703	0,538	0,727	0,542	0,551	0,701
100	MAR1:4	6	0,4	0,1	0,224	0,315	0,192	0,263	0,193	0,268	0,196	0,199	0,266
100	MAR1:4	6	0,4	0,2	0,319	0,447	0,274	0,374	0,276	0,383	0,280	0,286	0,381

n	Ausfall	m	ρ	p	MWIM	eRHD	dEMI	sEMI	dlR	slR	aR	missF	NNHD
100	MAR1:4	6	0,4	0,3	0,396	0,551	0,340	0,460	0,343	0,474	0,346	0,355	0,469
100	MAR1:4	6	0,4	0,4	0,463	0,638	0,398	0,535	0,403	0,553	0,403	0,417	0,546
100	MAR1:4	6	0,4	0,5	0,529	0,718	0,455	0,604	0,462	0,627	0,453	0,476	0,616
100	MAR1:4	6	0,7	0,1	0,225	0,316	0,138	0,188	0,139	0,193	0,140	0,145	0,194
100	MAR1:4	6	0,7	0,2	0,325	0,451	0,197	0,268	0,200	0,278	0,200	0,209	0,279
100	MAR1:4	6	0,7	0,3	0,409	0,558	0,245	0,331	0,249	0,344	0,248	0,260	0,347
100	MAR1:4	6	0,7	0,4	0,490	0,653	0,287	0,386	0,292	0,402	0,287	0,305	0,406
100	MAR1:4	6	0,7	0,5	0,578	0,742	0,328	0,436	0,336	0,457	0,321	0,350	0,463
100	MAR1:4	30	0,1	0,1	0,224	0,316	0,267	0,318	0,265	0,340	0,222	0,223	0,308
100	MAR1:4	30	0,1	0,2	0,318	0,447	0,434	0,486	0,392	0,490	0,316	0,316	0,437
100	MAR1:4	30	0,1	0,3	0,390	0,548	0,595	0,635	0,506	0,614	0,389	0,389	0,537
100	MAR1:4	30	0,1	0,4	0,451	0,632	0,704	0,742	0,622	0,734	0,452	0,453	0,621
100	MAR1:4	30	0,1	0,5	0,506	0,707	0,772	0,808	0,737	0,868	0,508	0,511	0,695
100	MAR1:4	30	0,4	0,1	0,225	0,316	0,219	0,261	0,218	0,279	0,181	0,184	0,257
100	MAR1:4	30	0,4	0,2	0,320	0,448	0,350	0,395	0,321	0,403	0,258	0,261	0,368
100	MAR1:4	30	0,4	0,3	0,396	0,551	0,479	0,516	0,418	0,508	0,318	0,322	0,455
100	MAR1:4	30	0,4	0,4	0,464	0,639	0,571	0,611	0,529	0,613	0,369	0,375	0,528
100	MAR1:4	30	0,4	0,5	0,530	0,719	0,634	0,676	0,660	0,739	0,415	0,424	0,591
100	MAR1:4	30	0,7	0,1	0,226	0,316	0,155	0,184	0,155	0,198	0,128	0,132	0,185
100	MAR1:4	30	0,7	0,2	0,325	0,451	0,244	0,277	0,229	0,288	0,182	0,188	0,268
100	MAR1:4	30	0,7	0,3	0,409	0,559	0,336	0,367	0,300	0,366	0,225	0,232	0,335
100	MAR1:4	30	0,7	0,4	0,489	0,653	0,398	0,431	0,386	0,447	0,261	0,272	0,391
100	MAR1:4	30	0,7	0,5	0,577	0,742	0,437	0,474	0,515	0,553	0,294	0,312	0,439
500	MCAR	6	0,1	0,1	0,224	0,316	0,221	0,311	0,221	0,311	0,222	0,229	0,311
500	MCAR	6	0,1	0,2	0,316	0,447	0,313	0,439	0,313	0,441	0,315	0,326	0,441
500	MCAR	6	0,1	0,3	0,388	0,548	0,384	0,538	0,385	0,541	0,388	0,404	0,542
500	MCAR	6	0,1	0,4	0,448	0,632	0,444	0,622	0,445	0,627	0,452	0,475	0,627
500	MCAR	6	0,1	0,5	0,501	0,707	0,498	0,696	0,500	0,702	0,510	0,545	0,702
500	MCAR	6	0,4	0,1	0,223	0,316	0,187	0,263	0,188	0,265	0,188	0,195	0,266
500	MCAR	6	0,4	0,2	0,316	0,447	0,266	0,373	0,267	0,377	0,267	0,279	0,378
500	MCAR	6	0,4	0,3	0,388	0,547	0,327	0,459	0,329	0,464	0,329	0,347	0,465
500	MCAR	6	0,4	0,4	0,448	0,632	0,380	0,532	0,382	0,538	0,383	0,408	0,539
500	MCAR	6	0,4	0,5	0,501	0,707	0,427	0,596	0,430	0,604	0,432	0,467	0,606
500	MCAR	6	0,7	0,1	0,223	0,316	0,134	0,189	0,135	0,191	0,135	0,141	0,192
500	MCAR	6	0,7	0,2	0,316	0,447	0,191	0,268	0,193	0,272	0,192	0,202	0,273

n	Ausfall	m	ρ	p	MWIM	eRHD	dEMI	sEMI	dlR	slR	aR	missF	NNHD
500	MCAR	6	0,7	0,3	0,387	0,547	0,235	0,330	0,238	0,336	0,236	0,250	0,337
500	MCAR	6	0,7	0,4	0,448	0,632	0,273	0,383	0,276	0,390	0,275	0,295	0,392
500	MCAR	6	0,7	0,5	0,501	0,707	0,308	0,430	0,311	0,439	0,310	0,336	0,441
500	MCAR	30	0,1	0,1	0,224	0,316	0,223	0,304	0,223	0,310	0,219	0,219	0,308
500	MCAR	30	0,1	0,2	0,317	0,447	0,317	0,431	0,318	0,439	0,311	0,311	0,437
500	MCAR	30	0,1	0,3	0,388	0,548	0,391	0,528	0,393	0,540	0,382	0,383	0,537
500	MCAR	30	0,1	0,4	0,448	0,632	0,456	0,611	0,460	0,627	0,442	0,446	0,621
500	MCAR	30	0,1	0,5	0,501	0,707	0,517	0,685	0,525	0,706	0,495	0,506	0,696
500	MCAR	30	0,4	0,1	0,224	0,316	0,182	0,249	0,183	0,254	0,179	0,180	0,255
500	MCAR	30	0,4	0,2	0,317	0,447	0,260	0,353	0,261	0,361	0,254	0,256	0,365
500	MCAR	30	0,4	0,3	0,388	0,547	0,320	0,433	0,322	0,443	0,312	0,314	0,452
500	MCAR	30	0,4	0,4	0,448	0,632	0,374	0,501	0,377	0,515	0,361	0,366	0,526
500	MCAR	30	0,4	0,5	0,501	0,707	0,424	0,562	0,430	0,581	0,405	0,413	0,592
500	MCAR	30	0,7	0,1	0,224	0,316	0,129	0,176	0,129	0,180	0,127	0,128	0,183
500	MCAR	30	0,7	0,2	0,316	0,447	0,184	0,250	0,184	0,255	0,180	0,182	0,264
500	MCAR	30	0,7	0,3	0,388	0,548	0,227	0,307	0,228	0,315	0,221	0,224	0,329
500	MCAR	30	0,7	0,4	0,448	0,632	0,264	0,355	0,266	0,365	0,256	0,260	0,386
500	MCAR	30	0,7	0,5	0,501	0,707	0,300	0,398	0,303	0,412	0,287	0,293	0,437
500	MAR1:2	6	0,1	0,1	0,223	0,316	0,221	0,310	0,221	0,311	0,222	0,229	0,311
500	MAR1:2	6	0,1	0,2	0,317	0,447	0,313	0,439	0,313	0,441	0,315	0,327	0,441
500	MAR1:2	6	0,1	0,3	0,388	0,547	0,384	0,538	0,385	0,542	0,389	0,405	0,542
500	MAR1:2	6	0,1	0,4	0,448	0,632	0,445	0,622	0,446	0,627	0,452	0,476	0,627
500	MAR1:2	6	0,1	0,5	0,501	0,707	0,499	0,696	0,500	0,702	0,512	0,547	0,702
500	MAR1:2	6	0,4	0,1	0,224	0,316	0,187	0,263	0,188	0,265	0,188	0,195	0,266
500	MAR1:2	6	0,4	0,2	0,318	0,447	0,266	0,374	0,268	0,377	0,268	0,280	0,378
500	MAR1:2	6	0,4	0,3	0,390	0,548	0,327	0,459	0,329	0,464	0,329	0,348	0,465
500	MAR1:2	6	0,4	0,4	0,452	0,634	0,380	0,532	0,382	0,538	0,383	0,410	0,540
500	MAR1:2	6	0,4	0,5	0,509	0,711	0,427	0,597	0,430	0,604	0,432	0,470	0,607
500	MAR1:2	6	0,7	0,1	0,224	0,316	0,134	0,189	0,135	0,191	0,135	0,141	0,192
500	MAR1:2	6	0,7	0,2	0,319	0,449	0,191	0,269	0,193	0,272	0,192	0,202	0,273
500	MAR1:2	6	0,7	0,3	0,394	0,551	0,236	0,330	0,238	0,336	0,237	0,252	0,337
500	MAR1:2	6	0,7	0,4	0,460	0,639	0,274	0,383	0,277	0,390	0,275	0,296	0,392
500	MAR1:2	6	0,7	0,5	0,526	0,719	0,308	0,431	0,312	0,439	0,310	0,339	0,443
500	MAR1:2	30	0,1	0,1	0,224	0,316	0,223	0,304	0,223	0,310	0,219	0,220	0,308
500	MAR1:2	30	0,1	0,2	0,317	0,447	0,317	0,431	0,318	0,439	0,311	0,311	0,436

n	Ausfall	m	ρ	p	MWIM	eRHD	dEMI	sEMI	dlR	slR	aR	missF	NNHD
500	MAR1:2	30	0,1	0,3	0,388	0,548	0,391	0,528	0,393	0,540	0,381	0,383	0,536
500	MAR1:2	30	0,1	0,4	0,448	0,633	0,456	0,611	0,460	0,627	0,442	0,446	0,620
500	MAR1:2	30	0,1	0,5	0,501	0,707	0,517	0,685	0,525	0,706	0,495	0,506	0,695
500	MAR1:2	30	0,4	0,1	0,224	0,316	0,182	0,249	0,183	0,254	0,179	0,180	0,255
500	MAR1:2	30	0,4	0,2	0,317	0,448	0,259	0,353	0,261	0,361	0,254	0,256	0,365
500	MAR1:2	30	0,4	0,3	0,390	0,549	0,320	0,433	0,322	0,444	0,312	0,315	0,451
500	MAR1:2	30	0,4	0,4	0,452	0,634	0,373	0,501	0,377	0,516	0,361	0,366	0,525
500	MAR1:2	30	0,4	0,5	0,509	0,711	0,424	0,562	0,429	0,581	0,405	0,414	0,590
500	MAR1:2	30	0,7	0,1	0,225	0,316	0,129	0,176	0,129	0,180	0,127	0,128	0,183
500	MAR1:2	30	0,7	0,2	0,319	0,449	0,184	0,250	0,184	0,256	0,180	0,182	0,264
500	MAR1:2	30	0,7	0,3	0,394	0,552	0,226	0,307	0,228	0,315	0,221	0,224	0,328
500	MAR1:2	30	0,7	0,4	0,461	0,639	0,264	0,355	0,266	0,366	0,256	0,260	0,384
500	MAR1:2	30	0,7	0,5	0,526	0,719	0,299	0,398	0,303	0,412	0,287	0,294	0,433
500	MAR1:4	6	0,1	0,1	0,224	0,316	0,221	0,310	0,221	0,311	0,222	0,229	0,311
500	MAR1:4	6	0,1	0,2	0,317	0,447	0,313	0,440	0,313	0,441	0,315	0,327	0,441
500	MAR1:4	6	0,1	0,3	0,388	0,548	0,384	0,538	0,385	0,541	0,389	0,406	0,542
500	MAR1:4	6	0,1	0,4	0,449	0,633	0,445	0,622	0,446	0,627	0,454	0,478	0,627
500	MAR1:4	6	0,1	0,5	0,502	0,708	0,499	0,697	0,501	0,702	0,517	0,550	0,703
500	MAR1:4	6	0,4	0,1	0,224	0,316	0,187	0,263	0,188	0,265	0,188	0,196	0,266
500	MAR1:4	6	0,4	0,2	0,319	0,449	0,266	0,374	0,267	0,377	0,267	0,280	0,378
500	MAR1:4	6	0,4	0,3	0,395	0,552	0,328	0,460	0,330	0,464	0,330	0,350	0,466
500	MAR1:4	6	0,4	0,4	0,462	0,640	0,380	0,532	0,383	0,538	0,384	0,414	0,541
500	MAR1:4	6	0,4	0,5	0,527	0,719	0,428	0,597	0,431	0,605	0,434	0,476	0,609
500	MAR1:4	6	0,7	0,1	0,226	0,317	0,135	0,189	0,136	0,191	0,135	0,141	0,192
500	MAR1:4	6	0,7	0,2	0,326	0,453	0,191	0,269	0,193	0,273	0,192	0,203	0,274
500	MAR1:4	6	0,7	0,3	0,409	0,560	0,236	0,331	0,239	0,336	0,237	0,253	0,338
500	MAR1:4	6	0,7	0,4	0,490	0,655	0,274	0,384	0,278	0,391	0,275	0,300	0,394
500	MAR1:4	6	0,7	0,5	0,578	0,745	0,309	0,432	0,313	0,440	0,310	0,343	0,446
500	MAR1:4	30	0,1	0,1	0,224	0,316	0,223	0,304	0,223	0,310	0,219	0,220	0,308
500	MAR1:4	30	0,1	0,2	0,317	0,447	0,317	0,431	0,318	0,439	0,311	0,311	0,436
500	MAR1:4	30	0,1	0,3	0,388	0,548	0,391	0,529	0,393	0,541	0,382	0,383	0,536
500	MAR1:4	30	0,1	0,4	0,449	0,633	0,456	0,611	0,460	0,627	0,442	0,446	0,620
500	MAR1:4	30	0,1	0,5	0,503	0,708	0,518	0,686	0,525	0,707	0,495	0,506	0,694
500	MAR1:4	30	0,4	0,1	0,225	0,317	0,182	0,249	0,183	0,254	0,179	0,180	0,255
500	MAR1:4	30	0,4	0,2	0,320	0,449	0,259	0,353	0,261	0,361	0,254	0,256	0,365

n	Ausfall	m	ρ	p	MWIM	eRHD	dEMI	sEMI	dlR	slR	aR	missF	NNHD
500	MAR1:4	30	0,4	0,3	0,395	0,552	0,320	0,433	0,322	0,444	0,312	0,315	0,451
500	MAR1:4	30	0,4	0,4	0,462	0,640	0,373	0,502	0,377	0,516	0,362	0,367	0,523
500	MAR1:4	30	0,4	0,5	0,527	0,720	0,423	0,563	0,429	0,582	0,406	0,415	0,586
500	MAR1:4	30	0,7	0,1	0,227	0,318	0,129	0,176	0,129	0,180	0,127	0,128	0,183
500	MAR1:4	30	0,7	0,2	0,326	0,453	0,183	0,250	0,185	0,256	0,180	0,182	0,264
500	MAR1:4	30	0,7	0,3	0,409	0,560	0,226	0,307	0,228	0,315	0,221	0,224	0,329
500	MAR1:4	30	0,7	0,4	0,490	0,655	0,263	0,355	0,267	0,366	0,256	0,262	0,383
500	MAR1:4	30	0,7	0,5	0,578	0,745	0,298	0,399	0,303	0,414	0,287	0,297	0,429

Tabelle E.1: Simulation: Genauigkeit der Imputationswerte

E.5.2 Auswirkungen auf die Erwartungswertschätzung

n	Ausfall	m	ρ	p	MWIM	eRHD	dEMI	sEMI	dlR	slR	aR	missF	NNHD
100	MCAR	6	0,1	0,1	0,099	0,101	0,099	0,101	0,099	0,101	0,098	0,099	0,101
100	MCAR	6	0,1	0,2	0,102	0,106	0,102	0,106	0,102	0,106	0,099	0,102	0,106
100	MCAR	6	0,1	0,3	0,106	0,112	0,106	0,111	0,106	0,112	0,100	0,107	0,113
100	MCAR	6	0,1	0,4	0,111	0,118	0,112	0,119	0,112	0,119	0,101	0,113	0,122
100	MCAR	6	0,1	0,5	0,118	0,127	0,119	0,127	0,120	0,128	0,101	0,122	0,133
100	MCAR	6	0,4	0,1	0,097	0,100	0,096	0,098	0,097	0,098	0,096	0,097	0,098
100	MCAR	6	0,4	0,2	0,101	0,105	0,099	0,102	0,099	0,102	0,097	0,099	0,103
100	MCAR	6	0,4	0,3	0,105	0,111	0,102	0,107	0,102	0,107	0,098	0,103	0,108
100	MCAR	6	0,4	0,4	0,109	0,117	0,106	0,112	0,106	0,112	0,098	0,107	0,115
100	MCAR	6	0,4	0,5	0,116	0,125	0,112	0,119	0,112	0,119	0,098	0,114	0,123
100	MCAR	6	0,7	0,1	0,093	0,095	0,091	0,092	0,091	0,092	0,091	0,091	0,092
100	MCAR	6	0,7	0,2	0,097	0,102	0,093	0,094	0,093	0,095	0,091	0,093	0,095
100	MCAR	6	0,7	0,3	0,101	0,108	0,094	0,097	0,095	0,097	0,092	0,095	0,098
100	MCAR	6	0,7	0,4	0,107	0,115	0,097	0,101	0,098	0,102	0,092	0,098	0,103
100	MCAR	6	0,7	0,5	0,114	0,123	0,101	0,105	0,101	0,106	0,092	0,102	0,109
100	MCAR	30	0,1	0,1	0,102	0,104	0,103	0,104	0,103	0,105	0,097	0,102	0,104
100	MCAR	30	0,1	0,2	0,105	0,110	0,110	0,112	0,108	0,112	0,096	0,105	0,110
100	MCAR	30	0,1	0,3	0,109	0,116	0,122	0,124	0,115	0,120	0,094	0,109	0,117
100	MCAR	30	0,1	0,4	0,115	0,123	0,132	0,134	0,125	0,132	0,092	0,115	0,125
100	MCAR	30	0,1	0,5	0,121	0,131	0,144	0,145	0,138	0,149	0,091	0,122	0,135
100	MCAR	30	0,4	0,1	0,099	0,101	0,099	0,100	0,099	0,100	0,095	0,098	0,100
100	MCAR	30	0,4	0,2	0,103	0,107	0,104	0,105	0,103	0,105	0,093	0,100	0,104
100	MCAR	30	0,4	0,3	0,107	0,114	0,113	0,114	0,108	0,112	0,092	0,104	0,110
100	MCAR	30	0,4	0,4	0,112	0,121	0,121	0,122	0,117	0,121	0,091	0,108	0,116
100	MCAR	30	0,4	0,5	0,119	0,129	0,129	0,130	0,129	0,135	0,090	0,113	0,124
100	MCAR	30	0,7	0,1	0,095	0,098	0,093	0,094	0,093	0,094	0,091	0,093	0,094
100	MCAR	30	0,7	0,2	0,099	0,104	0,096	0,097	0,095	0,097	0,090	0,094	0,097
100	MCAR	30	0,7	0,3	0,103	0,111	0,101	0,102	0,099	0,101	0,089	0,096	0,100
100	MCAR	30	0,7	0,4	0,109	0,118	0,106	0,107	0,105	0,106	0,089	0,098	0,104
100	MCAR	30	0,7	0,5	0,116	0,127	0,111	0,112	0,115	0,116	0,088	0,102	0,110
100	MAR1:2	6	0,1	0,1	0,098	0,101	0,099	0,100	0,099	0,101	0,098	0,099	0,101
100	MAR1:2	6	0,1	0,2	0,102	0,106	0,102	0,106	0,102	0,106	0,099	0,102	0,107

n	Ausfall	m	ρ	p	MWIM	eRHD	dEMI	sEMI	dlR	slR	aR	missF	NNHD
100	MAR1:2	6	0,1	0,3	0,106	0,112	0,106	0,112	0,106	0,112	0,100	0,107	0,113
100	MAR1:2	6	0,1	0,4	0,112	0,119	0,113	0,120	0,113	0,120	0,102	0,114	0,123
100	MAR1:2	6	0,1	0,5	0,118	0,127	0,121	0,129	0,122	0,130	0,102	0,123	0,135
100	MAR1:2	6	0,4	0,1	0,097	0,100	0,096	0,098	0,096	0,098	0,096	0,096	0,098
100	MAR1:2	6	0,4	0,2	0,101	0,106	0,099	0,102	0,099	0,102	0,097	0,100	0,103
100	MAR1:2	6	0,4	0,3	0,108	0,114	0,103	0,107	0,103	0,108	0,098	0,103	0,109
100	MAR1:2	6	0,4	0,4	0,119	0,126	0,107	0,112	0,107	0,113	0,098	0,108	0,116
100	MAR1:2	6	0,4	0,5	0,133	0,141	0,115	0,120	0,115	0,122	0,098	0,116	0,127
100	MAR1:2	6	0,7	0,1	0,094	0,096	0,091	0,092	0,091	0,092	0,091	0,091	0,092
100	MAR1:2	6	0,7	0,2	0,099	0,103	0,093	0,095	0,093	0,095	0,091	0,093	0,095
100	MAR1:2	6	0,7	0,3	0,111	0,117	0,095	0,097	0,095	0,098	0,092	0,095	0,099
100	MAR1:2	6	0,7	0,4	0,134	0,141	0,098	0,101	0,098	0,102	0,092	0,099	0,104
100	MAR1:2	6	0,7	0,5	0,161	0,167	0,102	0,106	0,103	0,107	0,092	0,103	0,112
100	MAR1:2	30	0,1	0,1	0,102	0,104	0,103	0,104	0,103	0,105	0,097	0,102	0,104
100	MAR1:2	30	0,1	0,2	0,105	0,109	0,110	0,112	0,108	0,112	0,096	0,105	0,110
100	MAR1:2	30	0,1	0,3	0,109	0,116	0,122	0,124	0,116	0,121	0,094	0,109	0,117
100	MAR1:2	30	0,1	0,4	0,115	0,123	0,134	0,136	0,127	0,133	0,092	0,115	0,124
100	MAR1:2	30	0,1	0,5	0,123	0,132	0,147	0,148	0,140	0,152	0,090	0,123	0,134
100	MAR1:2	30	0,4	0,1	0,099	0,102	0,099	0,100	0,099	0,100	0,095	0,098	0,100
100	MAR1:2	30	0,4	0,2	0,103	0,108	0,104	0,106	0,103	0,106	0,093	0,100	0,104
100	MAR1:2	30	0,4	0,3	0,110	0,117	0,113	0,114	0,109	0,112	0,092	0,104	0,109
100	MAR1:2	30	0,4	0,4	0,122	0,130	0,121	0,123	0,119	0,122	0,091	0,108	0,115
100	MAR1:2	30	0,4	0,5	0,136	0,145	0,131	0,133	0,138	0,140	0,090	0,114	0,124
100	MAR1:2	30	0,7	0,1	0,095	0,098	0,093	0,094	0,093	0,094	0,091	0,093	0,094
100	MAR1:2	30	0,7	0,2	0,101	0,106	0,096	0,097	0,095	0,097	0,090	0,094	0,096
100	MAR1:2	30	0,7	0,3	0,113	0,120	0,101	0,102	0,099	0,101	0,089	0,096	0,100
100	MAR1:2	30	0,7	0,4	0,136	0,143	0,106	0,107	0,108	0,108	0,088	0,099	0,104
100	MAR1:2	30	0,7	0,5	0,164	0,171	0,114	0,115	0,128	0,122	0,088	0,103	0,109
100	MAR1:4	6	0,1	0,1	0,099	0,101	0,099	0,101	0,099	0,101	0,098	0,099	0,101
100	MAR1:4	6	0,1	0,2	0,102	0,107	0,102	0,106	0,103	0,107	0,099	0,103	0,107
100	MAR1:4	6	0,1	0,3	0,107	0,113	0,107	0,113	0,107	0,114	0,101	0,108	0,114
100	MAR1:4	6	0,1	0,4	0,113	0,120	0,115	0,122	0,115	0,122	0,103	0,115	0,125
100	MAR1:4	6	0,1	0,5	0,122	0,131	0,131	0,137	0,130	0,138	0,108	0,128	0,139
100	MAR1:4	6	0,4	0,1	0,098	0,100	0,096	0,098	0,096	0,098	0,096	0,097	0,098
100	MAR1:4	6	0,4	0,2	0,105	0,109	0,099	0,102	0,099	0,102	0,096	0,099	0,103

n	Ausfall	m	ρ	p	MWIM	eRHD	dEMI	sEMI	dlR	slR	aR	missF	NNHD
100	MAR1:4	6	0,4	0,3	0,117	0,122	0,103	0,107	0,103	0,108	0,097	0,104	0,109
100	MAR1:4	6	0,4	0,4	0,138	0,143	0,109	0,114	0,110	0,115	0,098	0,110	0,119
100	MAR1:4	6	0,4	0,5	0,172	0,178	0,121	0,126	0,121	0,128	0,100	0,121	0,135
100	MAR1:4	6	0,7	0,1	0,095	0,098	0,091	0,092	0,091	0,092	0,091	0,091	0,092
100	MAR1:4	6	0,7	0,2	0,110	0,114	0,093	0,095	0,093	0,095	0,091	0,093	0,095
100	MAR1:4	6	0,7	0,3	0,137	0,142	0,095	0,098	0,095	0,098	0,092	0,096	0,100
100	MAR1:4	6	0,7	0,4	0,183	0,187	0,099	0,102	0,100	0,104	0,092	0,100	0,107
100	MAR1:4	6	0,7	0,5	0,253	0,256	0,106	0,110	0,108	0,112	0,092	0,108	0,122
100	MAR1:4	30	0,1	0,1	0,102	0,104	0,103	0,104	0,103	0,105	0,097	0,102	0,104
100	MAR1:4	30	0,1	0,2	0,105	0,110	0,111	0,113	0,109	0,112	0,096	0,105	0,110
100	MAR1:4	30	0,1	0,3	0,110	0,116	0,124	0,126	0,117	0,122	0,093	0,109	0,117
100	MAR1:4	30	0,1	0,4	0,117	0,125	0,140	0,142	0,130	0,137	0,091	0,116	0,125
100	MAR1:4	30	0,1	0,5	0,126	0,135	0,156	0,158	0,149	0,164	0,089	0,124	0,134
100	MAR1:4	30	0,4	0,1	0,100	0,102	0,099	0,100	0,099	0,100	0,095	0,098	0,100
100	MAR1:4	30	0,4	0,2	0,107	0,112	0,104	0,106	0,103	0,106	0,093	0,101	0,105
100	MAR1:4	30	0,4	0,3	0,120	0,125	0,114	0,115	0,110	0,113	0,092	0,104	0,110
100	MAR1:4	30	0,4	0,4	0,141	0,148	0,126	0,127	0,125	0,126	0,090	0,109	0,117
100	MAR1:4	30	0,4	0,5	0,176	0,183	0,145	0,147	0,159	0,155	0,089	0,117	0,128
100	MAR1:4	30	0,7	0,1	0,097	0,100	0,093	0,094	0,093	0,094	0,091	0,093	0,094
100	MAR1:4	30	0,7	0,2	0,112	0,116	0,096	0,097	0,096	0,097	0,090	0,094	0,097
100	MAR1:4	30	0,7	0,3	0,139	0,145	0,102	0,103	0,101	0,102	0,089	0,097	0,101
100	MAR1:4	30	0,7	0,4	0,185	0,190	0,111	0,112	0,114	0,112	0,088	0,100	0,106
100	MAR1:4	30	0,7	0,5	0,255	0,259	0,119	0,121	0,158	0,140	0,088	0,108	0,116
500	MCAR	6	0,1	0,1	0,044	0,045	0,044	0,045	0,044	0,045	0,044	0,044	0,045
500	MCAR	6	0,1	0,2	0,046	0,047	0,045	0,047	0,045	0,047	0,044	0,046	0,048
500	MCAR	6	0,1	0,3	0,047	0,050	0,047	0,050	0,047	0,050	0,045	0,048	0,051
500	MCAR	6	0,1	0,4	0,049	0,053	0,049	0,053	0,049	0,053	0,045	0,051	0,054
500	MCAR	6	0,1	0,5	0,052	0,056	0,052	0,056	0,052	0,056	0,045	0,056	0,059
500	MCAR	6	0,4	0,1	0,043	0,044	0,043	0,044	0,043	0,044	0,043	0,043	0,044
500	MCAR	6	0,4	0,2	0,045	0,047	0,044	0,045	0,044	0,045	0,043	0,044	0,046
500	MCAR	6	0,4	0,3	0,047	0,049	0,045	0,047	0,045	0,047	0,044	0,046	0,048
500	MCAR	6	0,4	0,4	0,049	0,053	0,047	0,049	0,047	0,050	0,044	0,048	0,051
500	MCAR	6	0,4	0,5	0,052	0,056	0,049	0,052	0,049	0,052	0,043	0,052	0,055
500	MCAR	6	0,7	0,1	0,041	0,043	0,041	0,041	0,041	0,041	0,041	0,041	0,041
500	MCAR	6	0,7	0,2	0,043	0,045	0,041	0,042	0,041	0,042	0,041	0,041	0,042

n	Ausfall	m	ρ	p	MWIM	eRHD	dEMI	sEMI	dlR	slR	aR	missF	NNHD
500	MCAR	6	0,7	0,3	0,045	0,048	0,042	0,043	0,042	0,043	0,041	0,042	0,044
500	MCAR	6	0,7	0,4	0,048	0,051	0,043	0,045	0,043	0,045	0,041	0,044	0,046
500	MCAR	6	0,7	0,5	0,051	0,055	0,044	0,046	0,045	0,046	0,041	0,046	0,048
500	MCAR	30	0,1	0,1	0,045	0,047	0,045	0,046	0,045	0,046	0,044	0,045	0,047
500	MCAR	30	0,1	0,2	0,047	0,049	0,047	0,049	0,047	0,049	0,044	0,047	0,049
500	MCAR	30	0,1	0,3	0,049	0,052	0,049	0,051	0,049	0,052	0,044	0,049	0,053
500	MCAR	30	0,1	0,4	0,051	0,055	0,051	0,054	0,051	0,055	0,043	0,051	0,056
500	MCAR	30	0,1	0,5	0,054	0,058	0,055	0,058	0,055	0,059	0,043	0,055	0,061
500	MCAR	30	0,4	0,1	0,045	0,046	0,044	0,045	0,044	0,045	0,043	0,044	0,045
500	MCAR	30	0,4	0,2	0,046	0,048	0,045	0,047	0,045	0,047	0,043	0,045	0,047
500	MCAR	30	0,4	0,3	0,048	0,051	0,047	0,048	0,047	0,049	0,043	0,047	0,050
500	MCAR	30	0,4	0,4	0,050	0,054	0,048	0,051	0,049	0,051	0,042	0,048	0,053
500	MCAR	30	0,4	0,5	0,054	0,058	0,051	0,054	0,051	0,054	0,042	0,051	0,057
500	MCAR	30	0,7	0,1	0,043	0,044	0,042	0,042	0,042	0,042	0,041	0,042	0,042
500	MCAR	30	0,7	0,2	0,044	0,047	0,042	0,043	0,042	0,043	0,041	0,042	0,043
500	MCAR	30	0,7	0,3	0,046	0,050	0,043	0,044	0,043	0,044	0,041	0,043	0,045
500	MCAR	30	0,7	0,4	0,049	0,053	0,044	0,045	0,044	0,046	0,041	0,044	0,047
500	MCAR	30	0,7	0,5	0,052	0,057	0,046	0,047	0,046	0,047	0,040	0,045	0,050
500	MAR1:2	6	0,1	0,1	0,044	0,045	0,044	0,045	0,044	0,045	0,044	0,044	0,045
500	MAR1:2	6	0,1	0,2	0,046	0,048	0,045	0,047	0,045	0,047	0,045	0,046	0,048
500	MAR1:2	6	0,1	0,3	0,048	0,050	0,047	0,050	0,047	0,050	0,045	0,048	0,051
500	MAR1:2	6	0,1	0,4	0,051	0,054	0,050	0,053	0,050	0,053	0,046	0,051	0,055
500	MAR1:2	6	0,1	0,5	0,055	0,059	0,054	0,057	0,054	0,057	0,050	0,058	0,060
500	MAR1:2	6	0,4	0,1	0,044	0,045	0,043	0,044	0,043	0,044	0,043	0,043	0,044
500	MAR1:2	6	0,4	0,2	0,048	0,050	0,044	0,045	0,044	0,045	0,043	0,044	0,046
500	MAR1:2	6	0,4	0,3	0,055	0,058	0,045	0,048	0,045	0,048	0,044	0,046	0,048
500	MAR1:2	6	0,4	0,4	0,068	0,070	0,047	0,050	0,047	0,050	0,044	0,049	0,052
500	MAR1:2	6	0,4	0,5	0,089	0,091	0,050	0,053	0,050	0,054	0,045	0,054	0,057
500	MAR1:2	6	0,7	0,1	0,043	0,044	0,041	0,041	0,041	0,041	0,041	0,041	0,041
500	MAR1:2	6	0,7	0,2	0,053	0,055	0,041	0,042	0,041	0,042	0,041	0,041	0,042
500	MAR1:2	6	0,7	0,3	0,070	0,072	0,042	0,043	0,042	0,043	0,041	0,042	0,044
500	MAR1:2	6	0,7	0,4	0,096	0,098	0,043	0,045	0,043	0,045	0,041	0,044	0,046
500	MAR1:2	6	0,7	0,5	0,139	0,140	0,045	0,047	0,046	0,048	0,042	0,047	0,050
500	MAR1:2	30	0,1	0,1	0,045	0,047	0,045	0,046	0,045	0,046	0,044	0,045	0,047
500	MAR1:2	30	0,1	0,2	0,047	0,049	0,047	0,049	0,047	0,049	0,044	0,047	0,049

n	Ausfall	m	ρ	p	MWIM	eRHD	dEMI	sEMI	dlR	slR	aR	missF	NNHD
500	MAR1:2	30	0,1	0,3	0,049	0,052	0,049	0,051	0,049	0,052	0,044	0,049	0,052
500	MAR1:2	30	0,1	0,4	0,053	0,056	0,052	0,055	0,052	0,055	0,043	0,051	0,056
500	MAR1:2	30	0,1	0,5	0,057	0,061	0,056	0,060	0,056	0,060	0,042	0,055	0,061
500	MAR1:2	30	0,4	0,1	0,045	0,046	0,044	0,045	0,044	0,045	0,043	0,044	0,045
500	MAR1:2	30	0,4	0,2	0,049	0,051	0,045	0,047	0,045	0,047	0,043	0,045	0,047
500	MAR1:2	30	0,4	0,3	0,057	0,059	0,047	0,049	0,047	0,049	0,043	0,047	0,049
500	MAR1:2	30	0,4	0,4	0,069	0,072	0,049	0,051	0,049	0,052	0,042	0,049	0,053
500	MAR1:2	30	0,4	0,5	0,091	0,094	0,052	0,055	0,052	0,055	0,042	0,051	0,057
500	MAR1:2	30	0,7	0,1	0,044	0,046	0,042	0,042	0,042	0,042	0,041	0,042	0,042
500	MAR1:2	30	0,7	0,2	0,054	0,056	0,042	0,043	0,042	0,043	0,041	0,042	0,043
500	MAR1:2	30	0,7	0,3	0,071	0,073	0,043	0,044	0,043	0,044	0,041	0,043	0,045
500	MAR1:2	30	0,7	0,4	0,097	0,099	0,044	0,046	0,044	0,046	0,041	0,044	0,047
500	MAR1:2	30	0,7	0,5	0,140	0,142	0,046	0,048	0,047	0,048	0,040	0,046	0,050
500	MAR1:4	6	0,1	0,1	0,044	0,045	0,044	0,045	0,044	0,045	0,044	0,044	0,045
500	MAR1:4	6	0,1	0,2	0,046	0,048	0,046	0,048	0,046	0,047	0,045	0,046	0,048
500	MAR1:4	6	0,1	0,3	0,049	0,052	0,048	0,050	0,048	0,050	0,046	0,048	0,051
500	MAR1:4	6	0,1	0,4	0,054	0,057	0,051	0,054	0,051	0,054	0,050	0,053	0,056
500	MAR1:4	6	0,1	0,5	0,061	0,065	0,057	0,060	0,057	0,061	0,059	0,062	0,064
500	MAR1:4	6	0,4	0,1	0,045	0,046	0,043	0,044	0,043	0,044	0,043	0,043	0,044
500	MAR1:4	6	0,4	0,2	0,055	0,056	0,044	0,046	0,044	0,046	0,043	0,044	0,046
500	MAR1:4	6	0,4	0,3	0,072	0,074	0,046	0,048	0,046	0,048	0,044	0,046	0,049
500	MAR1:4	6	0,4	0,4	0,100	0,102	0,048	0,051	0,048	0,051	0,046	0,050	0,054
500	MAR1:4	6	0,4	0,5	0,143	0,144	0,053	0,056	0,053	0,056	0,050	0,058	0,063
500	MAR1:4	6	0,7	0,1	0,048	0,049	0,041	0,041	0,041	0,041	0,040	0,041	0,041
500	MAR1:4	6	0,7	0,2	0,071	0,072	0,041	0,042	0,041	0,042	0,041	0,042	0,043
500	MAR1:4	6	0,7	0,3	0,109	0,110	0,042	0,044	0,042	0,044	0,041	0,043	0,044
500	MAR1:4	6	0,7	0,4	0,163	0,164	0,044	0,046	0,044	0,046	0,041	0,045	0,048
500	MAR1:4	6	0,7	0,5	0,240	0,241	0,047	0,049	0,047	0,049	0,043	0,050	0,056
500	MAR1:4	30	0,1	0,1	0,046	0,047	0,045	0,046	0,045	0,046	0,044	0,045	0,047
500	MAR1:4	30	0,1	0,2	0,048	0,050	0,047	0,049	0,047	0,049	0,044	0,047	0,049
500	MAR1:4	30	0,1	0,3	0,051	0,054	0,049	0,052	0,049	0,052	0,044	0,049	0,053
500	MAR1:4	30	0,1	0,4	0,056	0,059	0,053	0,056	0,053	0,056	0,043	0,052	0,057
500	MAR1:4	30	0,1	0,5	0,063	0,067	0,060	0,063	0,060	0,064	0,042	0,056	0,062
500	MAR1:4	30	0,4	0,1	0,047	0,048	0,044	0,045	0,044	0,045	0,043	0,044	0,045
500	MAR1:4	30	0,4	0,2	0,056	0,058	0,045	0,047	0,045	0,047	0,043	0,045	0,047

n	Ausfall	m	ρ	p	MWIM	eRHD	dEMI	sEMI	dIR	sIR	aR	missF	NNHD
500	MAR1:4	30	0,4	0,3	0,074	0,076	0,047	0,049	0,047	0,049	0,043	0,047	0,051
500	MAR1:4	30	0,4	0,4	0,102	0,103	0,050	0,052	0,050	0,052	0,042	0,049	0,055
500	MAR1:4	30	0,4	0,5	0,144	0,146	0,055	0,058	0,056	0,058	0,041	0,053	0,061
500	MAR1:4	30	0,7	0,1	0,049	0,050	0,042	0,042	0,042	0,042	0,041	0,042	0,042
500	MAR1:4	30	0,7	0,2	0,072	0,074	0,042	0,043	0,042	0,043	0,041	0,042	0,044
500	MAR1:4	30	0,7	0,3	0,110	0,111	0,043	0,044	0,043	0,045	0,041	0,043	0,046
500	MAR1:4	30	0,7	0,4	0,164	0,165	0,045	0,046	0,045	0,047	0,040	0,045	0,050
500	MAR1:4	30	0,7	0,5	0,241	0,242	0,048	0,049	0,049	0,050	0,040	0,048	0,055

Tabelle E.2: Simulation: Auswirkungen auf die Erwartungswertschätzung

E.5.3 Auswirkungen auf die Varianzschätzung

n	Ausfall	m	ρ	p	MWIM	eRHD	dEMI	sEMI	dlR	slR	aR	missF	NNHD
100	MCAR	6	0,1	0,1	0,150	0,143	0,148	0,143	0,148	0,144	0,147	0,147	0,143
100	MCAR	6	0,1	0,2	0,192	0,150	0,183	0,151	0,182	0,153	0,176	0,178	0,151
100	MCAR	6	0,1	0,3	0,247	0,158	0,229	0,158	0,227	0,163	0,212	0,219	0,160
100	MCAR	6	0,1	0,4	0,310	0,167	0,279	0,168	0,276	0,175	0,252	0,262	0,171
100	MCAR	6	0,1	0,5	0,375	0,178	0,326	0,181	0,320	0,193	0,295	0,301	0,186
100	MCAR	6	0,4	0,1	0,150	0,142	0,144	0,142	0,144	0,143	0,142	0,144	0,142
100	MCAR	6	0,4	0,2	0,191	0,150	0,164	0,149	0,164	0,150	0,157	0,165	0,148
100	MCAR	6	0,4	0,3	0,246	0,157	0,194	0,156	0,194	0,159	0,178	0,193	0,156
100	MCAR	6	0,4	0,4	0,309	0,167	0,228	0,165	0,228	0,170	0,200	0,224	0,166
100	MCAR	6	0,4	0,5	0,375	0,177	0,263	0,177	0,263	0,183	0,225	0,253	0,178
100	MCAR	6	0,7	0,1	0,146	0,139	0,136	0,136	0,136	0,137	0,135	0,136	0,136
100	MCAR	6	0,7	0,2	0,188	0,146	0,143	0,141	0,144	0,142	0,139	0,146	0,141
100	MCAR	6	0,7	0,3	0,245	0,155	0,155	0,147	0,156	0,148	0,147	0,160	0,148
100	MCAR	6	0,7	0,4	0,308	0,164	0,170	0,153	0,173	0,155	0,154	0,176	0,156
100	MCAR	6	0,7	0,5	0,374	0,174	0,186	0,162	0,191	0,165	0,161	0,192	0,167
100	MCAR	30	0,1	0,1	0,155	0,148	0,147	0,151	0,147	0,158	0,150	0,153	0,148
100	MCAR	30	0,1	0,2	0,195	0,155	0,172	0,193	0,157	0,186	0,177	0,189	0,156
100	MCAR	30	0,1	0,3	0,251	0,164	0,236	0,280	0,168	0,234	0,214	0,237	0,165
100	MCAR	30	0,1	0,4	0,312	0,173	0,275	0,327	0,188	0,320	0,257	0,289	0,175
100	MCAR	30	0,1	0,5	0,377	0,185	0,307	0,361	0,247	0,489	0,301	0,341	0,188
100	MCAR	30	0,4	0,1	0,154	0,147	0,146	0,148	0,145	0,151	0,143	0,149	0,146
100	MCAR	30	0,4	0,2	0,195	0,155	0,162	0,173	0,154	0,167	0,155	0,171	0,153
100	MCAR	30	0,4	0,3	0,250	0,163	0,198	0,222	0,164	0,194	0,173	0,203	0,160
100	MCAR	30	0,4	0,4	0,312	0,172	1,309	1,376	0,177	0,244	0,196	0,240	0,169
100	MCAR	30	0,4	0,5	0,377	0,184	0,247	0,277	0,214	0,355	0,221	0,277	0,181
100	MCAR	30	0,7	0,1	0,151	0,143	0,139	0,140	0,139	0,141	0,135	0,140	0,140
100	MCAR	30	0,7	0,2	0,192	0,151	0,147	0,151	0,145	0,149	0,138	0,150	0,145
100	MCAR	30	0,7	0,3	0,249	0,160	0,164	0,172	0,154	0,160	0,143	0,165	0,151
100	MCAR	30	0,7	0,4	0,311	0,170	0,177	0,187	0,167	0,181	0,149	0,184	0,160
100	MCAR	30	0,7	0,5	0,377	0,181	0,188	0,197	0,187	0,227	0,157	0,205	0,170
100	MAR1:2	6	0,1	0,1	0,151	0,143	0,148	0,143	0,148	0,144	0,147	0,147	0,143
100	MAR1:2	6	0,1	0,2	0,192	0,150	0,183	0,151	0,182	0,153	0,177	0,178	0,151

n	Ausfall	m	ρ	p	MWIM	eRHD	dEMI	sEMI	dlR	slR	aR	missF	NNHD
100	MAR1:2	6	0,1	0,3	0,248	0,158	0,229	0,158	0,228	0,163	0,213	0,219	0,160
100	MAR1:2	6	0,1	0,4	0,311	0,166	0,279	0,168	0,276	0,175	0,252	0,262	0,172
100	MAR1:2	6	0,1	0,5	0,376	0,177	0,326	0,180	0,320	0,191	0,292	0,301	0,186
100	MAR1:2	6	0,4	0,1	0,150	0,142	0,144	0,142	0,144	0,143	0,142	0,144	0,142
100	MAR1:2	6	0,4	0,2	0,191	0,149	0,164	0,148	0,164	0,150	0,157	0,165	0,148
100	MAR1:2	6	0,4	0,3	0,247	0,157	0,194	0,157	0,194	0,159	0,178	0,194	0,157
100	MAR1:2	6	0,4	0,4	0,311	0,166	0,228	0,165	0,229	0,169	0,200	0,224	0,167
100	MAR1:2	6	0,4	0,5	0,378	0,176	0,263	0,177	0,264	0,184	0,222	0,254	0,182
100	MAR1:2	6	0,7	0,1	0,146	0,139	0,135	0,136	0,136	0,136	0,134	0,136	0,136
100	MAR1:2	6	0,7	0,2	0,188	0,147	0,144	0,141	0,144	0,142	0,140	0,146	0,141
100	MAR1:2	6	0,7	0,3	0,246	0,154	0,155	0,147	0,157	0,148	0,146	0,160	0,149
100	MAR1:2	6	0,7	0,4	0,314	0,164	0,171	0,155	0,174	0,156	0,154	0,177	0,159
100	MAR1:2	6	0,7	0,5	0,384	0,175	0,188	0,164	0,194	0,166	0,160	0,195	0,172
100	MAR1:2	30	0,1	0,1	0,155	0,148	0,147	0,151	0,147	0,158	0,150	0,153	0,148
100	MAR1:2	30	0,1	0,2	0,196	0,155	0,172	0,193	0,157	0,186	0,177	0,189	0,156
100	MAR1:2	30	0,1	0,3	0,250	0,163	0,233	0,278	0,169	0,234	0,214	0,237	0,165
100	MAR1:2	30	0,1	0,4	0,312	0,173	1,142	1,194	0,188	0,320	0,257	0,289	0,176
100	MAR1:2	30	0,1	0,5	0,378	0,184	0,303	0,360	0,248	0,490	0,301	0,341	0,189
100	MAR1:2	30	0,4	0,1	0,154	0,147	0,145	0,148	0,145	0,151	0,143	0,149	0,146
100	MAR1:2	30	0,4	0,2	0,195	0,155	0,162	0,173	0,154	0,167	0,155	0,172	0,153
100	MAR1:2	30	0,4	0,3	0,250	0,163	0,196	0,221	0,164	0,194	0,173	0,203	0,161
100	MAR1:2	30	0,4	0,4	0,313	0,173	0,252	0,293	0,178	0,244	0,196	0,240	0,171
100	MAR1:2	30	0,4	0,5	0,380	0,183	0,240	0,276	0,215	0,355	0,221	0,279	0,184
100	MAR1:2	30	0,7	0,1	0,151	0,143	0,139	0,140	0,139	0,141	0,136	0,140	0,140
100	MAR1:2	30	0,7	0,2	0,193	0,151	0,147	0,151	0,145	0,149	0,138	0,150	0,145
100	MAR1:2	30	0,7	0,3	0,251	0,160	0,162	0,171	0,155	0,161	0,143	0,166	0,152
100	MAR1:2	30	0,7	0,4	0,316	0,170	0,174	0,186	0,169	0,181	0,149	0,185	0,161
100	MAR1:2	30	0,7	0,5	0,386	0,181	0,754	0,792	0,192	0,230	0,157	0,208	0,173
100	MAR1:4	6	0,1	0,1	0,151	0,143	0,148	0,143	0,148	0,144	0,147	0,147	0,143
100	MAR1:4	6	0,1	0,2	0,192	0,150	0,183	0,150	0,182	0,153	0,175	0,178	0,151
100	MAR1:4	6	0,1	0,3	0,248	0,158	0,229	0,159	0,228	0,163	0,212	0,219	0,161
100	MAR1:4	6	0,1	0,4	0,311	0,167	0,279	0,168	0,276	0,176	0,251	0,262	0,175
100	MAR1:4	6	0,1	0,5	0,377	0,177	0,325	0,181	0,319	0,193	0,285	0,302	0,192
100	MAR1:4	6	0,4	0,1	0,150	0,142	0,143	0,142	0,144	0,142	0,142	0,144	0,142
100	MAR1:4	6	0,4	0,2	0,191	0,150	0,164	0,149	0,165	0,150	0,158	0,165	0,149

n	Ausfall	m	ρ	p	MWIM	eRHD	dEMI	sEMI	dlR	slR	aR	missF	NNHD
100	MAR1:4	6	0,4	0,3	0,249	0,157	0,194	0,156	0,195	0,158	0,177	0,193	0,158
100	MAR1:4	6	0,4	0,4	0,315	0,166	0,229	0,167	0,230	0,170	0,197	0,224	0,171
100	MAR1:4	6	0,4	0,5	0,387	0,177	0,265	0,180	0,267	0,186	0,218	0,259	0,191
100	MAR1:4	6	0,7	0,1	0,147	0,139	0,136	0,136	0,136	0,136	0,135	0,136	0,136
100	MAR1:4	6	0,7	0,2	0,190	0,146	0,144	0,141	0,144	0,142	0,140	0,146	0,142
100	MAR1:4	6	0,7	0,3	0,253	0,155	0,156	0,148	0,158	0,148	0,146	0,161	0,150
100	MAR1:4	6	0,7	0,4	0,326	0,165	0,172	0,156	0,176	0,157	0,152	0,179	0,163
100	MAR1:4	6	0,7	0,5	0,410	0,185	0,193	0,170	0,202	0,171	0,158	0,208	0,188
100	MAR1:4	30	0,1	0,1	0,155	0,148	0,147	0,151	0,147	0,158	0,150	0,153	0,148
100	MAR1:4	30	0,1	0,2	0,196	0,155	0,171	0,192	0,157	0,187	0,177	0,189	0,156
100	MAR1:4	30	0,1	0,3	0,251	0,164	0,231	0,276	0,168	0,235	0,214	0,237	0,165
100	MAR1:4	30	0,1	0,4	0,312	0,173	7,129	8,171	0,188	0,321	0,256	0,289	0,176
100	MAR1:4	30	0,1	0,5	0,378	0,184	0,299	0,362	0,250	0,499	0,300	0,341	0,189
100	MAR1:4	30	0,4	0,1	0,154	0,147	0,145	0,148	0,145	0,151	0,143	0,149	0,146
100	MAR1:4	30	0,4	0,2	0,195	0,155	0,160	0,171	0,154	0,167	0,155	0,171	0,153
100	MAR1:4	30	0,4	0,3	0,252	0,163	0,212	0,242	0,165	0,194	0,173	0,204	0,162
100	MAR1:4	30	0,4	0,4	0,317	0,172	2,379	2,649	0,179	0,245	0,195	0,241	0,173
100	MAR1:4	30	0,4	0,5	0,388	0,183	3,337	3,636	0,217	0,359	0,220	0,284	0,192
100	MAR1:4	30	0,7	0,1	0,151	0,143	0,139	0,140	0,139	0,141	0,136	0,140	0,140
100	MAR1:4	30	0,7	0,2	0,195	0,151	0,146	0,150	0,146	0,149	0,138	0,151	0,145
100	MAR1:4	30	0,7	0,3	0,257	0,160	0,835	0,926	0,156	0,161	0,143	0,167	0,153
100	MAR1:4	30	0,7	0,4	0,329	0,171	1,234	1,349	0,175	0,184	0,149	0,188	0,165
100	MAR1:4	30	0,7	0,5	0,412	0,192	0,273	0,298	0,208	0,237	0,156	0,222	0,189
500	MCAR	6	0,1	0,1	0,092	0,064	0,089	0,064	0,089	0,064	0,088	0,086	0,064
500	MCAR	6	0,1	0,2	0,152	0,067	0,146	0,067	0,146	0,067	0,140	0,136	0,068
500	MCAR	6	0,1	0,3	0,219	0,071	0,210	0,071	0,209	0,071	0,196	0,189	0,072
500	MCAR	6	0,1	0,4	0,288	0,075	0,275	0,075	0,274	0,076	0,249	0,236	0,078
500	MCAR	6	0,1	0,5	0,358	0,080	0,341	0,080	0,338	0,081	0,298	0,272	0,084
500	MCAR	6	0,4	0,1	0,091	0,064	0,077	0,063	0,077	0,063	0,075	0,076	0,063
500	MCAR	6	0,4	0,2	0,152	0,067	0,114	0,066	0,114	0,067	0,108	0,109	0,067
500	MCAR	6	0,4	0,3	0,219	0,070	0,158	0,070	0,158	0,070	0,144	0,144	0,070
500	MCAR	6	0,4	0,4	0,288	0,075	0,205	0,074	0,206	0,074	0,179	0,175	0,075
500	MCAR	6	0,4	0,5	0,358	0,080	0,254	0,078	0,254	0,079	0,210	0,197	0,082
500	MCAR	6	0,7	0,1	0,090	0,062	0,064	0,061	0,064	0,061	0,064	0,065	0,061
500	MCAR	6	0,7	0,2	0,151	0,066	0,077	0,063	0,078	0,063	0,074	0,077	0,063

n	Ausfall	m	ρ	p	MWIM	eRHD	dEMI	sEMI	dlR	slR	aR	missF	NNHD
500	MCAR	6	0,7	0,3	0,219	0,069	0,096	0,065	0,098	0,066	0,088	0,093	0,067
500	MCAR	6	0,7	0,4	0,288	0,074	0,118	0,068	0,121	0,069	0,103	0,108	0,070
500	MCAR	6	0,7	0,5	0,358	0,079	0,142	0,072	0,146	0,072	0,117	0,119	0,076
500	MCAR	30	0,1	0,1	0,094	0,066	0,087	0,066	0,087	0,067	0,086	0,090	0,066
500	MCAR	30	0,1	0,2	0,154	0,069	0,135	0,070	0,134	0,071	0,135	0,144	0,070
500	MCAR	30	0,1	0,3	0,220	0,073	0,188	0,074	0,187	0,077	0,190	0,202	0,074
500	MCAR	30	0,1	0,4	0,289	0,078	0,241	0,078	0,237	0,085	0,246	0,258	0,079
500	MCAR	30	0,1	0,5	0,359	0,083	0,288	0,084	0,280	0,096	0,301	0,306	0,086
500	MCAR	30	0,4	0,1	0,093	0,065	0,075	0,065	0,075	0,065	0,073	0,078	0,065
500	MCAR	30	0,4	0,2	0,153	0,069	0,102	0,068	0,103	0,069	0,100	0,113	0,069
500	MCAR	30	0,4	0,3	0,220	0,073	0,135	0,072	0,137	0,073	0,134	0,152	0,073
500	MCAR	30	0,4	0,4	0,289	0,077	0,169	0,076	0,172	0,078	0,169	0,191	0,079
500	MCAR	30	0,4	0,5	0,358	0,083	0,201	0,081	0,206	0,086	0,205	0,225	0,085
500	MCAR	30	0,7	0,1	0,091	0,064	0,064	0,062	0,064	0,062	0,063	0,066	0,062
500	MCAR	30	0,7	0,2	0,152	0,068	0,074	0,064	0,074	0,065	0,071	0,079	0,065
500	MCAR	30	0,7	0,3	0,219	0,072	0,086	0,067	0,088	0,067	0,083	0,097	0,070
500	MCAR	30	0,7	0,4	0,288	0,076	0,101	0,070	0,105	0,070	0,098	0,115	0,076
500	MCAR	30	0,7	0,5	0,358	0,082	0,115	0,073	0,124	0,075	0,113	0,133	0,084
500	MAR1:2	6	0,1	0,1	0,091	0,064	0,089	0,064	0,089	0,064	0,088	0,086	0,064
500	MAR1:2	6	0,1	0,2	0,152	0,067	0,146	0,067	0,146	0,067	0,140	0,136	0,068
500	MAR1:2	6	0,1	0,3	0,219	0,071	0,210	0,071	0,209	0,071	0,196	0,188	0,072
500	MAR1:2	6	0,1	0,4	0,288	0,075	0,275	0,075	0,274	0,075	0,248	0,235	0,078
500	MAR1:2	6	0,1	0,5	0,358	0,080	0,340	0,080	0,338	0,081	0,295	0,270	0,086
500	MAR1:2	6	0,4	0,1	0,091	0,064	0,077	0,063	0,077	0,063	0,075	0,076	0,063
500	MAR1:2	6	0,4	0,2	0,153	0,067	0,114	0,067	0,114	0,067	0,108	0,109	0,067
500	MAR1:2	6	0,4	0,3	0,220	0,071	0,158	0,070	0,159	0,070	0,143	0,143	0,071
500	MAR1:2	6	0,4	0,4	0,291	0,075	0,206	0,074	0,207	0,074	0,178	0,172	0,077
500	MAR1:2	6	0,4	0,5	0,362	0,079	0,254	0,079	0,255	0,079	0,207	0,190	0,084
500	MAR1:2	6	0,7	0,1	0,090	0,062	0,064	0,061	0,064	0,061	0,064	0,064	0,061
500	MAR1:2	6	0,7	0,2	0,152	0,065	0,077	0,063	0,078	0,063	0,074	0,077	0,063
500	MAR1:2	6	0,7	0,3	0,222	0,069	0,096	0,066	0,098	0,066	0,088	0,093	0,067
500	MAR1:2	6	0,7	0,4	0,294	0,074	0,118	0,069	0,121	0,069	0,102	0,106	0,072
500	MAR1:2	6	0,7	0,5	0,370	0,082	0,142	0,073	0,148	0,073	0,116	0,115	0,079
500	MAR1:2	30	0,1	0,1	0,093	0,066	0,087	0,066	0,087	0,067	0,086	0,090	0,066
500	MAR1:2	30	0,1	0,2	0,154	0,069	0,135	0,069	0,134	0,071	0,135	0,144	0,070

n	Ausfall	m	ρ	p	MWIM	eRHD	dEMI	sEMI	dlR	slR	aR	missF	NNHD
500	MAR1:2	30	0,1	0,3	0,220	0,073	0,188	0,073	0,187	0,077	0,190	0,202	0,074
500	MAR1:2	30	0,1	0,4	0,289	0,078	0,241	0,078	0,237	0,085	0,246	0,257	0,079
500	MAR1:2	30	0,1	0,5	0,359	0,083	0,288	0,084	0,280	0,097	0,301	0,305	0,086
500	MAR1:2	30	0,4	0,1	0,093	0,065	0,075	0,065	0,075	0,065	0,073	0,078	0,065
500	MAR1:2	30	0,4	0,2	0,154	0,069	0,102	0,068	0,103	0,069	0,100	0,113	0,069
500	MAR1:2	30	0,4	0,3	0,221	0,073	0,136	0,072	0,137	0,073	0,134	0,152	0,073
500	MAR1:2	30	0,4	0,4	0,291	0,077	0,170	0,076	0,173	0,078	0,169	0,190	0,079
500	MAR1:2	30	0,4	0,5	0,362	0,083	0,202	0,081	0,208	0,086	0,205	0,224	0,086
500	MAR1:2	30	0,7	0,1	0,091	0,064	0,064	0,062	0,064	0,062	0,063	0,066	0,062
500	MAR1:2	30	0,7	0,2	0,153	0,068	0,074	0,064	0,074	0,065	0,071	0,079	0,065
500	MAR1:2	30	0,7	0,3	0,222	0,072	0,087	0,067	0,089	0,067	0,083	0,097	0,069
500	MAR1:2	30	0,7	0,4	0,294	0,077	0,101	0,070	0,106	0,070	0,098	0,115	0,075
500	MAR1:2	30	0,7	0,5	0,370	0,084	0,116	0,074	0,126	0,075	0,113	0,132	0,083
500	MAR1:4	6	0,1	0,1	0,091	0,064	0,089	0,064	0,089	0,064	0,088	0,086	0,064
500	MAR1:4	6	0,1	0,2	0,152	0,067	0,146	0,067	0,146	0,067	0,140	0,136	0,068
500	MAR1:4	6	0,1	0,3	0,219	0,071	0,210	0,071	0,209	0,071	0,194	0,187	0,073
500	MAR1:4	6	0,1	0,4	0,289	0,075	0,275	0,075	0,274	0,076	0,245	0,232	0,080
500	MAR1:4	6	0,1	0,5	0,359	0,080	0,340	0,080	0,338	0,081	0,287	0,266	0,091
500	MAR1:4	6	0,4	0,1	0,091	0,064	0,077	0,063	0,077	0,064	0,075	0,076	0,063
500	MAR1:4	6	0,4	0,2	0,153	0,067	0,114	0,067	0,114	0,066	0,107	0,108	0,067
500	MAR1:4	6	0,4	0,3	0,222	0,071	0,158	0,070	0,159	0,070	0,142	0,140	0,072
500	MAR1:4	6	0,4	0,4	0,295	0,075	0,206	0,074	0,208	0,074	0,174	0,165	0,079
500	MAR1:4	6	0,4	0,5	0,371	0,082	0,254	0,080	0,257	0,080	0,200	0,179	0,091
500	MAR1:4	6	0,7	0,1	0,090	0,062	0,064	0,061	0,064	0,061	0,063	0,064	0,061
500	MAR1:4	6	0,7	0,2	0,155	0,066	0,078	0,063	0,079	0,063	0,074	0,077	0,064
500	MAR1:4	6	0,7	0,3	0,229	0,070	0,097	0,066	0,100	0,066	0,088	0,091	0,068
500	MAR1:4	6	0,7	0,4	0,309	0,080	0,119	0,069	0,125	0,070	0,101	0,102	0,075
500	MAR1:4	6	0,7	0,5	0,397	0,108	0,144	0,075	0,154	0,075	0,112	0,109	0,089
500	MAR1:4	30	0,1	0,1	0,094	0,066	0,087	0,066	0,087	0,067	0,086	0,090	0,066
500	MAR1:4	30	0,1	0,2	0,154	0,069	0,135	0,070	0,135	0,071	0,135	0,144	0,070
500	MAR1:4	30	0,1	0,3	0,221	0,073	0,189	0,073	0,187	0,077	0,190	0,202	0,074
500	MAR1:4	30	0,1	0,4	0,289	0,077	0,241	0,078	0,237	0,085	0,245	0,257	0,080
500	MAR1:4	30	0,1	0,5	0,359	0,083	0,288	0,084	0,281	0,097	0,301	0,305	0,087
500	MAR1:4	30	0,4	0,1	0,093	0,065	0,075	0,065	0,075	0,065	0,073	0,078	0,065
500	MAR1:4	30	0,4	0,2	0,154	0,069	0,102	0,068	0,103	0,069	0,100	0,112	0,069

n	Ausfall	m	ρ	p	MWIM	eRHD	dEMI	sEMI	dlR	slR	aR	missF	NNHD
500	MAR1:4	30	0,4	0,3	0,223	0,073	0,136	0,072	0,138	0,073	0,134	0,152	0,073
500	MAR1:4	30	0,4	0,4	0,295	0,077	0,171	0,076	0,175	0,078	0,169	0,189	0,079
500	MAR1:4	30	0,4	0,5	0,371	0,085	0,205	0,083	0,214	0,086	0,204	0,221	0,090
500	MAR1:4	30	0,7	0,1	0,092	0,064	0,064	0,062	0,065	0,062	0,063	0,066	0,062
500	MAR1:4	30	0,7	0,2	0,156	0,068	0,074	0,065	0,075	0,065	0,072	0,079	0,066
500	MAR1:4	30	0,7	0,3	0,229	0,073	0,087	0,067	0,090	0,067	0,083	0,096	0,070
500	MAR1:4	30	0,7	0,4	0,309	0,082	0,102	0,070	0,110	0,071	0,097	0,114	0,077
500	MAR1:4	30	0,7	0,5	0,397	0,110	0,119	0,076	0,134	0,077	0,112	0,133	0,089

Tabelle E.3: Simulation: Auswirkungen auf die Varianzschätzung

E.5.4 Auswirkungen auf die Kovarianzschätzung

n	Ausfall	m	ρ	p	MWIM	eRHD	dEMI	sEMI	dlR	slR	aR	missF	NNHD
100	MCAR	6	0,1	0,1	0,095	0,100	0,105	0,109	0,105	0,109	0,104	0,102	0,106
100	MCAR	6	0,1	0,2	0,092	0,101	0,111	0,119	0,111	0,119	0,110	0,106	0,113
100	MCAR	6	0,1	0,3	0,090	0,104	0,119	0,131	0,118	0,131	0,117	0,112	0,122
100	MCAR	6	0,1	0,4	0,089	0,107	0,129	0,146	0,128	0,144	0,125	0,120	0,132
100	MCAR	6	0,1	0,5	0,089	0,110	0,142	0,165	0,141	0,159	0,133	0,133	0,145
100	MCAR	6	0,4	0,1	0,108	0,113	0,107	0,110	0,107	0,110	0,106	0,105	0,108
100	MCAR	6	0,4	0,2	0,128	0,135	0,111	0,117	0,111	0,117	0,110	0,108	0,115
100	MCAR	6	0,4	0,3	0,156	0,164	0,117	0,126	0,116	0,126	0,113	0,112	0,122
100	MCAR	6	0,4	0,4	0,188	0,197	0,125	0,137	0,124	0,136	0,117	0,118	0,133
100	MCAR	6	0,4	0,5	0,220	0,228	0,135	0,151	0,134	0,148	0,120	0,125	0,145
100	MCAR	6	0,7	0,1	0,131	0,135	0,112	0,113	0,112	0,114	0,112	0,111	0,113
100	MCAR	6	0,7	0,2	0,184	0,188	0,114	0,117	0,114	0,117	0,113	0,114	0,117
100	MCAR	6	0,7	0,3	0,246	0,251	0,118	0,122	0,117	0,122	0,114	0,117	0,123
100	MCAR	6	0,7	0,4	0,309	0,314	0,122	0,127	0,122	0,128	0,115	0,120	0,131
100	MCAR	6	0,7	0,5	0,370	0,374	0,128	0,135	0,128	0,135	0,116	0,124	0,142
100	MCAR	30	0,1	0,1	0,096	0,101	0,109	0,112	0,108	0,112	0,099	0,099	0,104
100	MCAR	30	0,1	0,2	0,094	0,103	0,125	0,130	0,116	0,125	0,097	0,097	0,106
100	MCAR	30	0,1	0,3	0,092	0,106	0,150	0,156	0,126	0,139	0,096	0,096	0,109
100	MCAR	30	0,1	0,4	0,091	0,109	0,171	0,179	0,135	0,157	0,095	0,096	0,112
100	MCAR	30	0,1	0,5	0,091	0,113	0,192	0,201	0,146	0,184	0,096	0,097	0,116
100	MCAR	30	0,4	0,1	0,111	0,116	0,111	0,113	0,111	0,114	0,105	0,106	0,109
100	MCAR	30	0,4	0,2	0,132	0,139	0,122	0,125	0,117	0,122	0,103	0,107	0,114
100	MCAR	30	0,4	0,3	0,160	0,169	0,139	0,142	0,127	0,134	0,102	0,108	0,121
100	MCAR	30	0,4	0,4	0,191	0,200	0,155	0,159	0,150	0,150	0,101	0,111	0,131
100	MCAR	30	0,4	0,5	0,222	0,231	0,169	0,174	0,191	0,179	0,100	0,114	0,144
100	MCAR	30	0,7	0,1	0,136	0,140	0,115	0,116	0,115	0,117	0,112	0,114	0,116
100	MCAR	30	0,7	0,2	0,190	0,195	0,121	0,122	0,119	0,122	0,111	0,116	0,120
100	MCAR	30	0,7	0,3	0,253	0,258	0,129	0,131	0,128	0,129	0,110	0,118	0,128
100	MCAR	30	0,7	0,4	0,315	0,320	0,138	0,140	0,155	0,142	0,109	0,122	0,140
100	MCAR	30	0,7	0,5	0,374	0,380	0,147	0,149	0,214	0,169	0,108	0,127	0,156
100	MAR1:2	6	0,1	0,1	0,095	0,100	0,104	0,109	0,104	0,109	0,104	0,102	0,106
100	MAR1:2	6	0,1	0,2	0,092	0,101	0,111	0,119	0,111	0,120	0,110	0,106	0,113

n	Ausfall	m	ρ	p	MWIM	eRHD	dEMI	sEMI	dlR	slR	aR	missF	NNHD
100	MAR1:2	6	0,1	0,3	0,090	0,103	0,119	0,131	0,118	0,131	0,117	0,111	0,122
100	MAR1:2	6	0,1	0,4	0,089	0,106	0,129	0,146	0,128	0,144	0,125	0,120	0,133
100	MAR1:2	6	0,1	0,5	0,089	0,110	0,142	0,166	0,142	0,160	0,135	0,133	0,146
100	MAR1:2	6	0,4	0,1	0,108	0,112	0,107	0,110	0,107	0,110	0,106	0,105	0,108
100	MAR1:2	6	0,4	0,2	0,128	0,135	0,111	0,117	0,111	0,117	0,110	0,108	0,115
100	MAR1:2	6	0,4	0,3	0,157	0,165	0,117	0,126	0,117	0,126	0,113	0,113	0,123
100	MAR1:2	6	0,4	0,4	0,190	0,198	0,125	0,136	0,124	0,136	0,116	0,118	0,134
100	MAR1:2	6	0,4	0,5	0,224	0,232	0,136	0,151	0,135	0,149	0,120	0,126	0,147
100	MAR1:2	6	0,7	0,1	0,131	0,135	0,112	0,113	0,112	0,113	0,111	0,111	0,113
100	MAR1:2	6	0,7	0,2	0,183	0,187	0,114	0,117	0,114	0,117	0,113	0,114	0,117
100	MAR1:2	6	0,7	0,3	0,248	0,253	0,118	0,122	0,117	0,122	0,114	0,117	0,124
100	MAR1:2	6	0,7	0,4	0,315	0,320	0,122	0,128	0,123	0,129	0,115	0,121	0,134
100	MAR1:2	6	0,7	0,5	0,381	0,385	0,129	0,136	0,130	0,137	0,116	0,126	0,147
100	MAR1:2	30	0,1	0,1	0,096	0,101	0,109	0,112	0,108	0,112	0,099	0,099	0,104
100	MAR1:2	30	0,1	0,2	0,094	0,103	0,125	0,130	0,116	0,125	0,097	0,097	0,106
100	MAR1:2	30	0,1	0,3	0,092	0,106	0,150	0,156	0,126	0,139	0,096	0,096	0,109
100	MAR1:2	30	0,1	0,4	0,091	0,109	0,172	0,180	0,136	0,158	0,096	0,096	0,112
100	MAR1:2	30	0,1	0,5	0,092	0,113	0,192	0,201	0,146	0,185	0,096	0,097	0,117
100	MAR1:2	30	0,4	0,1	0,111	0,116	0,111	0,113	0,111	0,114	0,105	0,106	0,109
100	MAR1:2	30	0,4	0,2	0,132	0,139	0,122	0,125	0,117	0,122	0,103	0,107	0,114
100	MAR1:2	30	0,4	0,3	0,161	0,169	0,138	0,142	0,127	0,133	0,102	0,108	0,120
100	MAR1:2	30	0,4	0,4	0,192	0,201	0,153	0,158	0,150	0,151	0,101	0,111	0,129
100	MAR1:2	30	0,4	0,5	0,225	0,234	0,168	0,174	0,192	0,181	0,100	0,115	0,141
100	MAR1:2	30	0,7	0,1	0,136	0,140	0,115	0,117	0,115	0,117	0,112	0,114	0,116
100	MAR1:2	30	0,7	0,2	0,191	0,196	0,121	0,122	0,119	0,122	0,111	0,116	0,120
100	MAR1:2	30	0,7	0,3	0,255	0,260	0,129	0,131	0,128	0,130	0,110	0,119	0,127
100	MAR1:2	30	0,7	0,4	0,320	0,326	0,137	0,139	0,155	0,144	0,109	0,123	0,137
100	MAR1:2	30	0,7	0,5	0,383	0,389	0,149	0,152	0,219	0,175	0,108	0,129	0,151
100	MAR1:4	6	0,1	0,1	0,095	0,099	0,104	0,109	0,104	0,109	0,104	0,102	0,106
100	MAR1:4	6	0,1	0,2	0,092	0,101	0,111	0,119	0,111	0,119	0,110	0,106	0,114
100	MAR1:4	6	0,1	0,3	0,090	0,104	0,119	0,131	0,119	0,131	0,117	0,112	0,123
100	MAR1:4	6	0,1	0,4	0,089	0,107	0,129	0,146	0,129	0,144	0,126	0,121	0,134
100	MAR1:4	6	0,1	0,5	0,090	0,110	0,145	0,168	0,144	0,163	0,139	0,134	0,150
100	MAR1:4	6	0,4	0,1	0,108	0,112	0,107	0,110	0,107	0,110	0,106	0,105	0,108
100	MAR1:4	6	0,4	0,2	0,129	0,136	0,112	0,117	0,111	0,117	0,110	0,109	0,115

n	Ausfall	m	ρ	p	MWIM	eRHD	dEMI	sEMI	dlR	slR	aR	missF	NNHD
100	MAR1:4	6	0,4	0,3	0,159	0,167	0,117	0,126	0,117	0,126	0,112	0,113	0,124
100	MAR1:4	6	0,4	0,4	0,195	0,203	0,125	0,137	0,125	0,137	0,116	0,120	0,137
100	MAR1:4	6	0,4	0,5	0,235	0,243	0,139	0,154	0,139	0,152	0,122	0,132	0,158
100	MAR1:4	6	0,7	0,1	0,131	0,135	0,112	0,114	0,112	0,113	0,111	0,112	0,113
100	MAR1:4	6	0,7	0,2	0,186	0,191	0,115	0,118	0,114	0,118	0,113	0,114	0,118
100	MAR1:4	6	0,7	0,3	0,256	0,260	0,118	0,122	0,118	0,123	0,114	0,118	0,125
100	MAR1:4	6	0,7	0,4	0,331	0,336	0,123	0,129	0,124	0,130	0,115	0,123	0,138
100	MAR1:4	6	0,7	0,5	0,412	0,415	0,133	0,140	0,134	0,141	0,116	0,134	0,161
100	MAR1:4	30	0,1	0,1	0,097	0,101	0,109	0,112	0,108	0,112	0,099	0,099	0,104
100	MAR1:4	30	0,1	0,2	0,094	0,103	0,125	0,129	0,117	0,125	0,097	0,097	0,106
100	MAR1:4	30	0,1	0,3	0,092	0,106	0,150	0,156	0,126	0,139	0,096	0,096	0,109
100	MAR1:4	30	0,1	0,4	0,091	0,109	0,174	0,182	0,136	0,158	0,096	0,096	0,113
100	MAR1:4	30	0,1	0,5	0,092	0,113	0,191	0,201	0,147	0,186	0,096	0,097	0,118
100	MAR1:4	30	0,4	0,1	0,111	0,116	0,111	0,113	0,111	0,114	0,105	0,106	0,109
100	MAR1:4	30	0,4	0,2	0,132	0,139	0,121	0,125	0,117	0,122	0,103	0,107	0,114
100	MAR1:4	30	0,4	0,3	0,162	0,170	0,137	0,142	0,127	0,134	0,102	0,109	0,120
100	MAR1:4	30	0,4	0,4	0,196	0,205	0,155	0,161	0,150	0,152	0,101	0,112	0,129
100	MAR1:4	30	0,4	0,5	0,232	0,241	0,171	0,179	0,197	0,187	0,101	0,118	0,142
100	MAR1:4	30	0,7	0,1	0,137	0,141	0,116	0,117	0,115	0,117	0,112	0,114	0,116
100	MAR1:4	30	0,7	0,2	0,193	0,198	0,120	0,122	0,119	0,122	0,111	0,116	0,120
100	MAR1:4	30	0,7	0,3	0,261	0,267	0,130	0,132	0,129	0,131	0,110	0,119	0,127
100	MAR1:4	30	0,7	0,4	0,333	0,338	0,140	0,143	0,157	0,148	0,109	0,125	0,138
100	MAR1:4	30	0,7	0,5	0,409	0,413	0,151	0,155	0,234	0,192	0,109	0,138	0,156
500	MCAR	6	0,1	0,1	0,043	0,045	0,046	0,048	0,046	0,048	0,046	0,046	0,048
500	MCAR	6	0,1	0,2	0,045	0,049	0,049	0,053	0,049	0,053	0,049	0,049	0,052
500	MCAR	6	0,1	0,3	0,049	0,055	0,052	0,058	0,052	0,058	0,054	0,053	0,057
500	MCAR	6	0,1	0,4	0,054	0,060	0,056	0,063	0,056	0,063	0,063	0,060	0,063
500	MCAR	6	0,1	0,5	0,061	0,067	0,060	0,071	0,061	0,069	0,076	0,073	0,070
500	MCAR	6	0,4	0,1	0,062	0,064	0,048	0,049	0,048	0,049	0,047	0,047	0,049
500	MCAR	6	0,4	0,2	0,098	0,099	0,050	0,052	0,050	0,052	0,049	0,050	0,052
500	MCAR	6	0,4	0,3	0,135	0,137	0,052	0,056	0,052	0,056	0,051	0,052	0,057
500	MCAR	6	0,4	0,4	0,172	0,174	0,055	0,060	0,055	0,061	0,055	0,057	0,062
500	MCAR	6	0,4	0,5	0,208	0,209	0,060	0,066	0,061	0,067	0,060	0,065	0,070
500	MCAR	6	0,7	0,1	0,091	0,092	0,050	0,051	0,050	0,050	0,050	0,050	0,051
500	MCAR	6	0,7	0,2	0,161	0,162	0,051	0,052	0,051	0,052	0,050	0,051	0,053

n	Ausfall	m	ρ	p	MWIM	eRHD	dEMI	sEMI	dlR	slR	aR	missF	NNHD
500	MCAR	6	0,7	0,3	0,231	0,232	0,052	0,054	0,052	0,054	0,051	0,052	0,056
500	MCAR	6	0,7	0,4	0,298	0,299	0,054	0,057	0,055	0,057	0,052	0,054	0,059
500	MCAR	6	0,7	0,5	0,361	0,362	0,056	0,060	0,058	0,061	0,053	0,057	0,065
500	MCAR	30	0,1	0,1	0,044	0,046	0,047	0,049	0,047	0,049	0,045	0,045	0,047
500	MCAR	30	0,1	0,2	0,046	0,050	0,050	0,054	0,050	0,054	0,046	0,045	0,049
500	MCAR	30	0,1	0,3	0,050	0,056	0,053	0,059	0,053	0,059	0,047	0,045	0,052
500	MCAR	30	0,1	0,4	0,056	0,062	0,057	0,065	0,057	0,064	0,047	0,046	0,056
500	MCAR	30	0,1	0,5	0,062	0,068	0,063	0,074	0,062	0,071	0,048	0,049	0,060
500	MCAR	30	0,4	0,1	0,064	0,066	0,049	0,050	0,049	0,050	0,047	0,048	0,049
500	MCAR	30	0,4	0,2	0,100	0,102	0,051	0,053	0,050	0,053	0,047	0,049	0,054
500	MCAR	30	0,4	0,3	0,138	0,140	0,053	0,057	0,053	0,056	0,048	0,050	0,062
500	MCAR	30	0,4	0,4	0,175	0,177	0,056	0,061	0,056	0,060	0,048	0,051	0,075
500	MCAR	30	0,4	0,5	0,209	0,211	0,060	0,067	0,061	0,066	0,048	0,053	0,090
500	MCAR	30	0,7	0,1	0,094	0,095	0,051	0,052	0,051	0,052	0,050	0,051	0,052
500	MCAR	30	0,7	0,2	0,165	0,166	0,052	0,054	0,052	0,054	0,050	0,052	0,056
500	MCAR	30	0,7	0,3	0,235	0,236	0,054	0,055	0,053	0,055	0,050	0,053	0,064
500	MCAR	30	0,7	0,4	0,301	0,303	0,055	0,058	0,055	0,058	0,050	0,055	0,078
500	MCAR	30	0,7	0,5	0,363	0,364	0,058	0,061	0,059	0,061	0,050	0,056	0,095
500	MAR1:2	6	0,1	0,1	0,043	0,045	0,046	0,048	0,046	0,048	0,046	0,046	0,048
500	MAR1:2	6	0,1	0,2	0,045	0,049	0,049	0,053	0,049	0,053	0,049	0,049	0,052
500	MAR1:2	6	0,1	0,3	0,049	0,055	0,052	0,058	0,052	0,058	0,055	0,053	0,057
500	MAR1:2	6	0,1	0,4	0,055	0,061	0,056	0,064	0,056	0,063	0,064	0,061	0,063
500	MAR1:2	6	0,1	0,5	0,061	0,068	0,061	0,071	0,062	0,070	0,078	0,075	0,072
500	MAR1:2	6	0,4	0,1	0,062	0,064	0,048	0,049	0,048	0,049	0,047	0,047	0,049
500	MAR1:2	6	0,4	0,2	0,098	0,100	0,050	0,052	0,050	0,053	0,049	0,050	0,052
500	MAR1:2	6	0,4	0,3	0,137	0,138	0,052	0,056	0,052	0,056	0,051	0,053	0,057
500	MAR1:2	6	0,4	0,4	0,175	0,177	0,055	0,061	0,056	0,061	0,055	0,058	0,063
500	MAR1:2	6	0,4	0,5	0,213	0,215	0,060	0,066	0,061	0,067	0,061	0,068	0,072
500	MAR1:2	6	0,7	0,1	0,091	0,092	0,050	0,050	0,050	0,050	0,050	0,050	0,050
500	MAR1:2	6	0,7	0,2	0,163	0,163	0,051	0,052	0,051	0,052	0,050	0,051	0,052
500	MAR1:2	6	0,7	0,3	0,235	0,236	0,052	0,054	0,052	0,055	0,051	0,052	0,056
500	MAR1:2	6	0,7	0,4	0,305	0,306	0,054	0,057	0,055	0,058	0,052	0,055	0,060
500	MAR1:2	6	0,7	0,5	0,375	0,376	0,057	0,060	0,059	0,062	0,053	0,059	0,068
500	MAR1:2	30	0,1	0,1	0,044	0,046	0,047	0,049	0,047	0,049	0,045	0,045	0,047
500	MAR1:2	30	0,1	0,2	0,046	0,050	0,050	0,054	0,050	0,054	0,046	0,045	0,049

n	Ausfall	m	ρ	p	MWIM	eRHD	dEMI	sEMI	dlR	slR	aR	missF	NNHD
500	MAR1:2	30	0,1	0,3	0,051	0,056	0,053	0,059	0,053	0,059	0,047	0,045	0,052
500	MAR1:2	30	0,1	0,4	0,056	0,062	0,057	0,065	0,057	0,064	0,047	0,046	0,055
500	MAR1:2	30	0,1	0,5	0,062	0,068	0,063	0,074	0,062	0,071	0,048	0,049	0,060
500	MAR1:2	30	0,4	0,1	0,065	0,066	0,049	0,050	0,049	0,050	0,047	0,048	0,049
500	MAR1:2	30	0,4	0,2	0,100	0,102	0,051	0,053	0,050	0,053	0,047	0,049	0,053
500	MAR1:2	30	0,4	0,3	0,139	0,141	0,053	0,057	0,053	0,056	0,047	0,050	0,061
500	MAR1:2	30	0,4	0,4	0,177	0,179	0,056	0,061	0,056	0,060	0,048	0,051	0,072
500	MAR1:2	30	0,4	0,5	0,213	0,215	0,060	0,067	0,061	0,066	0,048	0,053	0,084
500	MAR1:2	30	0,7	0,1	0,094	0,095	0,051	0,052	0,051	0,052	0,050	0,051	0,052
500	MAR1:2	30	0,7	0,2	0,166	0,167	0,052	0,054	0,052	0,053	0,050	0,052	0,055
500	MAR1:2	30	0,7	0,3	0,239	0,240	0,054	0,055	0,054	0,055	0,050	0,053	0,063
500	MAR1:2	30	0,7	0,4	0,308	0,309	0,055	0,058	0,056	0,058	0,050	0,055	0,074
500	MAR1:2	30	0,7	0,5	0,375	0,376	0,058	0,061	0,059	0,061	0,050	0,057	0,087
500	MAR1:4	6	0,1	0,1	0,043	0,045	0,046	0,048	0,046	0,048	0,046	0,046	0,048
500	MAR1:4	6	0,1	0,2	0,045	0,049	0,049	0,053	0,049	0,053	0,049	0,049	0,052
500	MAR1:4	6	0,1	0,3	0,050	0,055	0,052	0,058	0,052	0,058	0,055	0,054	0,057
500	MAR1:4	6	0,1	0,4	0,056	0,062	0,056	0,064	0,056	0,063	0,065	0,063	0,065
500	MAR1:4	6	0,1	0,5	0,063	0,069	0,062	0,072	0,063	0,071	0,084	0,079	0,077
500	MAR1:4	6	0,4	0,1	0,063	0,064	0,048	0,049	0,048	0,049	0,048	0,048	0,049
500	MAR1:4	6	0,4	0,2	0,099	0,100	0,050	0,052	0,050	0,052	0,049	0,050	0,053
500	MAR1:4	6	0,4	0,3	0,140	0,141	0,052	0,056	0,052	0,056	0,051	0,053	0,058
500	MAR1:4	6	0,4	0,4	0,182	0,183	0,056	0,061	0,056	0,061	0,056	0,061	0,066
500	MAR1:4	6	0,4	0,5	0,226	0,227	0,062	0,067	0,063	0,068	0,064	0,077	0,080
500	MAR1:4	6	0,7	0,1	0,092	0,093	0,050	0,050	0,050	0,051	0,050	0,050	0,051
500	MAR1:4	6	0,7	0,2	0,166	0,167	0,051	0,052	0,051	0,052	0,050	0,051	0,053
500	MAR1:4	6	0,7	0,3	0,243	0,244	0,052	0,054	0,053	0,055	0,051	0,053	0,057
500	MAR1:4	6	0,7	0,4	0,323	0,323	0,055	0,057	0,056	0,058	0,052	0,056	0,063
500	MAR1:4	6	0,7	0,5	0,406	0,407	0,059	0,061	0,062	0,063	0,054	0,065	0,077
500	MAR1:4	30	0,1	0,1	0,044	0,046	0,047	0,049	0,047	0,049	0,045	0,045	0,047
500	MAR1:4	30	0,1	0,2	0,046	0,050	0,050	0,054	0,050	0,054	0,046	0,045	0,049
500	MAR1:4	30	0,1	0,3	0,051	0,056	0,053	0,059	0,053	0,059	0,047	0,045	0,052
500	MAR1:4	30	0,1	0,4	0,056	0,062	0,057	0,065	0,057	0,064	0,047	0,046	0,055
500	MAR1:4	30	0,1	0,5	0,062	0,069	0,063	0,074	0,062	0,071	0,048	0,050	0,059
500	MAR1:4	30	0,4	0,1	0,065	0,066	0,049	0,050	0,049	0,050	0,047	0,048	0,049
500	MAR1:4	30	0,4	0,2	0,101	0,103	0,051	0,053	0,050	0,053	0,047	0,049	0,053

n	Ausfall	m	ρ	p	MWIM	eRHD	dEMI	sEMI	dlR	slR	aR	missF	NNHD
500	MAR1:4	30	0,4	0,3	0,141	0,143	0,053	0,057	0,053	0,056	0,047	0,050	0,061
500	MAR1:4	30	0,4	0,4	0,181	0,183	0,056	0,061	0,056	0,061	0,048	0,052	0,070
500	MAR1:4	30	0,4	0,5	0,221	0,223	0,060	0,067	0,062	0,067	0,048	0,055	0,080
500	MAR1:4	30	0,7	0,1	0,095	0,096	0,051	0,052	0,051	0,052	0,050	0,051	0,052
500	MAR1:4	30	0,7	0,2	0,169	0,170	0,052	0,054	0,052	0,054	0,050	0,052	0,056
500	MAR1:4	30	0,7	0,3	0,246	0,247	0,054	0,056	0,054	0,056	0,050	0,054	0,063
500	MAR1:4	30	0,7	0,4	0,322	0,323	0,056	0,058	0,056	0,059	0,050	0,056	0,073
500	MAR1:4	30	0,7	0,5	0,400	0,401	0,059	0,062	0,062	0,064	0,050	0,060	0,084

Tabelle E.4: Simulation: Auswirkungen auf die Kovarianzschätzung

E.5.5 Auswirkungen auf die Regressionskoeffizientenschätzung

n	Ausfall	m	ρ	p	MWIM	eRHD	dEMI	sEMI	dlR	slR	aR	missF	NNHD
100	MCAR	6	0,1	0,1	0,101	0,099	0,109	0,105	0,109	0,105	0,108	0,106	0,103
100	MCAR	6	0,1	0,2	0,105	0,099	0,124	0,113	0,124	0,112	0,122	0,115	0,108
100	MCAR	6	0,1	0,3	0,109	0,100	0,147	0,122	0,146	0,119	0,141	0,129	0,113
100	MCAR	6	0,1	0,4	0,115	0,102	0,188	0,135	0,183	0,129	0,169	0,147	0,120
100	MCAR	6	0,1	0,5	0,122	0,102	0,270	0,156	0,248	0,140	0,209	0,174	0,128
100	MCAR	6	0,4	0,1	0,097	0,094	0,106	0,102	0,105	0,101	0,105	0,102	0,099
100	MCAR	6	0,4	0,2	0,100	0,097	0,123	0,110	0,122	0,109	0,120	0,111	0,103
100	MCAR	6	0,4	0,3	0,104	0,101	0,149	0,120	0,147	0,117	0,141	0,124	0,109
100	MCAR	6	0,4	0,4	0,110	0,109	0,195	0,135	0,187	0,126	0,171	0,142	0,115
100	MCAR	6	0,4	0,5	0,118	0,116	0,289	0,160	0,254	0,138	0,215	0,167	0,123
100	MCAR	6	0,7	0,1	0,092	0,094	0,102	0,098	0,102	0,097	0,102	0,097	0,095
100	MCAR	6	0,7	0,2	0,097	0,108	0,121	0,107	0,119	0,105	0,118	0,106	0,099
100	MCAR	6	0,7	0,3	0,105	0,124	0,150	0,118	0,146	0,113	0,141	0,119	0,104
100	MCAR	6	0,7	0,4	0,115	0,140	0,199	0,134	0,185	0,122	0,173	0,134	0,109
100	MCAR	6	0,7	0,5	0,127	0,154	0,296	0,161	0,248	0,133	0,220	0,155	0,115
100	MCAR	30	0,1	0,1	0,122	0,118	0,150	0,144	0,146	0,138	0,125	0,124	0,121
100	MCAR	30	0,1	0,2	0,126	0,119	4,028	1,897	0,211	0,166	0,133	0,130	0,122
100	MCAR	30	0,1	0,3	0,131	0,119	2,262	1,577	0,475	0,210	0,145	0,139	0,123
100	MCAR	30	0,1	0,4	0,137	0,119	1,254	0,950	1,950	0,292	0,163	0,151	0,124
100	MCAR	30	0,1	0,5	0,146	0,119	0,925	0,709	3,476	0,470	0,190	0,168	0,127
100	MCAR	30	0,4	0,1	0,120	0,115	0,150	0,143	0,145	0,136	0,124	0,123	0,119
100	MCAR	30	0,4	0,2	0,122	0,113	3,513	1,692	0,201	0,162	0,133	0,129	0,120
100	MCAR	30	0,4	0,3	0,125	0,112	2,110	1,557	0,378	0,199	0,144	0,137	0,121
100	MCAR	30	0,4	0,4	0,129	0,112	1,228	0,938	1,261	0,260	0,162	0,147	0,121
100	MCAR	30	0,4	0,5	0,136	0,111	0,916	0,700	1,659	0,392	0,188	0,162	0,122
100	MCAR	30	0,7	0,1	0,115	0,109	0,150	0,143	0,142	0,135	0,124	0,122	0,118
100	MCAR	30	0,7	0,2	0,114	0,105	2,626	1,434	0,184	0,155	0,132	0,127	0,118
100	MCAR	30	0,7	0,3	0,115	0,102	2,200	1,565	0,282	0,182	0,144	0,134	0,118
100	MCAR	30	0,7	0,4	0,117	0,102	1,218	0,934	0,607	0,223	0,161	0,144	0,117
100	MCAR	30	0,7	0,5	0,120	0,101	0,894	0,684	0,828	0,305	0,188	0,156	0,117
100	MAR1:2	6	0,1	0,1	0,101	0,099	0,109	0,105	0,108	0,105	0,108	0,106	0,103
100	MAR1:2	6	0,1	0,2	0,105	0,099	0,124	0,113	0,124	0,112	0,122	0,115	0,108

n	Ausfall	m	ρ	p	MWIM	eRHD	dEMI	sEMI	dlR	slR	aR	missF	NNHD
100	MAR1:2	6	0,1	0,3	0,109	0,100	0,147	0,121	0,146	0,119	0,140	0,128	0,113
100	MAR1:2	6	0,1	0,4	0,114	0,101	0,187	0,134	0,183	0,128	0,167	0,146	0,120
100	MAR1:2	6	0,1	0,5	0,121	0,102	0,273	0,158	0,251	0,142	0,210	0,176	0,130
100	MAR1:2	6	0,4	0,1	0,096	0,094	0,105	0,102	0,105	0,101	0,105	0,101	0,099
100	MAR1:2	6	0,4	0,2	0,100	0,097	0,123	0,110	0,122	0,108	0,120	0,111	0,104
100	MAR1:2	6	0,4	0,3	0,105	0,103	0,150	0,120	0,147	0,117	0,142	0,125	0,109
100	MAR1:2	6	0,4	0,4	0,112	0,110	0,194	0,135	0,187	0,127	0,171	0,143	0,116
100	MAR1:2	6	0,4	0,5	0,121	0,119	0,282	0,158	0,253	0,139	0,215	0,167	0,124
100	MAR1:2	6	0,7	0,1	0,092	0,094	0,102	0,098	0,102	0,098	0,102	0,097	0,095
100	MAR1:2	6	0,7	0,2	0,098	0,108	0,121	0,107	0,119	0,105	0,118	0,106	0,099
100	MAR1:2	6	0,7	0,3	0,108	0,126	0,149	0,118	0,144	0,113	0,140	0,118	0,104
100	MAR1:2	6	0,7	0,4	0,121	0,143	0,196	0,133	0,184	0,122	0,171	0,134	0,109
100	MAR1:2	6	0,7	0,5	0,136	0,157	0,281	0,157	0,245	0,134	0,215	0,154	0,116
100	MAR1:2	30	0,1	0,1	0,122	0,119	0,150	0,143	0,146	0,138	0,125	0,124	0,121
100	MAR1:2	30	0,1	0,2	0,126	0,118	3,651	1,951	0,212	0,166	0,133	0,130	0,122
100	MAR1:2	30	0,1	0,3	0,131	0,119	2,221	1,608	0,463	0,211	0,145	0,139	0,123
100	MAR1:2	30	0,1	0,4	0,137	0,119	1,264	0,966	1,885	0,293	0,163	0,151	0,125
100	MAR1:2	30	0,1	0,5	0,146	0,119	0,928	0,710	3,565	0,468	0,191	0,168	0,127
100	MAR1:2	30	0,4	0,1	0,119	0,115	0,150	0,143	0,145	0,137	0,124	0,123	0,119
100	MAR1:2	30	0,4	0,2	0,122	0,113	3,568	1,711	0,199	0,162	0,132	0,129	0,120
100	MAR1:2	30	0,4	0,3	0,125	0,113	2,256	1,665	0,372	0,198	0,145	0,137	0,121
100	MAR1:2	30	0,4	0,4	0,130	0,112	1,270	0,976	1,187	0,259	0,162	0,147	0,121
100	MAR1:2	30	0,4	0,5	0,137	0,112	0,945	0,723	1,670	0,394	0,189	0,162	0,122
100	MAR1:2	30	0,7	0,1	0,115	0,109	0,149	0,142	0,142	0,134	0,124	0,122	0,118
100	MAR1:2	30	0,7	0,2	0,115	0,105	2,648	1,410	0,183	0,155	0,132	0,127	0,118
100	MAR1:2	30	0,7	0,3	0,115	0,103	2,438	1,725	0,277	0,182	0,144	0,134	0,118
100	MAR1:2	30	0,7	0,4	0,118	0,102	1,307	1,003	0,576	0,223	0,162	0,144	0,118
100	MAR1:2	30	0,7	0,5	0,122	0,102	0,950	0,739	0,835	0,310	0,189	0,156	0,118
100	MAR1:4	6	0,1	0,1	0,101	0,099	0,108	0,105	0,108	0,104	0,108	0,105	0,103
100	MAR1:4	6	0,1	0,2	0,105	0,099	0,124	0,113	0,124	0,112	0,122	0,115	0,108
100	MAR1:4	6	0,1	0,3	0,108	0,100	0,148	0,122	0,146	0,119	0,140	0,128	0,113
100	MAR1:4	6	0,1	0,4	0,113	0,101	0,189	0,135	0,184	0,130	0,168	0,147	0,121
100	MAR1:4	6	0,1	0,5	0,119	0,102	0,272	0,159	0,254	0,143	0,209	0,174	0,132
100	MAR1:4	6	0,4	0,1	0,097	0,095	0,106	0,102	0,106	0,102	0,105	0,102	0,099
100	MAR1:4	6	0,4	0,2	0,100	0,098	0,123	0,110	0,122	0,109	0,120	0,111	0,104

n	Ausfall	m	ρ	p	MWIM	eRHD	dEMI	sEMI	dlR	slR	aR	missF	NNHD
100	MAR1:4	6	0,4	0,3	0,106	0,104	0,150	0,120	0,147	0,117	0,141	0,124	0,110
100	MAR1:4	6	0,4	0,4	0,114	0,112	0,193	0,134	0,186	0,127	0,170	0,141	0,117
100	MAR1:4	6	0,4	0,5	0,130	0,124	0,270	0,157	0,252	0,141	0,211	0,167	0,128
100	MAR1:4	6	0,7	0,1	0,093	0,095	0,102	0,098	0,102	0,098	0,102	0,097	0,095
100	MAR1:4	6	0,7	0,2	0,100	0,110	0,121	0,108	0,119	0,105	0,118	0,106	0,100
100	MAR1:4	6	0,7	0,3	0,114	0,130	0,149	0,118	0,145	0,114	0,140	0,118	0,105
100	MAR1:4	6	0,7	0,4	0,134	0,149	0,193	0,132	0,183	0,123	0,169	0,133	0,111
100	MAR1:4	6	0,7	0,5	0,161	0,168	0,261	0,152	0,239	0,136	0,210	0,153	0,121
100	MAR1:4	30	0,1	0,1	0,122	0,118	0,150	0,143	0,146	0,138	0,125	0,124	0,120
100	MAR1:4	30	0,1	0,2	0,126	0,118	3,523	1,851	0,211	0,166	0,133	0,131	0,122
100	MAR1:4	30	0,1	0,3	0,131	0,118	2,342	1,659	0,458	0,211	0,145	0,139	0,124
100	MAR1:4	30	0,1	0,4	0,137	0,119	1,262	0,975	1,776	0,291	0,163	0,151	0,125
100	MAR1:4	30	0,1	0,5	0,146	0,120	0,955	0,728	3,224	0,475	0,191	0,168	0,128
100	MAR1:4	30	0,4	0,1	0,120	0,115	0,150	0,143	0,145	0,137	0,124	0,123	0,120
100	MAR1:4	30	0,4	0,2	0,122	0,114	3,053	1,644	0,198	0,162	0,133	0,129	0,120
100	MAR1:4	30	0,4	0,3	0,125	0,113	2,815	1,921	0,348	0,198	0,145	0,137	0,121
100	MAR1:4	30	0,4	0,4	0,131	0,113	1,424	1,089	1,022	0,259	0,162	0,147	0,122
100	MAR1:4	30	0,4	0,5	0,139	0,113	1,036	0,801	1,754	0,406	0,190	0,162	0,124
100	MAR1:4	30	0,7	0,1	0,115	0,109	0,149	0,142	0,141	0,134	0,123	0,122	0,118
100	MAR1:4	30	0,7	0,2	0,115	0,106	1,963	1,207	0,182	0,154	0,132	0,127	0,118
100	MAR1:4	30	0,7	0,3	0,117	0,104	3,876	2,539	0,265	0,181	0,144	0,135	0,118
100	MAR1:4	30	0,7	0,4	0,120	0,104	1,624	1,262	0,513	0,223	0,163	0,144	0,118
100	MAR1:4	30	0,7	0,5	0,127	0,105	1,131	0,908	0,854	0,324	0,191	0,157	0,120
500	MCAR	6	0,1	0,1	0,044	0,043	0,047	0,045	0,047	0,045	0,047	0,046	0,045
500	MCAR	6	0,1	0,2	0,045	0,044	0,053	0,048	0,053	0,048	0,053	0,051	0,047
500	MCAR	6	0,1	0,3	0,047	0,045	0,063	0,051	0,063	0,051	0,064	0,059	0,049
500	MCAR	6	0,1	0,4	0,049	0,046	0,078	0,054	0,078	0,053	0,079	0,069	0,052
500	MCAR	6	0,1	0,5	0,052	0,049	0,102	0,058	0,101	0,057	0,103	0,083	0,056
500	MCAR	6	0,4	0,1	0,043	0,044	0,046	0,044	0,046	0,044	0,046	0,045	0,043
500	MCAR	6	0,4	0,2	0,045	0,050	0,056	0,047	0,056	0,047	0,055	0,052	0,046
500	MCAR	6	0,4	0,3	0,049	0,060	0,069	0,050	0,070	0,050	0,067	0,060	0,048
500	MCAR	6	0,4	0,4	0,054	0,072	0,091	0,054	0,091	0,053	0,085	0,070	0,052
500	MCAR	6	0,4	0,5	0,061	0,083	0,124	0,059	0,125	0,058	0,112	0,086	0,056
500	MCAR	6	0,7	0,1	0,044	0,054	0,046	0,043	0,046	0,043	0,045	0,044	0,042
500	MCAR	6	0,7	0,2	0,054	0,080	0,056	0,046	0,057	0,046	0,055	0,050	0,044

n	Ausfall	m	ρ	p	MWIM	eRHD	dEMI	sEMI	dlR	slR	aR	missF	NNHD
500	MCAR	6	0,7	0,3	0,066	0,103	0,073	0,049	0,075	0,049	0,069	0,059	0,047
500	MCAR	6	0,7	0,4	0,079	0,122	0,097	0,053	0,101	0,053	0,089	0,068	0,050
500	MCAR	6	0,7	0,5	0,092	0,139	0,133	0,059	0,140	0,058	0,116	0,082	0,054
500	MCAR	30	0,1	0,1	0,047	0,046	0,051	0,049	0,051	0,049	0,049	0,048	0,046
500	MCAR	30	0,1	0,2	0,048	0,045	0,058	0,052	0,058	0,052	0,053	0,051	0,047
500	MCAR	30	0,1	0,3	0,050	0,046	0,071	0,057	0,070	0,056	0,060	0,055	0,047
500	MCAR	30	0,1	0,4	0,053	0,046	0,094	0,064	0,090	0,061	0,069	0,060	0,048
500	MCAR	30	0,1	0,5	0,056	0,046	0,152	0,076	0,135	0,067	0,084	0,068	0,049
500	MCAR	30	0,4	0,1	0,046	0,044	0,050	0,049	0,050	0,049	0,049	0,048	0,046
500	MCAR	30	0,4	0,2	0,047	0,044	0,058	0,052	0,058	0,052	0,053	0,050	0,046
500	MCAR	30	0,4	0,3	0,048	0,044	0,071	0,057	0,069	0,056	0,060	0,054	0,047
500	MCAR	30	0,4	0,4	0,050	0,045	0,095	0,064	0,088	0,060	0,069	0,059	0,047
500	MCAR	30	0,4	0,5	0,053	0,046	0,154	0,076	0,126	0,066	0,083	0,066	0,047
500	MCAR	30	0,7	0,1	0,044	0,042	0,050	0,048	0,050	0,048	0,048	0,047	0,046
500	MCAR	30	0,7	0,2	0,044	0,042	0,058	0,052	0,057	0,051	0,053	0,050	0,046
500	MCAR	30	0,7	0,3	0,045	0,043	0,071	0,057	0,068	0,055	0,059	0,053	0,046
500	MCAR	30	0,7	0,4	0,046	0,044	0,095	0,064	0,085	0,060	0,069	0,057	0,046
500	MCAR	30	0,7	0,5	0,048	0,045	0,153	0,076	0,116	0,065	0,083	0,064	0,046
500	MAR1:2	6	0,1	0,1	0,044	0,043	0,047	0,045	0,047	0,045	0,047	0,046	0,045
500	MAR1:2	6	0,1	0,2	0,045	0,044	0,053	0,048	0,053	0,048	0,053	0,051	0,047
500	MAR1:2	6	0,1	0,3	0,047	0,045	0,063	0,051	0,063	0,050	0,064	0,058	0,049
500	MAR1:2	6	0,1	0,4	0,049	0,047	0,078	0,054	0,078	0,054	0,079	0,069	0,053
500	MAR1:2	6	0,1	0,5	0,052	0,049	0,103	0,059	0,103	0,058	0,103	0,084	0,057
500	MAR1:2	6	0,4	0,1	0,043	0,044	0,046	0,044	0,046	0,044	0,046	0,045	0,043
500	MAR1:2	6	0,4	0,2	0,046	0,051	0,055	0,047	0,056	0,047	0,055	0,052	0,046
500	MAR1:2	6	0,4	0,3	0,050	0,061	0,070	0,050	0,070	0,050	0,068	0,060	0,049
500	MAR1:2	6	0,4	0,4	0,057	0,074	0,091	0,054	0,091	0,053	0,086	0,070	0,052
500	MAR1:2	6	0,4	0,5	0,067	0,087	0,125	0,060	0,125	0,058	0,113	0,087	0,057
500	MAR1:2	6	0,7	0,1	0,044	0,055	0,045	0,043	0,046	0,043	0,045	0,044	0,042
500	MAR1:2	6	0,7	0,2	0,055	0,081	0,056	0,046	0,057	0,045	0,055	0,050	0,044
500	MAR1:2	6	0,7	0,3	0,070	0,105	0,072	0,049	0,075	0,049	0,069	0,058	0,047
500	MAR1:2	6	0,7	0,4	0,087	0,126	0,097	0,053	0,101	0,053	0,089	0,068	0,051
500	MAR1:2	6	0,7	0,5	0,106	0,143	0,134	0,059	0,140	0,058	0,118	0,082	0,056
500	MAR1:2	30	0,1	0,1	0,047	0,045	0,051	0,049	0,051	0,049	0,049	0,048	0,046
500	MAR1:2	30	0,1	0,2	0,048	0,046	0,058	0,053	0,058	0,052	0,053	0,051	0,047

n	Ausfall	m	ρ	p	MWIM	eRHD	dEMI	sEMI	dlR	slR	aR	missF	NNHD
500	MAR1:2	30	0,1	0,3	0,050	0,046	0,071	0,057	0,070	0,056	0,060	0,055	0,047
500	MAR1:2	30	0,1	0,4	0,053	0,046	0,094	0,064	0,090	0,061	0,069	0,060	0,048
500	MAR1:2	30	0,1	0,5	0,056	0,046	0,150	0,076	0,134	0,067	0,084	0,068	0,049
500	MAR1:2	30	0,4	0,1	0,046	0,044	0,050	0,049	0,050	0,048	0,049	0,048	0,046
500	MAR1:2	30	0,4	0,2	0,047	0,044	0,058	0,052	0,058	0,052	0,053	0,050	0,046
500	MAR1:2	30	0,4	0,3	0,049	0,045	0,071	0,057	0,069	0,056	0,060	0,054	0,047
500	MAR1:2	30	0,4	0,4	0,051	0,045	0,094	0,064	0,088	0,060	0,069	0,059	0,047
500	MAR1:2	30	0,4	0,5	0,054	0,047	0,147	0,075	0,124	0,066	0,083	0,066	0,047
500	MAR1:2	30	0,7	0,1	0,044	0,043	0,050	0,048	0,050	0,048	0,048	0,047	0,046
500	MAR1:2	30	0,7	0,2	0,045	0,043	0,058	0,052	0,057	0,051	0,053	0,050	0,046
500	MAR1:2	30	0,7	0,3	0,046	0,044	0,071	0,057	0,068	0,055	0,059	0,053	0,046
500	MAR1:2	30	0,7	0,4	0,048	0,045	0,093	0,064	0,085	0,059	0,069	0,057	0,046
500	MAR1:2	30	0,7	0,5	0,051	0,047	0,142	0,074	0,114	0,065	0,083	0,063	0,046
500	MAR1:4	6	0,1	0,1	0,044	0,043	0,047	0,045	0,047	0,045	0,047	0,046	0,045
500	MAR1:4	6	0,1	0,2	0,045	0,044	0,053	0,048	0,053	0,048	0,053	0,051	0,047
500	MAR1:4	6	0,1	0,3	0,047	0,045	0,063	0,051	0,063	0,050	0,064	0,059	0,050
500	MAR1:4	6	0,1	0,4	0,049	0,047	0,079	0,054	0,079	0,054	0,080	0,070	0,054
500	MAR1:4	6	0,1	0,5	0,052	0,050	0,106	0,060	0,105	0,059	0,107	0,088	0,060
500	MAR1:4	6	0,4	0,1	0,043	0,044	0,047	0,044	0,047	0,044	0,047	0,046	0,044
500	MAR1:4	6	0,4	0,2	0,047	0,052	0,055	0,047	0,055	0,047	0,055	0,051	0,046
500	MAR1:4	6	0,4	0,3	0,053	0,064	0,070	0,050	0,070	0,050	0,068	0,060	0,049
500	MAR1:4	6	0,4	0,4	0,064	0,078	0,091	0,054	0,091	0,054	0,087	0,071	0,053
500	MAR1:4	6	0,4	0,5	0,081	0,095	0,125	0,060	0,125	0,059	0,116	0,088	0,061
500	MAR1:4	6	0,7	0,1	0,045	0,055	0,046	0,043	0,046	0,043	0,046	0,044	0,042
500	MAR1:4	6	0,7	0,2	0,059	0,084	0,056	0,046	0,057	0,046	0,055	0,050	0,044
500	MAR1:4	6	0,7	0,3	0,080	0,110	0,073	0,050	0,075	0,049	0,070	0,058	0,048
500	MAR1:4	6	0,7	0,4	0,104	0,133	0,098	0,054	0,101	0,053	0,091	0,067	0,052
500	MAR1:4	6	0,7	0,5	0,134	0,153	0,135	0,059	0,138	0,058	0,122	0,081	0,060
500	MAR1:4	30	0,1	0,1	0,047	0,046	0,051	0,049	0,051	0,049	0,049	0,048	0,046
500	MAR1:4	30	0,1	0,2	0,048	0,046	0,058	0,053	0,058	0,052	0,053	0,051	0,047
500	MAR1:4	30	0,1	0,3	0,050	0,046	0,071	0,057	0,070	0,056	0,060	0,055	0,047
500	MAR1:4	30	0,1	0,4	0,053	0,046	0,094	0,064	0,090	0,061	0,069	0,061	0,048
500	MAR1:4	30	0,1	0,5	0,056	0,046	0,149	0,076	0,133	0,067	0,084	0,069	0,049
500	MAR1:4	30	0,4	0,1	0,046	0,045	0,051	0,049	0,050	0,049	0,049	0,048	0,046
500	MAR1:4	30	0,4	0,2	0,047	0,044	0,058	0,052	0,058	0,052	0,053	0,050	0,046

n	Ausfall	m	ρ	p	MWIM	eRHD	dEMI	sEMI	dlR	slR	aR	missF	NNHD
500	MAR1:4	30	0,4	0,3	0,049	0,045	0,071	0,057	0,069	0,056	0,060	0,054	0,047
500	MAR1:4	30	0,4	0,4	0,052	0,046	0,092	0,063	0,087	0,060	0,069	0,059	0,047
500	MAR1:4	30	0,4	0,5	0,057	0,049	0,137	0,074	0,120	0,066	0,083	0,065	0,048
500	MAR1:4	30	0,7	0,1	0,045	0,043	0,050	0,048	0,050	0,048	0,048	0,047	0,046
500	MAR1:4	30	0,7	0,2	0,045	0,043	0,058	0,052	0,057	0,051	0,053	0,050	0,046
500	MAR1:4	30	0,7	0,3	0,048	0,045	0,070	0,057	0,068	0,055	0,059	0,053	0,046
500	MAR1:4	30	0,7	0,4	0,051	0,047	0,091	0,063	0,084	0,059	0,069	0,057	0,046
500	MAR1:4	30	0,7	0,5	0,056	0,049	0,128	0,072	0,111	0,065	0,083	0,063	0,047

Tabelle E.5: Simulation: Auswirkungen auf die Regressionskoeffizientenschätzung

E.5.6 Auswirkungen auf die Prognosewerte

n	Ausfall	m	ρ	p	MWIM	eRHD	dEMI	sEMI	dlR	slR	aR	missF	NNHD
100	MCAR	6	0,1	0,1	0,752	0,764	0,753	0,763	0,753	0,764	0,753	0,754	0,763
100	MCAR	6	0,1	0,2	0,764	0,785	0,765	0,783	0,765	0,785	0,766	0,767	0,784
100	MCAR	6	0,1	0,3	0,778	0,806	0,779	0,803	0,780	0,807	0,781	0,783	0,804
100	MCAR	6	0,1	0,4	0,790	0,822	0,792	0,820	0,793	0,822	0,793	0,797	0,820
100	MCAR	6	0,1	0,5	0,802	0,835	0,805	0,834	0,807	0,838	0,806	0,812	0,835
100	MCAR	6	0,4	0,1	0,747	0,752	0,745	0,749	0,745	0,749	0,745	0,745	0,749
100	MCAR	6	0,4	0,2	0,753	0,763	0,750	0,758	0,750	0,758	0,751	0,751	0,758
100	MCAR	6	0,4	0,3	0,758	0,772	0,755	0,765	0,755	0,767	0,755	0,756	0,766
100	MCAR	6	0,4	0,4	0,765	0,779	0,761	0,773	0,762	0,775	0,762	0,764	0,774
100	MCAR	6	0,4	0,5	0,771	0,786	0,768	0,780	0,769	0,784	0,768	0,771	0,781
100	MCAR	6	0,7	0,1	0,744	0,747	0,742	0,743	0,742	0,743	0,742	0,742	0,743
100	MCAR	6	0,7	0,2	0,747	0,752	0,743	0,746	0,744	0,746	0,744	0,744	0,747
100	MCAR	6	0,7	0,3	0,751	0,755	0,746	0,749	0,746	0,750	0,746	0,746	0,750
100	MCAR	6	0,7	0,4	0,753	0,758	0,748	0,752	0,748	0,752	0,748	0,748	0,752
100	MCAR	6	0,7	0,5	0,755	0,759	0,750	0,755	0,750	0,755	0,750	0,751	0,755
100	MCAR	30	0,1	0,1	0,949	0,954	0,951	0,953	0,950	0,955	0,948	0,949	0,954
100	MCAR	30	0,1	0,2	0,956	0,967	0,966	0,969	0,962	0,969	0,956	0,957	0,967
100	MCAR	30	0,1	0,3	0,965	0,979	1,001	0,986	0,974	0,982	0,965	0,965	0,979
100	MCAR	30	0,1	0,4	0,971	0,990	1,023	1,015	0,988	0,997	0,973	0,973	0,989
100	MCAR	30	0,1	0,5	0,982	1,002	1,041	1,011	1,002	1,009	0,985	0,986	1,002
100	MCAR	30	0,4	0,1	0,946	0,947	0,946	0,946	0,946	0,946	0,946	0,945	0,947
100	MCAR	30	0,4	0,2	0,947	0,951	0,950	0,949	0,948	0,950	0,947	0,946	0,948
100	MCAR	30	0,4	0,3	0,950	0,954	0,966	0,954	0,950	0,951	0,950	0,949	0,951
100	MCAR	30	0,4	0,4	0,955	0,955	0,996	0,978	0,955	0,955	0,953	0,953	0,954
100	MCAR	30	0,4	0,5	0,960	0,959	0,997	0,958	0,962	0,958	0,956	0,956	0,959
100	MCAR	30	0,7	0,1	0,945	0,947	0,943	0,943	0,943	0,942	0,943	0,943	0,942
100	MCAR	30	0,7	0,2	0,948	0,950	0,942	0,940	0,943	0,942	0,943	0,943	0,944
100	MCAR	30	0,7	0,3	0,951	0,950	0,960	0,949	0,945	0,943	0,945	0,945	0,944
100	MCAR	30	0,7	0,4	0,954	0,949	1,032	0,975	0,945	0,946	0,946	0,946	0,946
100	MCAR	30	0,7	0,5	0,961	0,952	0,987	0,952	0,949	0,947	0,950	0,950	0,948
100	MAR1:2	6	0,1	0,1	0,753	0,765	0,754	0,764	0,754	0,764	0,754	0,754	0,764
100	MAR1:2	6	0,1	0,2	0,766	0,787	0,766	0,785	0,766	0,786	0,767	0,768	0,785

n	Ausfall	m	ρ	p	MWIM	eRHD	dEMI	sEMI	dlR	slR	aR	missF	NNHD
100	MAR1:2	6	0,1	0,3	0,778	0,805	0,779	0,804	0,780	0,805	0,780	0,782	0,803
100	MAR1:2	6	0,1	0,4	0,791	0,822	0,793	0,821	0,794	0,823	0,794	0,798	0,821
100	MAR1:2	6	0,1	0,5	0,803	0,836	0,806	0,834	0,807	0,837	0,807	0,813	0,834
100	MAR1:2	6	0,4	0,1	0,747	0,752	0,745	0,749	0,745	0,749	0,745	0,745	0,749
100	MAR1:2	6	0,4	0,2	0,752	0,762	0,750	0,757	0,750	0,758	0,750	0,751	0,758
100	MAR1:2	6	0,4	0,3	0,759	0,772	0,756	0,766	0,756	0,767	0,756	0,757	0,767
100	MAR1:2	6	0,4	0,4	0,766	0,780	0,762	0,774	0,762	0,776	0,762	0,764	0,774
100	MAR1:2	6	0,4	0,5	0,771	0,785	0,767	0,780	0,768	0,783	0,767	0,770	0,781
100	MAR1:2	6	0,7	0,1	0,744	0,748	0,742	0,743	0,742	0,743	0,742	0,742	0,743
100	MAR1:2	6	0,7	0,2	0,747	0,752	0,744	0,746	0,744	0,746	0,744	0,744	0,746
100	MAR1:2	6	0,7	0,3	0,751	0,755	0,746	0,749	0,746	0,750	0,746	0,746	0,750
100	MAR1:2	6	0,7	0,4	0,753	0,758	0,748	0,752	0,748	0,753	0,748	0,749	0,753
100	MAR1:2	6	0,7	0,5	0,755	0,759	0,750	0,755	0,751	0,756	0,750	0,751	0,755
100	MAR1:2	30	0,1	0,1	0,949	0,954	0,950	0,954	0,950	0,955	0,949	0,949	0,954
100	MAR1:2	30	0,1	0,2	0,957	0,967	0,965	0,968	0,961	0,970	0,957	0,957	0,966
100	MAR1:2	30	0,1	0,3	0,965	0,978	0,994	0,987	0,975	0,985	0,966	0,966	0,978
100	MAR1:2	30	0,1	0,4	0,973	0,988	1,032	1,007	0,987	0,999	0,973	0,974	0,990
100	MAR1:2	30	0,1	0,5	0,982	1,000	1,045	1,008	0,999	1,007	0,984	0,985	1,000
100	MAR1:2	30	0,4	0,1	0,945	0,946	0,945	0,945	0,945	0,945	0,945	0,944	0,944
100	MAR1:2	30	0,4	0,2	0,948	0,951	0,949	0,948	0,948	0,947	0,947	0,947	0,948
100	MAR1:2	30	0,4	0,3	0,951	0,953	0,970	0,966	0,951	0,952	0,949	0,949	0,952
100	MAR1:2	30	0,4	0,4	0,953	0,955	1,021	0,972	0,954	0,954	0,952	0,952	0,954
100	MAR1:2	30	0,4	0,5	0,959	0,959	1,013	0,977	0,958	0,959	0,955	0,956	0,956
100	MAR1:2	30	0,7	0,1	0,946	0,949	0,943	0,941	0,943	0,943	0,943	0,943	0,943
100	MAR1:2	30	0,7	0,2	0,949	0,951	0,946	0,944	0,944	0,944	0,944	0,944	0,945
100	MAR1:2	30	0,7	0,3	0,952	0,949	0,975	1,036	0,944	0,945	0,945	0,944	0,942
100	MAR1:2	30	0,7	0,4	0,957	0,951	0,986	0,973	0,947	0,945	0,949	0,949	0,948
100	MAR1:2	30	0,7	0,5	0,959	0,953	1,018	0,970	0,950	0,946	0,952	0,951	0,947
100	MAR1:4	6	0,1	0,1	0,753	0,765	0,754	0,764	0,754	0,765	0,754	0,754	0,763
100	MAR1:4	6	0,1	0,2	0,765	0,785	0,766	0,784	0,766	0,786	0,767	0,768	0,785
100	MAR1:4	6	0,1	0,3	0,778	0,805	0,779	0,804	0,779	0,806	0,780	0,782	0,803
100	MAR1:4	6	0,1	0,4	0,792	0,822	0,793	0,821	0,794	0,824	0,796	0,798	0,821
100	MAR1:4	6	0,1	0,5	0,804	0,836	0,807	0,835	0,808	0,838	0,809	0,813	0,834
100	MAR1:4	6	0,4	0,1	0,747	0,753	0,745	0,749	0,745	0,749	0,745	0,745	0,749
100	MAR1:4	6	0,4	0,2	0,753	0,763	0,750	0,758	0,750	0,758	0,751	0,751	0,758

n	Ausfall	m	ρ	p	MWIM	eRHD	dEMI	sEMI	dlR	slR	aR	missF	NNHD
100	MAR1:4	6	0,4	0,3	0,759	0,772	0,755	0,766	0,756	0,767	0,756	0,757	0,767
100	MAR1:4	6	0,4	0,4	0,766	0,780	0,761	0,774	0,762	0,775	0,762	0,764	0,774
100	MAR1:4	6	0,4	0,5	0,773	0,786	0,769	0,781	0,769	0,783	0,769	0,772	0,782
100	MAR1:4	6	0,7	0,1	0,744	0,748	0,742	0,743	0,742	0,743	0,742	0,742	0,743
100	MAR1:4	6	0,7	0,2	0,748	0,753	0,744	0,746	0,744	0,746	0,744	0,744	0,747
100	MAR1:4	6	0,7	0,3	0,751	0,756	0,746	0,750	0,746	0,750	0,746	0,747	0,750
100	MAR1:4	6	0,7	0,4	0,754	0,758	0,748	0,752	0,748	0,753	0,748	0,749	0,753
100	MAR1:4	6	0,7	0,5	0,756	0,759	0,751	0,756	0,752	0,756	0,751	0,752	0,755
100	MAR1:4	30	0,1	0,1	0,949	0,953	0,951	0,954	0,950	0,955	0,949	0,949	0,954
100	MAR1:4	30	0,1	0,2	0,955	0,964	0,966	0,968	0,960	0,969	0,955	0,955	0,966
100	MAR1:4	30	0,1	0,3	0,963	0,976	0,997	0,991	0,973	0,983	0,963	0,963	0,980
100	MAR1:4	30	0,1	0,4	0,973	0,989	1,025	1,004	0,989	0,999	0,974	0,974	0,990
100	MAR1:4	30	0,1	0,5	0,983	1,000	1,058	1,013	1,002	1,009	0,985	0,985	1,001
100	MAR1:4	30	0,4	0,1	0,945	0,948	0,945	0,945	0,945	0,945	0,945	0,945	0,946
100	MAR1:4	30	0,4	0,2	0,947	0,951	0,948	0,946	0,947	0,946	0,946	0,946	0,947
100	MAR1:4	30	0,4	0,3	0,952	0,952	0,970	0,982	0,952	0,953	0,951	0,950	0,951
100	MAR1:4	30	0,4	0,4	0,957	0,958	1,006	0,990	0,956	0,957	0,955	0,955	0,956
100	MAR1:4	30	0,4	0,5	0,960	0,959	1,026	0,981	0,958	0,958	0,960	0,959	0,957
100	MAR1:4	30	0,7	0,1	0,945	0,947	0,943	0,942	0,942	0,943	0,943	0,943	0,942
100	MAR1:4	30	0,7	0,2	0,951	0,952	0,947	0,944	0,945	0,945	0,945	0,946	0,944
100	MAR1:4	30	0,7	0,3	0,952	0,952	0,988	0,976	0,943	0,943	0,945	0,945	0,945
100	MAR1:4	30	0,7	0,4	0,957	0,952	0,985	0,988	0,948	0,945	0,951	0,949	0,946
100	MAR1:4	30	0,7	0,5	0,957	0,952	1,016	0,993	0,950	0,949	0,954	0,955	0,949
500	MCAR	6	0,1	0,1	0,725	0,737	0,725	0,736	0,725	0,736	0,725	0,726	0,736
500	MCAR	6	0,1	0,2	0,738	0,757	0,737	0,756	0,737	0,756	0,738	0,739	0,756
500	MCAR	6	0,1	0,3	0,750	0,776	0,749	0,774	0,749	0,775	0,750	0,753	0,775
500	MCAR	6	0,1	0,4	0,762	0,792	0,761	0,790	0,762	0,791	0,762	0,768	0,790
500	MCAR	6	0,1	0,5	0,774	0,806	0,774	0,804	0,774	0,805	0,775	0,784	0,804
500	MCAR	6	0,4	0,1	0,719	0,724	0,717	0,721	0,717	0,721	0,717	0,718	0,721
500	MCAR	6	0,4	0,2	0,725	0,734	0,722	0,729	0,722	0,730	0,722	0,723	0,730
500	MCAR	6	0,4	0,3	0,730	0,743	0,727	0,737	0,727	0,738	0,727	0,729	0,737
500	MCAR	6	0,4	0,4	0,737	0,750	0,732	0,745	0,733	0,745	0,732	0,735	0,745
500	MCAR	6	0,4	0,5	0,742	0,756	0,737	0,751	0,738	0,752	0,738	0,742	0,752
500	MCAR	6	0,7	0,1	0,716	0,719	0,714	0,715	0,714	0,716	0,714	0,714	0,716
500	MCAR	6	0,7	0,2	0,719	0,724	0,716	0,718	0,716	0,719	0,716	0,716	0,718

n	Ausfall	m	ρ	p	MWIM	eRHD	dEMI	sEMI	dlR	slR	aR	missF	NNHD
500	MCAR	6	0,7	0,3	0,722	0,727	0,717	0,721	0,717	0,721	0,717	0,718	0,721
500	MCAR	6	0,7	0,4	0,725	0,729	0,719	0,724	0,720	0,725	0,719	0,720	0,724
500	MCAR	6	0,7	0,5	0,727	0,731	0,721	0,727	0,722	0,727	0,722	0,723	0,727
500	MCAR	30	0,1	0,1	0,744	0,749	0,744	0,748	0,744	0,748	0,744	0,744	0,748
500	MCAR	30	0,1	0,2	0,749	0,758	0,749	0,757	0,749	0,758	0,749	0,749	0,757
500	MCAR	30	0,1	0,3	0,755	0,767	0,755	0,765	0,755	0,767	0,754	0,755	0,767
500	MCAR	30	0,1	0,4	0,761	0,776	0,761	0,774	0,762	0,776	0,760	0,761	0,776
500	MCAR	30	0,1	0,5	0,767	0,784	0,768	0,782	0,769	0,784	0,767	0,769	0,784
500	MCAR	30	0,4	0,1	0,741	0,743	0,741	0,742	0,741	0,742	0,741	0,741	0,741
500	MCAR	30	0,4	0,2	0,743	0,745	0,742	0,744	0,742	0,744	0,742	0,742	0,744
500	MCAR	30	0,4	0,3	0,744	0,747	0,743	0,745	0,743	0,746	0,743	0,743	0,746
500	MCAR	30	0,4	0,4	0,746	0,750	0,744	0,747	0,745	0,748	0,744	0,744	0,748
500	MCAR	30	0,4	0,5	0,748	0,752	0,746	0,750	0,746	0,750	0,746	0,746	0,750
500	MCAR	30	0,7	0,1	0,741	0,742	0,740	0,741	0,740	0,741	0,740	0,740	0,741
500	MCAR	30	0,7	0,2	0,742	0,743	0,741	0,741	0,741	0,741	0,741	0,741	0,741
500	MCAR	30	0,7	0,3	0,742	0,743	0,741	0,742	0,741	0,742	0,741	0,741	0,742
500	MCAR	30	0,7	0,4	0,743	0,744	0,742	0,742	0,742	0,743	0,742	0,742	0,743
500	MCAR	30	0,7	0,5	0,744	0,744	0,742	0,743	0,742	0,743	0,742	0,742	0,743
500	MAR1:2	6	0,1	0,1	0,726	0,737	0,725	0,736	0,725	0,736	0,725	0,726	0,736
500	MAR1:2	6	0,1	0,2	0,737	0,757	0,737	0,756	0,737	0,756	0,737	0,739	0,756
500	MAR1:2	6	0,1	0,3	0,750	0,775	0,749	0,774	0,749	0,775	0,750	0,753	0,775
500	MAR1:2	6	0,1	0,4	0,762	0,792	0,762	0,790	0,762	0,791	0,763	0,769	0,791
500	MAR1:2	6	0,1	0,5	0,774	0,806	0,774	0,804	0,774	0,805	0,775	0,785	0,804
500	MAR1:2	6	0,4	0,1	0,719	0,724	0,717	0,721	0,717	0,721	0,717	0,718	0,721
500	MAR1:2	6	0,4	0,2	0,725	0,734	0,722	0,729	0,722	0,730	0,722	0,723	0,730
500	MAR1:2	6	0,4	0,3	0,731	0,743	0,727	0,737	0,727	0,738	0,727	0,729	0,738
500	MAR1:2	6	0,4	0,4	0,737	0,751	0,732	0,745	0,733	0,746	0,732	0,736	0,745
500	MAR1:2	6	0,4	0,5	0,743	0,757	0,738	0,752	0,738	0,753	0,738	0,743	0,752
500	MAR1:2	6	0,7	0,1	0,716	0,719	0,714	0,716	0,714	0,716	0,714	0,714	0,716
500	MAR1:2	6	0,7	0,2	0,719	0,724	0,716	0,718	0,716	0,718	0,716	0,716	0,718
500	MAR1:2	6	0,7	0,3	0,722	0,727	0,718	0,721	0,718	0,722	0,718	0,718	0,722
500	MAR1:2	6	0,7	0,4	0,725	0,730	0,720	0,724	0,720	0,725	0,720	0,721	0,724
500	MAR1:2	6	0,7	0,5	0,727	0,731	0,722	0,727	0,722	0,727	0,722	0,723	0,727
500	MAR1:2	30	0,1	0,1	0,744	0,749	0,744	0,748	0,744	0,748	0,744	0,744	0,748
500	MAR1:2	30	0,1	0,2	0,749	0,758	0,749	0,757	0,749	0,757	0,749	0,749	0,757

n	Ausfall	m	ρ	p	MWIM	eRHD	dEMI	sEMI	dlR	slR	aR	missF	NNHD
500	MAR1:2	30	0,1	0,3	0,755	0,768	0,755	0,765	0,755	0,767	0,754	0,755	0,767
500	MAR1:2	30	0,1	0,4	0,761	0,776	0,761	0,774	0,761	0,775	0,760	0,761	0,775
500	MAR1:2	30	0,1	0,5	0,767	0,785	0,768	0,782	0,769	0,784	0,767	0,770	0,784
500	MAR1:2	30	0,4	0,1	0,741	0,743	0,741	0,742	0,741	0,742	0,741	0,741	0,742
500	MAR1:2	30	0,4	0,2	0,743	0,745	0,742	0,744	0,742	0,744	0,742	0,742	0,744
500	MAR1:2	30	0,4	0,3	0,745	0,748	0,743	0,745	0,743	0,746	0,743	0,743	0,746
500	MAR1:2	30	0,4	0,4	0,747	0,750	0,745	0,748	0,745	0,748	0,745	0,745	0,748
500	MAR1:2	30	0,4	0,5	0,749	0,752	0,746	0,750	0,746	0,750	0,746	0,746	0,750
500	MAR1:2	30	0,7	0,1	0,741	0,742	0,740	0,741	0,740	0,741	0,740	0,740	0,741
500	MAR1:2	30	0,7	0,2	0,742	0,743	0,741	0,741	0,741	0,741	0,741	0,741	0,741
500	MAR1:2	30	0,7	0,3	0,743	0,744	0,741	0,742	0,741	0,742	0,741	0,741	0,742
500	MAR1:2	30	0,7	0,4	0,743	0,744	0,742	0,743	0,742	0,743	0,742	0,742	0,743
500	MAR1:2	30	0,7	0,5	0,744	0,745	0,742	0,743	0,742	0,743	0,742	0,742	0,744
500	MAR1:4	6	0,1	0,1	0,726	0,737	0,725	0,736	0,726	0,736	0,726	0,726	0,736
500	MAR1:4	6	0,1	0,2	0,738	0,757	0,737	0,756	0,737	0,756	0,737	0,739	0,756
500	MAR1:4	6	0,1	0,3	0,750	0,776	0,749	0,774	0,749	0,775	0,750	0,754	0,774
500	MAR1:4	6	0,1	0,4	0,762	0,792	0,761	0,790	0,762	0,791	0,763	0,769	0,791
500	MAR1:4	6	0,1	0,5	0,774	0,806	0,774	0,804	0,774	0,805	0,776	0,785	0,804
500	MAR1:4	6	0,4	0,1	0,719	0,724	0,717	0,721	0,717	0,721	0,717	0,718	0,721
500	MAR1:4	6	0,4	0,2	0,725	0,735	0,722	0,730	0,722	0,730	0,722	0,723	0,730
500	MAR1:4	6	0,4	0,3	0,731	0,743	0,727	0,737	0,727	0,738	0,727	0,729	0,738
500	MAR1:4	6	0,4	0,4	0,737	0,750	0,732	0,745	0,733	0,746	0,733	0,736	0,745
500	MAR1:4	6	0,4	0,5	0,743	0,757	0,738	0,752	0,738	0,753	0,738	0,744	0,752
500	MAR1:4	6	0,7	0,1	0,716	0,719	0,714	0,716	0,714	0,716	0,714	0,714	0,716
500	MAR1:4	6	0,7	0,2	0,720	0,724	0,716	0,718	0,716	0,719	0,716	0,716	0,719
500	MAR1:4	6	0,7	0,3	0,723	0,727	0,718	0,721	0,718	0,722	0,718	0,719	0,722
500	MAR1:4	6	0,7	0,4	0,725	0,729	0,720	0,724	0,720	0,725	0,720	0,721	0,725
500	MAR1:4	6	0,7	0,5	0,728	0,731	0,722	0,727	0,722	0,728	0,722	0,724	0,727
500	MAR1:4	30	0,1	0,1	0,744	0,749	0,744	0,748	0,744	0,748	0,744	0,744	0,748
500	MAR1:4	30	0,1	0,2	0,749	0,758	0,749	0,757	0,749	0,758	0,749	0,749	0,757
500	MAR1:4	30	0,1	0,3	0,755	0,768	0,755	0,765	0,755	0,767	0,755	0,755	0,767
500	MAR1:4	30	0,1	0,4	0,761	0,777	0,761	0,774	0,762	0,776	0,761	0,762	0,776
500	MAR1:4	30	0,1	0,5	0,768	0,785	0,768	0,782	0,769	0,784	0,767	0,770	0,783
500	MAR1:4	30	0,4	0,1	0,741	0,743	0,741	0,742	0,741	0,742	0,741	0,741	0,742
500	MAR1:4	30	0,4	0,2	0,743	0,745	0,742	0,744	0,742	0,744	0,742	0,742	0,744

n	Ausfall	m	ρ	p	MWIM	eRHD	dEMI	sEMI	dlR	slR	aR	missF	NNHD
500	MAR1:4	30	0,4	0,3	0,745	0,748	0,743	0,746	0,743	0,746	0,743	0,743	0,746
500	MAR1:4	30	0,4	0,4	0,748	0,751	0,745	0,748	0,745	0,748	0,745	0,745	0,748
500	MAR1:4	30	0,4	0,5	0,750	0,752	0,747	0,750	0,747	0,751	0,747	0,747	0,751
500	MAR1:4	30	0,7	0,1	0,741	0,742	0,740	0,741	0,740	0,741	0,740	0,740	0,741
500	MAR1:4	30	0,7	0,2	0,742	0,743	0,741	0,741	0,741	0,741	0,741	0,741	0,741
500	MAR1:4	30	0,7	0,3	0,743	0,744	0,741	0,742	0,741	0,742	0,741	0,741	0,742
500	MAR1:4	30	0,7	0,4	0,744	0,744	0,742	0,742	0,742	0,743	0,742	0,742	0,743
500	MAR1:4	30	0,7	0,5	0,745	0,745	0,742	0,743	0,742	0,743	0,742	0,742	0,743

Tabelle E.6: Simulation: Auswirkungen auf die Prognosewerte

Symbolverzeichnis

$A = (a_{ik})_{n\times m}$	Datenmatrix mit n Zeilen (Objekten) und m Spalten (Merkmalen)
A^{mis}	fehlende Werte der Datenmatrix A
$A_{mis} = (a_{ik})_{(n-\varpi)\times m}$ bzw. $A_{mis} = (a_{ik})_{n\times(m-q)}$	unvollständige Teilmatrix von A
A_k^{mis}	Teilmatrix der Datenmatrix
A^{obs}	beobachtete Werte der Datenmatrix A
$A_{obs} = (a_{ik})_{\varpi\times m}$ bzw. $A_{obs} = (a_{ik})_{n\times q}$	vollständige Teilmatrix von A
A_k^{obs}	Teilmatrix der Datenmatrix
$A^{orig} = \left(a_{ik}^{orig}\right)_{n\times m}$	Datenmatrix bestehend aus den Originalwerten vor dem Löschen von Werten
$A^{verv} = (a_{ik}^{verv})_{n\times m}$	Datenmatrix bestehend aus den beobachteten und imputierten Werten
A_{alt}^{verv}	alte vervollständigte Datenmatrix
A_{neu}^{verv}	neue vervollständigte Datenmatrix
$A^{verv,(t)}$	vervollständigte Datenmatrix in Iteration t
$A_{(-k)}^{verv,(t)}$	vervollständigte Datenmatrix in Iteration t ohne Merkmal k
A_i	nächste Nachbarn von Objekt i
$A^{(-i)}$	Matrix A ohne Zeile i
$A_{(-j)}$	Matrix A ohne Spalte j
a_{ik}	Ausprägung des Objekts i im Merkmal k
$a_{ik}^{(t)}$	geschätzte Ausprägung in Iteration t
a_{ik}^{imp}	Imputationswert
$a_{ik}^{imp,(t)}$	Imputationswert in der Iteration t
$a_{ik}^{imp,\mathtt{K}}$	Imputationswert basierend auf $\mathtt{K}$ Klassen
a_{ik}^{obs}	beobachteter Wert
a_{ik}^{orig}	Originalwert
a_{ik}^{SImp}	Imputationswert der Spaltenimputation
$a_{ik}^{SImp,hilf}$	Hilfsimputationswert der Spaltenimputation
a_{ik}^{verv}	Eintrag der vervollständigten Datenmatrix
a_{ik}^{ZImp}	Imputationswert der Zeilenimputation
$a_{ik}^{ZImp,hilf}$	Hilfsimputationswert der Zeilenimputation
a^i	Objekt i aus A
a^{M_i}	beobachtete Werte von Objekt i

$a^{\overline{M}_i}$	unbeobachtete Werte von Objekt i
a_k	Merkmal k aus A
$a_{\bullet k}$	Optimierungsparameter
a_k^{med}	Median im Merkmal k
a_k^{mis}	unbeobachtete Werte im Merkmal k
a_k^{obs}	beobachtete Werte im Merkmal k
a_k^{Ratio}	Verhältnisschätzer zum Merkmal k
$\hat{A}$	geschätzte Matrix A
$\hat{a}_{ik}$	geschätzter Wert für a_{ik}
$\overline{A^{obs}}$	Mittelwert aller beobachteten Werte
$\overline{a^{i,obs}}$	Mittelwert der im Objekt i beobachteten Werte
$\overline{a_k}$	Mittelwert des Merkmals k
$\overline{a_k^{obs}}$	Mittelwert der im Merkmal k beobachteten Werte
$\acute{a}$	Realisierung von A
$\acute{a}^{mis}$	Realisierung von A^{mis}
$\acute{a}^{obs}$	Realisierung von A^{obs}
$\widetilde{A} = (\tilde{a}_{ik})_{n\times m}$	standardisierte Datenmatrix A
$\widetilde{A}_{mis}$	unvollständig beobachtete Merkmale der standardisierten Datenmatrix $\widetilde{A}$
$\widetilde{A}_{obs}$	vollständig beobachtete Merkmale der standardisierten Datenmatrix $\widetilde{A}$
$\tilde{a}_{ik}$	Wert aus $\widetilde{A}$
$\hat{\widetilde{A}} = \left(\hat{\tilde{a}}_{ik}\right)_{n\times m}$	approximierte Matrix für $\widetilde{A}$
$\hat{\widetilde{A}}_{mis}$	Teilmatrix von $\hat{\widetilde{A}}$
$\hat{\tilde{a}}_{ik}$	Eintrag aus $\hat{\widetilde{A}}$
$\hat{\mathring{a}}_{ik}$	Imputationswert für zentrierte Datenmatrix
α	Irrtumswahrscheinlichkeit
α_k	Gewicht des Merkmals k
$\beta = (\beta_0, \ldots, \beta_m)$	Regressionskoeffizienten
β_k	Regressionskoeffizient für Merkmal k
β_k^{orig}	wahrer Regressionskoeffizient für Merkmal k
β_{kl}	Regressionskoeffizient bei Merkmal k für Merkmal l
$\beta_{kl}^{(t)}$	Regressionskoeffizient bei Merkmal k für Merkmal l in Iteration t
$\hat{\beta} = \left(\hat{\beta}_0, \ldots, \hat{\beta}_m\right)$	geschätzte Regressionskoeffizienten
$\hat{\beta}_k$	geschätzter Regressionskoeffizient für Merkmal k
$\hat{\beta}_k^{verv}$	anhand von A^{verv} geschätzter Regressionskoeffizient für Merkmal k
$\mathrm{Cov}(X_i, X_j)$	Kovarianz von X_i und X_j
c_j	Anzahl fehlender Werte in Gruppe j
$c_{kli}^{(t)}$	Korrekturfaktor in Iteration t für das Objekt i zwischen Merkmal k und l

χ_j	Mischungskoeffizient j
$D = (d_{ij})_{n\times n}$	Distanzmatrix
$d(i,j)$	Distanz zwischen Objekte i und j
$d_k(i,j)$	Distanz zwischen Objekte i und j im Merkmal k
d_0	Distanzschwellwert
dl	Donor-Limit
dl_{min}	minimales Donor-Limit
$E(X)$	Erwartungswert von X
e_{jl}^{SImp}	Fehler der Spaltenimputation
e_{jl}^{ZImp}	Fehler der Zeilenimputation
ϵ	Konstante
ε	Störgröße
ε_i	Störgröße des Objekts i
ε_{ik}	Störgröße des Objekts i im Merkmal k
η	Index eines Merkmals mit fehlenden Werten
$Empf$	Menge aller Empfänger
$F = (f_{kl})_{m\times m}$	Faktorladungsmatrix bzw. Matrix der Rechts-Singulärvektoren
$F^{(\mathtt{t})}$	Faktorladungsmatrix zu den $\mathtt{t}$ größten Eigenwerten
f_{kl}	Faktorladung
f^τ	Faktorladungsvektor
$F(x)$	Verteilungsfunktion
$f(x)$	Wahrscheinlichkeits- bzw. Wahrscheinlichkeitsdichtefunktion
$f(x \mid y)$	bedingte Wahrscheinlichkeits- bzw. Wahrscheinlichkeitsdichtefunktion
$\bar{F}$	Faktorladungsmatrix bzw. Matrix der Rechts-Singulärvektoren zu $A^{(-i)}$
$\bar{f}_{kl}$	Faktorladung
$\tilde{F}$	Faktorladungsmatrix bzw. Matrix der Rechts-Singulärvektoren zu $A_{(-j)}$
$\Gamma = (\gamma_{kl})_{m\times m}$	Korrekturmatrix
γ_{kl}	Korrekturwert
γ	Index eines Merkmals, welches das Fehlen von Werten in einem anderen Merkmal beeinflusst
h	Bandbreite
$I_{k,<med}$	Indexmenge
$I_{k,\geq med}$	Indexmenge
K_p	Klasse p
$\mathtt{K}$	Anzahl Cluster
$\mathtt{K}_{max}$	maximale Anzahl Cluster
κ	Anzahl nächster Nachbarn bzw. Zeilen mit höchster Korrelation
L_i	Beitrag des Objekts i zur Likelihood-Funktion

$L_{gem}(\theta, \phi)$	gemeinsame Likelihood-Funktion von θ und ϕ
$L_{ign}(\theta)$	ingorierbare Likelihood-Funktion von θ
ɩ	Bestrafungsparameter
$\Lambda = diag(\lambda_1, \ldots, \lambda_m)$	Diagonalmatrix mit Singulärwerten
$\Lambda^{(\mathrm{t})}$	Diagonalmatrix mit t größten Singulärwerten
λ_τ	Singulärwert bzw. Eigenwert
λ	Tuning Parameter
$\bar{\Lambda}$	Diagonalmatrix mit Singulärwerten zu $A^{(-i)}$
$\bar{\lambda}_\tau$	Singulärwert
$\tilde{\Lambda}$	Diagonalmatrix mit Singulärwerten zu $A_{(-j)}$
$\tilde{\lambda}_\tau$	Singulärwert
$M = \{1, \ldots, m\}$	Merkmalsmenge
M_{mis}^{sort}	Indizes der Merkmale mit fehlenden Werten (sortiert)
$M_i = \{k \in M : v_{ik} = 1\}$	Indizes der beobachteten Merkmale bei Objekt i
$M_{ij} = M_i \cap M_j$	Indizes der gemeinsam beobachteten Merkmale der Objekte i und j
m	Anzahl der Merkmale in der Datenmatrix A
$m_i = \|M_i\|$	Anzahl der beobachteten Merkmale bei Objekt i
$\overline{M}_i = \{k \in M : v_{ik} = 0\}$	Indizes der unbeobachteten Merkmale bei Objekt i
$\mu = (\mu_1, \ldots, \mu_m)$	Erwartungswertvektor
μ_k	Erwartungswert des Merkmals k
μ_{M_i}	Erwartungswerte der beobachten Merkmale im Objekt i
$\mu^{orig} = \left(\mu_1^{orig}, \ldots, \mu_m^{orig}\right)^T$	wahrer Erwartungswertvektor
$\mu^{(t)}$	geschätzter Erwartungswertvektor in Iteration t
$\mu_k^{(t)}$	geschätzter Erwartungswert des Merkmals k in Iteration t
$\mu_{M^i}^{(t)}$	geschätzter Erwartungswertvektor der im Objekt i beobachteten Merkmale in Iteration t
$\hat{\mu}^{verv} = (\hat{\mu}_1^{verv}, \ldots, \hat{\mu}_m^{verv})^T$	anhand der vervollständigten Datenmatrix geschätzter Erwartungswertvektor
$N = \{1, \ldots, n\}$	Objektmenge
$N_k = \{i \in N : v_{ik} = 1\}$	Indizes der Objekte mit beobachteten Werten im Merkmal k
$N_{kl} = N_k \cap N_l$	Indizes der gemeinsam beobachteten Objekte in den Merkmalen k und l
$N_{\kappa,ik}$	Indexmenge der κ Zeilen mit der höchsten Korrelation für Objekt i in Merkmal k
n	Objektanzahl
$n_k = \|N_k\|$	Anzahl der im Merkmal k beobachteten Objekte
$\overline{N}_k = \{i \in N : v_{ik} = 0\}$	Indizes der unbeobachteten Objekte im Merkmal k
N	Anzahl Wiederholungen (Simulation)
O	Matrix
o_{ik}	Eintrag aus O

$\hat{O}$	Schätzwert für O
Ω_θ	Parameterraum von θ
p	Anteil fehlender Werte bzw. Wahrscheinlichkeit für fehlenden Wert
p_k	Anteil fehlender Werte bzw. Wahrscheinlichkeit für fehlenden Wert im Merkmal k
$p_{k,<med}$	Ausfallwahrscheinlichkeit
$p_{k,\geq med}$	Ausfallwahrscheinlichkeit
ϕ	Verteilungsparameter des Ausfallmechanismus
ϖ	Anzahl vollständig beobachteter Objekte
q	Anzahl vollständig beobachteter Merkmale
R_{ik}	Menge der verwendeten Objekte und Merkmale zur Imputation von a_{ik}
r_{ij}	Korrelation zwischen Zeile i und j
$r_{max,ik}$	maximale Korrelation bei Objekt i im Merkmal k
$r_{max,hilf,jl}$	maximale Hilfskorrelation bei Objekt j im Merkmal l
RMSE_i	RMSE in der Wiederholung i
ρ	Korrelation
$S = (s_{kl})_{m\times m}$	geschätzte Kovarianzmatrix
s_{kl}	geschätzte Kovarianz zwischen Merkmal k und l
s_{kl}^{verv}	anhand von A^{verv} geschätzte Kovarianz zwischen Merkmal k und l
s^2_{Rausch}	geschätzte Rauschvarianz
$\tilde{s}_X$	Standardabweichung von X
$\tilde{s}_{X,Y}$	Kovarianz von X und Y
$\tilde{s}_{max}$	obere Grenze für die Standardabweichung
$\Sigma = (\sigma_{kl})_{m\times m}$	Kovarianzmatrix
$\Sigma^{orig} = \left(\sigma_{kl}^{orig}\right)_{m\times m}$	wahre Kovarianzmatrix
$\Sigma^{(t)}$	geschätzte Kovarianzmatrix in Iteration t
$\Sigma^{(t)}_{M^i,M^i}$	geschätzte Teilkovarianzen zwischen den beobachteten Merkmalen im Objekt i in Iteration t
σ_{kl}^{orig}	wahre Kovarianz zwischen Merkmal k und l
$\sigma_{kl}^{(t)}$	geschätzte Kovarianz zwischen Merkmal k und l in Iteration t
$\sigma_k^{(t)}$	Standardabweichung im Merkmal k in Iteration t
$\hat{\sigma}_{MC}$	Monte Carlo Standardfehler
$\hat{\sigma}_{MC,max}$	maximaler Monte Carlo Standardfehler
SP	Spannweite
SP_j	Menge aller potenzieller Spender für Objekt j
T	Testgröße
t	Laufvariable für Iterationen
t	Anzahl Faktoren bzw. Eigenwerte
θ	Verteilungsparameter der Datenmatrix
θ_k	Parameter zu Merkmal k

$\theta^{(t)}$	Schätzwert für θ in Iteration t
$\theta_k^{(t)}$	Schätzwert für θ_k in Iteration t
$\hat{\theta}_{ML}$	ML-Schätzwert für θ
U	Matrix der Links-Singulärvektoren
$U^{(\mathrm{t})}$	Rechengröße für Links-Singulärvektoren
$\bar{U}$	Matrix der Links-Singulärvektoren zu $A^{(-i)}$
$\tilde{U}$	Matrix der Links-Singulärvektoren zu $A_{(-j)}$
u	Schwellwert
$u_{i\tau}$	Eintrag aus U
$\tilde{u}_{i\tau}$	Eintrag aus $\tilde{U}$
$V = (v_{ik})_{n\times m}$	MD-Indikatormatrix mit n Zeilen (Objekten) und m Spalten (Merkmalen)
v_{ik}	MD-Indikatorvariable für a_{ik}
$\acute{v}$	Realisierung von V
$\mathrm{Var}(X_i)$	Varianz von X_i
w_j	Gewichtungsfaktor für Objekt bzw. Merkmal j
w_{ik}	Gewichtungsfaktor für Objekt i im Merkmal k
$X = (x_{il})_{n\times m}$	Faktorwertematrix bzw. unabhängige Variablen
$X^{(\mathrm{t})}$	Teilmatrix der Faktorwertematrix
x^{τ}	Faktorwertevektor
x_{il}	Faktorwert
$\mathfrak{x}_{ij}$	Indikatorvariable für Zuordnung Spender und Empfänger
y	abhängige Variable
z_{α}	α-Fraktil der Standardnormalverteilung

Abkürzungsverzeichnis

ACS	American Community Survey
aR	adaptive Regressionsimputation
BHKA	bayessche Hauptkomponentenanalyse
BWC	Imputation eines Best oder Worst Case Werts
CART	Classification and Regression Tree
CRAN	Comprehensive R Archive Network
dEMI	deterministische EM-Imputation
dlR	deterministische lineare Regressionsimputation
DOI	Digital Object Identifier
EM	Expectation Maximization
eRHD	einfaches Random Hot-Deck
FCS	Fully Conditional Specification
FIML	Full Information Maximum Likelihood
HKA	Hauptkomponentenanalyse
IRMI	Iterative Robust Model-based Imputation
IVEware	Imputation and Variance Estimation Software
kNN	k-Nächste-Nachbarn
kNNi	kNN-Imputation mittels R-Paket impute
kNNT	kNN-Imputation nach Troyanskaya et al. (2001)
lokR	lokale Regressionsimputation
MAR	Missing at Random
MCAR	Missing Completely at Random
MD	Missing Data
MICE	Multivariate Imputation by Chained Equations
missF	missForest
ML	Maximum Likelihood
MNAR	Missing not at Random
ModI	Modusimputation
MSE	Mean Squared Error
MWIM	Mittelwertimputation (merkmalsweise)
MWIO	Mittelwertimputation (objektweise)
MWIS	Mittelwertimputation (skalenweise)
NNHD	Nearest-Neighbor Hot-Deck
NRMSE	Normalized Root Mean Squared Error
NULL	Imputation einer Null
OAR	Observed at Random
PUMS	Public Use Microdata Sample

RMSE	Root Mean Squared Error
sEMI	stochastische EM-Imputation
slR	stochastische lineare Regressionsimputation
SWZ	Singulärwertzerlegung

Literaturverzeichnis

Acock, A. C. (2005): Working with Missing Values. *Journal of Marriage and Family*, 67(4), S. 1012–1028. DOI: 10.1111/j.1741-3737.2005.00191.x.

Afifi, A. A.; Elashoff, R. M. (1967): Missing Observations in Multivariate Statistics II. Point Estimation in Simple Linear Regression. *Journal of the American Statistical Association*, 62(317), S. 10–29. DOI: 10.1080/01621459.1967.10482884.

Agresti, A.; Coull, B. A. (1998): Approximate is Better than "Exact" for Interval Estimation of Binomial Proportions. *The American Statistician*, 52(2), S. 119–126. DOI: 10.1080/00031305.1998.10480550.

Aittokallio, T. (2010): Dealing with Missing Values in Large-scale Studies: Microarray Data Imputation and Beyond. *Briefings in Bioinformatics*, 11(2), S. 253–264. DOI: 10.1093/bib/bbp059.

Albrecht, D.; Kniemeyer, O.; Brakhage, A. A.; Guthke, R. (2010): Missing Values in Gel-based Proteomics. *Proteomics*, 10(6), S. 1202–1211. DOI: 10.1002/pmic.200800576.

Allison, P. D. (2003): Missing Data Techniques for Structural Equation Modeling. *Journal of Abnormal Psychology*, 112(4), S. 545–557. DOI: 10.1037/0021-843X.112.4.545.

Ambler, G.; Omar, R. Z.; Royston, P. (2007): A Comparison of Imputation Techniques for Handling Missing Predictor Values in a Risk Model with a Binary Outcome. *Statistical Methods in Medical Research*, 16(3), S. 277–298. DOI: 10.1177/0962280206074466.

Anderson, A. B.; Basilevsky, A.; Hum, D. P. J. (1983): Missing Data: A Review of the Literature. In: *Handbook of Survey Research*. Hrsg. von Rossi, P. H.; Wright, J. D.; Anderson, A. B. New York: Academic Press, S. 415–494.

Anderson, T. W. (1957): Maximum Likelihood Estimates for a Multivariate Normal Distribution when some Observations are Missing. *Journal of the American Statistical Association*, 52(278), S. 200–203. DOI: 10.1080/01621459.1957.10501379.

Andridge, R. R.; Little, R. J. A. (2010): A Review of Hot Deck Imputation for Survey Non-response. *International Statistical Review*, 78(1), S. 40–64. DOI: 10.1111/j.1751-5823.2010.00103.x.

Arens, T.; Hettlich, F.; Karpfinger, C.; Kockelkorn, U.; Lichtenegger, K.; Stachel, H. (2018): Mathematik. 4. Aufl. Berlin, Heidelberg: Springer. DOI: 10.1007/978-3-662-56741-8.

Armitage, E. G.; Godzien, J.; Alonso-Herranz, V.; López-Gonzálvez, Á.; Barbas, C. (2015): Missing Value Imputation Strategies for Metabolomics Data. *Electrophoresis*, 36(24), S. 3050–3060. DOI: 10.1002/elps.201500352.

Aste, M.; Boninsegna, M.; Freno, A.; Trentin, E. (2015): Techniques for Dealing with Incomplete Data: A Tutorial and Survey. *Pattern Analysis and Applications*, 18(1), S. 1–29. DOI: 10.1007/s10044-014-0411-9.

Attias, H. (1999): Inferring Parameters and Structure of Latent Variable Models by Variational Bayes. In: *Proceedings of the Fifteenth Conference on Uncertainty in Artificial Intelligence*. Hrsg. von Laskey, K. B.; Prade, H. San Francisco: Morgan Kaufmann, S. 21–30.

Audigier, V.; Husson, F.; Josse, J. (2016): A Principal Component Method to Impute Missing Values for Mixed Data. *Advances in Data Analysis and Classification*, 10(1), S. 5–26. DOI: 10.1007/s11634-014-0195-1.

Austin, P. C.; Escobar, M. D. (2005): Bayesian Modeling of Missing Data in Clinical Research. *Computational Statistics and Data Analysis*, 49(3), S. 821–836. DOI: 10.1016/j.csda.2004.06.006.

Aydilek, I. B.; Arslan, A. (2013): A Hybrid Method for Imputation of Missing Values Using Optimized Fuzzy c-Means with Support Vector Regression and a Genetic Algorithm. *Information Sciences*, 233, S. 25–35. DOI: 10.1016/j.ins.2013.01.021.

Backhaus, K.; Blechschmidt, B. (2009): Fehlende Werte und Datenqualität. *Die Betriebswirtschaft*, 69(2), S. 265–287.

Bamberg, G.; Baur, F.; Krapp, M. (2017): Statistik: Eine Einführung für Wirtschafts- und Sozialwissenschaftler. 18. Aufl. Berlin: De Gruyter. DOI: 10.1515/9783110495720.

Banfield, J. D.; Raftery, A. E. (1993): Model-Based Gaussian and Non-Gaussian Clustering. *Biometrics*, 49(3), S. 803–821. DOI: 10.2307/2532201.

Bankhofer, U. (1995): Unvollständige Daten- und Distanzmatrizen in der Multivariaten Datenanalyse. Bergisch Gladbach und Köln: Eul.

Bankhofer, U.; Vogel, J. (2008): Datenanalyse und Statistik: Eine Einführung für Ökonomen im Bachelor. Wiesbaden: Gabler. DOI: 10.1007/978-3-8349-9654-1.

Bartlett, M. S. (1937): Some Examples of Statistical Methods of Research in Agriculture and Applied Biology. *Supplement to the Journal of the Royal Statistical Society*, 4(2), S. 137–183. DOI: 10.2307/2983644.

Barzi, F.; Woodward, M. (2004): Imputations of Missing Values in Practice: Results from Imputations of Serum Cholesterol in 28 Cohort Studies. *American Journal of Epidemiology*, 160(1), S. 34–45. DOI: 10.1093/aje/kwh175.

Batista, G. E. A. P. A.; Monard, M. C. (2003): An Analysis of Four Missing Data Treatment Methods for Supervised Learning. *Applied Artificial Intelligence*, 17(5-6), S. 519–533. DOI: 10.1080/713827181.

Beale, E. M. L.; Little, R. J. A. (1975): Missing Values in Multivariate Analysis. *Journal of the Royal Statistical Society. Series B (Methodological)*, 37(1), S. 129–145. DOI: 10.1111/j.2517-6161.1975.tb01037.x.

Beaulieu-Jones, B. K.; Lavage, D. R.; Snyder, J. W.; Moore, J. H.; Pendergrass, S. A.; Bauer, C. R. (2018): Characterizing and Managing Missing Structured Data in Electronic Health Records: Data Analysis. *JMIR Medical Informatics*, 6(1):e11. DOI: 10.2196/medinform.8960.

Béland, S.; Jolani, S.; Pichette, F.; Renaud, J.-S. (2018): Impact of Simple Substitution Methods for Missing Data on Classical Test Theory Difficulty and Discrimination. *The Quantitative Methods for Psychology*, 14(3), S. 180–192. DOI: 10.20982/tqmp.14.3.p180.

Béland, S.; Pichette, F.; Jolani, S. (2016): Impact on Cronbach's alpha of Simple Treatment Methods for Missing Data. *The Quantitative Methods for Psychology*, 12(1), S. 57–73.

Bell, M. L.; Fiero, M.; Horton, N. J.; Hsu, C.-H. (2014): Handling Missing Data in RCTs; a Review of the Top Medical Journals. *BMC Medical Research Methodology*, 14:118. DOI: 10.1186/1471-2288-14-118.

Bello, A. L. (1993a): A Simulation Study of Imputation Techniques in Linear Quadratic and Kernel Discriminant Analyses. *Journal of Statistical Computation and Simulation*, 48(3-4), S. 167–180. DOI: 10.1080/00949659308811549.

Bello, A. L. (1993b): Choosing among Imputation Techniques for Incomplete Multivariate Data: A Simulation Study. *Communications in Statistics - Theory and Methods*, 22(3), S. 853–877. DOI: 10.1080/03610929308831061.

Bello, A. L. (1994): A Bootstrap Method for Using Imputation Techniques for Data with Missing Values. *Biometrical Journal*, 36(4), S. 453–464. DOI: 10.1002/bimj.4710360405.

Bello, A. L. (1995): Imputation Techniques in Regression Analysis: Looking Closely at Their Implementation. *Computational Statistics and Data Analysis*, 20(1), S. 45–57. DOI: 10.1016/0167-9473(94)00024-D.

Beretta, L.; Santaniello, A. (2016): Nearest Neighbor Imputation Algorithms: A Critical Evaluation. *BMC Medical Informatics and Decision Making*, 16(Suppl 3):74. DOI: 10.1186/s12911-016-0318-z.

Bernaards, C. A.; Sijtsma, K. (2000): Influence of Imputation and EM Methods on Factor Analysis when Item Nonresponse in Questionnaire Data is Nonignorable. *Multivariate Behavioral Research*, 35(3), S. 321–364. DOI: 10.1207/S15327906MBR3503_03.

Bernaards, C. A.; Sijtsma, K. (2005): Bias of Factor Loadings from Questionnaire Data with Imputed Scores. *Journal of Statistical Computation and Simulation*, 75(1), S. 13–23. DOI: 10.1080/00949650410001649318.

Bhushan, S.; Pandey, A. P. (2016): Optimal Imputation of Missing Data for Estimation of Population Mean. *Journal of Statistics and Management Systems*, 19(6), S. 755–769. DOI: 10.1080/09720510.2016.1220099.

Bø, T. H.; Dysvik, B.; Jonassen, I. (2004): LSimpute: Accurate Estimation of Missing Values in Microarray Data with Least Squares Methods. *Nucleic Acids Research*, 32(3):e34. DOI: 10.1093/nar/gnh026.

Bodner, T. E. (2006): Missing Data: Prevalence and Reporting Practices. *Psychological Reports*, 99(3), S. 675–680. DOI: 10.2466/PR0.99.3.675-680.

Borgoni, R.; Berrington, A. (2013): Evaluating a Sequential Tree-based Procedure for Multivariate Imputation of Complex Missing Data Structures. *Quality and Quantity*, 47(4), S. 1991–2008. DOI: 10.1007/s11135-011-9638-3.

Brand, J. P. L. (1999): Development, Implementation and Evaluation of Multiple Imputation Strategies for the Statistical Analysis of Incomplete Data Sets. Dissertation. Rotterdam: Erasmus University Rotterdam.

Brandariz, S. P.; González Reymúndez, A.; Lado, B.; Malosetti, M.; Garcia, A. A. F.; Quincke, M.; Zitzewitz, J. von; Castro, M.; Matus, I.; del Pozo, A.; Castro, A. J.; Gutiérrez, L. (2016): Ascertainment Bias from Imputation Methods Evaluation in Wheat. *BMC Genomics*, 17:773. DOI: 10.1186/s12864-016-3120-5.

Branden, K. V.; Verboven, S. (2009): Robust Data Imputation. *Computational Biology and Chemistry*, 33(1), S. 7–13. DOI: 10.1016/j.compbiolchem.2008.07.019.

Brás, L. P.; Menezes, J. C. (2006): Dealing with Gene Expression Missing Data. *Systems Biology*, 153(3), S. 105–119. DOI: 10.1049/ip-syb:20050056.

Brás, L. P.; Menezes, J. C. (2007): Improving Cluster-based Missing Value Estimation of DNA Microarray Data. *Biomolecular Engineering*, 24(2), S. 273–282. DOI: 10.1016/j.bioeng.2007.04.003.

Breiman, L. (2001): Random Forests. *Machine Learning*, 45(1), S. 5–32. DOI: 10.1023/A:1010933404324.

Breiman, L.; Friedman, J. H.; Olshen, R. A.; Stone, C. J. (1984): Classification and Regression Trees. Boca Raton: Routledge.

Brick, J. M.; Kalton, G. (1996): Handling Missing Data in Survey Research. *Statistical Methods in Medical Research*, 5(3), S. 215–238. DOI: 10.1177/096228029600500302.

Bro, R.; Kjeldahl, K.; Smilde, A. K.; Kiers, H. A. L. (2008): Cross-validation of Component Models: A Critical Look at Current Methods. *Analytical and Bioanalytical Chemistry*, 390(5), S. 1241–1251. DOI: 10.1007/s00216-007-1790-1.

Brock, G. N.; Shaffer, J. R.; Blakesley, R. E.; Lotz, M. J.; Tseng, G. C. (2008): Which Missing Value Imputation Method to Use in Expression Profiles: A Comparative Study and Two Selection Schemes. *BMC Bioinformatics*, 9:12. DOI: 10.1186/1471-2105-9-12.

Brown, L. D.; Cai, T. T.; DasGupta, A. (2001): Interval Estimation for a Binomial Proportion. *Statistical Science*, 16(2), S. 101–133. DOI: 10.1214/ss/1009213286.

Buck, S. F. (1960): A Method of Estimation of Missing Values in Multivariate Data Suitable for Use with an Electronic Computer. *Journal of the Royal Statistical Society. Series B (Methodological)*, 22(2), S. 302–306. DOI: 10.1111/j.2517-6161.1960.tb00375.x.

Burton, A.; Altman, D. G. (2004): Missing Covariate Data within Cancer Prognostic Studies: A Review of Current Reporting and Proposed Guidelines. *British Journal of Cancer*, 91(1), S. 4–8. DOI: 10.1038/sj.bjc.6601907.

Butte, A. (2002): The Use and Analysis of Microarray Data. *Nature Reviews Drug Discovery*, 1(12), S. 951–960. DOI: 10.1038/nrd961.

Cai, Z.; Heydari, M.; Lin, G. (2006): Iterated Local Least Squares Microarray Missing Value Imputation. *Journal of Bioinformatics and Computational Biology*, 4(5), S. 935–957. DOI: 10.1142/s0219720006002302.

Carpenter, J. R.; Kenward, M. G. (2015): Sensitivity Analysis with Multiple Imputation. In: *Handbook of Missing Data Methodology*. Hrsg. von Molenberghs, G.; Fitzmaurice, G.; Kenward, M. G.; Tsiatis, A.; Verbeke, G. Boca Raton, London und New York: CRC Press, S. 435–470.

Carpita, M.; Manisera, M. (2011): On the Imputation of Missing Data in Surveys with Likert-Type Scales. *Journal of Classification*, 28(1), S. 93–112. DOI: 10.1007/s00357-011-9074-z.

Catellier, D. J.; Hannan, P. J.; Murray, D. M.; Addy, C. L.; Conway, T. L.; Yang, S.; Rice, J. C. (2005): Imputation of Missing Data When Measuring Physical Activity by Accelerometry. *Medicine and Science in Sports and Exercise*, 37(Suppl 11), S555–S562. DOI: 10.1249/01.mss.0000185651.59486.4e.

Celton, M.; Malpertuy, A.; Lelandais, G.; de Brevern, A. G. (2010): Comparative Analysis of Missing Value Imputation Methods to Improve Clustering and Interpretation of Microarray Experiments. *BMC Genomics*, 11:15. DOI: 10.1186/1471-2164-11-15.

Cetin-Berber, D. D.; Sari, H. I.; Huggins-Manley, A. C. (2019): Imputation Methods to Deal with Missing Responses in Computerized Adaptive Multistage Testing. *Educational and Psychological Measurement*, 79(3), S. 495–511. DOI: 10.1177/0013164418805532.

Cevallos Valdiviezo, H.; van Aelst, S. (2015): Tree-based Prediction on Incomplete Data Using Imputation or Surrogate Decisions. *Information Sciences*, 311, S. 163–181. DOI: 10.1016/j.ins.2015.03.018.

Chan, L. S.; Dunn, O. J. (1972): The Treatment of Missing Values in Discriminant Analysis: I. The Sampling Experiment. *Journal of the American Statistical Association*, 67(338), S. 473–477. DOI: 10.1080/01621459.1972.10482414.

Chan, L. S.; Gilman, J. A.; Dunn, O. J. (1976): Alternative Approaches to Missing Values in Discriminant Analysis. *Journal of the American Statistical Association*, 71(356), S. 842–844. DOI: 10.1080/01621459.1976.10480956.

Chapman, D. W. (1976): A Survey of Nonresponse Imputation Procedures. In: *Proceedings of the Social Statistics Section: Papers Presented at the Annual Meeting of the American Statistical Association.* Hrsg. von Goldfield, E. D., S. 245–251.

Chauvet, G.; Deville, J.-C.; Haziza, D. (2011): On Balanced Random Imputation in Surveys. *Biometrika*, 98(2), S. 459–471. DOI: 10.1093/biomet/asr011.

Chauvet, G.; Haziza, D. (2012): Fully Efficient Estimation of Coefficients of Correlation in the Presence of Imputed Survey Data. *The Canadian Journal of Statistics*, 40(1), S. 124–149. DOI: 10.1002/cjs.10133.

Cheema, J. R. (2014): A Review of Missing Data Handling Methods in Education Research. *Review of Educational Research*, 84(4), S. 487–508. DOI: 10.3102/0034654314532697.

Chen, J.; Rao, J. N. K.; Sitter, R. R. (2000): Efficient Random Imputation for Missing Data in Complex Surveys. *Statistica Sinica*, 10(4), S. 1153–1169.

Chen, J.; Shao, J. (2000): Nearest Neighbor Imputation for Survey Data. *Journal of Official Statistics*, 16(2), S. 113–131.

Chen, J.; Zhang, X.; Hron, K.; Templ, M.; Li, S. (2018): Regression Imputation with Q-mode Clustering for Rounded Zero Replacement in High-dimensional Compositional Data. *Journal of Applied Statistics*, 45(11), S. 2067–2080. DOI: 10.1080/02664763.2017.1410524.

Chen, S.-F.; Wang, S.; Chen, C.-Y. (2012): A Simulation Study Using EFA and CFA Programs based the Impact of Missing Data on Test Dimensionality. *Expert Systems with Applications*, 39(4), S. 4026–4031. DOI: 10.1016/j.eswa.2011.09.085.

Cheng, K. O.; Law, N. F.; Siu, W. C. (2012): Iterative Bicluster-based Least Square Framework for Estimation of Missing Values in Microarray Gene Expression Data. *Pattern Recognition*, 45(4), S. 1281–1289. DOI: 10.1016/j.patcog.2011.10.012.

Chi, J. T.; Chi, E. C.; Baraniuk, R. G. (2016): k-POD: A Method for k-Means Clustering of Missing Data. *The American Statistician*, 70(1), S. 91–99. DOI: 10.1080/00031305.2015.1086685.

Chiu, C.-C.; Chan, S.-Y.; Wang, C.-C.; Wu, W.-S. (2013): Missing Value Imputation for Microarray Data: A Comprehensive Comparison Study and a Web Tool. *BMC Systems Biology*, 7(Suppl 6):S12. DOI: 10.1186/1752-0509-7-S6-S12.

Chowdhry, A. K.; Dworkin, R. H.; McDermott, M. P. (2016): Meta-Analysis with Missing Study-Level Sample Variance Data. *Statistics in Medicine*, 35(17), S. 3021–3032. DOI: 10.1002/sim.6908.

Coffman, D. L.; Zhou, J.; Cai, X.; Graham, J. W. (2018): Addressing Missing Data in Confounders when Estimating Propensity Scores for Continuous Exposures. *Health Services and Outcomes Research Methodology*, 18(4), S. 265–286. DOI: 10.1007/s10742-018-0191-6.

Colledge, M. J.; Johnson, J. H.; Pare, R.; Sande, I. G. (1978): Large Scale Imputation of Survey Data. In: *Proceedings of the Section on Survey Research Methods*. Hrsg. von American Statistical Association. Washington, S. 431–436.

Conversano, C.; Siciliano, R. (2009): Incremental Tree-Based Missing Data Imputation with Lexicographic Ordering. *Journal of Classification*, 26(3), S. 361–379. DOI: 10.1007/s00357-009-9038-8.

Cowell, F. A.; Flachaire, E. (2015): Statistical Methods for Distributional Analysis. In: *Handbook of Income Distribution*. Hrsg. von Atkinson, A. B.; Bourguignon, F. Bd. 2. Amsterdam: Elsevier, S. 359–465. DOI: 10.1016/B978-0-444-59428-0.00007-2.

Creel, D. V.; Krotki, K. (2006): Creating Imputation Classes Using Classification Tree Methodology. In: *Proceedings of the Section on Survey Research Methods*. Hrsg. von American Statistical Association. Washington, S. 2884–2887.

Cugnata, F.; Salini, S. (2017): Comparison of Alternative Imputation Methods for Ordinal Data. *Communications in Statistics - Simulation and Computation*, 46(1), S. 315–330. DOI: 10.1080/03610918.2014.963611.

D'Ambrosio, A.; Aria, M.; Siciliano, R. (2012): Accurate Tree-based Missing Data Imputation and Data Fusion within the Statistical Learning Paradigm. *Journal of Classification*, 29(2), S. 227–258. DOI: 10.1007/s00357-012-9108-1.

Daniels, M. J.; Hogan, J. W. (2008): Missing Data in Longitudinal Studies: Strategies for Bayesian Modeling and Sensitivity Analysis. New York: Chapman & Hall. DOI: 10.1201/9781420011180.

Datta, S.; Misra, D.; Das, S. (2016): A Feature Weighted Penalty based Dissimilarity Measure for k-Nearest Neighbor Classification with Missing Features. *Pattern Recognition Letters*, 80, S. 231–237. DOI: 10.1016/j.patrec.2016.06.023.

de Brevern, A. G.; Hazout, S.; Malpertuy, A. (2004): Influence of Microarrays Experiments Missing Values on the Stability of Gene Groups by Hierarchical Clustering. *BMC Bioinformatics*, 5:114. DOI: 10.1186/1471-2105-5-114.

de Souto, M. C. P.; Jaskowiak, P. A.; Costa, I. G. (2015): Impact of Missing Data Imputation Methods on Gene Expression Clustering and Classification. *BMC Bioinformatics*, 16:64. DOI: 10.1186/s12859-015-0494-3.

Dear, R. E. (1959): A Principal Component Missing Data Method for Multiple Regression Models. Technical Report. Santa Monica: System Development Corporation.

Decker, R.; Wagner, R. (2008): Fehlende Werte: Ursachen, Konsequenzen und Behandlung. In: *Handbuch Marktforschung: Methoden, Anwendungen, Praxisbeispiele*. Hrsg. von Herrmann, A.; Homburg, C.; Klarmann, M. 3. Aufl. Wiesbaden: Gabler, S. 53–80.

Dempster, A. P. (1971): An Overview of Multivariate Data Analysis. *Journal of Multivariate Analysis*, 1(3), S. 316–346. DOI: 10.1016/0047-259X(71)90006-6.

Dempster, A. P.; Laird, N. M.; Rubin, D. B. (1977): Maximum Likelihood from Incomplete Data via the EM Algorithm. *Journal of the Royal Statistical Society.*

Series B (Methodological), 39(1), S. 1–22. DOI: 10.1111/j.2517-6161.1977.tb01600.x.

Dempster, A. P.; Rubin, D. B. (1983): Introduction. In: *Incomplete Data in Sample Surveys: Theory and Bibliographies*. Hrsg. von Madow, W. G.; Olkin, I.; Rubin, D. B. New York: Academic Press, S. 3–10.

Devi Priya, R.; Kuppuswami, S. (2012): A Genetic Algorithm based Approach for Imputing Missing Discrete Attribute Values in Databases. *WSEAS Transactions on Information Science and Applications*, 9(6), S. 169–178.

Devi Priya, R.; Kuppuswami, S. (2014): Drawing Inferences from Clinical Studies with Missing Values Using Genetic Algorithm. *International Journal of Bioinformatics Research and Applications*, 10(6), S. 613–627. DOI: 10.1504/IJBRA.2014.065245.

Devi Priya, R.; Kuppuswami, S. (2015): A Novel Approach for Imputation of Missing Continuous Attribute Values in Databases Using Genetic Algorithm. *International Journal of Information Technology and Management*, 14(2/3), S. 185–200. DOI: 10.1504/IJITM.2015.068461.

Devi Priya, R.; Kuppuswami, S.; Makesh Kumar, S. (2011): A Genetic Algorithm Approach for Non-Ignorable Missing Data. *International Journal of Computer Applications*, 20(4), S. 37–41. DOI: 10.5120/2419-3237.

Devi Priya, R.; Sivaraj, R. (2015): A Review of Missing Data Handling Methods. *International Journal On Engineering Technology and Sciences*, 2(2), S. 58–68.

Di Guida, R.; Engel, J.; Allwood, J. W.; Weber, R. J. M.; Jones, M. R.; Sommer, U.; Viant, M. R.; Dunn, W. B. (2016): Non-Targeted UHPLC-MS Metabolomic Data Processing Methods: A Comparative Investigation of Normalisation, Missing Value Imputation, Transformation and Scaling. *Metabolomics*, 12(5):93. DOI: 10.1007/s11306-016-1030-9.

Di Nuovo, A. G. (2011): Missing Data Analysis with Fuzzy C-Means: A Study of its Application in a Psychological Scenario. *Expert Systems with Applications*, 38(6), S. 6793–6797. DOI: 10.1016/j.eswa.2010.12.067.

Di Zio, M.; Guarnera, U. (2009): Semiparametric Predictive Mean Matching. *AStA Advances in Statistical Analysis*, 93(2), S. 175–186. DOI: 10.1007/s10182-008-0081-2.

Di Zio, M.; Guarnera, U.; Luzi, O. (2007): Imputation through Finite Gaussian Mixture Models. *Computational Statistics and Data Analysis*, 51(11), S. 5305–5316. DOI: 10.1016/j.csda.2006.10.002.

Díaz-Ordaz, K.; Kenward, M. G.; Cohen, A.; Coleman, C. L.; Eldridge, S. (2014): Are Missing Data Adequately Handled in Cluster Randomised Trials? A Systematic Review and Guidelines. *Clinical Trials*, 11(5), S. 590–600. DOI: 10.1177/1740774514537136.

Ding, Y.; Ross, A. (2012): A Comparison of Imputation Methods for Handling Missing Scores in Biometric Fusion. *Pattern Recognition*, 45(3), S. 919–933. DOI: 10.1016/j.patcog.2011.08.002.

Ding, Y.; Simonoff, J. S. (2010): An Investigation of Missing Data Methods for Classification Trees Applied to Binary Response Data. *Journal of Machine Learning Research*, 11, S. 131–170.

Dixon, J. K. (1979): Pattern Recognition with Partly Missing Data. *IEEE Transactions on Systems, Man and Cybernetics*, 9(10), S. 617–621. DOI: 10.1109/TSMC.1979.4310090.

Do, K. T.; Wahl, S.; Raffler, J.; Molnos, S.; Laimighofer, M.; Adamski, J.; Suhre, K.; Strauch, K.; Peters, A.; Gieger, C.; Langenberg, C.; Stewart, I. D.; Theis, F. J.; Grallert, H.; Kastenmüller, G.; Krumsiek, J. (2018): Characterization of Missing Values in Untargeted MS-Based Metabolomics Data and Evaluation of Missing Data Handling Strategies. *Metabolomics*, 14(10):128. DOI: 10.1007/s11306-018-1420-2.

Domschke, W.; Drexl, A.; Klein, R.; Scholl, A. (2015): Einführung in Operations Research. 9. Aufl. Berlin und Heidelberg: Springer Gabler. DOI: 10.1007/978-3-662-48216-2.

Doquire, G.; Verleysen, M. (2012): Feature Selection with Missing Data Using Mutual Information Estimators. *Neurocomputing*, 90, S. 3–11. DOI: 10.1016/j.neucom.2012.02.031.

Downey, R. G.; King, C. V. (1998): Missing Data in Likert Ratings: A Comparison of Replacement Methods. *The Journal of General Psychology*, 125(2), S. 175–191. DOI: 10.1080/00221309809595542.

Duma, M.; Marwala, T.; Twala, B.; Nelwamondo, F. (2013): Partial Imputation of Unseen Records to Improve Classification Using a Hybrid Multi-layered Artificial Immune System and Genetic Algorithm. *Applied Soft Computing*, 13(12), S. 4461–4480. DOI: 10.1016/j.asoc.2013.08.005.

Durrant, G. B. (2009): Imputation Methods for Handling Item-Nonresponse in Practice: Methodological Issues and Recent Debates. *International Journal of Social Research Methodology*, 12(4), S. 293–304. DOI: 10.1080/13645570802394003.

Eekhout, I.; de Boer, M. R.; Twisk, J. W. R.; de Vet, H. C. W.; Heymans, M. W. (2012): Missing Data: A Systematic Review of How They Are Reported and Handled. *Epidemiology*, 23(5), S. 729–732. DOI: 10.1097/EDE.0b013e3182576cdb.

Eekhout, I.; de Vet, H. C. W.; Twisk, J. W. R.; Brand, J. P. L.; de Boer, M. R.; Heymans, M. W. (2014): Missing Data in a Multi-Item Instrument Were Best Handled by Multiple Imputation at the Item Score Level. *Journal of Clinical Epidemiology*, 67(3), S. 335–342. DOI: 10.1016/j.jclinepi.2013.09.009.

Eirola, E.; Doquire, G.; Verleysen, M.; Lendasse, A. (2013): Distance Estimation in Numerical Data Sets with Missing Values. *Information Sciences*, 240, S. 115–128. DOI: 10.1016/j.ins.2013.03.043.

Eltinge, J. L.; Yansaneh, I. S. (1997): Diagnostics for Formation of Nonresponse Adjustment Cells, with an Application to Income Nonresponse in the U.S Consumer Expenditure Survey. *Survey Methodology*, 23(1), S. 33–40.

Enders, C. K. (2001): A Primer on Maximum Likelihood Algorithms Available for Use with Missing Data. *Structural Equation Modeling: A Multidisciplinary Journal*, 8(1), S. 128–141. DOI: 10.1207/S15328007SEM0801_7.

Enders, C. K. (2010): Applied Missing Data Analysis. New York: Guilford Press.

Engels, J. M.; Diehr, P. (2003): Imputation of Missing Longitudinal Data: A Comparison of Methods. *Journal of Clinical Epidemiology*, 56(10), S. 968–976. DOI: 10.1016/S0895-4356(03)00170-7.

England, A. M.; Hubbell, K. A.; Judkins, D. R.; Ryaboy, S. (1994): Imputation of Medical Cost and Payment Data. In: *Proceedings of the Section on Survey Research Methods*. Hrsg. von American Statistical Association. Washington, S. 406–411.

Fahrmeir, L.; Heumann, C.; Künstler, R.; Pigeot, I.; Tutz, G. (2016): Statistik: Der Weg zur Datenanalyse. 8. Aufl. Berlin und Heidelberg: Springer. DOI: 10.1007/978-3-662-50372-0.

Fahrmeir, L.; Kneib, T.; Lang, S. (2009): Regression: Modelle, Methoden und Anwendungen. 2. Aufl. Berlin: Springer. DOI: 10.1007/978-3-642-01837-4.

Faisal, S.; Tutz, G. (2017): Missing Value Imputation for Gene Expression Data by Tailored Nearest Neighbors. *Statistical Applications in Genetics and Molecular Biology*, 16(2), S. 95–106. DOI: 10.1515/sagmb-2015-0098.

Farhangfar, A.; Kurgan, L. A.; Pedrycz, W. (2007): A Novel Framework for Imputation of Missing Values in Databases. *IEEE Transactions on Systems, Man, and Cybernetics - Part A: Systems and Humans*, 37(5), S. 692–709. DOI: 10.1109/TSMCA.2007.902631.

Farhangfar, A.; Kurgan, L.; Dy, J. (2008): Impact of Imputation of Missing Values on Classification Error for Discrete Data. *Pattern Recognition*, 41(12), S. 3692–3705. DOI: 10.1016/j.patcog.2008.05.019.

Favre, A.-C.; Matei, A.; Tillé, Y. (2005): Calibrated Random Imputation for Qualitative Data. *Journal of Statistical Planning and Inference*, 128(2), S. 411–425. DOI: 10.1016/j.jspi.2003.11.010.

Fay, R. E. (1992): When Are Inferences from Multiple Imputation Valid. In: *Proceedings of the Section on Survey Research Methods*. Hrsg. von American Statistical Association. Washington, S. 227–232.

Fay, R. E. (1996): Alternative Paradigms for the Analysis of Imputed Survey Data. *Journal of the American Statistical Association*, 91(434), S. 490–498. DOI: 10.1080/01621459.1996.10476909.

Fay, R. E. (1999): Theory and Application of Nearest Neighbor Imputation in Census 2000. In: *Proceedings of the Section on Survey Research Methods*. Hrsg. von American Statistical Association. Washington, S. 112–121.

Federspiel, C. F.; Monroe, R. J.; Greenberg, B. G. (1959): An Investigation of Some Multiple Regression Methods for Incomplete Samples. Mimeo Series. University of North Carolina, Institute of Statistics.

Feelders, A. (1999): Handling Missing Data in Trees: Surrogate Splits or Statistical Imputation? In: *Principles of Data Mining and Knowledge Discovery.* Hrsg. von Zytkow, J. M.; Rauch, J. Berlin und Heidelberg: Springer, S. 329–334. DOI: 10.1007/978-3-540-48247-5_38.

Feng, W.; Shaotong, W. (2013): Impact of Missing Data on Parameter Estimation Algorithm of Normal Distribution. In: *2nd International Symposium on Instrumentation and Measurement, Sensor Network and Automation: Proceedings.* Hrsg. von IEEE. Piscataway: IEEE, S. 574–578. DOI: 10.1109/IMSNA.2013.6743342.

Ferrari, P. A.; Annoni, P.; Barbiero, A.; Manzi, G. (2011): An Imputation Method for Categorical Variables with Application to Nonlinear Principal Component Analysis. *Computational Statistics and Data Analysis*, 55(7), S. 2410–2420. DOI: 10.1016/j.csda.2011.02.007.

Fessant, F.; Midenet, S. (2002): Self-Organising Map for Data Imputation and Correction in Surveys. *Neural Computing & Applications*, 10(4), S. 300–310. DOI: 10.1007/s005210200002.

Feten, G.; Almøy, T.; Aastveit, A. H. (2005): Prediction of Missing Values in Microarray and Use of Mixed Models to Evaluate the Predictors. *Statistical Applications in Genetics and Molecular Biology*, 4(1):10. DOI: 10.2202/1544-6115.1120.

Fiero, M. H.; Huang, S.; Oren, E.; Bell, M. L. (2016): Statistical Analysis and Handling of Missing Data in Cluster Randomized Trials: A Systematic Review. *Trials*, 17:72. DOI: 10.1186/s13063-016-1201-z.

Finkbeiner, C. (1979): Estimation for the Multiple Factor Model when Data are Missing. *Psychometrika*, 44(4), S. 409–420. DOI: 10.1007/BF02296204.

Fisher, R. A. (1922): On the Mathematical Foundations of Theoretical Statistics. *Philosophical Transactions of the Royal Society A: Mathematical, Physical and Engineering Sciences*, 222(594-604), S. 309–368. DOI: 10.1098/rsta.1922.0009.

Flegal, J. M.; Haran, M.; Jones, G. L. (2008): Markov Chain Monte Carlo: Can We Trust the Third Significant Figure? *Statistical Science*, 23(2), S. 250–260. DOI: 10.1214/08-STS257.

Ford, B. L. (1976): Missing Data Procedures: A Comparative Study. In: *Proceedings of the Social Statistics Section: Papers Presented at the Annual Meeting of the American Statistical Association.* Hrsg. von Goldfield, E. D., S. 324–329.

Ford, B. L. (1983): An Overview of Hot-Deck Procedures. In: *Incomplete Data in Sample Surveys: Theory and Bibliographies.* Hrsg. von Madow, W. G.; Olkin, I.; Rubin, D. B. Bd. 2. New York: Academic Press, S. 185–207.

Franczak, B. C.; Castura, J. C.; Browne, R. P.; Findlay, C. J.; McNicholas, P. D. (2016): Handling Missing Data in Consumer Hedonic Tests Arising from Direct Scaling. *Journal of Sensory Studies*, 31(6), S. 514–523. DOI: 10.1111/joss.12241.

Frane, J. W. (1976): Some Simple Procedures for Handling Missing Data in Multivariate Analysis. *Psychometrika*, 41(3), S. 409–415. DOI: 10.1007/BF02293565.

Friedland, S.; Niknejad, A.; Chihara, L. (2006): A Simultaneous Reconstruction of Missing Data in DNA Microarrays. *Linear Algebra and its Applications*, 416(1), S. 8–28. DOI: 10.1016/j.laa.2005.05.009.

Gabriel, K. R.; Zamir, S. (1979): Lower Rank Approximation of Matrices by Least Squares with Any Choice of Weights. *Technometrics*, 21(4), S. 489–498. DOI: 10.2307/1268288.

Galati, J. C.; Seaton, K. A. (2016): MCAR is Not Necessary for the Complete Cases to Constitute a Simple Random Subsample of the Target Sample. *Statistical Methods in Medical Research*, 25(4), S. 1527–1534. DOI: 10.1177/0962280213490360.

Gan, X.; Liew, A. W.-C.; Yan, H. (2006): Microarray Missing Data Imputation Based on a Set Theoretic Framework and Biological Knowledge. *Nucleic Acids Research*, 34(5), S. 1608–1619. DOI: 10.1093/nar/gkl047.

García-Laencina, P. J.; Sancho-Gómez, J.-L.; Figueiras-Vidal, A. R. (2010): Pattern Classification with Missing Data: A Review. *Neural Computing and Applications*, 19(2), S. 263–282. DOI: 10.1007/s00521-009-0295-6.

García-Laencina, P. J.; Sancho-Gómez, J.-L.; Figueiras-Vidal, A. R. (2013): Classifying Patterns with Missing Values Using Multi-Task Learning Perceptrons. *Expert Systems with Applications*, 40(4), S. 1333–1341. DOI: 10.1016/j.eswa.2012.08.057.

García-Laencina, P. J.; Sancho-Gómez, J.-L.; Figueiras-Vidal, A. R.; Verleysen, M. (2009): K Nearest Neighbours with Mutual Information for Simultaneous Classification and Missing Data Imputation. *Neurocomputing*, 72(7-9), S. 1483–1493. DOI: 10.1016/j.neucom.2008.11.026.

Garciarena, U.; Santana, R. (2017): An Extensive Analysis of the Interaction between Missing Data Types, Imputation Methods, and Supervised Classifiers. *Expert Systems with Applications*, 89, S. 52–65. DOI: 10.1016/j.eswa.2017.07.026.

Gaul, W.; Schader, M. (1994): Pyramidal Classification Based on Incomplete Dissimilarity Data. *Journal of Classification*, 11(2), S. 171–193. DOI: 10.1007/BF01195677.

Gautam, C.; Ravi, V. (2015): Data Imputation via Evolutionary Computation, Clustering and a Neural Network. *Neurocomputing*, 156, S. 134–142. DOI: 10.1016/j.neucom.2014.12.073.

Genz, A.; Bretz, F. (2009): Computation of Multivariate Normal and t Probabilities. Berlin und Heidelberg: Springer. DOI: 10.1007/978-3-642-01689-9.

Genz, A.; Bretz, F.; Miwa, T.; Mi, X.; Leisch, F.; Scheipl, F.; Hothorn, T. (2020): mvtnorm: Multivariate Normal and t Distributions. Version 1.1-1. URL: https://CRAN.R-project.org/package=mvtnorm.

Gerbrands, J. J. (1981): On the Relationships between SVD, KLT and PCA. *Pattern Recognition*, 14(1-6), S. 375–381. DOI: 10.1016/0031-3203(81)90082-0.

Ghahramani, Z.; Jordan, M. I. (1994): Supervised Learning from Incomplete Data via an EM Approach. In: *Advances in Neural Information Processing Systems*

6. Hrsg. von Cowan, J. D.; Tesauro, G.; Alspector, J. San Francisco: Kaufmann, S. 120–127.

Ghannad-Rezaie, M.; Soltanian-Zadeh, H.; Ying, H.; Dong, M. (2010): Selection-Fusion Approach for Classification of Datasets with Missing Values. *Pattern Recognition*, 43(6), S. 2340–2350. DOI: 10.1016/j.patcog.2009.12.003.

Ghorbani, S.; Desmarais, M. C. (2017): Performance Comparison of Recent Imputation Methods for Classification Tasks over Binary Data. *Applied Artificial Intelligence*, 31(1), S. 1–22. DOI: 10.1080/08839514.2017.1279046.

Gibbons, L. E.; Hosmer, D. W. (1991): Conditional Logistic Regression with Missing Data. *Communications in Statistics - Simulation and Computation*, 20(1), S. 109–120. DOI: 10.1080/03610919108812942.

Gibrat, R. (1931): Les Inégalités économiques. Paris: Recueil Sirey.

Gilley, O. W.; Leone, R. P. (1991): A Two-Stage Imputation Procedure for Item Nonresponse in Surveys. *Journal of Business Research*, 22(4), S. 281–291. DOI: 10.1016/0148-2963(91)90035-V.

Glasser, M. (1964): Linear Regression Analysis with Missing Observations among the Independent Variables. *Journal of the American Statistical Association*, 59(307), S. 834–844. DOI: 10.1080/01621459.1964.10480730.

Gleason, T. C.; Staelin, R. (1975): A Proposal for Handling Missing Data. *Psychometrika*, 40(2), S. 229–252. DOI: 10.1007/BF02291569.

Gold, M. S.; Bentler, P. M. (2000): Treatments of Missing Data: A Monte Carlo Comparison of RBHDI, Iterative Stochastic Regression Imputation, and Expectation-Maximization. *Structural Equation Modeling: A Multidisciplinary Journal*, 7(3), S. 319–355. DOI: 10.1207/S15328007SEM0703_1.

Göthlich, S. E. (2009): Zum Umgang mit fehlenden Daten in großzahligen empirischen Erhebungen. In: *Methodik der empirischen Forschung*. Hrsg. von Albers, S.; Klapper, D.; Konradt, U.; Walter, A.; Wolf, J. 3. Aufl. Wiesbaden: Gabler, S. 119–136. DOI: 10.1007/978-3-322-96406-9_9.

Gower, J. C. (1971): A General Coefficient of Similarity and Some of Its Properties. *Biometrics*, 27(4), S. 857–871. DOI: 10.2307/2528823.

Graham, J. W. (2009): Missing Data Analysis: Making it Work in the Real World. *Annual Review of Psychology*, 60, S. 549–576. DOI: 10.1146/annurev.psych.58.110405.085530.

Graham, J. W. (2012): Missing Data: Analysis and Design. New York: Springer. DOI: 10.1007/978-1-4614-4018-5.

Graham, J. W.; Hofer, S. M.; MacKinnon, D. P. (1996): Maximizing the Usefulness of Data Obtained with Planned Missing Value Patterns: An Application of Maximum Likelihood Procedures. *Multivariate Behavioral Research*, 31(2), S. 197–218. DOI: 10.1207/s15327906mbr3102_3.

Graham, J. W.; Taylor, B. J.; Olchowski, A. E.; Cumsille, P. E. (2006): Planned Missing Data Designs in Psychological Research. *Psychological Methods*, 11(4), S. 323–343. DOI: 10.1037/1082-989x.11.4.323.

Grung, B.; Manne, R. (1998): Missing Values in Principal Component Analysis. *Chemometrics and Intelligent Laboratory Systems*, 42(1-2), S. 125–139. DOI: 10.1016/S0169-7439(98)00031-8.

Haitovsky, Y. (1968): Missing Data in Regression Analysis. *Journal of the Royal Statistical Society. Series B (Methodological)*, 30(1), S. 67–82. DOI: 10.1111/j.2517-6161.1968.tb01507.x.

Hardouin, J.-B.; Conroy, R.; Sébille, V. (2011): Imputation by the Mean Score Should be Avoided when Validating a Patient Reported Outcomes Questionnaire by a Rasch Model in Presence of Informative Missing Data. *BMC Medical Research Methodology*, 11:105. DOI: 10.1186/1471-2288-11-105.

Hastie, T.; Mazumder, R. (2015): softImpute: Matrix Completion via Iterative Soft-Thresholded SVD. Version 1.4. URL: https://CRAN.R-project.org/package=softImpute.

Hastie, T.; Mazumder, R.; Lee, J. D.; Zadeh, R. (2015): Matrix Completion and Low-Rank SVD via Fast Alternating Least Squares. *Journal of Machine Learning Research*, 16, S. 3367–3402.

Hastie, T.; Tibshirani, R.; Friedman, J. (2009): The Elements of Statistical Learning: Data Mining, Inference, and Prediction. 2. Aufl. New York: Springer. DOI: 10.1007/978-0-387-84858-7.

Hawthorne, G.; Elliott, P. (2005): Imputing Cross-Sectional Missing Data: Comparison of Common Techniques. *Australian and New Zealand Journal of Psychiatry*, 39(7), S. 583–590. DOI: 10.1080/j.1440-1614.2005.01630.x.

Haziza, D.; Beaumont, J.-F. (2007): On the Construction of Imputation Classes in Surveys. *International Statistical Review*, 75(1), S. 25–43. DOI: 10.1111/j.1751-5823.2006.00002.x.

Hedderich, J.; Sachs, L. (2020): Angewandte Statistik: Methodensammlung mit R. 17. Aufl. Berlin und Heidelberg: Springer. DOI: 10.1007/978-3-662-62294-0.

Hedderley, D.; Wakeling, l. (1995): A Comparison of Imputation Techniques for Internal Preference Mapping, Using Monte Carlo Simulation. *Food Quality and Preference*, 6(4), S. 281–297. DOI: 10.1016/0950-3293(95)00030-5.

Hegamin-Younger, C.; Forsyth, R. (1998): A Comparison of Four Imputation Procedures in a Two-Variable Prediction System. *Educational and Psychological Measurement*, 58(2), S. 197–210. DOI: 10.1177/0013164498058002004.

Hentges, A. L.; Dunsmore, I. R. (1998): Predictive Distributions in Binary Models with Missing Data. *Communications in Statistics - Simulation and Computation*, 27(3), S. 735–759. DOI: 10.1080/03610919808813506.

Hippel, P. T. von (2004): Biases in SPSS 12.0 Missing Value Analysis. *The American Statistician*, 58(2), S. 160–164. DOI: 10.1198/0003130043204.

Honghai, F.; Guoshun, C.; Cheng, Y.; Bingru, Y.; Yumei, C. (2005): A SVM Regression Based Approach to Filling in Missing Values. In: *Knowledge-Based Intelligent Information and Engineering Systems.* Hrsg. von Khosla, R.; Howlett, R. J.; Jain, L. C. Berlin und Heidelberg: Springer, S. 581–587. DOI: 10.1007/11553939_83.

Hothorn, T.; Hornik, K.; Zeileis, A. (2006): Unbiased Recursive Partitioning: A Conditional Inference Framework. *Journal of Computational and Graphical Statistics*, 15(3), S. 651–674. DOI: 10.1198/106186006X133933.

Hron, K.; Templ, M.; Filzmoser, P. (2010): Imputation of Missing Values for Compositional Data Using Classical and Robust Methods. *Computational Statistics and Data Analysis*, 54(12), S. 3095–3107. DOI: 10.1016/j.csda.2009.11.023.

Hruschka, E. R.; Garcia, A. J. T.; Hruschka, E. R.; Ebecken, N. F. F. (2009): On the Influence of Imputation in Classification: Practical Issues. *Journal of Experimental & Theoretical Artificial Intelligence*, 21(1), S. 43–58. DOI: 10.1080/09528130802246602.

Hruschka, E. R.; Hruschka, E. R.; Ebecken, N. F. F. (2007): Bayesian Networks for Imputation in Classification Problems. *Journal of Intelligent Information Systems*, 29(3), S. 231–252. DOI: 10.1007/s10844-006-0016-x.

Hu, J.; Li, H.; Waterman, M. S.; Zhou, X. J. (2006): Integrative Missing Value Estimation for Microarray Data. *BMC Bioinformatics*, 7:449. DOI: 10.1186/1471-2105-7-449.

Huang, C.-C.; Lee, H.-M. (2004): A Grey-Based Nearest Neighbor Approach for Missing Attribute Value Prediction. *Applied Intelligence*, 20(3), S. 239–252. DOI: 10.1023/B:APIN.0000021416.41043.0f.

Huang, J.; Keung, J. W.; Sarro, F.; Li, Y.-F.; Yu, Y. T.; Chan, W. K.; Sun, H. (2017): Cross-Validation Based K Nearest Neighbor Imputation for Software Quality Datasets: An Empirical Study. *Journal of Systems and Software*, 132, S. 226–252. DOI: 10.1016/j.jss.2017.07.012.

Huang, X.; Zhu, Q. (2002): A Pseudo-Nearest-Neighbor Approach for Missing Data Recovery on Gaussian Random Data Sets. *Pattern Recognition Letters*, 23(13), S. 1613–1622. DOI: 10.1016/S0167-8655(02)00125-3.

Huisman, M. (2000): Imputation of Missing Item Responses: Some Simple Techniques. *Quality and Quantity*, 34(4), S. 331–351. DOI: 10.1023/A:1004782230065.

Hunt, L.; Jorgensen, M. (2003): Mixture Model Clustering for Mixed Data with Missing Information. *Computational Statistics and Data Analysis*, 41(3-4), S. 429–440. DOI: 10.1016/S0167-9473(02)00190-1.

Husson, F.; Josse, J.; Narasimhan, B.; Robin, G. (2019): Imputation of Mixed Data with Multilevel Singular Value Decomposition. *Journal of Computational and Graphical Statistics*, 28(3), S. 552–566. DOI: 10.1080/10618600.2019.1585261.

Idris, N. R. N.; Robertson, C. (2009): The Effects of Imputing the Missing Standard Deviations on the Standard Error of Meta Analysis Estimates. *Communications in Statistics - Simulation and Computation*, 38(3), S. 513–526. DOI: 10.1080/03610910802556106.

Ilin, A.; Raiko, T. (2010): Practical Approaches to Principal Component Analysis in the Presence of Missing Values. *Journal of Machine Learning Research*, 11, S. 1957–2000.

Islam, M. S.; Hoque, M. A.; Islam, M. S.; Ali, M.; Hossen, M. B.; Binyamin, M.; Merican, A. F.; Akazawa, K.; Kumar, N.; Sugimoto, M. (2019): Mining Gene Expression Profile with Missing Values: An Integration of Kernel PCA and Robust Singular Values Decomposition. *Current Bioinformatics*, 14(1), S. 78–89. DOI: 10.2174/1574893613666180413151654.

Jackson, E. C. (1968): Missing Values in Linear Multiple Discriminant Analysis. *Biometrics*, 24(4), S. 835–844. DOI: 10.2307/2528874.

Jadhav, A.; Pramod, D.; Ramanathan, K. (2019): Comparison of Performance of Data Imputation Methods for Numeric Dataset. *Applied Artificial Intelligence*, 33(10), S. 913–933. DOI: 10.1080/08839514.2019.1637138.

James, G.; Witten, D.; Hastie, T.; Tibshirani, R. (2021): An Introduction to Statistical Learning. 2. Aufl. New York: Springer. DOI: 10.1007/978-1-0716-1418-1.

Jenghara, M. M.; Ebrahimpour-Komleh, H.; Rezaie, V.; Nejatian, S.; Parvin, H.; Yusof, S. K. S. (2018): Imputing Missing Value Through Ensemble Concept Based on Statistical Measures. *Knowledge and Information Systems*, 56(1), S. 123–139. DOI: 10.1007/s10115-017-1118-1.

Jerez, J. M.; Molina, I.; García-Laencina, P. J.; Alba, E.; Ribelles, N.; Martín, M.; Franco, L. (2010): Missing Data Imputation Using Statistical and Machine Learning Methods in a Real Breast Cancer Problem. *Artificial Intelligence in Medicine*, 50(2), S. 105–115. DOI: 10.1016/j.artmed.2010.05.002.

Jiang, X.; Zhang, L.; Qiao, L. (2018): Completing Missing Exam Scores with Structural Information and Beyond. *Journal of Applied Remote Sensing*, 13(2), S. 1–11. DOI: 10.1117/1.JRS.13.022005.

Jin, Z.; Kang, J.; Yu, T. (2018): Missing Value Imputation for LC-MS Metabolomics Data by Incorporating Metabolic Network and Adduct Ion Relations. *Bioinformatics*, 34(9), S. 1555–1561. DOI: 10.1093/bioinformatics/btx816.

Joenssen, D. W.; Bankhofer, U. (2012): Donor Limited Hot Deck Imputation: Effects on Parameter Estimation. *Journal of Theoretical and Applied Computer Science*, 6(3), S. 58–70.

Joenssen, D. W. (2015): Hot-Deck-Verfahren zur Imputation fehlender Daten: Auswirkungen des Donor Limits. Dissertation. Ilmenau: TU Ilmenau.

Johansson, A. M.; Karlsson, M. O. (2013): Comparison of Methods for Handling Missing Covariate Data. *The AAPS Journal*, 15(4), S. 1232–1241. DOI: 10.1208/s12248-013-9526-y.

Johansson, P.; Häkkinen, J. (2006): Improving Missing Value Imputation of Microarray Data by Using Spot Quality Weights. *BMC Bioinformatics*, 7:306. DOI: 10.1186/1471-2105-7-306.

Johnson, N. L.; Kotz, S.; Balakrishnan, N. (1994): Continuous Univariate Distributions: Volume 1. 2. Aufl. New York: Wiley.

Johnson, R. A.; Wichern, D. W. (2007): Applied Multivariate Statistical Analysis. 6. Aufl. Upper Saddle River: Pearson.

Jolliffe, I. T. (2002): Principal Component Analysis. 2. Aufl. New Yor: Springer. DOI: 10.1007/b98835.

Jönsson, P.; Wohlin, C. (2006): Benchmarking k-Nearest Neighbour Imputation with Homogeneous Likert Data. *Empirical Software Engineering*, 11(3), S. 463–489. DOI: 10.1007/s10664-006-9001-9.

Jörnsten, R.; Ouyang, M.; Wang, H.-Y. (2007): A Meta-Data Based Method for DNA Microarray Imputation. *BMC Bioinformatics*, 8:109. DOI: 10.1186/1471-2105-8-109.

Jörnsten, R.; Wang, H.-Y.; Welsh, W. J.; Ouyang, M. (2005): DNA Microarray Data Imputation and Significance Analysis of Differential Expression. *Bioinformatics*, 21(22), S. 4155–4161. DOI: 10.1093/bioinformatics/bti638.

Josse, J.; Husson, F. (2012a): Handling Missing Values in Exploratory Multivariate Data Analysis Methods. *Journal de la Société Française de Statistique*, 153(2), S. 79–99.

Josse, J.; Husson, F. (2012b): Selecting the Number of Components in Principal Component Analysis Using Cross-Validation Approximations. *Computational Statistics and Data Analysis*, 56(6), S. 1869–1879. DOI: 10.1016/j.csda.2011.11.012.

Josse, J.; Husson, F. (2016): missMDA: A Package for Handling Missing Values in Multivariate Data Analysis. *Journal of Statistical Software*, 70(1), S. 1–31. DOI: 10.18637/jss.v070.i01.

Josse, J.; Husson, F.; Pagès, J. (2009): Gestion des données manquantes en analyse en composantes principales. *Journal de la Société Française de Statistique*, 150(2), S. 28–51.

Josse, J.; Timmerman, M. E.; Kiers, H. A. L. (2013): Missing Values in Multi-Level Simultaneous Component Analysis. *Chemometrics and Intelligent Laboratory Systems*, 129, S. 21–32. DOI: 10.1016/j.chemolab.2013.05.010.

Judkins, D.; Hubbell, K. A.; England, A. M. (1993): The Imputation of Compositional Data. In: *Proceedings of the Section on Survey Research Methods* Hrsg. von American Statistical Association. Washington, S. 458–462.

Judkins, D. R. (1998): Imputing for Swiss Cheese Patterns of Missing Data. In: *Symposium 97: New Directions in Surveys and Censuses.* Hrsg. von Statistics Canada. Ottawa: Statistics Canada, S. 143–148.

Juszczak, P.; Duin, R. P. W. (2004): Combining One-Class Classifiers to Classify Missing Data. In: *Multiple Classifier Systems.* Hrsg. von Roli, F.; Kittler, J.; Windeatt, T. Berlin und Heidelberg: Springer, S. 92–101. DOI: 10.1007/978-3-540-25966-4_9.

Kalton, G. (1983): Compensating for Missing Survey Data. Research Report Series, Institute for Social Research. Ann Arbor, Michigan: The University of Michigan.

Kalton, G.; Kasprzyk, D. (1982): Imputing for Missing Survey Responses. In: *Proceedings of the Survey Research Methods Section.* Hrsg. von American Statistical Association, S. 22–31.

Kalton, G.; Kasprzyk, D. (1986): The Treatment of Missing Survey Data. *Survey Methodology*, 12(1), S. 1–16.

Kalton, G.; Kish, L. (1981): Two Efficient Random Imputation Procedures. In: *Proceedings of the Survey Research Methods Section.* Hrsg. von American Statistical Association, S. 146–151.

Kang, P. (2013): Locally Linear Reconstruction Based Missing Value Imputation for Supervised Learning. *Neurocomputing*, 118, S. 65–78. DOI: 10.1016/j.neucom.2013.02.016.

Karahalios, A.; Baglietto, L.; Carlin, J. B.; English, D. R.; Simpson, J. A. (2012): A Review of the Reporting and Handling of Missing Data in Cohort Studies with Repeated Assessment of Exposure Measures. *BMC Medical Research Methodology*, 12:96. DOI: 10.1186/1471-2288-12-96.

Khoshgoftaar, T. M.; van Hulse, J. (2008): Imputation Techniques for Multivariate Missingness in Software Measurement Data. *Software Quality Journal*, 16(4), S. 563–600. DOI: 10.1007/s11219-008-9054-7.

Kiasari, M. A.; Jang, G.-J.; Lee, M. (2017): Novel Iterative Approach Using Generative and Discriminative Models for Classification with Missing Features. *Neurocomputing*, 225, S. 23–30. DOI: 10.1016/j.neucom.2016.11.015.

Kiers, H. A. L. (1997): Weighted Least Squares Fitting Using Ordinary Least Squares Algorithms. *Psychometrika*, 62(2), S. 251–266. DOI: 10.1007/BF02295279.

Kim, D.-W.; Lee, K.-Y.; Lee, K. H.; Lee, D. (2007): Towards Clustering of Incomplete Microarray Data without the Use of Imputation. *Bioinformatics*, 23(1), S. 107–113. DOI: 10.1093/bioinformatics/btl555.

Kim, H.; Golub, G. H.; Park, H. (2005): Missing Value Estimation for DNA Microarray Gene Expression Data: Local Least Squares Imputation. *Bioinformatics*, 21(2), S. 187–198. DOI: 10.1093/bioinformatics/bth499.

Kim, J. K.; Rao, J. N. K. (2009): A Unified Approach to Linearization Variance Estimation from Survey Data after Imputation for Item Nonresponse. *Biometrika*, 96(4), S. 917–932. DOI: 10.1093/biomet/asp041.

Kim, J. K.; Shao, J. (2014): Statistical Methods for Handling Incomplete Data. Boca Raton: CRC Press.

Kim, J.-O.; Curry, J. (1977): The Treatment of Missing Data in Multivariate Analysis. *Sociological Methods & Research*, 6(2), S. 215–240. DOI: 10.1177/004912417700600206.

Kim, K.-Y.; Kim, B.-J.; Yi, G.-S. (2004): Reuse of Imputed Data in Microarray Analysis Increases Imputation Efficiency. *BMC Bioinformatics*, 5:160. DOI: 10.1186/1471-2105-5-160.

King, G.; Honaker J.; Joseph, A.; Scheve, K. (2001): Analyzing Incomplete Political Science Data: An Alternative Algorithm for Multiple Imputation. *American Political Science Review*, 95(1), S. 49–69. DOI: 10.1017/S0003055401000235.

Kock, N. (2018): Single Missing Data Imputation in PLS-Based Structural Equation Modeling. *Journal of Modern Applied Statistical Methods*, 17(1). DOI: 10.22237/jmasm/1525133160.

Kowarik, A.; Templ, M. (2016): Imputation with the R Package VIM. *Journal of Statistical Software*, 74(7), S. 1–16. DOI: 10.18637/jss.v074.i07.

Kromrey, J. D.; Hines, C. V. (1994): Nonrandomly Missing Data in Multiple Regression: An Empirical Comparison of Common Missing-Data Treatments. *Educational and Psychological Measurement*, 54(3), S. 573–593. DOI: 10.1177/0013164494054003001.

Krzanowski, W. J. (1988): Missing Value Imputation in Multivariate Data Using the Singular Value Decomposition of a Matrix. *Biometrical Letters*, 25(1), S. 31–39.

Kumar, N.; Hoque, M. A.; Shahjaman, M.; Islam, S. S.; Mollah, M. N. H. (2019): A New Approach of Outlier-robust Missing Value Imputation for Metabolomics Data Analysis. *Current Bioinformatics*, 14(1), S. 43–52. DOI: 10.2174/1574893612666171121154655.

Kuroda, M.; Geng, Z.; Sakakihara, M. (2015): Improving the Vector Epsilon Acceleration for the EM Algorithm Using a Re-Starting Procedure. *Computational Statistics*, 30(4), S. 1051–1077. DOI: 10.1007/s00180-015-0565-y.

Laaksonen, S. (2003): Alternative Imputation Techniques for Complex Metric Variables. *Journal of Applied Statistics*, 30(9), S. 1009–1020. DOI: 10.1080/0266476032000076137.

Laaksonen, S. (2006): Need for High Quality Auxiliary Data Service for Improving the Quality of Editing and Imputation. In: *Statistical Data Editing: Impact on Data Quality*. Hrsg. von United Nations Statistical Commission; United Nations Statistical Commission for Europe. New York: United Nations Publication, S. 332–342.

Lang, K. M.; Little, T. D. (2018): Principled Missing Data Treatments. *Prevention Science*, 19(3), S. 284–294. DOI: 10.1007/s11121-016-0644-5.

Latif, B. A.; Mercier, G. (2010): Self-Organizing Maps for Processing of Data with Missing Values and Outliers: Application to Remote Sensing Images. In: *Self-Organizing Maps*. Hrsg. von Matsopoulos, G. IntechOpen, S. 189–210. DOI: 10.5772/9178.

Lazar, C.; Gatto, L.; Ferro, M.; Bruley, C.; Burger, T. (2016): Accounting for the Multiple Natures of Missing Values in Label-Free Quantitative Proteomics Data Sets to Compare Imputation Strategies. *Journal of Proteome Research*, 15(4), S. 1116–1125. DOI: 10.1021/acs.jproteome.5b00981.

Lee, R. C. T.; Slagle, J. R.; Mong, C. T. (1976): Application of Clustering to Estimate Missing Data and Improve Data Integrity. In: *Proceedings of the 2nd International Conference on Software Engineering*. Hrsg. von IEEE Computer Society. San Francisco: IEEE, S. 539–544.

Lee, S.-Y.; Chiu, Y.-M. (1990): Analysis of Multivariate Polychoric Correlation Models with Incomplete Data. *British Journal of Mathematical and Statistical Psychology*, 43(1), S. 145–154. DOI: 10.1111/j.2044-8317.1990.tb00931.x.

Lessler, J. T.; Kalsbeek, W. D. (1992): Nonsampling Error in Surveys. New York: Wiley.

Li, D.; Deogun, J.; Spaulding, W.; Shuart, B. (2004): Towards Missing Data Imputation: A Study of Fuzzy K-means Clustering Method. In: *Rough Sets and Current Trends in Computing*. Hrsg. von Tsumoto, S.; Słowiński, R.; Komorowski, J.; Grzymala-Busse, J. W. Berlin und Heidelberg: Springer, S. 573–579. DOI: 10.1007/978-3-540-25929-9_70.

Li, D.; Gu, H.; Zhang, L. (2010): A Fuzzy c-Means Clustering Algorithm Based on Nearest-Neighbor Intervals for Incomplete Data. *Expert Systems with Applications*, 37(10), S. 6942–6947. DOI: 10.1016/j.eswa.2010.03.028.

Li, Y.; Parker, L. E. (2014): Nearest Neighbor Imputation Using Spatial-Temporal Correlations in Wireless Sensor Networks. *Information Fusion*, 15, S. 64–79. DOI: 10.1016/j.inffus.2012.08.007.

Liao, S. G.; Lin, Y.; Kang, D. D.; Chandra, D.; Bon, J.; Kaminski, N.; Sciurba, F. C.; Tseng, G. C. (2014): Missing Value Imputation in High-Dimensional Phenomic Data: Imputable or not, and How? *BMC Bioinformatics*, 15:346. DOI: 10.1186/s12859-014-0346-6.

Liberati, A.; Altman, D. G.; Tetzlaff, J.; Mulrow, C.; Gøtzsche, P. C.; Ioannidis, J. P. A.; Clarke, M.; Devereaux, P. J.; Kleijnen, J.; Moher, D. (2009): The PRISMA Statement for Reporting Systematic Reviews and Meta-Analyses of Studies That Evaluate Health Care Interventions: Explanation and Elaboration. *PLOS Medicine*, 6(7):e1000100. DOI: 10.1371/journal.pmed.1000100.

Liew, A. W.-C.; Law, N.-F.; Yan, H. (2011): Missing Value Imputation for Gene Expression Data: Computational Techniques to Recover Missing Data from Available Information. *Briefings in Bioinformatics*, 12(5), S. 498–513. DOI: 10.1093/bib/bbq080.

Lin, W.-C.; Tsai, C.-F. (2020): Missing Value Imputation: A Review and Analysis of the Literature (2006–2017). *Artificial Intelligence Review*, 53(2), S. 1487–1509. DOI: 10.1007/s10462-019-09709-4.

Little, R. J. A. (1986): Survey Nonresponse Adjustments for Estimates of Means. *International Statistical Review*, 54(2), S. 139–157. DOI: 10.2307/1403140.

Little, R. J. A. (1988): Missing-Data Adjustments in Large Surveys. *Journal of Business & Economic Statistics*, 6(3), S. 287–296. DOI: 10.1080/07350015.1988.10509663.

Little, R. J. A.; Rubin, D. B. (2002): Statistical Analysis with Missing Data. 2. Aufl. Hoboken: Wiley. DOI: 10.1002/9781119013563.

Little, R. J. A.; Rubin, D. B. (2020): Statistical Analysis with Missing Data. 3. Aufl. Hoboken: Wiley. DOI: 10.1002/9781119482260.

Little, R. J. A.; Vartivarian, S. (2005): Does Weighting for Nonresponse Increase the Variance of Survey Means? *Survey Methodology*, 31(2), S. 161–168.

Little, T. D.; Jorgensen, T. D.; Lang, K. M.; Moore, E. W. G. (2014): On the Joys of Missing Data. *Journal of Pediatric Psychology*, 39(2), S. 151–162. DOI: 10.1093/jpepsy/jst048.

Liu, C.-C.; Dai, D.-Q.; Yan, H. (2010): The Theoretic Framework of Local Weighted Approximation for Microarray Missing Value Estimation. *Pattern Recognition*, 43(8), S. 2993–3002. DOI: 10.1016/j.patcog.2010.02.006.

Liu, C.-F.; Chen, T.-T.; Lee, S.-J. (2012): A Comparison of Approaches for Dealing with Missing Values. In: *Proceedings of 2012 International Conference on Machine Learning and Cybernetics*. Hrsg. von IEEE. Piscataway, S. 1576–1582. DOI: 10.1109/ICMLC.2012.6359600.

Liu, J.; Musialski, P.; Wonka, P.; Ye, J. (2013): Tensor Completion for Estimating Missing Values in Visual Data. *IEEE Transactions on Pattern Analysis and Machine Intelligence*, 35(1), S. 208–220. DOI: 10.1109/TPAMI.2012.39.

Liu, S.; Dai, H.; Gan, M. (2018): Information-Decomposition-Model-Based Missing Value Estimation for not Missing at Random Dataset. *International Journal of Machine Learning and Cybernetics*, 9(1), S. 85–95. DOI: 10.1007/s13042-015-0354-5.

Liu, Y. (2019): Incomplete Big Data Imputation Mining Algorithm Based on BP Neural Network. *Journal of Intelligent & Fuzzy Systems*, 37(4), S. 4457–4466. DOI: 10.3233/JIFS-179278.

Liu, Y.; Gopalakrishnan, V. (2017): An Overview and Evaluation of Recent Machine Learning Imputation Methods Using Cardiac Imaging Data. *Data*, 2(1):8. DOI: 10.3390/data2010008.

Lobo, O. O.; Numao, M. (1999): Ordered Estimation of Missing Values. In: *Methodologies for Knowledge Discovery and Data Mining*. Hrsg. von Zhong, N.; Zhou, L. 1574. Berlin, Heidelberg: Springer, S. 499–503. DOI: 10.1007/3-540-48912-6_67.

Longford, N. T. (2005): Missing Data and Small-Area Estimation: Modern Analytical Equipment for the Survey Statistician. New York: Springer. DOI: 10.1007/1-84628-195-4.

Lord, F. M. (1955): Estimation of Parameters from Incomplete Data. *Journal of the American Statistical Association*, 50(271), S. 870–876. DOI: 10.1080/01621459.1955.10501972.

Luengo, J.; García, S.; Herrera, F. (2010): A Study on the Use of Imputation Methods for Experimentation with Radial Basis Function Network Classifiers Handling Missing Attribute Values: The Good Synergy between RBFNs and EventCovering Method. *Neural Networks*, 23(3), S. 406–418. DOI: 10.1016/j.neunet.2009.11.014.

Luengo, J.; García, S.; Herrera, F. (2012a): On the Choice of the Best Imputation Methods for Missing Values Considering Three Groups of Classification Methods. *Knowledge and Information Systems*, 32(1), S. 77–108. DOI: 10.1007/s10115-011-0424-2.

Luengo, J.; Sáez, J.; Herrera, F. (2012b): Missing Data Imputation for Fuzzy Rule-Based Classification Systems. *Soft Computing*, 16(5), S. 863–881. DOI: 10.1007/s00500-011-0774-4.

Madbuly, D. F.; Maravelakis, P. E.; Mahmoud, M. A. (2013): The Effect of Methods for Handling Missing Values on the Performance of the MEWMA Control Chart. *Communications in Statistics - Simulation and Computation*, 42(6), S. 1437–1454. DOI: 10.1080/03610918.2012.665547.

Mahmoud, M. A.; Saleh, N. A.; Madbuly, D. F. (2014): Phase I Analysis of Individual Observations with Missing Data. *Quality and Reliability Engineering International*, 30(4), S. 559–569. DOI: 10.1002/qre.1508.

Marker, D. A.; Judkins, D. R.; Winglee, M. (2002): Large-Scale Imputation for Complex Surveys. In: *Survey Nonresponse*. Hrsg. von Groves, R. M.; Dillman, D. A.; Eltinge, J. L.; Little, R. J. A. New York: Wiley, S. 329–341.

Matthai, A. (1951): Estimation of Parameters from Incomplete Data with Application to Design of Sample Surveys. *Sankhya: The Indian Journal of Statistics*, 11(2), S. 145–152.

Mayer, M. (2021): missRanger: Fast Imputation of Missing Values. Version 2.1.3. URL: https://CRAN.R-project.org/package=missRanger.

Mazumder, R.; Hastie, T.; Tibshirani, R. (2010): Spectral Regularization Algorithms for Learning Large Incomplete Matrices. *Journal of Machine Learning Research*, 11, S. 2287–2322.

Mcdonald, R. A.; Thurston, P. W.; Nelson, M. R. (2000): A Monte Carlo Study of Missing Item Methods. *Organizational Research Methods*, 3(1), S. 71–92. DOI: 10.1177/109442810031003.

McKnight, P. E.; McKnight, K. M.; Sidani, S.; Figueredo, A. J. (2007): Missing Data: A Gentle Introduction. New York: Guilford Press.

McLachlan, G. J.; Krishnan, T. (2008): The EM Algorithm and Extensions. 2. Aufl. Hoboken: Wiley. DOI: 10.1002/9780470191613.

McNeish, D. (2017): Exploratory Factor Analysis with Small Samples and Missing Data. *Journal of Personality Assessment*, 99(6), S. 637–652. DOI: 10.1080/00223891.2016.1252382.

Mealli, F.; Rubin, D. B. (2015): Clarifying Missing at Random and Related Definitions, and Implications when Coupled with Exchangeability. *Biometrika*, 102(4), S. 995–1000. DOI: 10.1093/biomet/asv035.

Meng, X.-L.; van Dyk, D. (1997): The EM Algorithm—an Old Folk-song Sung to a Fast New Tune. *Journal of the Royal Statistical Society: Series B (Statistical Methodology)*, 59(3), S. 511–567. DOI: 10.1111/1467-9868.00082.

Messingschlager, M. (2012): Fehlende Werte in den Sozialwissenschaften: Analyse und Korrektur mit Beispielen aus dem ALLBUS. Bamberg: Univ. of Bamberg Press.

Miecznikowski, J. C.; Damodaran, S.; Sellers, K. F.; Rabin, R. A. (2010): A Comparison of Imputation Procedures and Statistical Tests for the Analysis of Two-Dimensional Electrophoresis Data. *Proteome Science*, 8:66. DOI: 10.1186/1477-5956-8-66.

Mikhchi, A.; Honarvar, M.; Kashan, N. E. J.; Aminafshar, M. (2016): Assessing and Comparison of Different Machine Learning Methods in Parent-Offspring Trios for Genotype Imputation. *Journal of Theoretical Biology*, 399, S. 148–158. DOI: 10.1016/j.jtbi.2016.03.035.

Moher, D.; Liberati, A.; Tetzlaff, J.; Altman, D. G.; The PRISMA Group (2009): Preferred Reporting Items for Systematic Reviews and Meta-Analyses: The PRISMA Statement. *Journal of Clinical Epidemiology*, 62(10), S. 1006–1012. DOI: 10.1016/j.jclinepi.2009.06.005.

Molenberghs, G.; Beunckens, C.; Sotto, C.; Kenward, M. G. (2008): Every Missingness not at Random Model has a Missingness at Random Counterpart with Equal Fit. *Journal of the Royal Statistical Society: Series B (Statistical Methodology)*, 70(2), S. 371–388. DOI: 10.1111/j.1467-9868.2007.00640.x.

Moorthy, K.; Mohamad, M. S.; Deris, S. (2014): A Review on Missing Value Imputation Algorithms for Microarray Gene Expression Data. *Current Bioinformatics*, 9(1), S. 18–22. DOI: 10.2174/1574893608999140109120957.

Morris, T. P.; White, I. R.; Crowther, M. J. (2019): Using Simulation Studies to Evaluate Statistical Methods. *Statistics in Medicine*, 38(11), S. 2074–2102. DOI: 10.1002/sim.8086.

Mozharovskyi, P.; Josse, J.; Husson, F. (2020): Nonparametric Imputation by Data Depth. *Journal of the American Statistical Association*, 115(529), S. 241–253. DOI: 10.1080/01621459.2018.1543123.

Münnich, R.; Gabler, S.; Bruch, C.; Burgard, J. P.; Enderle, T.; Kolb, J.-P.; Zimmermann, T. (2015): Tabellenauswertungen im Zensus unter Berücksichtigung fehlender Werte. *AStA Wirtschafts- und Sozialstatistisches Archiv*, 9(3-4), S. 269–304. DOI: 10.1007/s11943-015-0175-8.

Muñoz, J. F.; Rueda, M. (2009): New Imputation Methods for Missing Data Using Quantiles. *Journal of Computational and Applied Mathematics*, 232(2), S. 305–317. DOI: 10.1016/j.cam.2009.06.011.

Musil, C. M.; Warner, C. B.; Yobas, P. K.; Jones, S. L. (2002): A Comparison of Imputation Techniques for Handling Missing Data. *Western Journal of Nursing Research*, 24(7), S. 815–829. DOI: 10.1177/019394502762477004.

Nader, I. W.; Tran, U. S.; Formann, A. K. (2011): Sensitivity to Initial Values in Full Non-Parametric Maximum-Likelihood Estimation of the Two-Parameter Logistic Model. *British Journal of Mathematical and Statistical Psychology*, 64(2), S. 320–336. DOI: 10.1348/000711010X531957.

Namkung, J.; Elston, R. C.; Yang, J.-M.; Park, T. (2009): Identification of Gene-Gene Interactions in the Presence of Missing Data Using the Multifactor Dimensionality Reduction Method. *Genetic Epidemiology*, 33(7), S. 646–656. DOI: 10.1002/gepi.20416.

Nanni, L.; Lumini, A.; Brahnam, S. (2012): A Classifier Ensemble Approach for the Missing Feature Problem. *Artificial Intelligence in Medicine*, 55(1), S. 37–50. DOI: 10.1016/j.artmed.2011.11.006.

Navarro Pastor, J. B. (2003): Methods for the Analysis of Explanatory Linear Regression Models with Missing Data Not at Random. *Quality and Quantity*, 37(4), S. 363–376. DOI: 10.1023/A:1027323122628.

Newcombe, R. G. (1998): Two-Sided Confidence Intervals for the Single Proportion: Comparison of Seven Methods. *Statistics in Medicine*, 17(8), S. 857–872. DOI: 10.1002/(SICI)1097-0258(19980430)17:8<857::AID-SIM777>3.0.CO;2-E.

Newman, D. A. (2014): Missing Data: Five Practical Guidelines. *Organizational Research Methods*, 17(4), S. 372–411. DOI: 10.1177/1094428114548590.

Nguyen, D. V.; Wang, N.; Carroll, R. J. (2004): Evaluation of Missing Value Estimation for Microarray Data. *Journal of Data Science*, 2(4), S. 347–370. DOI: 10.6339/JDS.2004.02(4).170.

Nicholson, J. S.; Deboeck, P. R.; Howard, W. (2017): Attrition in Developmental Psychology: A Review of Modern Missing Data Reporting and Practices. *International Journal of Behavioral Development*, 41(1), S. 143–153. DOI: 10.1177/0165025415618275.

Niloofar, P.; Ganjali, M. (2014): A New Multivariate Imputation Method Based on Bayesian Networks. *Journal of Applied Statistics*, 41(3), S. 501–518. DOI: 10.1080/02664763.2013.842960.

Ning, J.; Cheng, P. E. (2012): A Comparison Study of Nonparametric Imputation Methods. *Statistics and Computing*, 22(1), S. 273–285. DOI: 10.1007/s11222-010-9223-y.

Nishanth, K. J.; Ravi, V. (2016): Probabilistic Neural Network Based Categorical Data Imputation. *Neurocomputing*, 218, S. 17–25. DOI: 10.1016/j.neucom.2016.08.044.

Nishanth, K. J.; Ravi, V.; Ankaiah, N.; Bose, I. (2012): Soft Computing Based Imputation and Hybrid Data and Text Mining: The Case of Predicting the Severity of Phishing Alerts. *Expert Systems with Applications*, 39(12), S. 10583–10589. DOI: 10.1016/j.eswa.2012.02.138.

Nittner, T. (2004): The Additive Model Affected by Missing Completely at Random in the Covariate. *Computational Statistics*, 19(2), S. 261–282. DOI: 10.1007/BF02892060.

Novo, A. A.; Schafer, J. L. (2013): norm: Analysis of Multivariate Normal Datasets with Missing Values. Version 1.0-9.5. URL: https://CRAN.R-project.org/package=norm.

Oba, S.; Sato, M.-a.; Takemasa, I.; Monden, M.; Matsubara, K.-i.; Ishii, S. (2003): A Bayesian Missing Value Estimation Method for Gene Expression Profile Data. *Bioinformatics*, 19(16), S. 2088–2096. DOI: 10.1093/bioinformatics/btg287.

Oh, S.; Kang, D. D.; Brock, G. N.; Tseng, G. C. (2011): Biological Impact of Missing-Value Imputation on Downstream Analyses of Gene Expression Profiles. *Bioinformatics*, 27(1), S. 78–86. DOI: 10.1093/bioinformatics/btq613.

Olinsky, A.; Chen, S.; Harlow, L. (2003): The Comparative Efficacy of Imputation Methods for Missing Data in Structural Equation Modeling. *European Journal of Operational Research*, 151(1), S. 53–79. DOI: 10.1016/S0377-2217(02)00578-7.

Ono, M.; Miller, H. P. (1969): Income Nonresponses in the Current Population Survey. In: *Proceedings of the Social Statistics Section*. Hrsg. von American Statistical Association. Washington, S. 277–288.

Ouyang, M.; Welsh, W. J.; Georgopoulos, P. (2004): Gaussian Mixture Clustering and Imputation of Microarray Data. *Bioinformatics*, 20(6), S. 917–923. DOI: 10.1093/bioinformatics/bth007.

Pan, R.; Yang, T.; Cao, J.; Lu, K.; Zhang, Z. (2015): Missing Data Imputation by K Nearest Neighbours Based on Grey Relational Structure and Mutual Information. *Applied Intelligence*, 43(3), S. 614–632. DOI: 10.1007/s10489-015-0666-x.

Pan, X.-Y.; Tian, Y.; Huang, Y.; Shen, H.-B. (2011): Towards Better Accuracy for Missing Value Estimation of Epistatic Miniarray Profiling Data by a Novel Ensemble Approach. *Genomics*, 97(5), S. 257–264. DOI: 10.1016/j.ygeno.2011.03.001.

Paniagua, D.; Amor, P. J.; Echeburúa, E.; Abad, F. J. (2017): Comparison of Methods for Dealing with Missing Values in the EPV-R. *Psicothema*, 29(3), S. 384–389. DOI: 10.7334/psicothema2016.75.

Paramasivam, M.; Thiagarajan, H.; Shanmugam, P.; Savarimuthu, N. (2009): Imputation of Missing Data: A Semi-Supervised Clustering Methodology. *Journal of Information Science and Technology*, 6(3), S. 38–55.

Pati, S. K.; Das, A. K. (2017): Missing Value Estimation for Microarray Data through Cluster Analysis. *Knowledge and Information Systems*, 52(3), S. 709–750. DOI: 10.1007/s10115-017-1025-5.

Paul, A.; Sil, J.; Mukhopadhyay, C. D. (2017): Gene Selection for Designing Optimal Fuzzy Rule Base Classifier by Estimating Missing Value. *Applied Soft Computing*, 55, S. 276–288. DOI: 10.1016/j.asoc.2017.01.046.

Paul, C.; Mason, W. M.; McCaffrey, D.; Fox, S. A. (2008): A Cautionary Case Study of Approaches to the Treatment of Missing Data. *Statistical Methods and Applications*, 17(3), S. 351–372. DOI: 10.1007/s10260-007-0090-4.

Pedersen, A. B.; Mikkelsen, E. M.; Cronin-Fenton, D.; Kristensen, N. R.; Pham, T. M.; Pedersen, L.; Petersen, I. (2017): Missing Data and Multiple Imputation in Clinical Epidemiological Research. *Clinical Epidemiology*, 9, S. 157–166. DOI: 10.2147/CLEP.S129785.

Pelckmans, K.; Brabanter, J. de; Suykens, J. A. K.; Moor, B. de (2005): Handling Missing Values in Support Vector Machine Classifiers. *Neural Networks*, 18(5-6), S. 684–692. DOI: 10.1016/j.neunet.2005.06.025.

Penone, C.; Davidson, A. D.; Shoemaker, K. T.; Di Marco, M.; Rondinini, C.; Brooks, T. M.; Young, B. E.; Graham, C. H.; Costa, G. C. (2014): Imputation of Missing Data in Life-History Trait Datasets: Which Approach Performs the Best? *Methods in Ecology and Evolution*, 5(9), S. 961–970. DOI: 10.1111/2041-210X.12232.

Peugh, J. L.; Enders, C. K. (2004): Missing Data in Educational Research: A Review of Reporting Practices and Suggestions for Improvement. *Review of Educational Research*, 74(4), S. 525–556. DOI: 10.3102/00346543074004525.

Peyre, H.; Leplège, A.; Coste, J. (2011): Missing Data Methods for Dealing with Missing Items in Quality of Life Questionnaires. A Comparison by Simulation of Personal Mean Score, Full Information Maximum Likelihood, Multiple Imputation, and Hot Deck Techniques Applied to the SF-36 in the French 2003 Decennial Health Survey. *Quality of Life Research*, 20(2), S. 287–300. DOI: 10.1007/s11136-010-9740-3.

Pigott, T. D. (2001): A Review of Methods for Missing Data. *Educational Research and Evaluation*, 7(4), S. 353–383. DOI: 10.1076/edre.7.4.353.8937.

Qin, Y.; Zhang, S.; Zhu, X.; Zhang, J.; Zhang, C. (2007): Semi-Parametric Optimization for Missing Data Imputation. *Applied Intelligence*, 27(1), S. 79–88. DOI: 10.1007/s10489-006-0032-0.

Qin, Y.; Zhang, S.; Zhu, X.; Zhang, J.; Zhang, C. (2009): POP Algorithm: Kernel-Based Imputation to Treat Missing Values in Knowledge Discovery from Databases. *Expert Systems with Applications*, 36(2, Part 2), S. 2794–2804. DOI: 10.1016/j.eswa.2008.01.059.

Quinlan, J. R. (1986): Induction of Decision Trees. *Machine Learning*, 1(1), S. 81–106. DOI: 10.1007/BF00116251.

Quinlan, J. R. (1993): C4.5: Programs for Machine Learning. San Mateo: Morgan Kaufmann.

R Core Team (2020): R: A Language and Environment for Statistical Computing. Vienna, Austria. URL: https://www.R-project.org/.

Raaijmakers, Q. A. W. (1999): Effectiveness of Different Missing Data Treatments in Surveys with Likert-Type Data: Introducing the Relative Mean Substitution Approach. *Educational and Psychological Measurement*, 59(5), S. 725–748. DOI: 10.1177/0013164499595001.

Raghunathan, T. E.; Lepkowski, J. M.; van Hoewyk, J.; Solenberg, P. (2001): A Multivariate Technique for Multiply Imputing Missing Values Using a Sequence of Regression Models. *Survey Methodology*, 27(1), S. 85–95.

Raghunathan, T. E.; Solenberg, P.; Berglund, P. A.; van Hoewyk, J. (2016): IVEware: Imputation and Variance Estimation Software. Version 0.3. Ann Arbor, Michigan: University of Michigan.

Rahman, M. G.; Islam, M. Z. (2013): Missing Value Imputation Using Decision Trees and Decision Forests by Splitting and Merging Records: Two Novel Techniques. *Knowledge-Based Systems*, 53, S. 51–65. DOI: 10.1016/j.knosys.2013.08.023.

Rahman, M. G.; Islam, M. Z. (2014): FIMUS: A Framework for Imputing Missing Values Using Co-Appearance, Correlation and Similarity Analysis. *Knowledge-Based Systems*, 56, S. 311–327. DOI: 10.1016/j.knosys.2013.12.005.

Rahman, M. G.; Islam, M. Z. (2016): Missing Value Imputation Using a Fuzzy Clustering-based EM Approach. *Knowledge and Information Systems*, 46(2), S. 389–422. DOI: 10.1007/s10115-015-0822-y.

Raja, P. S.; Thangavel, K. (2020): Missing Value Imputation Using Unsupervised Machine Learning Techniques. *Soft Computing*, 24(6), S. 4361–4392. DOI: 10.1007/s00500-019-04199-6.

Ramosaj, B.; Pauly, M. (2019): Predicting Missing Values: A Comparative Study on Non-Parametric Approaches for Imputation. *Computational Statistics*, 34(4), S. 1741–1764. DOI: 10.1007/s00180-019-00900-3.

Rao, J. N. K. (1996): On Variance Estimation with Imputed Survey Data. *Journal of the American Statistical Association*, 91(434), S. 499–506. DOI: 10.2307/2291637.

Rao, J. N. K.; Shao, J. (1992): Jackknife Variance Estimation with Survey Data under Hot Deck Imputation. *Biometrika*, 79(4), S. 811–822. DOI: 10.1093/biomet/79.4.811.

Rao, S. S. S.; Shepherd, L. A.; Bruno, A. E.; Liu, S.; Miecznikowski, J. C. (2013): Comparing Imputation Procedures for Affymetrix Gene Expression Datasets Using MAQC Datasets. *Advances in Bioinformatics*, 2013:790567. DOI: 10.1155/2013/790567.

Rässler, S. (2000): Ergänzung fehlender Daten in Umfragen: Imputation of Missing Data in Surveys. *Jahrbücher für Nationalökonomie und Statistik*, 220(1), S. 64–94. DOI: 10.1515/jbnst-2000-0106.

Raymond, M. R. (1986): Missing Data in Evaluation Research. *Evaluation & the Health Professions*, 9(4), S. 395–420. DOI: 10.1177/016327878600900401.

Raymond, M. R.; Roberts, D. M. (1987): A Comparison of Methods for Treating Incomplete Data in Selection Research. *Educational and Psychological Measurement*, 47(1), S. 13–26. DOI: 10.1177/0013164487471002.

Razak, N. A.; Zubairi, Y. Z.; Yunus, R. M. (2014): Imputing Missing Values in Modelling the PM10 Concentrations. *Sains Malaysiana*, 43(10), S. 1599–1607.

Rieger, A.; Hothorn, T.; Strobl, C. (2010): Random Forests with Missing Values in the Covariates. Technical Report. München: LMU München.

Ritz, C.; Edén, P. (2008): Accounting for One-Channel Depletion Improves Missing Value Imputation in 2-Dye Microarray Data. *BMC Genomics*, 9:25. DOI: 10.1186/1471-2164-9-25.

Robitzsch, A.; Rupp, A. A. (2009): Impact of Missing Data on the Detection of Differential Item Functioning: The Case of Mantel-Haenszel and Logistic Regression Analysis. *Educational and Psychological Measurement*, 69(1), S. 18–34. DOI: 10.1177/0013164408318756.

Rockel, T. (2017): Gütevergleich von Imputationsverfahren: Eine Analyse existierender Simulationsstudien. Ilmenauer Beiträge zur Wirtschaftsinformatik. Ilmenau: Technische Universität Ilmenau.

Rockel, T. (2018): Vergleich von Imputationsverfahren: Eine Simulationsstudie. Ilmenauer Beiträge zur Wirtschaftsinformatik. Ilmenau: Technische Universität Ilmenau.

Rockel, T. (2020): missMethods: Methods for Missing Data. Version 0.2.0. URL: https://CRAN.R-project.org/package=missMethods.

Rockel, T. (2022): imputeGeneric: Ease the Implementation of Imputation Methods. Version 0.1.0. URL: https://cran.r-project.org/package=imputeGeneric.

Roth, P. L. (1994): Missing Data: A Conceptual Review for Applied Psychologists. *Personnel Psychology*, 47(3), S. 537–560. DOI: 10.1111/j.1744-6570.1994.tb01736.x.

Roth, P. L.; Switzer, F. S. (1995): A Monte Carlo Analysis of Missing Data Techniques in a HRM Setting. *Journal of Management*, 21(5), S. 1003–1023. DOI: 10.1177/014920639502100511.

Roth, P. L.; Switzer, F. S.; Switzer, D. M. (1999): Missing Data in Multiple Item Scales: A Monte Carlo Analysis of Missing Data Techniques. *Organizational Research Methods*, 2(3), S. 211–232. DOI: 10.1177/109442819923001.

RStudio Team (2020): RStudio: Integrated Development Environment for R. Boston, MA. URL: http://www.rstudio.com/.

Rubin, D. B. (1972): A Non-Iterative Algorithm for Least Squares Estimation of Missing Values in Any Analysis of Variance Design. *Journal of the Royal Statistical Society: Series C (Applied Statistics)*, 21(2), S. 136–141. DOI: 10.2307/2346485.

Rubin, D. B. (1976): Inference and Missing Data. *Biometrika*, 63(3), S. 581–592. DOI: 10.1093/biomet/63.3.581.

Rubin, D. B. (1977): Formalizing Subjective Notions about the Effect of Nonrespondents in Sample Surveys. *Journal of the American Statistical Association*, 72(359), S. 538–543. DOI: 10.1080/01621459.1977.10480610.

Rubin, D. B. (1978): Multiple Imputations in Sample Surveys: A Phenomenological Bayesian Approach to Nonresponse. In: *Proceedings of the Section on Survey Research Methods*. Hrsg. von American Statistical Association. Washington, S. 20–28.

Rubin, D. B. (1986): Statistical Matching Using File Concatenation with Adjusted Weights and Multiple Imputations. *Journal of Business & Economic Statistics*, 4(1), S. 87–94. DOI: 10.2307/1391390.

Rubin, D. B. (1987): Multiple Imputation for Nonresponse in Surveys. New York: Wiley. DOI: 10.1002/9780470316696.

Rüger, B. (1996): Induktive Statistik: Einführung für Wirtschafts- und Sozialwissenschaftler. 3. Aufl. München: Oldenbourg.

Rutkoski, J. E.; Poland, J.; Jannink, J.-L.; Sorrells, M. E. (2013): Imputation of Unordered Markers and the Impact on Genomic Selection Accuracy. *G3: Genes/Genomes/Genetics*, 3(3), S. 427–439. DOI: 10.1534/g3.112.005363.

Ryder, A. B.; Wilkinson, A. V.; McHugh, M. K.; Saunders, K.; Kachroo, S.; D'Amelio, A.; Bondy, M.; Etzel, C. J. (2011): The Advantage of Imputation of Missing Income Data to Evaluate the Association Between Income and Self-Reported Health Status (SRH) in a Mexican American Cohort Study. *Journal of Immigrant and Minority Health*, 13(6), S. 1099–1109. DOI: 10.1007/s10903-010-9415-8.

Saar-Tsechansky, M.; Provost, F. (2007): Handling Missing Values when Applying Classification Models. *Journal of Machine Learning Research*, 8, S. 1625–1657.

Saha, B.; Gupta, S.; Phung, D.; Venkatesh, S. (2017): Effective Sparse Imputation of Patient Conditions in Electronic Medical Records for Emergency Risk Predictions. *Knowledge and Information Systems*, 53(1), S. 179–206. DOI: 10.1007/s10115-017-1038-0.

Samad, T.; Harp, S. A. (1992): Self-Organization with Partial Data. *Network: Computation in Neural Systems*, 3(2), S. 205–212. DOI: 10.1088/0954-898X_3_2_008.

Sande, G. (1979a): Numerical Edit and Imputation. International Association for Statistical Computing, 42nd Session of the International Statistical Institute. Manila.

Sande, I. G. (1979b): A Personal View of Hot-Deck Imputation Procedures. *Survey Methodology*, 5(2), S. 238–258.

Sande, I. G. (1982): Imputation in Surveys: Coping with Reality. *The American Statistician*, 36(3), S. 145–152. DOI: 10.1080/00031305.1982.10482816.

Sande, I. G. (1983): Hot-Deck Imputation Procedures. In: *Incomplete Data in Sample Surveys: Vol. 3: Proceedings of the Symposium*. Hrsg. von Madow, W. G.; Olkin, I. Bd. 3. New York: Academic Press, S. 339–349.

Santos, M. S.; Pereira, R. C.; Costa, A. F.; Soares, J. P.; Santos, J.; Abreu, P. H. (2019): Generating Synthetic Missing Data: A Review by Missing Mechanism. *IEEE Access*, 7, S. 11651–11667. DOI: 10.1109/ACCESS.2019.2891360.

Santos, R. (1981): Effects of Imputation on Regression Coefficients. In: *Proceedings of the Survey Research Methods Section.* Hrsg. von American Statistical Association, S. 140–145.

Särndal, C.-E. (1992): Methods for Estimating the Precision of Survey Estimates when Imputation Has Been Used. *Survey Methodology*, 18(2), S. 241–252.

Savalei, V.; Rhemtulla, M. (2012): On Obtaining Estimates of the Fraction of Missing Information From Full Information Maximum Likelihood. *Structural Equation Modeling: A Multidisciplinary Journal*, 19(3), S. 477–494. DOI: 10.1080/10705511.2012.687669.

Schafer, J. L. (1997): Analysis of Incomplete Multivariate Data. Boca Raton: Chapman & Hall. DOI: 10.1201/9780367803025.

Schafer, J. L.; Graham, J. W. (2002): Missing Data: Our View of the State of the Art. *Psychological Methods*, 7(2), S. 147–177. DOI: 10.1037/1082-989X.7.2.147.

Scheel, I.; Aldrin, M.; Glad, I. K.; Sørum, R.; Lyng, H.; Frigessi, A. (2005): The Influence of Missing Value Imputation on Detection of Differentially Expressed Genes from Microarray Data. *Bioinformatics*, 21(23), S. 4272–4279. DOI: 10.1093/bioinformatics/bti708.

Scheffer, J. (2002): Dealing with Missing Data. *Research Letters in the Information and Mathematical Sciences*, 3, S. 153–160.

Schmid, C. H.; Terrin, N.; Griffith, J. L.; D'agostino, R. B.; Selker, H. P. (2001): Predictive Performance of Missing Data Methods for Logistic Regression, Classification Trees and Neural Networks. *Journal of Statistical Computation and Simulation*, 71(2), S. 115–140. DOI: 10.1080/00949650108812138.

Schnell, R. (1985): Zur Effizienz einiger Missing-Data-Techniken: Ergebnisse einer Com-puter-Simulation. *ZUMA Nachrichten*, 9(17), S. 50–74.

Schnell, R. (1986): Missing-Data-Probleme in der empirischen Sozialforschung. Dissertation. Bochum.

Schouten, R. M.; Lugtig, P.; Vink, G. (2018): Generating Missing Values for Simulation Purposes: A Multivariate Amputation Procedure. *Journal of Statistical Computation and Simulation*, 88(15), S. 2909–2930. DOI: 10.1080/00949655.2018.1491577.

Schulte Nordholt, E. (1998): Imputation: Methods, Simulation Experiments and Practical Examples. *International Statistical Review*, 66(2), S. 157–180. DOI: 10.1111/j.1751-5823.1998.tb00412.x.

Schwab, G. (1991): Fehlende Werte in der angewandten Statistik. Wiesbaden: Deutscher Universitäts-Verlag.

Schwarze, J.; Elsas, S. (2013): Analyse von Einkommensverteilungen: Ansätze, Methoden und Empirie. Bamberg: Univ. of Bamberg Press.

Schwender, H. (2012): Imputing Missing Genotypes with Weighted k Nearest Neighbors. *Journal of Toxicology and Environmental Health, Part A*, 75(8-10), S. 438–446. DOI: 10.1080/15287394.2012.674910.

Schwertman, N. C.; Allen, D. M. (1979): Smoothing an Indefinite Variance-Covariance Matrix. *Journal of Statistical Computation and Simulation*, 9(3), S. 183–194. DOI: 10.1080/00949657908810316.

Seaman, S.; Galati, J.; Jackson, D.; Carlin, J. (2013): What Is Meant by "Missing at Random"? *Statistical Science*, 28(2), S. 257–268. DOI: 10.1214/13-STS415.

Sefidian, A. M.; Daneshpour, N. (2019): Missing Value Imputation Using a Novel Grey Based Fuzzy c-Means, Mutual Information Based Feature Selection, and Regression Model. *Expert Systems with Applications*, 115, S. 68–94. DOI: 10.1016/j.eswa.2018.07.057.

Sehgal, M. S. B.; Gondal, I.; Dooley, L. S. (2005): Collateral Missing Value Imputation: a New Robust Missing Value Estimation Algorithm for Microarray Data. *Bioinformatics*, 21(10), S. 2417–2423. DOI: 10.1093/bioinformatics/bti345.

Sehgal, M. S. B.; Gondal, I.; Dooley, L. S.; Coppel, R. (2008): Ameliorative Missing Value Imputation for Robust Biological Knowledge Inference. *Journal of Biomedical Informatics*, 41(4), S. 499–514. DOI: 10.1016/j.jbi.2007.10.005.

Sehgal, M. S. B.; Gondal, I.; Dooley, L. S.; Coppel, R. (2009): How to Improve Postgenomic Knowledge Discovery Using Imputation. *EURASIP Journal on Bioinformatics and Systems Biology*, 2009:717136. DOI: 10.1155/2009/717136.

Sentas, P.; Angelis, L. (2006): Categorical Missing Data Imputation for Software Cost Estimation by Multinomial Logistic Regression. *Journal of Systems and Software*, 79(3), S. 404–414. DOI: 10.1016/j.jss.2005.02.026.

Sharpe, P. K.; Solly, R. J. (1995): Dealing with Missing Values in Neural Network-Based Diagnostic Systems. *Neural Computing and Applications*, 3(2), S. 73–77. DOI: 10.1007/BF01421959.

Shen, S. M.; Lai, Y. L. (2001): Handling Incomplete Quality-of-Life Data. *Social Indicators Research*, 55(2), S. 121–166. DOI: 10.1023/A:1011063824077.

Siddique, J.; Belin, T. R. (2008): Multiple Imputation Using an Iterative Hot-Deck with Distance-Based Donor Selection. *Statistics in Medicine*, 27(1), S. 83–102. DOI: 10.1002/sim.3001.

Silva, J. d. A.; Hruschka, E. R. (2013): An Experimental Study on the Use of Nearest Neighbor-Based Imputation Algorithms for Classification Tasks. *Data & Knowledge Engineering*, 84, S. 47–58. DOI: 10.1016/j.datak.2012.12.006.

Silva-Ramírez, E.-L.; Pino-Mejías, R.; López-Coello, M. (2015): Single Imputation with Multilayer Perceptron and Multiple Imputation Combining Multilayer Perceptron and k-Nearest Neighbours for Monotone Patterns. *Applied Soft Computing*, 29, S. 65–74. DOI: 10.1016/j.asoc.2014.09.052.

Silva-Ramírez, E.-L.; Pino-Mejías, R.; López-Coello, M.; Cubiles-de-la-Vega, M.-D. (2011): Missing Value Imputation on Missing Completely at Random Data Using Multilayer Perceptrons. *Neural Networks*, 24(1), S. 121–129. DOI: 10.1016/j.neunet.2010.09.008.

Singh, G. N.; Suman, S. (2019): Estimation of Population Mean Using Imputation Methods for Missing Data Under Two-Phase Sampling Design. *Journal of Statistical Theory and Practice*, 13(1):19. DOI: 10.1007/s42519-018-0016-5.

Solaro, N.; Barbiero, A.; Manzi, G.; Ferrari, P. A. (2018): A Simulation Comparison of Imputation Methods for Quantitative Data in the Presence of Multiple Data Patterns. *Journal of Statistical Computation and Simulation*, 88(18), S. 3588–3619. DOI: 10.1080/00949655.2018.1530773.

Solaro, N.; Barbiero, A.; Manzi, G.; Ferrari, P. A. (2017): A Sequential Distance-Based Approach for Imputing Missing Data: Forward Imputation. *Advances in Data Analysis and Classification*, 11(2), S. 395–414. DOI: 10.1007/s11634-016-0243-0.

Somasundaram, R. S.; Nedunchezhian, R. (2011): Evaluation of Three Simple Imputation Methods for Enhancing Preprocessing of Data with Missing Values. *International Journal of Computer Applications*, 21(10), S. 14–19. DOI: 10.5120/2619-3544.

Stacklies, W.; Redestig, H.; Scholz, M.; Walther, D.; Selbig, J. (2007): pcaMethods: A Bioconductor Package Providing PCA Methods for Incomplete Data. *Bioinformatics*, 23(9), S. 1164–1167. DOI: 10.1093/bioinformatics/btm069.

Stekhoven, D. J. (2013): missForest: Nonparametric Missing Value Imputation using Random Forest. Version 1.4. URL: https://cran.r-project.org/package=missForest.

Stekhoven, D. J.; Bühlmann, P. (2012): MissForest: Non-parametric Missing Value Imputation for Mixed-type Data. *Bioinformatics*, 28(1), S. 112–118. DOI: 10.1093/bioinformatics/btr597.

Strike, K.; El Emam, K.; Madhavji, N. (2001): Software Cost Estimation with Incomplete Data. *IEEE Transactions on Software Engineering*, 27(10), S. 890–908. DOI: 10.1109/32.962560.

Subasi, M. M.; Subasi, E.; Anthony, M.; Hammer, P. L. (2011): A New Imputation Method for Incomplete Binary Data. *Discrete Applied Mathematics*, 159(10), S. 1040–1047. DOI: 10.1016/j.dam.2011.01.024.

Suguna, N.; Thanushkodi, K. G. (2011): Predicting Missing Attribute Values Using k-Means Clustering. *Journal of Computer Science*, 7(2), S. 216–224. DOI: 10.3844/jcssp.2011.216.224.

Sun, Y.; Braga-Neto, U.; Dougherty, E. R. (2009): Impact of Missing Value Imputation on Classification for DNA Microarray Gene Expression Data: A Model-Based Study. *EURASIP Journal on Bioinformatics and Systems Biology*, 2009:504069. DOI: 10.1155/2009/504069.

Tang, F.; Ishwaran, H. (2017): Random Forest Missing Data Algorithms. *Statistical Analysis and Data Mining: The ASA Data Science Journal*, 10(6), S. 363–377. DOI: 10.1002/sam.11348.

Tang, S.; Ding, Y.; Sibille, E.; Mogil, J. S.; Lariviere, W. R.; Tseng, G. C. (2014): Imputation of Truncated p-Values for Meta-Analysis Methods and Its Genomic Application. *The Annals of Applied Statistics*, 8(4), S. 2150–2174. DOI: 10.1214/14-AOAS747.

Taylor, S. L.; Ruhaak, L. R.; Kelly, K.; Weiss, R. H.; Kim, K. (2017): Effects of Imputation on Correlation: Implications for Analysis of Mass Spectrometry Data from Multiple Biological Matrices. *Briefings in Bioinformatics*, 18(2), S. 312–320. DOI: 10.1093/bib/bbw010.

Templ, M.; Hron, K.; Filzmoser, P.; Gardlo, A. (2016): Imputation of Rounded Zeros for High-Dimensional Compositional Data. *Chemometrics and Intelligent Laboratory Systems*, 155, S. 183–190. DOI: 10.1016/j.chemolab.2016.04.011.

Templ, M.; Kowarik, A.; Filzmoser, P. (2011): Iterative Stepwise Regression Imputation Using Standard and Robust Methods. *Computational Statistics and Data Analysis*, 55(10), S. 2793–2806. DOI: 10.1016/j.csda.2011.04.012.

Therneau, T.; Atkinson, B. (2019): rpart: Recursive Partitioning and Regression Trees. Version 4.1-15. URL: https://CRAN.R-project.org/package=rpart.

Tian, J.; Yu, B.; Yu, D.; Ma, S. (2014): Missing Data Analyses: A Hybrid Multiple Imputation Algorithm Using Gray System Theory and Entropy Based on Clustering. *Applied Intelligence*, 40(2), S. 376–388. DOI: 10.1007/s10489-013-0469-x.

Timm, N. H. (1970): The Estimation of Variance-Covariance and Correlation Matrices from Incomplete Data. *Psychometrika*, 35(4), S. 417–437. DOI: 10.1007/BF02291818.

Tipping, M. E.; Bishop, C. M. (1999a): Mixtures of Probabilistic Principal Component Analyzers. *Neural Computation*, 11(2), S. 443–482. DOI: 10.1162/089976699300016728.

Tipping, M. E.; Bishop, C. M. (1999b): Probabilistic Principal Component Analysis. *Journal of the Royal Statistical Society: Series B (Statistical Methodology)*, 61(3), S. 611–622. DOI: 10.1111/1467-9868.00196.

Toutenburg, H.; Heumann, C. (2008): Induktive Statistik: Eine Einführung mit R und SPSS. 4. Aufl. Berlin und Heidelberg: Springer. DOI: 10.1007/978-3-540-77510-2.

Toutenburg, H.; Nittner, T. (2002): Linear Regression Models with Incomplete Categorical Covariates. *Computational Statistics*, 17(2), S. 215–232. DOI: 10.1007/s001800200103.

Troyanskaya, O.; Cantor, M.; Sherlock, G.; Brown, P.; Hastie, T.; Tibshirani, R.; Botstein, D.; Altman, R. B. (2001): Missing Value Estimation Methods for DNA Microarrays. *Bioinformatics*, 17(6), S. 520–525. DOI: 10.1093/bioinformatics/17.6.520.

Tsikriktsis, N. (2005): A Review of Techniques for Treating Missing Data in OM Survey Research. *Journal of Operations Management*, 24(1), S. 53–62. DOI: 10.1016/j.jom.2005.03.001.

Tuikkala, J.; Elo, L.; Nevalainen, O. S.; Aittokallio, T. (2006): Improving Missing Value Estimation in Microarray Data with Gene Ontology. *Bioinformatics*, 22(5), S. 566–572. DOI: 10.1093/bioinformatics/btk019.

Tuikkala, J.; Elo, L. L.; Nevalainen, O. S.; Aittokallio, T. (2008): Missing Value Imputation Improves Clustering and Interpretation of Gene Expression Microarray Data. *BMC Bioinformatics*, 9:202. DOI: 10.1186/1471-2105-9-202.

Twala, B. (2009): An Empirical Comparison of Techniques for Handling Incomplete Data Using Decision Trees. *Applied Artificial Intelligence*, 23(5), S. 373–405. DOI: 10.1080/08839510902872223.

U.S. Bureau of the Census (1961): U.S. Census of Population: 1960: Volume I. Characteristics of the Population. Washington: U.S. Bureau of the Census.

U.S. Census Bureau (2002): Technical Paper 63RV: Design and Methodology. o. O.: U.S. Census Bureau.

U.S. Census Bureau (2009): A Compass for Understanding and Using American Community Survey Data: What PUMS Data Users Need to Know. Washington: U.S. Census Bureau.

U.S. Census Bureau (2016): American Community Survey (ACS): 2015 ACS 1-year PUMS. URL: https://www.census.gov/programs-surveys/acs/data/pums.html (besucht am 10.05.2017).

U.S. Census Bureau (2021): Imputation of Unreported Data Items. URL: https://www.census.gov/programs-surveys/cps/technical-documentation/methodology/imputation-of-unreported-data-items.html (besucht am 06.01.2022).

Vacek, P. M.; Takamaru, A. (1980): An Examination of the Nearest Neighbor Rule for Imputing Missing Values. In: *Proceedings of the Statistical Computing Section*. Hrsg. von American Statistical Association, S. 326–331.

van Buuren, S. (2007): Multiple Imputation of Discrete and Continuous Data by Fully Conditional Specification. *Statistical Methods in Medical Research*, 16(3), S. 219–242. DOI: 10.1177/0962280206074463.

van Buuren, S. (2018): Flexible Imputation of Missing Data. 2. Aufl. Boca Raton: CRC Press. DOI: 10.1201/9780429492259.

van Buuren, S.; Brand, J. P. L.; Groothuis-Oudshoorn, C. G. M.; Rubin, D. B. (2006): Fully Conditional Specification in Multivariate Imputation. *Journal of Statistical Computation and Simulation*, 76(12), S. 1049–1064. DOI: 10.1080/10629360600810434.

van Buuren, S.; Groothuis-Oudshoorn, K. (2011): mice: Multivariate Imputation by Chained Equations in R. *Journal of Statistical Software*, 45(3), S. 1–67. DOI: 10.18637/jss.v045.i03.

van der Loo, M.; de Jonge, E. (2011): Deductive Imputation with the Deducorrect Package. Discussion paper. The Hague: Statistics Netherlands.

van Hulse, J.; Khoshgoftaar, T. M. (2008): A Comprehensive Empirical Evaluation of Missing Value Imputation in Noisy Software Measurement Data. *Journal of Systems and Software*, 81(5), S. 691–708. DOI: 10.1016/j.jss.2007.07.043.

Verbanck, M.; Josse, J.; Husson, F. (2015): Regularised PCA to Denoise and Visualise Data. *Statistics and Computing*, 25(2), S. 471–486. DOI: 10.1007/s11222-013-9444-y.

Verboven, S.; Branden, K. V.; Goos, P. (2007): Sequential Imputation for Missing Values. *Computational Biology and Chemistry*, 31(5–6), S. 320–327. DOI: 10.1016/j.compbiolchem.2007.07.001.

Waal, T. de; Coutinho, W.; Shlomo, N. (2017): Calibrated Hot Deck Imputation for Numerical Data Under Edit Restrictions. *Journal of Survey Statistics and Methodology*, 5(3), S. 372–397. DOI: 10.1093/jssam/smw037.

Waal, T. de; Pannekoek, J.; Scholtus, S. (2011): Handbook of Statistical Data Editing and Imputation. Hoboken: Wiley. DOI: 10.1002/9780470904848.

Waljee, A. K.; Mukherjee, A.; Singal, A. G.; Zhang, Y.; Warren, J.; Balis, U.; Marrero, J.; Zhu, J.; Higgins, P. D. R. (2013): Comparison of Imputation Methods for Missing Laboratory Data in Medicine. *BMJ Open*, 3(8):e002847. DOI: 10.1136/bmjopen-2013-002847.

Walsh, J. E. (1961): Computer-Feasible Method for Handling Incomplete Data in Regression Analysis. *Journal of the ACM*, 8(2), S. 201–211. DOI: 10.1145/321062.321068.

Wang, C. Y.; Feng, Z. (2010): Boosting with Missing Predictors. *Biostatistics*, 11(2), S. 195–212. DOI: 10.1093/biostatistics/kxp052.

Wang, J.; Gamazon, E. R.; Pierce, B. L.; Stranger, B. E.; Im, H. K.; Gibbons, R. D.; Cox, N. J.; Nicolae, D. L.; Chen, L. S. (2016): Imputing Gene Expression in Uncollected Tissues Within and Beyond GTEx. *American Journal of Human Genetics*, 98(4), S. 697–708. DOI: 10.1016/j.ajhg.2016.02.020.

Wang, J.; Li, L.; Chen, T.; Ma, J.; Zhu, Y.; Zhuang, J.; Chang, C. (2017): In-Depth Method Assessments of Differentially Expressed Protein Detection for Shotgun Proteomics Data with Missing Values. *Scientific Reports*, 7:3367. DOI: 10.1038/s41598-017-03650-8.

Wang, J.; Rapatz, G.; Lowy, A.; Olson, S.; Kuebler, J. (2009): Missing Item Imputation for Quality-of-Life Instruments with Application to Asthma Quality-of-Life Questionnaires. *Pharmaceutical Statistics*, 8(1), S. 73–83. DOI: 10.1002/pst.333.

Wang, X.; Li, A.; Jiang, Z.; Feng, H. (2006): Missing Value Estimation for DNA Microarray Gene Expression Data by Support Vector Regression Imputation and Orthogonal Coding Scheme. *BMC Bioinformatics*, 7:32. DOI: 10.1186/1471-2105-7-32.

Ware, J. E.; Snow, K. K.; Kosinski, M.; Gandek, B. (1993): SF-36 Health Survey: Manual and Interpretation Guide. Boston: Nimrod Press.

Wei, R.; Wang, J.; Jia, E.; Chen, T.; Ni, Y.; Jia, W. (2018): GSimp: A Gibbs Sampler Based Left-Censored Missing Value Imputation Approach for Metabolomics Studies. *PLOS Computational Biology*, 14(1):e1005973. DOI: 10.1371/journal.pcbi.1005973.

Wiberg, T. (1976): Computation of Principal Components when Data are Missing. In: *COMPSTAT 1976: Proceedings in Computational Statistics.* Hrsg. von Gordesch, J.; Naeve, P. Wien: Physica, S. 229–236.

Wickham, H.; Averick, M.; Bryan, J.; Chang, W.; McGowan, L. D.; François, R.; Grolemund, G.; Hayes, A.; Henry, L.; Hester, J.; Kuhn, M.; Pedersen, T. L.; Miller, E.; Bache, S. M.; Müller, K.; Ooms, J.; Robinson, D.; Seidel, D. P.; Spinu, V.; Takahashi, K.; Vaughan, D.; Wilke, C.; Woo, K.; Yutani, H. (2019): Welcome to the Tidyverse. *Journal of Open Source Software*, 4(43), S. 1686. DOI: 10.21105/joss.01686.

Wilkinson, G. N. (1958): Estimation of Missing Values for the Analysis of Incomplete Data. *Biometrics*, 14(2), S. 257–286. DOI: 10.2307/2527789.

Wilks, S. S. (1932): Moments and Distributions of Estimates of Population Parameters from Fragmentary Samples. *The Annals of Mathematical Statistics*, 3(3), S. 163–195. DOI: 10.1214/aoms/1177732885.

Wilson, E. B. (1927): Probable Inference, the Law of Succession, and Statistical Inference. *Journal of the American Statistical Association*, 22(158), S. 209–212. DOI: 10.1080/01621459.1927.10502953.

Wishart, D. (1978): Treatment of Missing Values in Cluster Analysis. In: *COMPSTAT 1978: Proceedings in Computational Statistics.* Hrsg. von Corsten, L. C. A.; Hermans, J. Wien: Physica, S. 281–287.

Wishart, D. (1985): Estimation of Missing Values and Diagnosis Using Hierarchical Classifications. *Computational Statistics Quarterly*, 2(1), S. 125–134.

Wishart, D. (1986): Hierarchical Cluster Analysis with Messy Data. In: *Classification as a Tool of Research: Proceedings of the 9th Annual Meeting of the Classification Society.* Hrsg. von Gaul, W.; Schader, M. Amsterdam: Elsevier, S. 453–460.

Wohlrab, L.; Fürnkranz, J. (2011): A Review and Comparison of Strategies for Handling Missing Values in Separate-and-Conquer Rule Learning. *Journal of Intelligent Information Systems*, 36(1), S. 73–98. DOI: 10.1007/s10844-010-0121-8.

Wong, D. S. V.; Wong, F. K.; Wood, G. R. (2007): A Multi-Stage Approach to Clustering and Imputation of Gene Expression Profiles. *Bioinformatics*, 23(8), S. 998–1005. DOI: 10.1093/bioinformatics/btm053.

Wong, W. W. L.; Griesman, J.; Feng, Z. Z. (2014): Imputing Genotypes Using Regularized Generalized Linear Regression Models. *Statistical Applications in Genetics and Molecular Biology*, 13(5), S. 519–529. DOI: 10.1515/sagmb-2012-0044.

Wothke, W. (2000): Longitudinal and Multigroup Modeling with Missing Data. In: *Modeling Longitudinal and Multilevel Data: Practical Issues, Applied Approaches, and Specific Examples.* Hrsg. von Little, T. D.; Schnabel, K. U.; Baumert, J. Mahwah: Lawrence Erlbaum Associates, S. 197–216.

Wu, C. F. J. (1983): On the Convergence Properties of the EM Algorithm. *The Annals of Statistics*, 11(1), S. 95–103. DOI: 10.1214/aos/1176346060.

Xia, J.; Zhang, S.; Cai, G.; Li, L.; Pan, Q.; Yan, J.; Ning, G. (2017): Adjusted Weight Voting Algorithm for Random Forests in Handling Missing Values. *Pattern Recognition*, 69, S. 52–60. DOI: 10.1016/j.patcog.2017.04.005.

Xiang, Q.; Dai, X.; Deng, Y.; He, C.; Wang, J.; Feng, J.; Dai, Z. (2008): Missing Value Imputation for Microarray Gene Expression Data Using Histone Acetylation Information. *BMC Bioinformatics*, 9:252. DOI: 10.1186/1471-2105-9-252.

Xiao, J.; Xu, Q.; Wu, C.; Gao, Y.; Hua, T.; Xu, C. (2016): Performance Evaluation of Missing-Value Imputation Clustering Based on a Multivariate Gaussian Mixture Model. *PLOS ONE*, 11(8):e0161112. DOI: 10.1371/journal.pone.0161112.

Yang, B.; Janssens, D.; Ruan, D.; Cools, M.; Bellemans, T.; Wets, G. (2011): A Data Imputation Method with Support Vector Machines for Activity-Based Transportation Models. In: *Foundations of Intelligent Systems: Proceedings of the Sixth International Conference on Intelligent Systems and Knowledge Engineering.* Hrsg. von Wang, Y.; Li, T. Berlin, Heidelberg: Springer, S. 249–257. DOI: 10.1007/978-3-642-25664-6_29.

Yates, F. (1933): The Analysis of Replicated Experiments When the Field Results are Incomplete. *The Empire Journal of Experimental Agriculture*, 1(2), S. 129–142.

Yoon, D.; Lee, E.-K.; Park, T. (2007): Robust Imputation Method for Missing Values in Microarray Data. *BMC Bioinformatics*, 8(Suppl 2):S6. DOI: 10.1186/1471-2105-8-S2-S6.

Young, W.; Weckman, G.; Holland, W. (2011): A Survey of Methodologies for the Treatment of Missing Values within Datasets: Limitations and Benefits. *Theoretical Issues in Ergonomics Science*, 12(1), S. 15–43. DOI: 10.1080/14639220903470205.

Yu, T.; Peng, H.; Sun, W. (2011): Incorporating Nonlinear Relationships in Microarray Missing Value Imputation. *IEEE/ACM Transactions on Computational Biology and Bioinformatics*, 8(3), S. 723–731. DOI: 10.1109/TCBB.2010.73.

Zhang, B.; Walker, C. M. (2008): Impact of Missing Data on Person: Model Fit and Person Trait Estimation. *Applied Psychological Measurement*, 32(6), S. 466–479. DOI: 10.1177/0146621607307692.

Zhang, C.; Qin, Y.; Zhu, X.; Zhang, J.; Zhang, S. (2006): Clustering-based Missing Value Imputation for Data Preprocessing. In: *IEEE International Conference on Industrial Informatics.* Hrsg. von IEEE. Piscataway: IEEE. DOI: 10.1109/INDIN.2006.275767.

Zhang, J.; Aytug, H. (2016): Comparison of Imputation Methods for Discriminant Analysis with Strategically Hidden Data. *European Journal of Operational Research*, 255(2), S. 522–530. DOI: 10.1016/j.ejor.2016.05.052.

Zhang, L.; Bing, Z.; Zhang, L. (2015): A Hybrid Clustering Algorithm Based on Missing Attribute Interval Estimation for Incomplete Data. *Pattern Analysis and Applications*, 18(2), S. 377–384. DOI: 10.1007/s10044-014-0376-8.

Zhang, S. (2008): Parimputation: From Imputation and Null-Imputation to Partially Imputation. *The IEEE Intelligent Informatics Bulletin*, 9(1), S. 32–38.

Zhang, S.; Jin, Z.; Zhu, X. (2011): Missing Data Imputation by Utilizing Information within Incomplete Instances. *Journal of Systems and Software*, 84(3), S. 452–459. DOI: 10.1016/j.jss.2010.11.887.

Zhang, S.; Zhang, J.; Zhu, X.; Qin, Y.; Zhang, C. (2008a): Missing Value Imputation Based on Data Clustering. In: *Transactions on Computational Science I.* Hrsg. von Gavrilova, M. L.; Tan, C. J. K. Berlin, Heidelberg: Springer, S. 128–138. DOI: 10.1007/978-3-540-79299-4_7.

Zhang, X.; Song, X.; Wang, H.; Zhang, H. (2008b): Sequential Local Least Squares Imputation Estimating Missing Value of Microarray Data. *Computers in Biology and Medicine*, 38(10), S. 1112–1120. DOI: 10.1016/j.compbiomed.2008.08.006.

Zhang, Y.; Kambhampati, C.; Davis, D. N.; Goode, K.; Cleland, J. G. F. (2012): A Comparative Study of Missing Value Imputation with Multiclass Classification for Clinical Heart Failure Data. In: *2012 9th International Conference on Fuzzy Systems and Knowledge Discovery.* Hrsg. von IEEE. Piscataway: IEEE, S. 2840–2844. DOI: 10.1109/FSKD.2012.6233805.

Zhang, Y.; Kim, S.; Lin, Y.; Baum, G.; Basen-Engquist, K. M.; Swartz, M. D. (2019): Comparisons of Imputation Methods with Application to Assess Factors Associated with Self Efficacy of Physical Activity in Breast Cancer Survivors. *Communications in Statistics - Simulation and Computation*, 48(8), S. 2523–2537. DOI: 10.1080/03610918.2018.1458132.

Zhang, Y.; Alyass, A.; Vanniyasingam, T.; Sadeghirad, B.; Flórez, I. D.; Pichika, S. C.; Kennedy, S. A.; Abdulkarimova, U.; Zhang, Y.; Iljon, T.; Morgano, G. P.; Colunga Lozano, L. E.; Aloweni, F. A. B.; Lopes, L. C.; Yepes-Nuñez, J. J.; Fei, Y.; Wang, L.; Kahale, L. A.; Meyre, D.; Akl, E. A.; Thabane, L.; Guyatt, G. H. (2017): A Systematic Survey of the Methods Literature on the Reporting Quality and Optimal Methods of Handling Participants with Missing Outcome Data for Continuous Outcomes in Randomized Controlled Trials. *Journal of Clinical Epidemiology*, 88, S. 67–80. DOI: 10.1016/j.jclinepi.2017.05.016.

Zhao, L.; Chen, Z.; Yang, Z.; Hu, Y.; Obaidat, M. S. (2018): Local Similarity Imputation Based on Fast Clustering for Incomplete Data in Cyber-Physical Systems. *IEEE Systems Journal*, 12(2), S. 1610–1620. DOI: 10.1109/JSYST.2016.2576026.

Zhou, X.; Wang, X.; Dougherty, E. R. (2003): Missing-Value Estimation Using Linear and Non-Linear Regression with Bayesian Gene Selection. *Bioinformatics*, 19(17), S. 2302–2307. DOI: 10.1093/bioinformatics/btg323.

Zhu, B.; He, C.; Liatsis, P. (2012): A Robust Missing Value Imputation Method for Noisy Data. *Applied Intelligence*, 36(1), S. 61–74. DOI: 10.1007/s10489-010-0244-1.

Zhu, X.; Zhang, S.; Jin, Z.; Zhang, Z.; Xu, Z. (2011): Missing Value Estimation for Mixed-Attribute Data Sets. *IEEE Transactions on Knowledge and Data Engineering*, 23(1), S. 110–121. DOI: 10.1109/TKDE.2010.99.